外国语言文学知名学者讲座系列·**语言学十讲**

主编 束定芳 策划 庄智象

对比语言学十讲

◎朱 磊 杨春雷 许余龙 著

TEN LECTURES ON CONTRASTIVE LINGUISTICS

上海外语教育出版社
SHANGHAI FOREIGN LANGUAGE EDUCATION PRESS
www.sflep.com

图书在版编目（CIP）数据

对比语言学十讲 / 朱磊，杨春雷，许余龙著.
—上海：上海外语教育出版社，2019（2021重印）
（外国语言知名学者讲座系列）
ISBN 978-7-5446-5761-7

Ⅰ. ①对⋯ Ⅱ. ①朱⋯ ②杨⋯ ③许⋯ Ⅲ. ①对比语言学 Ⅳ. ①H0

中国版本图书馆CIP数据核字（2019）第029865号

出版发行：**上海外语教育出版社**
（上海外国语大学内）　邮编：200083
电　　话：021-65425300（总机）
电子邮箱：bookinfo@sflep.com.cn
网　　址：http://www.sflep.com
责任编辑：许进兴

印　　刷：启东市人民印刷有限公司
开　　本：635×965　1/16　印张 22　字数 359千字
版　　次：2019年9月第1版　2021年8月第2次印刷
书　　号：ISBN 978-7-5446-5761-7 / H
定　　价：74.00元

本版图书如有印装质量问题，可向本社调换
质量服务热线：4008-213-263　电子邮箱：editorial@sflep.com

"外国语言文学知名学者讲座系列·语言学十讲"
编委会

主编：束定芳　　　　　**策划：**庄智象

编委：（按姓氏首字母排序）

蔡永良	陈　桦	戴炜栋	何兆熊
胡建华	胡壮麟	黄国文	李荣宝
梁茂成	刘正光	马秋武	冉永平
施　旭	束定芳	王立非	王文斌
徐盛桓	许余龙	张　辉	庄智象

总　序

根据《国家中长期教育改革与发展规划纲要（2010–2020年）》和教育部有关文件要求，高等学校应培养"具有国际视野"、"懂国际规则"、"能参与国际事务"的大学生。《高等学校英语类专业国家标准》（征求意见稿）提出，高校英语专业课程应培养学生的基本学科素养和基本的研究能力；同时，随着计算机和网络技术的发展，大学课程应该适应最新的网络、多媒体和移动通讯方面的发展趋势，借鉴国外网络公开课程的模式，引导学生自主学习。

本系列的目标读者是英语专业、大学英语高年级学生、研究生和英语教师，其主要目的是普及语言学基础知识和基本理论，引导学生关注语言与人类生活和人类发展的密切关系，为他们学好语言课程、从事基本的语言研究或语言对比研究，或今后更好地适应与语言相关的工作打下良好的基础。

本系列涉及语言学最重要的分支领域或流派。每一领域或流派各为一册，包括语言学的各个主要分支学科和流派。

丛书每册以十个讲座的形式，勾勒出所涉及的领域或流派的概况和历史发展过程，介绍基本概念和基础理论，体现最新研究成果，指出需要进一步研究的问题和发展趋势。讲座突出重点，提纲挈领，语言简洁，举例丰富，说理易懂，既可作为语言学初学者的学术参考书，又可作为课堂教材使用。各分册部分内容配有相关的视频讲座，与纸质书配套出版，供教师和学生参考学习。

本套书的策划和编辑得到了广大专家和外教社领导、学术部工作人员的大力支持。时任外教社社长和总编辑庄智象先生最初提出该丛书的设想并协调了组稿及丛书编辑原则制定等过程。外教社孙静主任和蔡一鸣编辑具体负责了联系作者、协调编写原则和要求、审稿、修订等工作。在此一并致谢。

束定芳
2017年10月

前　言

比较是人类认识事物、研究事物的一种基本方法，也是语言学研究的一种基本方法。对比语言学便是基于两种语言之间的某种相似之处，侧重探讨两者之间差异的语言学中的一种比较，其直接研究目标是揭示所对比语言之间的异同，并将研究结果运用到外语教学和翻译等相关应用领域中去，而其终极目的是为揭示语言的基本特征和运作规律服务。

从上述学理定位来看，对比语言学主要关注的是研究方法。正因如此，Andrew Chesterman 在其 *Contrastive Functional Analysis* 一书的序言中明确指出："对比功能分析是一种研究方法"（Contrastive Functional Analysis is a research methodology）。从更宏观的科学哲学角度而言，著名数学家和天体物理学家 Hermann Bondi 曾说过："科学除了其方法，别无其他"（There is no more to science than its method）。如此看来，一本关于某个科学分支领域的入门读物，除了需要介绍这一研究领域特定的研究对象和研究内容以及所涉及的基本概念之外，主要就是阐述其研究方法及其背后的理论预设和以此构建起的理论模型了。

但要真正入门理解某一分支领域，上述两大块内容恐怕还不够。以前曾在一本美国数学畅销教材（William M. Setek, Jr. *Fundamentals of Mathematics*, 5th ed. New York: Macmillan Publishing Company, 1986）的"致学生"中看到如下一段话，觉得很有道理：

> I hear and I forget
> I see and I remember
> I do and I understand

其要旨是，要学会一样东西，听不如看，看不如做；其基本理念是，只有通过动手做，才能真正懂得怎样做。近来网上一查（因为该书并没有交待这段话的出处，只是说 "someone once said"），居然不少老外都在引用这段话，有的还将其作为体验式学习的座右铭，并认为此话还是我们的先哲孔老夫子所言。

正是基于上述想法，本书的主体部分均由如下三大部分组成：一、研究对象与内容；二、主要理论模型与研究方法；三、研究示例。其中的研究示例是某一类对比研究的一个具体实例，目的是希望读者看了别人怎样做之后，也能自己先模仿着做，然后独立做，从而真正理解对比语言学的基本原理，懂得如何开展语言之间的对比研究。

本书先由我根据外教社统一要求确定全书编写大纲，然后经讨论后由朱磊、杨春雷和我共同合作完成，具体分工如下：第一和第二讲的全部，以及第三讲除了第三节研究示例之外的其余部分，都由朱磊撰写；第四到第九讲除了第三节研究示例之外的其余部分均由杨春雷撰写；第三到第九讲的研究示例部分以及第十讲的全部由我撰写。三人完成各自部分后，杨春雷将其合并为全书初稿，并做了初步的术语格式统一，增添了英汉术语对照部分。然后三人分别校读全稿，由朱磊汇总三人在校读中发现的问题并修改后定稿。

孔子关于学习方法论的一句名言是："学而不思则罔，思而不学则殆"（《论语·为政》）。这句话精辟阐述了学习与思考之间的辩证关系；明代思想家王阳明在《传习录》中提出的"知是行之始，行是知之成"，阐明了认识与实践之间的辩证关系；我国现代教育家陶行知先生在《生活教育》上发表的《行知行》一文中提出的"行是知之始，知是行之成"，则进一步强调了实践在认识中的重要性。希望本书能对读者在学而思则知、知深而行远方面有所裨益。

许余龙
2017年8月5日

目　录

第一讲　总论 1
　第一节　对比语言学的定义、分类与研究目标 1
　第二节　语言对比研究的理论基础 8
　第三节　语言对比研究的一般方法 13
　第四节　对比语言学的兴起与发展 24
　思考题 27
　推荐阅读 30

第二讲　语音对比研究 31
　第一节　研究对象与内容 31
　第二节　主要理论模型与研究方法 44
　第三节　研究示例：英汉语后部擦音对比研究 56
　第四节　小结 65
　思考题 66
　推荐阅读 69

第三讲　词汇对比研究 70
　第一节　研究对象与内容 70
　第二节　主要理论模型与研究方法 77
　第三节　研究示例：英语后缀 *-able* 与汉语准前缀 "可" 的对比研究 ... 86
　第四节　小结 94
　思考题 94
　推荐阅读 95

第四讲　语法对比研究 96
　第一节　研究对象与内容 96
　第二节　主要理论模型与研究方法 104
　第三节　研究示例：英语 *as ... as any* 与汉语 "和任何……一样……" 结构的对比研究 115

第四节　小结 ………………………………………………… 123
　　思考题 ………………………………………………………… 123
　　推荐阅读 ……………………………………………………… 124

第五讲　篇章对比研究 ………………………………………… 125
　　第一节　研究对象与内容 …………………………………… 125
　　第二节　主要理论模型与研究方法 ………………………… 135
　　第三节　研究示例：英汉篇章中的话题引入与回指 ……… 141
　　第四节　小结 ………………………………………………… 149
　　思考题 ………………………………………………………… 150
　　推荐阅读 ……………………………………………………… 151

第六讲　语用对比研究 ………………………………………… 152
　　第一节　研究对象与内容 …………………………………… 152
　　第二节　主要理论模型与研究方法 ………………………… 161
　　第三节　研究示例：英汉语中"回绝"言语行为实施策略
　　　　　　对比研究 ……………………………………………… 165
　　第四节　小结 ………………………………………………… 174
　　思考题 ………………………………………………………… 174
　　推荐阅读 ……………………………………………………… 176

第七讲　对比研究中的定量与定性分析 ……………………… 177
　　第一节　定量研究与定性研究 ……………………………… 177
　　第二节　定量对比研究的主要类型与研究方法 …………… 183
　　第三节　研究示例：英汉指称词语的回指功能对比研究 … 192
　　第四节　小结 ………………………………………………… 201
　　思考题 ………………………………………………………… 201
　　推荐阅读 ……………………………………………………… 203

第八讲　对比研究与外语教学 ………………………………… 204
　　第一节　对比研究与外语教学理论 ………………………… 204
　　第二节　对比研究在外语教学中的应用 …………………… 211

第三节　研究示例：母语与二语阅读学习策略的使用及其
　　　　效果对比研究 217
第四节　小结 226
思考题 226
推荐阅读 228

第九讲　对比研究与翻译 229
第一节　对比研究与翻译理论 229
第二节　对比研究与翻译实践 235
第三节　研究示例：英汉远近称指示词的对译问题 244
第四节　小结 254
思考题 255
推荐阅读 256

第十讲　语言的共性、类型和对比研究 258
第一节　语言的共性和类型学研究 258
第二节　语言对比研究与语言共性和类型学研究的关系 264
第三节　研究示例：英汉名词短语的可及性与关系化 269
第四节　小结 276
思考题 277
推荐阅读 280

思考题参考答案 281
附录　术语表 290
参考文献 304

第一讲 总论

第一节 对比语言学的定义、分类与研究目标

一、对比语言学的定义

哲学家Leibniz有句名言："世上没有两片完全相同的树叶。"那么，我们为什么会把有些事物统称为"树叶"呢？对这个问题，哲学家们给出过许多种回答，这些回答无疑都涉及事物的比较。

植物学课上，我们也常把树叶拿来比较。这时的比较要"有根有据"得多，因为植物学有一套认识植物的框架。在这一框架下，我们不仅可以比较树叶，还可以比较根、茎、花、果等，并可根据它们的共性和演变关系对植物进行分类。反过来，这些比较和分类又可以进一步细化我们对植物学的认识框架。

不过，植物学里还有一类比较，其任务主要不是发掘共性或整体分类，而是为了某种认知或实用的需要，对个别（通常是两种）植物进行区别，比如：

> 梧桐和法国梧桐虽都有"梧桐"二字，却不是同科的树木。梧桐属于梧桐科，法国梧桐又称悬铃木，属于悬铃木科。……这两种树木的树皮和叶形相近，但花、花序和果实差异很大，只要认真观察就容易识别，尤其是法国梧桐的圆球形花序（单性花）。（汪劲武 2010: 215–217）

以上三种比较中，第一种属于哲学的认识论层面，它其实就是我们建立认识的过程。经过这个过程，我们才将世界理解为或同或异的各个部分。换言之，我们才获得了一套陈述世界的框架。那么，这个过程是如何发生的呢？对此西方哲学界向来有**唯理论**（rationalism）和**经验论**（empiricism）之争。简单地说，唯理论认为认识来源于先天的普遍理性，经验论认为认识来源于后天经验，两者都有不少支持者。之所以如此，部分原因在于：我们很难摆脱自己的认识框架来谈论这

套框架是如何获得的。具体到比较而言，如果我们说A和B都是树叶，是因为它们都具有某些形式或功能。那么我们可以进一步问：这些形式或功能是凭什么得到确认的？对于这类问题，我们越是搬出植物学的术语来解释，反而离答案越远，因为越是这样的专业术语，它所预先设定的认识框架就越是复杂，而我们要问的恰恰是：这种框架是如何可能的？哲学家Husserl（胡塞尔 1986: 19）把那种陷入自己的认识框架而无所反思的态度称作"自然的思维态度"，与此相对的是"哲学的思维态度"。因此，如果从哲学的角度谈论比较，我们就必须把自己认识世界的框架变成反思的对象，而不是依赖这种框架来做比较。

以上第二种比较，则是依赖某种已有的认识框架展开的。它可以使这一框架得到丰富和完善，但必须依赖这一框架的一些基本前提，这也是今天科学研究的通常做法。和植物学中的情况相似，语言学家也依据一些框架对语言进行比较和分类。这些框架又可分为两类：亲属关系框架和非亲属关系框架。

亲属关系框架下的比较，首先要默认以下两个前提：一是语言符号的基本属性是**任意性**（arbitrariness）；二是语言中存在一些不易被外来语替代的核心词汇（如表示基本数量、身体部位、亲属关系等的词）。这样，如果在几种语言中，有一系列核心词汇呈现出系统的对应关系，如梵语*pāda*（/pa:də/，"脚"）、法语*pied*（/piɛ/，"脚"）、英语*foot*（/fʊt/，"脚"）、德语*Fuß*（/fʊs/，"脚"）等[1]，那么，这种看似违反任意性，又不宜用语言间的借用来解释的现象，就只能被认为是亲属关系造成的。根据核心词对应关系的具体表现，我们还可以进一步推断出语言间亲属关系的疏密程度，并将它们分成各种语系、语族等。

亲属关系框架是一种典型的**历时**（diachronic）研究框架，这一框架下的比较研究称作**历史比较语言学**（historical comparative linguistics），简称**比较语言学**（comparative linguistics）。相对而言，非亲属关系框架则有许多种，这些框架下的多数语言是**共时**（synchronic）的，比如：从是否利用音高区别词义来看，有些语言是声调语言，有些则不是；从

---

[1] 这里的"对应关系"不能理解为"等同关系"。比如，在语音上，梵、法语的/p/与英、德语的/f/显然不同；在语义上，这些词也不完全同义。但是，只要我们能找到系统的语音演变规则和语义演变途径，就能确立基本词汇的"对应关系"。当然，这也说明，语言比较的亲属关系框架，其实还要依赖语音和语义演化的规则作为前提。

基本语序来看，有些语言是SOV型，有些是SVO型，有些是VSO型。这里所说的"共时"，并不是指所比的语言属于同一时代，而是指每一种语言都不考虑它的历时变化和亲属关系。因此，只要不考虑各自的时间因素，即使把古希腊语和现代日语进行比较（比如比较两者的韵律系统），也是共时比较。另一方面，非亲属关系框架下的历时比较也是存在的，比如比较各种声调语言中声调的形成过程，或者各种语言基本语序的变化，这些比较都是历时的，但与亲属关系没有必然联系。其实，许许多多流派各异的语言描写框架（包括描写历时变化的框架）都可以用来做这类比较。原有框架也能在比较中得到充实和完善，甚至可以说，这些框架下的假设检验，都是靠不断使用新的语言材料来实现的。因此，赵元任先生说："普通语言学是拿世界上的各种语言加以比较研究得出来的结论"（引自王力 1984/1991: 544）。

此外，也有一些学者对跨语言比较本身特别关注，他们试图通过一定的发现程序，从大量的语言材料中总结出人类语言的普遍特点，并据此给出语言的分类，这类研究被称作**语言类型学**（linguistic typology）。类型学最为人熟知的语言分类，可能是早期关于孤立语、综合语等的划分，不过，上面所说的语序、声调等问题，也都是类型学家所关心的。通常认为，类型学是一种共时的语言比较，其实它只是不研究语言的亲属关系，其他的历时框架它还是关心的，像**语义地图**（Semantic Map）这样与历时变化有关的模型，甚至是它的研究重点。

以上在各种框架下所做的语言比较，都有一种相当宏观的视野：无论具体框架如何，寻找共性、分门别类是这类比较的常态。然而，和植物学里对梧桐和法国梧桐的比较一样，语言学里也有一类比较，不侧重亲属关系，并且只针对个别（通常是两种）语言，以寻找区别为主，这就是**对比语言学**（contrastive linguistics），又称**对比研究**（contrastive study）或**对比分析**（contrastive analysis）[1]。比如，虽然我们完全可以从亲属关系、语言类型等角度比较中国境内的许多语言，但是，我们也可以仅比较其中的两种，并且不看其亲属关系。以下面这句藏语及其汉译为例：

---

[1] 这三者一般可以通用。不过，"对比研究"在英语中是可数名词，常指具体的研究；"对比分析"则多指应用型的对比研究。

（1） ŋa-ɻ^{35}　　tsʰok¹po^{55}　　ɲi^{51}　　jø^{132}　　　　　（藏语）
我-与格　　朋友.主格　　二　　有.现在时
我有两位朋友

这句藏语中的四个词和汉语的"我""客""二""有"其实有同源关系。但如果不论这些，我们看到的是：藏语和汉语都有声调[1]，但调型不全相同；藏语代词和名词有格的形态变化、动词有时的形态变化，汉语则通过其他手段来表达相关意义；藏语语序为SOV，汉语为SVO……

这种比较并不是某种缩小版的类型学（虽然它和类型学无疑可以互相借鉴）。一方面，它始终面向两种具体语言，至于世界语言的调型规律、形态分类等，这些并不是它要探究的；另一方面，它要探究的一些问题也不为类型学所关心，比如汉语和藏语究竟哪几个调型相似、哪几个不同，藏语的与格具体对应汉语的哪些手段等。这些问题对于汉藏语二者而言自然有重要的理论和实践意义，比如：说汉语普通话的人学习藏语，可能就要特别注意藏语中的升降调，因为普通话里没有这种调型；说藏语的人学习汉语，则可能要注意语序的正确等等。

对比语言学与前面介绍的各种框架下的语言比较还有一点区别：在对比语言学中，虽然具体比较在展开时也不能没有一个框架，但在比较之初，我们有时并不确定该用什么框架，只是感到有比较的需要。这就好比在植物学中，当我们看到有人混淆了梧桐和法国梧桐，或者有人把有毒的葫蔓藤当成金银花时，我们感到有必要对它们进行比较，而这时比较的框架可能还不明确。因此，在对比语言学中，我们常常要先讨论框架的选择问题。这种讨论通常是在语言学内部进行的，但有时也会涉及哲学的认识论层面，因为对框架的选择可能会引起我们对框架本身的反思。比如，在英汉语对比时，我们时常会问自己：这个框架是否合理？是否有比附的嫌疑？有时还会进一步追问：我们为什么要这样或那样来描写语言？这些框架是普适的吗？它们又是如何形成的？

---

[1] 并非所有藏语方言都有声调，这里用的是拉萨音。

由此可见，对比语言学虽然在具体比较中也要依赖框架，但因为它并不总是从框架出发的，所以倒可能比一般的语言学分支少了一些来自学派的预设。这样，对比语言学就拥有了两种差异悬殊，却又深层相关的品质：一方面，它所对比的语言、关注的现象可能是非常具体而微的；另一方面，它对语言观、描写框架等的思考也可能具有相当的广度和深度。

二、对比语言学的分类和研究目标

对比语言学的上述特点，使得它在理论和实践上都有一些与众不同之处。它的理论，与其说是一种语言学理论，不如说是一种关于语言学理论的理论，因为它要讨论的，是怎样根据不同的对象用不同的理论框架展开比较，有时还要涉及认识论层面的比较问题；它的实践，则有两种不同的类型：有些对比研究主要是为了在理论上揭示所比语言的异同，另一些则有明确的实用目的，最终是为语言教学、翻译、双语词典编撰等服务的。后一类研究本身又有一些一般性的理论问题。

20世纪60年代，一些波兰学者为了对波兰语和英语展开系统的对比研究，提出了一种对比语言学的内部分类体系（图1–1）：

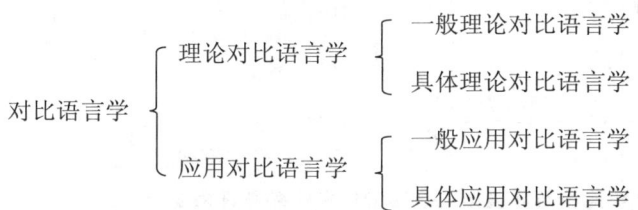

图1–1　对比语言学的分类（Fisiak 1973: 8；译文参考许余龙 2010: 6）

这个体系首先把对比语言学分作理论和应用两大块，各块又有一般和具体之分。其中，**一般理论对比语言学**（general theoretical contrastive linguistics）讨论的是语言比较的基本理论和方法问题，比如：语言比较的基础是什么？比较的时候，是应该把整个语言拿来比较，还是比较它的某个部分（比如句法，或者某种句法现象）？具体比较时，应该选取怎样的理论框架、采用怎样的语料、遵循哪些步骤？另外，它也包括对对比语言学自身的思考和定位，比如我们现在所讨论的内容，就属于这个部分。**一般应用对比语言学**（general applied contrastive linguistics）关注的则是以应用为导向的对比研究的一般理论和方法问题，比如应用对比研究应怎样开展，它对二语教育、翻译等有何作用等。**具体理论对比语言学**（specific theoretical contrastive linguistics）和**具体应用对比语言学**（specific applied contrastive linguistics）可以分别视作在以上两类研究基础上的具体实践。前者比如在优选论框架下比较汉语和藏语的声调规则，或者在生成句法框架下比较汉语和英语的句内回指；后者比如从汉族学习者的角度对比藏语声调规则和汉语的异同，并将其运用在对汉族学生的藏语教学中。

这个体系看上去似乎有些机械和繁琐，但从前面的分析来看，这样分类是有必要的。事实上，如果把图1-1中所有的"对比"二字去掉，它就是对整个语言学的分类。一般的语言学分支，如音系学、句法学等，通常只涉及这个分类中的某些层面，但对比语言学则各个层面都有所涉及。因此，我们不妨把对比语言学视作整个语言学的一个"纵向分支"，如图1-2所示：

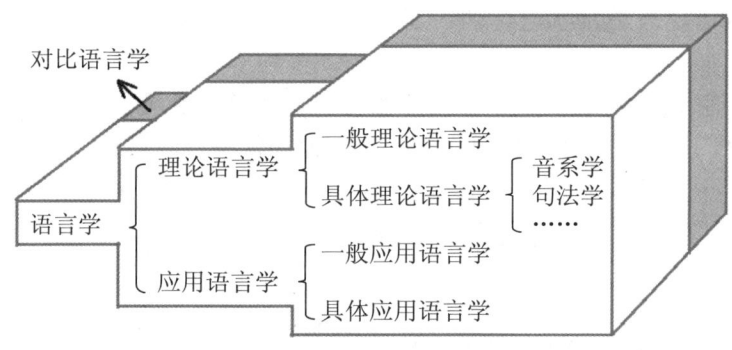

图1-2　对比语言学在语言学中的位置（参考许余龙 2010: 6）

不过，这个体系也有一些地方需要进一步说明。首先，从纵向来看，理论对比和应用对比两者间的关系值得我们注意。通常，人们会认为应用研究必须以理论研究为基础，但在语言学中，应用语言学本身在理论和方法上就有一定的独立性。具体到对比语言学中，波兰学者Fisiak（读作/ˈfiɛak/）（1973）早就指出：理论对比关心的是某个共性范畴在所比较语言中的表现，因而是**双向的**（bi-directional）；应用对比关心的则是一种语言中的现象在另一种语言中的表现，因而是**单向的**（uni-directional）。英国学者James（1980: 139）将此说法如图1-3所示：

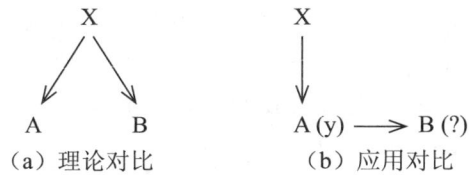

图1-3　对比语言学中的理论对比模式和应用对比模式
（X代表某个共性范畴；A、B代表两种语言；y代表某种语言中的具体现象）

仍以汉语和藏语的声调对比为例，我们可以说：在理论对比模式下，声调是对比的出发点，对比涉及声调在汉语和藏语中的表现，因而是双向的；而在应用对比模式下，对比是从汉语（或藏语）中的声调现象出发，考察其在藏语（或汉语）中的对应表现，因而是单向的。与双向的对比相比，单向的对比可以更直接地与二语教学相结合，比如它可以更明确地提示我们，哪些调型或变调规则是学习者的母语没有而目的语有的。

那么，应用对比研究是不是完全独立于理论对比研究呢？对这个问题，对比语言学家却比较谨慎，因为单向的对比往往是把表象与表象相比，有时会忽略比较所立足的共性范畴。比如，从汉语的声调出发看藏语，固然可以看到藏语的声调，但如果看英语，则几乎看不到什么对应的现象。这时，如果仅说汉语有声调而英语无，则比较流于表面，对二语教学也没有太大帮助；只有回到理论对比，找到更高层面的共性范畴，比如区别词义的韵律手段（包括声调、重音、音长等），再来对比英汉语的异同，我们才能对汉语和英语的特点有更系统和更深刻的认识。由此可见，应用对比不能完全脱离理论对比：后者不仅能为前者提供现成的发现，而且是前者在比较方法上的基本保障。因此，James（1980: 139）认为，应用对比其实是对理论对比的成果所做的一种以应用为导向的"阐释"，而不是独立于它的操作。

作为语言学的一个"纵向分支"，对比语言学与语言学各个"横向分支"的关系也值得我们注意。一方面，"纵向分支"自然也是各个"横向分支"的一部分，因此，对比语言学的具体研究，其实不可能仅仅依赖对比语言学本身的理论和方法，而是必须有相应的"横向分支"的支持。比如，要对比汉语和藏语的声调，无论是理论对比还是应用对比，都要先懂得语音和音系学的相关理论和方法，并掌握汉语和藏语的基础知识，然后才能在对比语言学的指导下确立比较的框架、语料和步骤。这一点在本书接下来的各章中都会得到清楚的展现，也是对比语言学的学习者应该谨记的。另一方面，我们也需要把握好对比语言学在各个"横向分支"中的地位。比如，应用对比研究的一个重要价值在于它对二语教学的贡献，但是应用对比本身并不是一种教学理论——它的各种发现可以为教学所利用，但具体怎样利用，则不是它所决定的。曾有一种流行观点认为，只要有了对比分析的结果，就可以推出二语学习者的学习难点和错误，因为这些都是由两种语言间的差异造成的。这种观点后来被不断证伪，于是又有人提出，对比分析的功能应该是诊断错误而不是预测。以上两种观点分别称作**对比分析假设**（contrastive analysis hypothesis）的强假设和弱假设，但是，无论是哪种假设，其实都属于语言教学理论，而非对比语言学本身的内容。理解这一点对于正确认识对比语言学是很有意义的，因为对比分析假设是以行为主义为基础的，曾遭到生成语法学者的激烈批判，如果对比语言学必须持前者的立场的话，就很难理解为什么会有不少以生成语法为基本框架的对比研究了。

事实上，不仅应用对比，理论对比研究也有类似问题。由于对比研究必须把不同语言放在同一框架下比较，因此，如果其中的一种语言还没有被系统描写过，那么对比研究无疑可以为单独描写这种语言提供参考。在这一意义上，中国的语言学界一直很看重对比研究，有"中国对比语言学实际上承担着汉语语言学自身建设的任务"（潘文国、谭慧敏 2006: 92）的说法。不过，单语的语言学与对比语言学毕竟还是不同的：一方面，对比语言学虽然要思考单语的描写问题，但它的重点还是在对比上；另一方面，单语描写体系的建构，也并非只能靠对比研究，即使是强调描写中的跨语言视野，也还有语言类型学等学科同样值得重视。当然，对比语言学对理论框架的思考和对语言异同的细究，对于单语的描写乃至各种语言理论本身无疑都可以有很大贡献，就像它对二语教学可以有很大贡献一样。

第二节　语言对比研究的理论基础

一、语言变体与语言之间的可比性

每个比较都有两个基本要素：比较的对象和出发点。比如，"甲比乙学习好"，比较的对象是甲和乙，出发点是学习。语言间的比较也有这两个基本要素，本节先来讨论比较的对象。

什么样的对象才能拿来比较呢？我们知道，凡是比较，都要把对象一同陈列出来。这意味着，无论这些对象多么不同，它们都应该是某个层面上能够"相提并论"的东西。这个层面可以非常宽泛，比如对一个初到地球的外星人来说，眼前的一切作为"地球上的现象"都可以拿来比较，从而形成一个最初的分类。不过，对我们来说，比较通常是在这个分类中的某些小类下进行的，因而所涉及的层面也就更加具体。

语言比较，当然首先就需要到达"语言"这个层面，但是，对具体的比较而言，这个层面还是过于宽泛了。比如，前面提到的汉语和藏语的比较中，比较的对象并不是这些语言的整体，而是它们内部的某些层面（或者说组成部分）：一方面，我们的"汉语"其实是指普通话，"藏语"则指拉萨方言；另一方面，我们比较的不是整个语言系统，而是它的声调等子系统（而且我们还提到，当涉及英语时，比较声调系统就不合适了）。因此，这里有以下两个问题值得我们注意：

第一，如何确定语言在变体层面的可比性？一种语言在整体上通常包括多个变体，且不说在时间上有古代、现代等变体，就是在同一时间也有不同的地域变体，在同一地域也有不同的社会变体，而语言对比时，通常无法兼顾这么多种变体。因此，我们需要确定可以对比的变体。

第二，如何确定语言在子系统层面的可比性？语言的每个变体也还是一个大系统，而我们通常只比较它们的某个子系统。可是，这些子系统不一定具有跨语言的等价性，比如汉语声调系统的功能在英语中是通过其他系统实现的，即使是同样拥有声调的藏语，其声调系统也不可能与汉语的完全等价（如汉语普通话的声调有区别名词"数"和动词"数"的功能，但在拉萨藏语里，这两个词声母不同，词尾也不同）。因此，我们还需要确定子系统的可比性。

先来看第一个问题。造成语言变体的因素很多，Halliday et al.（1964）把它们分为两大类：**使用者**（user）因素和**使用场合**（use）因素。上面提到的变体都与前者有关，包括语言使用者的时代、地域、社会身份等。使用场合因素则包括**交际领域**（field，即"交流的是什么"）、**交际方式**（mode，即"怎么交流的"）和**交际关系**（tenor，即"谁跟谁交流"）三方面，与它们相关的语言变体又叫**语域**（register）。

选择语言变体时，我们自然应该首先考虑自己的研究需要。比如，如果我们关注的只是声调，在地域变体方面就不宜选择没有声调的藏语安多方言来和汉语比较。不过，从可比性的角度，我们还应特别注意以下几点：

首先，虽然我们可以选定语言使用者的时代，但同一时代的语言中，由于各成分的历时来源不同，常存在几种"年龄"相异的表达方式或规律共存的现象。这时，我们应抓住该时代语言的主要特点，避免混淆古今。比如，古英语可用宾格表达目的地，这一用法残留在现代英语的 *home*（家）中，因此 *go home*（回家）不需要介词，但我们不能将此作为现代英语语法的常态来与其他语言比较（当然，可以从历时角度做一些说明）。另外，如果一种语言或方言在短期内变化较快，我们有时还需在时间上再做细分，这在涉及现代汉语方言时尤为常见。比如，上海方言一般疑问句在20世纪初常用"阿VP"结构，后来该结构仅限于"阿是""阿要"等几种表达（如"侬阿是大学生"，即"你是大学生吗"），现在年轻人则基本都改用了"VP弗啊"（弗啊合音为[va]，如"侬是大学生弗啊"）。因此，如果比较中涉及这种情况，有时还需把同一时代变体分为"老派""中派""新派"等来讨论。

其次，使用者的"地域"也是一个模糊概念。比如，英国英语是一种地域方言，但其内部还有伦敦方言、爱丁堡方言等的区别，因此，在比较中，地域范围选得越小，相关的语言变体就越单纯。不过，这并不意味着我们不能以英国英语这样的地域方言作为比较对象：地域大小的选择，主要取决于我们关注什么。只要某个地域方言在我们关注的项目上有比较一致的表现，就可以作为比较的对象；一些小的内部差异，可以附带说明。一般来说，由于语音的地域变异最显著，因此语音对比往往要比其他对比选择更小的地域变体。另外，有些地域方言本身就有混合多地方言的性质，如上海方言融合了苏州、宁波等多地方言的特征（上面提到的"阿VP"结构也是苏州方言的特征），这类情况也可以在比较时顺带说明。

应当指出，虽然不同语言的时空变体（比如两种语言的大城市方言）有时可能存在一定的对应关系，但总体而言，我们通常无法证明一种语言的某个时代或地域变体与另一种语言的某个时代或地域变体有更强的对应性（比如英语的爱丁堡方言对应于汉语的上海方言还是广州方言），因此，在选择变体时，我们一般不必追求这种时空上的对应。但是，当涉及社会变体时，情况就不同了。我们常说，A社会中的某种身份相当于B社会中的某种身份，这意味着，以社会身份为基础的社会方言也可能存在类似的对应关系（有研究者认为，只有这种对应关系才是真正值得对比学者关注的（Janicki 1980: 14））。可是，社会身份的对应其实近似于一种翻译，比如中国的"皇帝"之于西方的 emperor，不可能完全相等。要确认这类对应关系，关键是要从社会的整体结构着眼，不能仅凭个别社会身份的表面相似。例如，美国有黑人英语，我国一些地区的少数民族也有独具特色的汉语，但这两者作为社会方言并没有对应性，因为黑人英语除了有族裔色彩外，还被认为"缺乏教育"，是"社会地位低"的标志；而我国少数民族的汉语主要是民族身份的标志，并不比当地汉族方言的地位低，可见它们在各自社会方言全局中的角色很不同。由于社会地位的高低是影响社会方言分化的重要因素，我们在选择社会方言时，可以重点考虑其社会地位是否具有可比性，比如：英国南部受过教育者的英语和中国的普通话，作为两地的标准语和学校基础教育的对象，就具有较大的可比性。

从使用者的角度来看，语言还有个人变体，但对比语言学对此一般不太关注。不仅如此，我们还要避免把个人特征当成语言的普遍特征来比较。这一点在语音对比时尤应注意，比如我们不能仅凭两个人的发音就判定两种语言的语音有何差异，因为我们很难确知这种差异中包含多少个人因素。通常，语音感知对比需要的人数最多，一般的声学对比也至少应有男女各数人，音系、词汇和语法对比需要的被调查人可以少一些，甚至可以是一个人（比如只用某位作家的作品），但必须保证调查对象可以提供地道的语料和语感判断。

语言使用场合的变体对应，与语言使用者的社会变体对应有一些相似之处，但更加微观。我们可以用上文提到的交际领域、方式和关系三者来明确规定所选的变体，比如，时政新闻中（交际领域），主持人对观众（交际关系）说的话（交际方式）。不过，这里的问题是：有时我们很难找到完全对应的语域变体，或者相关材料不易获得。比如中国人熟悉的《新闻联播》，在英语世界中就不容易找到对应的变体，因为《新闻联播》的主持人并非真正在"说话"，而是全程念稿，这在英语世界的新闻中很少见到。这时，我们就要根据研究目的做一些调整。比如，我们通常会从交际关系的角度区分出"正式""非正式"等不同语体，而这也是语域对应中最常考虑的因素。

因此，如果我们选择《新闻联播》的初衷是想考察正式朗读语体的语调，那么我们不妨改选一些内容相近、同为正式语体的英汉语朗读语料。

二、语言结构系统与语言之间的可比性

严格地说，语言在子系统层面并没有真正的一一对应关系。比如，汉语有一个用音高区别词义的声调系统，英语则没有；英语用超音段、语序等表达的句子功能（如疑问），汉语则可能用专门的音段（如"吗"）来表达。任何两种语言的词典，也都可能有A语言的一个词对应B语言的一个句型的情况。这些都说明，每种语言（或者说它的每个变体）系统内部的各个子系统都不应脱离它在整个系统中的地位来理解。

针对这种情况，我们有两种办法开展对比。第一种，就是在选定所比语言的变体后，不再考虑子系统的对应。比如，如果以"语篇连贯"作为出发点来对比英语和汉语，并选定了标准英国英语和汉语普通话的儿童故事朗读语料作为比较的变体，那么我们可以把这两个语言变体的整体系统作为比较的对象，而它们的子系统在分担"语篇连贯"这一任务上有什么异同，则是我们的比较要揭示的内容之一。

不过，我们其实也不是不能把比较的对象进一步缩小为某个子系统。这是因为，所有语言都有语音、词汇、语法这三个基本的子系统，而它们内部一些更小的子系统（如音段、超音段等）也多有跨语言的普遍性。虽然这些子系统的具体地位在各个语言中并不相同，但它们仍然可以有一定的对应性。这就好比说：翅膀对每种鸟的意义虽然不尽相同，但我们还是可以比较不同鸟类的翅膀，而它们的不同意义也正可以成为我们比较的发现。仍以英汉语篇连贯对比为例，我们就可以把比较的对象进一步缩小为代词系统。不过，比较的出发点很可能会限制我们对子系统的选择：以"语篇连贯"为出发点时，我们的确可以选择整个语言系统或多种子系统；但若以"平均声学功率谱"为出发点，比较的对象就只能是音段了。

另外，那些没有跨语言普遍性的子系统，是不是就一定不能选作比较的对象呢？这也未必。因为原则上说，只要我们所比较的语言有这种子系统，比较就可以进行。比如现代汉语普通话和现代藏语拉萨话都有声调系统，那么声调系统就可以被选作比较的对象。当然，在

找不到对应的子系统的情况下，我们可能要提高所比系统的层级，直至找到符合我们需要的、有对应关系的系统，比如从"声调"提高到"超音段"，乃至"语音系统"甚至"语言系统"本身。

当然，无论选择哪个层面的系统作为比较对象，我们都不能忘记：它本身可能属于一个更大的系统，而它内部的各个成员也应系统地分析。比较中很忌讳流于表面地乱画等号，而造成这一点的一个重要原因，就是不能把现象放进系统中来考察。初次尝试语言对比的同学，常常会看重某些孤立的相似点，比如英语*that*和汉语"那"相似，英语*have*和汉语"有"相似，英语[pʰ]和汉语[pʰ]相似，但是上面的分析告诉我们，我们应该把这些孤立的成分放进可供比较的系统中来考察，比如"指示代词""代词""指称形式""存有动词""存有结构""音段音位"等，然后才可能看得比较全面和深刻。这也是语言的系统性对语言比较的重要意义。

第三节　语言对比研究的一般方法

一、对比描述的出发点与内容

确定了以何种变体和系统作为语言比较的对象，我们还需要确定比较的出发点。比如，对于一个以标准英语和汉语普通话的指示代词系统为对象的比较，我们还要问：我们关注的是这些对象在哪些方面的异同？是语音形式、词形变化、语体差异、内部结构（比如各有几个成员、分工如何）、语法规则（比如置于中心词的前面还是后面）、篇章功能（比如回指）、使用频率还是其他？这些就是比较的出发点，相当于图1–3中的X。如果找不到任何出发点，比较就没有展开的基础和平台，因此西方的各个比较学科都很重视对它的研究，并习惯于用一个拉丁语术语 *tertium comparationis*（拉丁/ˈtertium komparatiˈoːnis/，英/ˈtɜːʃəm ˌkɒmpəreɪʃɪˈəʊnɪs/；字面意思为"比较的第三项"，即在两者的比较中作为比较出发点的第三者）来称呼它。这个术语在20世纪中叶就被Ellis（1966）引入了语言对比理论，我们可以将它译作"对比基础""中间对比项"等，但也不妨简称其为TC。

原则上，TC的选择和比较对象的选择当然是不同的。不过不难发现，这两者之间显然有密切的联系，因为根据TC的定义，比较的对象肯定要有TC。在展开具体比较之前，可以先确定我们所关注的TC是什么，再根据TC来选择比较的对象；也可以像上面那个英汉指示代词比较的例子一样，先确定所选的对象是有TC的，再决定以哪一个具体的TC为出发点来比较。无论哪种做法，在选择比较对象时，都要在一定程度上确认TC或至少确认它的存在。

但是，矛盾的是，既然比较尚未开始，我们如何知道比较对象有TC，甚至有哪一种TC呢？这个问题可以另外表述为：当我们说"A和B可以比较是因为它们有共同的C"时，我们显然已经比较过A和B了，那么这个比较的基础又是什么呢？如果是C'，那么这个说法又会要求有C"作为它的基础，以至无穷。为了解决这个问题，对比语言学家Chesterman（1998）提出，TC应视作比较的结论，而不是出发点，比较的出发点应该是对相似性的感觉。结合Popper的证伪主义科学观，Chesterman进一步提出，在感觉到A、B相似的基础上，对比研究者应提出一个"A=B"的初始假设，然后不断用语料来检验和修正它。不过，细看Chesterman的例子就会发现，在描述相似性的阶段，他已经使用了诸如"A和B都有定指性"这样的论断，而在具体分析时，他更是采用了一套特定的理论框架，而且像"性""数""格""时态""小句"等概念，他也是照用不误的。如果说最初的出发点只是"感到相似"，而没有任何TC，那么以上概念、框架和论断都应该是比完之后才得到的TC，在比较之前我们并不知道它们对A、B都是适用的。因此，从Chesterman的实际做法来看，许余龙（2010: 306）认为，Chesterman的比较出发点其实还是TC。

事实上，TC本身确实存在悖论，但这个悖论属于本讲开头所说的哲学的认识论层面。换句话说，如果用TC来解释一种认识框架在总体上是如何发生的，就会遇到问题。这个问题与柏拉图主义或唯理论所面临的问题在本质上是相通的，至于如何解决它，则是哲学讨论的内容。但是，语言对比研究并不是新建一种认识框架：在我们对语言一无所知或者想要完全另起炉灶时，我们是难以开展对比研究的；只有在我们对语言已经有所认识，并可以用某种框架谈论不同语言时，对比研究才有可能。因此，对比研究从一开始就必然要使用某种现成的框架来描述比较的出发点，而这种现成框架下的出发点就是TC。某种意义上，TC确实也是比较的结果——它是我们在建立框架时所做的认识论层面的比较结果，但不是对比研究的结果。当然，Chesterman所强调的证伪主义的科学观，对于对比研究仍然是适用的。事实上，"A和B共有某个TC"本身也是我们的初始假设的一部分，最终也可能被证伪或得到某种修正，但是我们需要这个出发点以及描述它时所采用的理论框架。

弄清楚了TC的理论问题，下面我们就来看看TC具体有哪些。前面已经指出，比较对象的选择本身就包含了对TC的考虑，因此，我们可以先从上一节中对比较对象可比性的讨论中得到一些启发。我们知道，任取两个语言现象，它们之间的异同可能跟语言、使用者、使用场合、所属的语言子系统、所指称的对象、所表达的功能、所遵循的规则等各种因素有关。因此，原则上，只有控制住除语言之外的其他所有因素，使它们都保持不变，才能保证所举现象的异同是由语言的异同造成的。从这个角度来说，比较对象的选择和TC的选择都是控制语言之外的其他因素的方式。比如，在英汉语比较中，对象选择"标准语的指示代词系统"、TC选择"回指功能"，就可以把语言之外的因素变化控制在一个较小的可操作范围内。不过，这也意味着，比较对象所涉及的使用者、使用场合、子系统这些因素，其实和TC具有某种等价性，可以部分转换成TC来控制，比如，我们可以以"标准语的指示代词系统"为比较对象、以"语篇连贯功能"为TC，也可以以"标准语"为比较对象、以"指示代词系统"为TC，这样"指示代词"就从比较对象转换成了TC。是否转换、转换哪些因素，取决于我们的关注点是什么。

这样看来，前文对比较对象的讨论已经为我们提供了一些TC，包括"使用者""使用场合""子系统"以及它们的一些具体小类。显然，这些TC可以归为两大类："子系统"是语言本身的一部分；"使用者""适用场合"则不属于语言，但和语言有关系。这个分类对于前文陆续提到过的其他TC也是适用的，比如，"语法规则""篇章功能"等属于语言本身，而"指称对象""平均声学功率谱"等则属于和语言相关的外部世界。

事实上，第一个把TC引入语言对比理论的学者Ellis（1966）就是把TC分成**语内**（intralinguistic）和**语外**（extralinguistic）两类来讨论的。不过，他的分类比较泛，后来Krzeszowski（读作/kʃɛˈʃɔfski/）（1984）等学者又提出过自己的分类。我国学者许余龙（1988: 29）在他们的研究基础上，提出了如图1–4所示的TC分类体系：

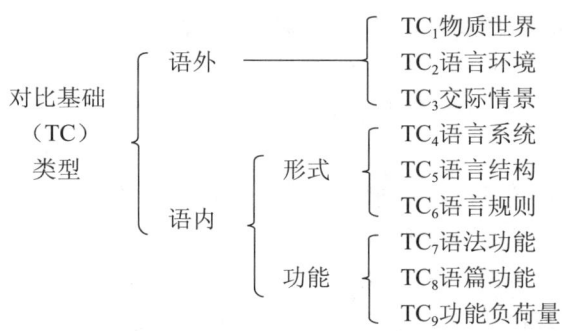

图1-4 对比基础（TC）类型

这个分类中的语外TC里，"语言环境"（TC_2）大致对应于前文中的"使用者"和"使用场合"因素。"交际情景"（TC_3）则是比"使用场合"更加具体的特定语用情景，比如在"娱乐访谈电视节目中主持人对嘉宾说话"这样一个场合下，可能有承诺、感谢、道歉等多种交际情景。"物质世界"（TC_1）包括外部世界中用以承载语言的物质形式（主要有语音实体和文字实体）和语言所指称的物质对象（包括各种实体、性质、过程等等）两大类，比如前面提到的"平均声学功率谱"属于前一类，"指称对象"属于后一类。

语内TC首先分为"形式"和"功能"两大类。形式类TC中的"语言系统"（TC_4）对应于前文中的"子系统"。选择这种TC时，我们通常关注的是系统内部各成员间的**纵向聚合关系**（paradigmatic relation），比如代词系统包括哪些成员、相互之间如何分工等。如果要关注各种语言单位间的**横向组合关系**（syntagmatic relation），则可以以"语言结构"（TC_5）或"语言规则"（TC_6）作为TC。"语言结构"和"语言规则"的区别在于：前者是语言单位组合的实体，后者是组合中应遵循的法则；前者有多种层级，如"音节""音步""词""短语""小句"等，后者则在这些层级内部或之间施用。举例而言，东亚的不少语言有一种"指量结构"，但是语言/方言之间存在一些差异。比如，汉语把指示词放在量词前面（如"这只"），壮语则把指示词放在量词后面（如 *duz neix*，字面为"只这"）；又如，当与中心名词组合时，汉语苏州话可以省略指量结构中的指示词，也可以省略量词，所以"辂本书"（"辂"相当于普通话的"这"）、"本书""辂书"都允许，而广州话只允许省略指示词，所以只能说"呢本书"（"呢"相当于普通话的"这"）、"本书",北京话只允许省略量词,所以只能说"这本书""这书"。我们可以以"指量结构"本身作为TC,比较以上语言/方言的异同;也可以单以"指量结构中的省略规则"为TC展开另一番比较。

语言是形式和意义的结合体,其所指意义、语用意义等,我们已经在外部TC中涉及,但语言形式还会表达其他一些意义。比如,在下面的英语句子中:

(2) Once there was a young man. He lived with his mother.
从前有个年轻人。他和自己的母亲住在一起。

后一句中的第三人称代词两次出现时的形式不一样,分别是主格 *he* 和属格 *his*,这些形式的意义在于表明句中词之间的语法关系,使整个句子变得可以理解。另一方面,代词还在形式上取代了前一句的 *young man*,这样做的意义不仅在于俭省,而且在于把前后两句话连接起来,使它们可以作为一个整体理解。上面这两种意义,主要起辅助表达的作用,通常被称作"功能"。它们也可以作为TC,属于语内TC中的功能类TC。其中,"格"这类功能主要体现在句子内部,属于"语法功能"(TC$_7$),类似的还有"性""数""时"等典型的语法范畴,以及"语法词类""句法关系"等广义的语法范畴。代词的"连贯功能",则属于"语篇功能"(TC$_8$)。

功能类TC中,还有一种叫**"功能负荷量"**(functional load)(TC$_9$)。这个术语来自结构主义语言学,原指一种音位对立在某语言内部的活跃程度,比如汉语中很多词的区别要依赖声调的对立,英语中大概只有美国英语口语里的[ʔʌhʌ́](表同意)和[ʔʌ́ʔʌ](表不同意)等少数例子近似于利用了声调对立(Yip 2002: 2–3),这就体现了功能负荷量的不同。在语言对比中,我们还可以用功能负荷量泛指各种语言单位的使用频率,比如前文提到的英汉语指示代词的使用频率。

上述分类体系为我们确定对比研究中的TC提供了一个宏观的参考框架。不过,在实际研究中,我们还要注意以下几个问题:

第一,这个TC体系是以我们目前对语言的理解为基础的,随着语言学的进展,很可能还会再做调整。因此,郑文婧(2002)提出,TC应该是一个开放的系统。她还指出,一项具体的对比研究往往会基于多个TC展开多方位研究。这些观点都是符合实情的,值得我们注意。

第二,前面曾指出,在选择比较对象时,如果找不到对应的子系统,可以提高所比系统的层级。这一点也适用于TC的选择,因为"系统"本身就是我们的TC$_4$,而其他的TC一般也是抽象层级越高越具有普遍性。有时候,即使两种语言在很具体的层级有共同的TC,我们也不妨把TC的层级提高一点,这样可能会把问题看得更清楚。比如,上海话和厦门话都有连读变调现象,如果我们仅以"两字组的连读变调规则"为TC来比较这两种方言,看到的是:上海话往往两字都要变调,如"北""风"单念为[poʔ^5][foŋ^{53}],"北风"则为[poʔ^{3}foŋ^{44}],而厦门话只有前字变调,如"北""风"和"北风"的发音为[pak^{32}][hoŋ^{55}][pak^{5}hoŋ^{55}]。但是,如果我们把TC提高为"所有字组的连读变调规则",就会发现,上海话其实是把第一个字的调扩展到了整个字组[1],厦门话则是从左往右每两个字的前字变调,所以结果总是最后一个字不变调。

二、对比语言材料的选择

上文中我们已指出:原则上,如果要用两个语言现象的异同来说明两种语言的异同,那么这两个语言现象最好在语种之外的其他因素上都尽量相同;在这一意义上,比较对象的选择和TC的选择都是控制可变因素的手段。不过,光靠控制比较对象和TC其实还不能达到全面的控制效果,比如:以"英汉成年人标准语的咝音[2]"为对象,以"声学特征"为TC,是可以比较的,但在实际比较中,还要想办法控制住咝音出现的语音环境等因素,因为声学特征对此很敏感。如果汉语用"苏"的声母、英语用see(看见)的首辅音,就很不妥,因为这两个咝音一个接[u]、一个接[i],它们的异同跟语种、后接元音都有关系,就无法用作英汉语咝音异同的证据。

由以上可见,在比较对象和TC选定之后,要进一步控制语言对比中的各种可变因素,就要靠选取正确的语料了。那么,对比语料是不是只有除了语种之外的其他因素都相同才算合格呢?这倒未必。首先,这样理想的语料几乎是找不到的,比如汉语中和咝音搭配的元音不可能和英语中的完全相同;即使有基本相同的搭配,它们在指称意义等其他方面也不可能完全相同。其次,在实际研究中,有些因素的

---

[1] 参见本书第二讲课后思考题4。
[2] **咝音**(sibilant)是指发音时舌在成阻部位形成凹槽、声学上有高频能量集中区的擦音,典型的咝音包括[s]和[ʃ]。

变化对我们关心的问题没有太大影响，就不需要控制了，比如在英汉语咝音对比中，除非我们要研究语音和语义的关联，否则不必为追求"指称意义"这个因素的一致而非要选择汉语"丝"的声母同英语silk（丝）的首辅音来对比，这样做反而会使"语音环境"这个应该控制的因素失去控制。

那么，究竟应该怎样选择对比语料呢？总的来说，就是要把需要控制的因素控制好。而要做到这一点，首先还要弄清楚我们所研究的问题需要怎样的语料，涉及哪些可变因素。

不同的语言学问题，需要不同的语料来回答。比如，要回答"汉语普通话的'们'可以加在哪些名词后面"这样的问题，我们可以依赖母语者的语言直觉，让其对各种搭配（如"人们""同学们""猴子们""狗们""书们"等）的合法性进行判断；而要回答"汉语普通话的'们'和哪些名词搭配最多"这样的问题，我们则需要一个大规模的语料库，对其中与"们"搭配的各个名词的出现频率进行统计。之所以会有这样的不同，是因为第一个问题问的是语言的"用法"，第二个问题问的是语言的实际"使用"。

"用法"的问题（即什么可以说，什么不可以说）涉及语言使用者的语言**能力**（competence），常常需要基于母语者语感的**内省语料**（intuition-based data）来研究。这类语料可以来自研究者本人的母语语感，也可以来自对其他母语者的询问或实验，但是一般不能以语料库为主要来源。这是因为，在研究"用法"时，我们想知道的是原则上的可能性，而语料库再大，也不可能包括一种语言中所有原则上可能的语句。比如某个语料库可能找不到"诗人们"这个表达，但这并不意味着"诗人们"不能说；另一方面，有时个别找得到的例子（如网络上可以搜到"诗歌们"），却未必符合多数母语者的语感。

原则上可以说的东西，在实际使用中当然也会各有特点，这就是"使用"的问题了，它涉及语言使用者的语言**运用**（performance），常常需要基于一定语言用例的**实例语料**（corpus-based data）来研究。这类语料可以以文字为载体，也可以是录音的，除了具有一定规模外，往往还有明确的搜集目的，并且通常要根据其预期的用途进行标注。之所以如此，是因为语言实际使用方面的很多规律，如"'们'和哪个词搭配最多"，无法依靠个人的感觉来判断，也不是一两个用例就能体现的，只有进行合理的统计，才可能达到或接近真相，而搜集和标注语料则是获得统计数据所必须做的。

以上是不同语料的一些典型用法，在实际研究中，我们常常要综合利用多种语料。这是因为，一方面，母语者的内省有时不是非常可靠，比如一位以英语为母语的人可能会声称英语介词只能放在代词前面，而同时却用着*What about?*（"关于什么？"）这样的表达。另一方面，实例语料也有诸多局限：由于搜集到的例子通常只是实际用例的一部分，因此根据不同语料库得出的结论可能不同；有时一些材料也不易大量获得或统计（比如研究辅音发音用的腭位图[1]），这时我们常取一些典型的例子作为代表，而哪些更典型，有时又要靠母语者来判断了。

在确定了语料的类型之后，我们就可以回到比较的问题，来看看所选语料都涉及哪些可变因素了。一般来说，实例语料涉及的可变因素会多一些，因为既然是实例，就有使用人、语境等多种具体变数。但是，无论是实例语料还是内省语料，都是具体的语言，因此它们都涉及至少两类可变因素：语义和语言形式。

对语料的语义和语言形式的控制，是对比语料选择中常常要考虑的重要问题。比如，上文在提到北京话的"指量结构+名词"搭配可以省略量词而广州话可以省略指示词时，用的都是"这本书"这样的例子。如果北京话用"这本书"，广州话却用"呢件衫"作为例子，那么至少在比较之初，我们就很难确定自己的发现到底是北京话和广州话的区别还是不同的用词造成的区别。可是，像"这本书"这样语义和结构都大致对应的例子其实是不多的。即使在方言之间，一旦语句稍长，就难以达到这样的一致。语言对比中最常见的情况是：如果语义上大体一致，结构就会不同；如果结构上大致对应，语义就会不同。

当然，我们的比较就是要发现在相同前提下的不同。那么，在意义和形式之间，应该先保证语料在哪方面的一致呢？总的来说，由于语义和功能更容易具有跨语言的普遍性，而我们的比较则往往旨在揭示不同语言的不同形式，所以首先考虑语料在意义或功能上的一致，再考虑形式比较常见。就内省语料而言，可以采取以指称意义的一致为主，再尽量照顾形式接近的**翻译对等**（translation equivalence）原则。比如：汉语用"客人走了"，英语用*The guest is gone*，翻译基本

---

[1] 详见本书第二讲第二节。

对等，但汉语表定指用了光杆名词，英语则用了定冠词。需要注意的是，由于对两种语言具有相同母语语感的人毕竟是少数，因此，研究者应通过询问或实验诱导等办法保证内省语料的真实性，即使所比的语言是自己学过多年的外语，也不可盲目相信自己的语感。

对实例语料来说，翻译对等也很重要。但由于实例语料多有语境，所以它的翻译对等通常优先考虑语用意义的一致，再尽量照顾语义和形式的接近。在对比研究中常常使用的**翻译对等语料库**（translationally equivalent corpus），或称**平行语料库**（parallel corpus），就是这样的翻译对等语料。它们又分为双向和单向两种，前者既包括A语言的原文及其在B语言中的译文，又包括B语言的原文及其在A语言中的译文，如汉语儿童故事及其英译加上英语儿童故事及其汉译，后者则只包括其中的一种。由于译文往往要受多重约束，未必能反映一种语言的实际情况，因此单向的翻译对等语料库通常不如双向的好。

有时，非翻译对等语料库也有和翻译对等语料库类似的价值。这其实不难理解，比如要比较中美两国人的身高，我们不太可能先选一批中国人，然后再在美国人中寻找和他们"翻译对等"的对象来测量，而是应该在中美两国人中分别进行随机抽样，用大量的随机样本来抵消个体不同对结果的影响。在建立对比语料库时，我们也可以采取类似的办法，使两种语言的语料在具体语义上的差异被大量的随机性抵消。在这个过程中，缩小抽样范围和扩大抽象量可以使比较更加有效，比如在身高测量中，将范围缩小为"成年男性"并扩大样本量就是一种好办法。在语言对比时，通常可以从"语域"入手，将语料范围限制为某一具体语域，然后保证语料的足够数量，这样就可以得到"语域对应语料库"，它虽然不能像翻译对等语料库那样体现具体语句的对应情况，但在统计上与后者有类似的效果。

以上是优先考虑语义或功能一致的情况。这种情况虽然多见，但并不是必然的，有时我们也得优先考虑形式一致，然后再考虑（甚至不考虑）意义一致。比如，前文提到的英汉语咝音声学对比，就得优先考虑含有咝音，且咝音出现的语音环境也相似的语料。这时候，如果选取翻译对等语料，则不仅没有太大意义，而且可能会妨碍对主要因素的控制。

在解决了形式和意义哪个优先的问题之后，我们再来看语料中其他可变因素的控制。前面已提到，这类因素在实例语料中会多一些。

不过，是否要对它们进行控制，也要看我们研究的具体问题是什么。比如，要对比英汉语啜音的声学特征，就不仅要控制语料的音素和语音环境等形式，还要控制发音人的性别、年龄、语速、情感等，因为这些因素对声学特征的影响都很大。但是，如果是用翻译对等语料来对比英汉语指示词的回指，则通常不必控制原文作者和译者的性别、年龄等因素。

以上我们讨论了对比研究中对内省语料和实例语料的选取以及各种因素的控制。事实上，语言对比材料的选择，不仅包括语料的选择。比如，要对比两种语言的音位系统，我们一般不会从田野调查着手，而是会先看看前人分别为这两种语言归纳了哪些音位——把它们排列在一起进行分析，本身就是一种对比研究。因此，前人的分析也可以成为对比研究的辅助材料。

三、对比研究的一般程序

对比研究有其自身的特点，但作为科学研究，也要遵循科学研究的一般程序。下面我们就从这个角度，结合上文的讨论，谈一谈对比研究的程序。

任何研究，首先都要回答这样几个问题：研究什么？如何研究？为什么研究？最后一个问题，在上文对理论和应用对比研究不同目的的讨论中已经回答。而前两个问题，则涉及上文讨论的比较对象和TC的选择。在一般的语言研究中，选择什么样的对象和框架主要取决于研究者的兴趣、经验和研究的可行性等，但是在对比研究中，除了要考虑这些因素外，还要特别注意所选的对象和框架是否符合比较理论本身的要求。无论在什么样的比较中，我们能看到的都只是不同的语言现象，而要把这些现象的异同解释为不同语言的异同，就需要控制住与这些现象相关的各种可变因素。我们已反复说明，比较对象、TC和语料的选择其实都是有关联的，因为它们都是控制可变因素的手段。哪些因素通过对象来控制、哪些通过TC来控制、哪些放在语料里控制、哪些不用控制，则是我们在开展一项研究之初就要思索的。通常，通过TC来控制的因素是我们想要特别突出的。比如在"英汉语啜音声学特征对比"中，"声学特征"就是TC；"英汉语啜音"是对比较对象的交代，但实际研究中这个对象还要细化，以确定其时代、地域、社会阶层、语域等。通过语料控制的因素，虽然题目没有交代，但实际上我们仍要考虑咝音的语音环境、发音人的选取等因素。

考虑好了对象和框架等基本问题，接下来就要穷尽性地收集、阅读并分析前人的相关研究成果了。这是科学研究中不可缺少的一步，而且虽然我们把它放在第二步，但很多人其实是先阅读了相关文献，才产生了进一步研究的想法的。就对比研究而言，在这一步我们要特别注意文献的全面。有些初学者在做对比研究时，苦于找不到文献，这主要是因为他们只关注了对比研究的文献，而没有看到其他相关文献的价值。比如，要做英汉语的咝音对比，应至少涉及以下四种文献：1）英汉语咝音对比研究；2）英语咝音研究；3）汉语咝音研究；4）咝音的一般性研究。其中第一种文献通常不会很多，甚至可能没有，但其他几种文献则往往不少，而且第二、三种本身还是我们提到过的辅助性对比材料。除了以上文献外，在研究中多少还会涉及其他语言的咝音研究以及与咝音相关的其他语音研究，这些文献的数量就更多了。

只有全面掌握了文献，我们才能知道自己所选的研究领域已经有哪些发现，还存在哪些尚未解决或尚未研究问题。在此基础上，再结合自己的思考，就能逐渐形成具体的研究思路。这一过程中，还可以根据自己的阅读和思考，对之前选定的比较对象和TC等做一些调整，并可以做一点小型的**试探性研究**（pilot study），看看自己的思路是否可行。

每个科学研究，都有一个初始假设，研究的过程就是对这个假设的检验和修正。在对比研究中，我们不一定要把初始假设明确表达出来，但这个假设通常就是：比较对象在TC上相同。当然，如果前人已经发现了不同的地方，初始假设也可以是：比较对象在TC上存在目前已发现的异同。要注意的是，无论是怎样的假设，都应具有**可证伪性**（falsifiability），即可以被证明是假的。像"A语言和B语言的元音比例相同"这样的说法就是可证伪的，而"A语言和B语言一样好听"这样见仁见智的说法就不可证伪，"A语言和B语言的元音比例或者相同或者不同"这样永远成立的说法也不可证伪。

假设的目的，不是让我们想方设法去证明它的正确，而是给我们一个研究的起点。通常，最初的假设都会在研究中得到修正和细化，而修正和细化的基本依据就是我们的语料。前面已经提到了对比语料选取的一些原则，这里要补充的是：如果采用实例语料，通常是很难找到专为研究目的设计的对比语料库的，一般都要自己制作语料库。

一个好的对比语料库,首先要有可比的、典型的语料,它们可以来自现成的文本、录音、录像等,也可以由研究者自己采集。不过,语料库最关键的,还是要有符合我们需要的标注。

没有标注的语料库之所以不可用,是因为语料本身并不能自动验证我们的假设;只有从有标注的语料库中,我们才能提取出相关信息,进而展开讨论,这个过程就是具体的对比分析。当然,内省语料似乎是不用标注的,但这些语料也必须经过合理的安排和设计,才能成为我们讨论的依据。

在具体的对比分析中,我们还要注意:语料的分析结果,只有与我们的研究框架和前人的研究发现充分结合,才能显示出它的意义。初学者的一个常见问题是:文献回顾时洋洋洒洒,语料分析时却就事论事,让人看不到作者的研究和前人研究之间的关系,也就不知道其贡献在何处、对前人有哪些修正等。就对比研究而言,除了语言对比本身的理论和应用领域之外,对比研究对于单语研究、理论框架研究、语言普遍性研究等其实都可能有所贡献。比如,我们所比较的语言,可能有一种前人研究较多,另一种研究较少。那么,对于研究多的语言,可以从对比的角度提供新的发现;对于研究少的语言,可以提供新的思路。我们采用的理论框架,可能是基于个别语言提出的,那么正可用对比语料来检验和修正它。我们所关心的现象,可能不仅所比的语言有,其他语言也有,那么此发现对理解这一现象本身也有帮助。

基于以上讨论,我们就可以对研究做一番总结了。总结时,除了研究的发现和意义外,还可指出研究的局限性,并给出未来的研究设想或建议。

第四节　对比语言学的兴起与发展

语言对比有很强的实践意义。可以说,自从人类有不同语种的接触起,就肯定存在有意无意的对比活动。古代罗马的希腊语教学、古代英国的拉丁语研究、古代中国的佛经翻译等,都融合了相当多的对比成果。不过,作为现代语言学分支的对比语言学,其最早的直接源头,还是19世纪历史比较语言学中的某些共时因素。

15至17世纪的地理大发现，使广袤世界里的许多陌生事物进入了西方人的视野。对这些事物的分类和探源催生了许多新的学科，也带来了大量的新知识，语言的比较和分类就是其中之一。到了19世纪，西方人认为，语言也是一种有机体，语言学因此受到了生物学的巨大影响，加上印欧语同源证据的大量发现，语言学家把主要精力用在了探索语言亲属关系的历史比较上。不过，在这一时期，已经有Humboldt等学者，凭借丰富的语言知识，从普通语言学的角度进行了开创性的共时语言比较。

到19世纪末，语言的历史比较在取得辉煌成就的同时，开始发生深刻的变化。Saussure对喉音的构拟，一方面使历史比较达到了新的高度，另一方面则提供了一种与以往颇为不同的、从结构出发分析语言的思路。他的学生根据听课笔记整理成的《普通语言学教程》更是引领了新的共时研究范式。就语言比较而言，从19、20世纪之交开始，就有学者提出将"比较"扩展到非亲属语言之间，这方面的研究后来为欧洲布拉格学派、伦敦学派等学派的学者所发展，前面提到的第一个引入TC概念的学者Ellis就属于伦敦学派。这种从亲属关系向非亲属关系的拓展，在比较研究中恐怕不是偶然的：如果我们将视野扩大一些，就会发现不少比较学科都经历过类似变化。比如，19世纪出现的比较文学最初只关注文本的流传与接受，即所谓"影响研究"，到20世纪中叶，则开始兴起不注重历史关联的"平行研究"，而且由于"平行研究"可以比较任何两族的文学，如何保证比较的合理性、如何选择TC等问题也开始受到广泛关注。

以上从历史比较转向而来的语言对比研究，主要分布在欧洲，传统上多重视理论探讨。不过，对比语言学除了这个源头外，还有一个源头在美国，可追溯至二战时为满足移民、士兵等人的需求而开展的外语教学实践与研究活动。事实上，"对比语言学"的英文名称就是美国语言学家Whorf（1941: 240）提出的；被一些学者（如James（1980: 8））视作现代对比语言学开山之作的《跨文化语言学》（*Linguistics Across Cultures*，1957）也属于这个美国传统。显然，美国的对比传统从一开始就非常重视应用，比如《跨文化语言学》的作者Robert Lado本人就是美国的西班牙移民，一生致力于英语二语教学和跨文化交际研究，而Whorf等人的语言对比虽然不是直接为教学服务的，却也是通过语言来看文化，因而也为跨文化交际所看重。

和欧洲的传统相比，美国的对比传统似乎更为世人熟知。然而，同样为人熟知的，是它的问题和昙花一现的命运。由于主要关注教学应用，美国对比语言学界对对比理论本身的研究不多，而是致力于把自己的发现与当时在语言习得领域流行的行为主义相结合。一段时期内，预测学习难点、指导教学成了对比语言学的主要用途。然而，行为主义并不是一种完美的理论，随着语言教学研究和实践的发展，它开始受到全面批判，很多人也就放弃了对比语言学。因此，美国的对比研究虽然在20世纪五六十年代初曾辉煌一时，但60年代后期即落入低谷，并一蹶不振。

与此同时，欧洲的对比传统却一直在发展，而且在六七十年代迎来了一次高潮。在这十数年间，联邦德国、波兰、南斯拉夫、罗马尼亚、瑞典、芬兰、丹麦、比利时等国家纷纷启动了各种类型的语言对比项目，取得了丰硕的成果。波兰学者最初为了交流项目成果，在1973年创办了第一份对比语言学国际刊物《对比语言学研究论丛》（Papers and Studies in Contrastive Linguistics，1999年更名为《波兹南当代语言学研究》（Poznań Studies in Contemporary Linguistics）），之后又有《对比语言学》（Contrastive Linguistics）、《对比》（Contraste）、《语言对比》（Languages in Contrast）三份刊物在保加利亚、法国和荷兰问世。1999年，在西班牙召开了第一届国际对比语言学大会（International Contrastive Linguistics Conference，简称ICLC），之后每两年举办一次。当然，除了以上专业刊物和会议外，在许多其他的语言学刊物和会议上都可以看到不少对比语言学的研究成果。

综观近几十年的国际对比语言学研究，可以看到，对比语言学一直在吸收其他语言学分支的新理论和新方法。在60年代生成语言学兴起时，欧洲学者就开始了以转换—生成语法为框架的大型对比项目。之后，语用学、篇章语言学等不少学科的发展都曾引发大量的对比研究和讨论。近年来，随着语料库技术的进步，基于语料库的对比研究大量增加，成为对比语言学发展的新趋势。

在吸收新理论和方法的同时，对比语言学自身的学科建设也在不断加强。无疑，美国对比语言学的衰落给对比语言学界留下了值得深思的教训。1980年，英国学者James的《对比分析》（Contrastive Analysis）和波兰学者Fisiak主编的《对比语言学的理论问题》（Theoretical Issues in Contrastive Linguistics）相继出版，对比研究的宏观理论问题开始引起广泛关注。波兰学者Krzeszowski则不仅关心对比理论问题，还对对比语言学的学科史作了深入探索（见Krzeszowski 1990；1995）。90年代末，英裔芬兰学者Chesterman的《对比功能分析》（*Contrastive Functional Analysis*，1998）又对对比理论做出了新的贡献。现在，许多具体的对比研究都会在对比理论方面进行深入阐释。不过，这主要是美国以外的情况，而美国的对比研究仍比较沉寂。

中国的对比语言学，从理论建构到具体研究中的框架选择，总体上都是对西方体系的引进。不过，它也有自己的特点。首先是作品数量庞大：如果不算《马氏文通》这样隐含但并不主要呈现为对比研究的作品，那么中国学者采取现代语言学框架的对比研究，可以从赵元任（Chao 1932/2006）算起，而自那以后半个多世纪的时间里，中国学者不仅发表了数量惊人的对比研究论文，而且有了数本专门的对比语言学教材。据王菊泉、郑立信（2004）的不完全统计，仅1995至2003年间，国内的对比研究论文就超过2,100篇，专著和论文集也多达124部。其次，中国学者除了非常看重对比研究在外语教学方面的应用价值外，还十分重视理论对比对汉语语言学本身的建构意义。这种理论和实践上的双重意义，第一节中已经提及，此处不再赘述。最后，中国学者对对比研究本身的学科理论乃至历史都非常感兴趣，这也更加体现了语言对比的双重意义在中国学者心目中的重要性。事实上，直到今天，不少外国学者还不习惯"对比语言学"这样的名称，而宁可用听上去不太像语言学正式分支的"对比分析""对比研究"来代替它；倒是在中国，"对比语言学"早已成为通用的学科名。这个学科，寄托着中国语言学者在理论建树和学以致用两方面的许多期望。

思考题

1. 以下哪几项适合作为对比语言学的研究课题？为什么？
   （1）汉语和藏缅语族同源词比较
   （2）英语和法语存有动词的语法化比较
   （3）巴尔干语言联盟和东亚语言联盟特点比较
   （4）南部非洲语言倒吸气音比较

（5）法语和英语拼写规范化比较
（6）汉语和英语低元音高化的历史比较
（7）满语和土家语濒危情况比较
（8）法语和德语的艺术表现力比较
（9）中国人学法语和德语难易程度比较
（10）印度和阿拉伯语言学传统比较

2. 1932年，著名学者陈寅恪先生应邀为清华大学的入学考试出国文试题。他舍弃专门的语法试题，而代之以"对对子"。事后，他撰文解释说：

> 凡考试国文，必考其文理之通与否，必以文法为标准，此不待论者。但此事言之甚易，行之则难。最先须问吾辈今日依据何种文法以考试国文。今日印欧语系化之文法，即马氏文通"格义"式之文法，既不宜施之于不同语系之中国语文，而与汉语同系之语言比较研究，又在草昧时期，中国语文真正文法，尚未能成立，此其所以甚难也。夫所谓某种语言之文法者，其中一小部分，服于世界语言之公律，除此之外，其大部分皆由研究此种语言之特殊现象者，归纳为若干通则，成立一有独立个性之统系学说，定为此特种语言之规律，并非根据某一特种语言之规律，即能推之以概括万族，放诸四海而准者也。……故欲祥知确证一种语言之特殊现象及其性质如何，非综合分析，互相比较，以研究之，不能为功。而所与互相比较者，又必须为同系中大同而小异之语言。概不如此，则不独不能确定，且常错认其特性之所在，而成一非驴非马，穿凿附会之混沌怪物。（陈寅恪 1932/2001: 249–251）

请问陈先生对于语言比较的基本态度是什么？你认为他说的有道理吗？为什么？

3. 下面两段话分别是Krzeszowski和Chesterman关于TC以及比较中的"循环论证"问题的论述。你认为他们谁说的更有道理？为什么？

> [W]e can only compare items which are in some respect similar, but we cannot use similarity as an independent criterion for deciding how to match items for comparison, since similarity

(or difference) is to result from the comparison and not to motivate it. To avoid this undesirable circularity, in deciding about formal correspondences one needs a common TC outside the formal properties. (Krzeszowski 1984: 305)

The initial hypothesis is falsifiable, in that it can be empirically tested. ... The result of this testing is a statement of the evidence in favour of the initial hypotheses and the evidence against. ... On this view, it is the evidence in favour that actually constitutes the *tertium comparationis* (or, for the translator, the ground for translation). In this methodology, the *tertium comparationis* is thus what we aim to arrive at, after a rigorous analysis; it crystallizes whatever is (to some extent) common to X and Y. It is thus an explicit specification of the initial comparability criterion, but it is not identical with it — hence there is no circularity here. (Chesterman 1998: 57—58)

4. 吕叔湘先生在谈及英汉语不同时曾说：

……英语里边最容易省掉的是动词或者复合动词的一部分，这是汉语里边决不允许的。例如英语里边可以说"My sister works in a factory, and my brother on a farm"，汉语里边必得说"我姐姐在工厂工作，我哥哥在农场工作"。（吕叔湘 2008: 152）

这个比较的对象和TC分别是什么？它采用的语料属于本讲介绍的哪种语料？你可以设计一项比较对象和TC与此相同，但是采用其他类型语料的对比研究吗？你觉得你所设计的研究需要涉及哪几类文献？

5. 日语翻译家林文月女士在介绍自己的翻译经验时曾说：

一般而言，日本语文予人的感觉，较中国语文迂回委婉。有人以音乐作譬喻，称中文又如钢琴之声音，日文则似小提琴；演奏同一曲调，其音响感人之效果，却略微有别。我认为以琴键之音，取代琴弦之声，虽不易为，但是适度强调其连绵感，或可以接近其趣旨，故译文有时不避讳拉长句式，而未予径自剪裁成为比较简洁的中文句式。……除此之外，

> 日本人在日常语文中使用语尾助词以表态之习惯，似较我国人为多，若为求国人阅读之认同而径为省略，则原文情韵尽失；而且，三书（即：《源氏物语》《枕草子》《和泉式部日记》）的作者均为平安时期上流社会之女性，她们笔端所大量出现的"的""呀""吗""啦"等词，正是其文字的特色与魅力所在。（林文月 1998: 12–13）
>
> 你觉得这里所说的日语和汉语的差异，可以转化为对比语言学的研究课题吗？如果可以，这些课题应该怎样设计？它们的比较对象、TC、语料，以及所涉文献等分别是什么？如果不可以，为什么？如果一项对比研究只以林先生的译文及其日语原文为语料，可能会有怎样的问题？

推荐阅读

Chesterman, Andrew. 1998. *Funcitonal Contrastive Analysis*. Amsterdam: John Benjamins.（第1章）

Fisiak, Jacek. (ed.) 1980. *Theoretical Issues in Contrastive Linguistics*. Amsterdam: John Benjamins.（第1、2部分）

James, Carl. 1980. *Contrastive Analysis*. Harlow Essex: Longman.（第1、7章）

潘文国、谭慧敏，2006，《对比语言学：历史与哲学思考》，上海：上海教育出版社。

潘文国、杨自俭主编，2008，《共性·个性·视角——英汉对比的理论与方法研究》，上海：上海外语教育出版社。

第二讲　语音对比研究

第一节　研究对象与内容

一、语音研究的几个层面

　　语言间的差异带给人们最初的，也是最鲜明的印象，往往是语音的差异。古希腊人称异族人为 *barbaroi*，意思就是他们的发音和自己不同，听上去全是"巴拉巴拉"。这个词并不像它的英语派生词 *barbarian*（"野蛮人"）那样带有明显的贬义，但仍然体现了一种偏见。不过，它也不妨作为本讲讨论的出发点：仔细考察古希腊人和异族人的语音，我们会发现，语音差异的内涵很丰富，包括几个性质颇为不同的层面。

　　首先，古希腊语和异族语言的某些音可能不同。比如，古希腊语有个常用音[y]，类似汉语普通话的"淤"，希腊字母记作Y；罗马人借用了这个字母，却不习惯它的发音，只觉得与字母I的发音[i]相似，于是称它为"希腊人的I"（这个叫法一直流传下来，成了今天法语和西班牙语中字母Y的名称）。这里涉及的语音差异主要与语音的物质形式有关，属于**语音学**（phonetics）的范畴。从发音生理的角度研究语音的物质形式，历史非常悠久。20世纪以来，语音的声学研究也得到了迅猛发展。

　　其次，古希腊语和异族语言也许都有某些音，但这些音在两种语言中的功能可能不同。比如[p][p^h]两个音[1]，古希腊语和拉丁语都用，但在古希腊语中，它们是可区别词义的单位（如['poros]是"浅滩"，['p^horos]是"贡品"），绝不能混淆，而在拉丁语中，它们都是字母P的发音，不区别词义，只是[p]更常用[2]。这里的语音差异主要不是由语

---

[1] 这两个音的区别详见本讲第二节。
[2] 在大量借用希腊语词后，拉丁语才不得不区别[p]和[p^h]，将后者另写作 *ph*，如 *philosophia*（哲学）。

音的物质形式造成的,而是由这些物质形式在不同语言中的组织和使用方式造成的,这种组织和使用语音的方式就是**音系学**(phonology)的研究对象。音系学是20世纪才正式发展起来的,但古人在创制拼音文字时就有音系学意识:功能不同的音一般用不同符号拼写,功能相同的则往往并用一个符号。

第三,在表达同一个具体意义时,古希腊语和异族语言所用的语音形式当然也有很大区别。这种区别主要涉及音义的对应关系,即一种语言使用怎样的音来表达怎样的意义,广义而言也属于音系学的研究范围。不过,音系学通常只关注句法和语用层面上的音义对应(如疑问句的语调)。在词汇层面上,大量的音义对应自古以来就是词典编纂者收集的对象,今天通常归入词汇语义学的研究范畴[1],音系学只研究词汇的总体语音搭配制约。换句话说,音系学一般不回答"'苹果''梨'在英语中发什么音"这样的问题,但它会告诉你,无论它们发什么音,都不可能以[mb][tl]等开头,因为这不符合英语的**语音配列**(phonotactics)。

最后,导致古希腊人觉得异族人语音怪异的原因,还和人的**感知**(perception)有关。一方面,人对不同语音的感知能力原本不同;另一方面,说不同语言的人长期受自身语言的语音、音系和音义关系特点影响,对同一语音的感知也会出现差异。

以上四个层面,第二、三层面同属音系学;而第四层面,通常认为与第一层面同属语音学。这是因为,言语交际中存在着"发音""声波传送""语音感知"三个阶段,与此相应,语音学似乎也可分为**发音语音学**(articulatory phonetics)、**声学语音学**(acoustic phonetics)、**听觉/感知语音学**(auditory/perceptual phonetics)三个分支。不过,这种理解存在一些问题:一方面,声学语音学其实并非主要关心声波的传送,而是同样研究发音,只是和发音生理分属两个视角;另一方面,语音感知其实不可避免地涉及语音使用(比如[p][pʰ]是否是一个音位、在使用中出现的概率等,很可能影响人对它们的感知),因此也是音系学问题。事实上,它属于贯穿整个言语交际过程的综合认知层面,这个层面包括发音前大脑信号的形成、发音时对各

---

[1] 详见第三讲第一、二节。

器官的神经控制（发音人能否听到自己说话也会影响这种控制）、听话人对听觉和视觉信号的综合运用（能否看到对方的发音动作会影响语音感知）等，是语言学、心理学等交叉研究的对象。以下我们将先从生理和声学角度介绍语音学，然后进入音系学，对语音感知的知识只在相关处提及一些。

二、语音学

我们以上文提到的[i][y]为例，来看看语音生理和声学描写需要怎样的框架。

首先，发任何音都要有一个动力源，推动气流流动，术语称**气流机制**（airstream mechanism）。[i][y]和大部分音一样，都利用**肺部呼出气流**（pulmonic egressive airstream）。

肺部气流向上，流经**喉**（larynx）内由**声带**（vocal cords，或称**声襞**（vocal folds））形成的窄缝——**声门**（glottis），这个过程叫做**发声**（phonation）。[i][y]的发声类型是**常态浊声**（modal voice），这意味着从肺部来的气流在**伯努利效应**（Bernoulli effect）的作用下带动声带有规律地振动[1]，发出乐音声波（即有周期的声波）。最简单的乐音声波是简谐振动的声波，即纯音，但声带发出的不是纯音而是复音，它可以分解为一系列不同频率和能量的纯音，即**谐波**（harmonics）。若把这些谐波的频率标在横轴，能量（振幅）标在纵轴，就能得到这个复音的**频谱图**（spectrum）。由图2–1可见，声带振动发出的复音有个明显特点：各谐波的频率从最低频率开始呈整数倍递增，同时振幅逐渐降低。按照物理规律，复音的频率是组成它的各个谐波频率的最大公约数，因此，图中最低频的谐波所在的频率就是整个复音的频率，即**基频**（fundamental frequency），简写作f_0。图2–1（a）和（b）所显示的f_0分别为200和400赫兹，这意味着，b的声带振动速度是a的两倍。

---

[1] 流体速度越快，产生的静压越小。因此，当气流快速通过合拢的声门时，先将声门冲开，但随之声门内压力下降，导致声门合拢，合拢后又被气流冲开，如此反复。

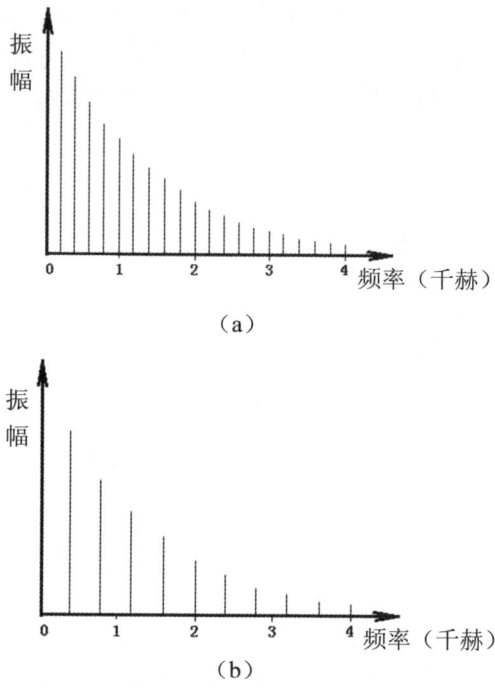

图2-1 声带振动产生的乐音的频谱图

经过以上过程，我们已经有了可听见的、频率高低可变的声音，但这个声音还不能体现[i][y][a]等音色之别，因为这种区别是靠声门以上的共鸣腔对声波的过滤造成的。由图2-2可见，肺部气流经声门后继续上行，先来到**咽腔**（pharyngeal cavity），然后可从**口腔**（oral cavity）、**鼻腔**（nasal cavity）或同时从口鼻腔流出：

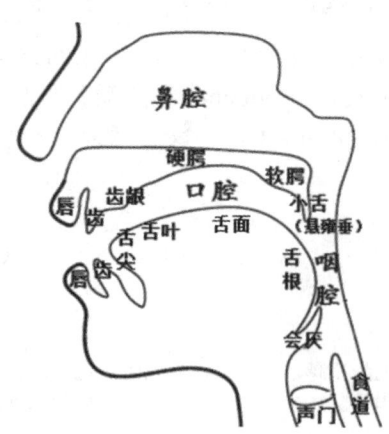

图2-2 声门及声门以上发音器官示意图

以上腔体配合形成的每一种共鸣腔形状，都对应着一套特定的**共振频率**（resonance frequency）。这意味着，当一个复音声波通过某种形状的腔体时，构成复音的各谐波中，接近腔体共振频率的谐波就会被加强，其他谐波则会被削弱。比如以上图2–1（a）中的声波，若经过发[i]时的共鸣腔过滤，便会得到图2–3中的频谱图：

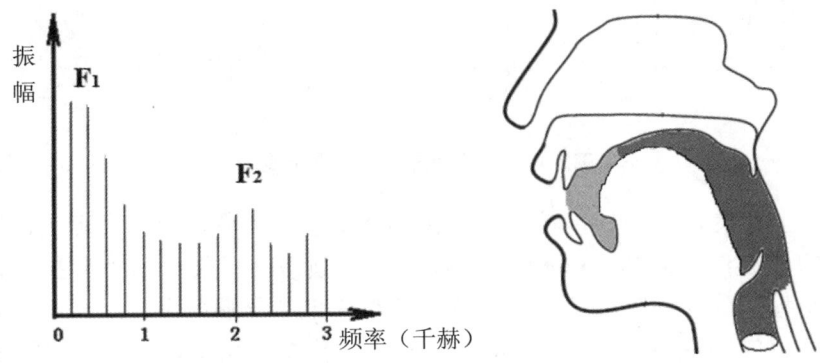

图2–3　[i]的频谱图与发音示意图

该图有几个频段的振幅明显增强了，其中频率最低的两处增强最重要，称作第一和第二**共振峰**（formant），简写作F_1、F_2，诸如[i] [y] [a]等基本音色的区别就是由它们（有时还有第三共振峰，即F_3）决定的，而高频的共振峰则主要反映个人声道特点造成的个人音色。

由[i]的频谱图可见，这个音的F_1和F_2相隔很远（成年男性约在200和2,000赫兹），这是因为发[i]时舌尖伸向前上方，将整个共鸣腔（咽腔+口腔，鼻腔已被堵住）分成了一个前腔（较小）和一个后腔（较大）。大体而言，F_2与前腔的共振频率关系密切，由于[i]的前腔小，因此F_2高（腔体越小共振频率越高）；F_1则与后腔的**亥姆霍兹共振**（Helmholtz resonance，声波在带有细口的腔体中的共振）关系密切，由于发[i]时舌头上抬，后腔开口较小，因此F_1较低（腔体开口越小亥姆霍兹共振频率越低）[1]。和[i]相比，[y]的情况类似，但多了个圆唇动作，导致前面的小腔增大，因此F_2稍低一些（图2–4）。

---

[1] 这是便于理解的简化说法，实际情况更复杂。

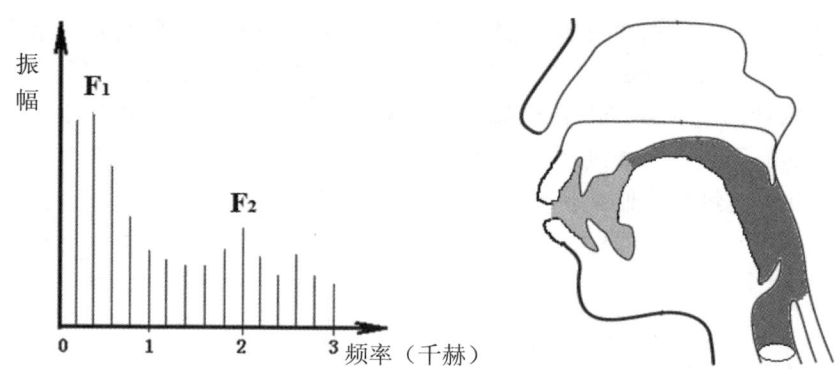

图2-4　[y]的频谱图与发音示意图

上述发音生理和声学特征，在感知上也有相应表现。实际上，人耳的核心结构**耳蜗**（cochlea）就是一个频谱分析仪。当外界振动由听小骨传到耳蜗时，耳蜗中的淋巴液首先把它传遍整个耳蜗。由于贯穿耳蜗的**基底膜**（basilar membrane）一头窄一头宽，其不同部分对不同频率的振动敏感（图2-5），因此，[i]的声波就会使基底膜在对200赫、2,000赫等频率敏感的地方产生大幅振动。基底膜上**柯替氏器**（organ of Corti）中的毛细胞会感觉到这些不同频率和幅度的振动，并将其通过听神经传给大脑，大脑就这样得到了[i]的频谱信息。

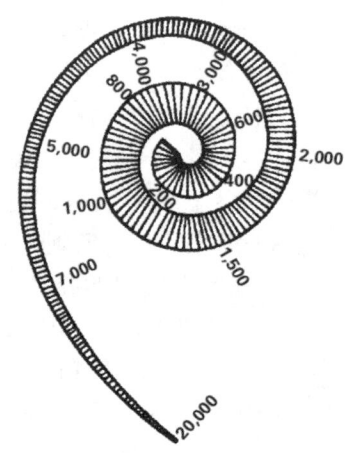

图2-5　耳蜗基底膜的宽窄变化和对应频率（Raphael et al. 2011: 196）

频谱分析显示的都是某个时刻的语音状况，为了观察语流中的语音变化，语音学中还常用**语图**（spectrogram）。语图相当于把一张张频谱图竖起来排列，以时间为x轴，频率为y轴，振幅则体现在垂直的z轴上（图2–6（a））。不过，实际使用的语图一般都是二维的，其z轴上的高度最终体现为墨迹的浓淡。这些墨迹可以着重显示共振峰这样大的起伏变化，形成**宽带语图**（wide-band spectrogram），也可以着重显示一个个谐波的变化，形成**窄带语图**（narrow-band spectrogram）：前者便于分析音色，后者便于分析音高。如图2–6中，宽带语图（b）显示，这个音共振峰基本不变，因而音色稳定；而窄带语图（c）则表明，它的音高有一点升降变化。

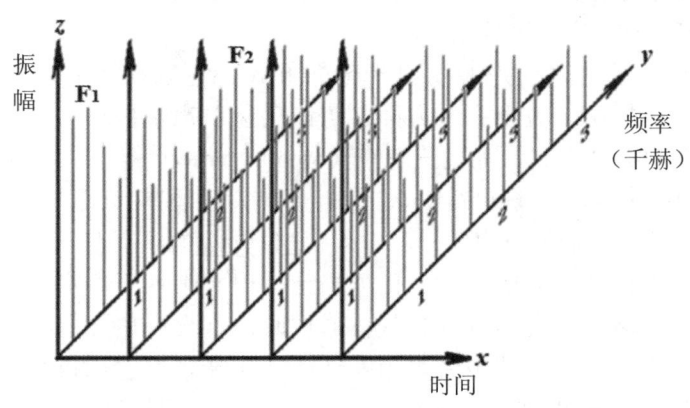

（a）三维语图

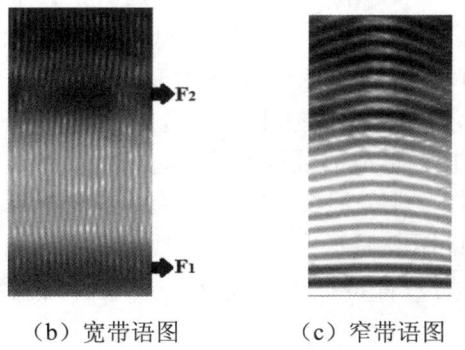

（b）宽带语图　　（c）窄带语图

图2–6　[i]的三维语图、宽带语图和窄带语图

由以上分析可见，任何一个语音其实都涉及三个基本问题：1）声源由谁提供动力；2）声源如何发出声音；3）滤波由什么样的共鸣腔完成。[i] [y]都是由肺部呼出气流提供动力，由声带的常态振动发出声音，由咽、口腔配合成一定的形状完成滤波。而如果我们对这些参数进行调整，就可以得到其他语音。

首先，通过改变共鸣腔，可以得到[a] [u] [l] [m]等其他音。这当中舌、唇和软腭的作用特别重要。舌和唇可以改变口腔形状，过滤出[a]（舌面下降）、[u]（舌面向后上方抬起）、[l]（舌中部抬起接触上腭，气流从两边通过）等音；软腭下降，可以使鼻腔加入共鸣，得到[m]（软腭下降，口腔在双唇处堵住）、[n]（软腭下降，口腔在齿龈处用舌堵住）等鼻音，以及[ã] [ĩ] [ũ]（软腭下降，口腔不堵住，而是保持发[a] [i] [u]的形状）等鼻化音。

其次，通过改变声源发出声音的方式，可以得到其他性质的语音。这又包括两个方面：一方面，可以仍然以声带振动为声源，但采取非常态的振动方式，如发**气嗓声**（breathy voice，声带一部分振动，另一部分打开漏气），可得[i̤] [y̤] [a̤]等音，发**哑嗓声**（creaky voice，声带中部松弛，以极低频率振动），可得[ḭ] [y̰] [a̰]等音；另一方面，也可以利用声带振动以外的声源，比如当舌与口腔某处形成窄缝让气体通过，或完全堵住后突然打开让气体通过时，都会发出一些可听见的声音，可作为声源。这些声音多为噪音而非乐音，但它们也是复音，也会经过共鸣腔的过滤，最后形成一些频谱特征，只是没有乐音那样的谐波和明显的共振峰。形成这种噪音声源的位置和方法很多，比如，当舌尖紧靠齿龈，气流从两者间的窄缝通过时，会形成齿龈擦音[s]，它的频谱特征是高频能量大，强频区在4,000赫兹以上。又如，当舌面后部在软腭处将口腔完全堵住，再释放气流，会形成软腭爆发音[k]，它虽然时间短暂，但如果后接[i] [a]等音的话，在[k]与这些音的过渡段也能看出一些由[k]形成的独特的频谱特征。另外，噪音声源和乐音声源还能同时存在，比如浊擦音[z]，既有舌尖处的摩擦，又有声带振动，因此它的频谱图既显示出无谐波的噪音特征（高频段较明显），又显示出有谐波的乐音特征以及滤波后形成的共振峰（低频段较明显）（图2–7）：

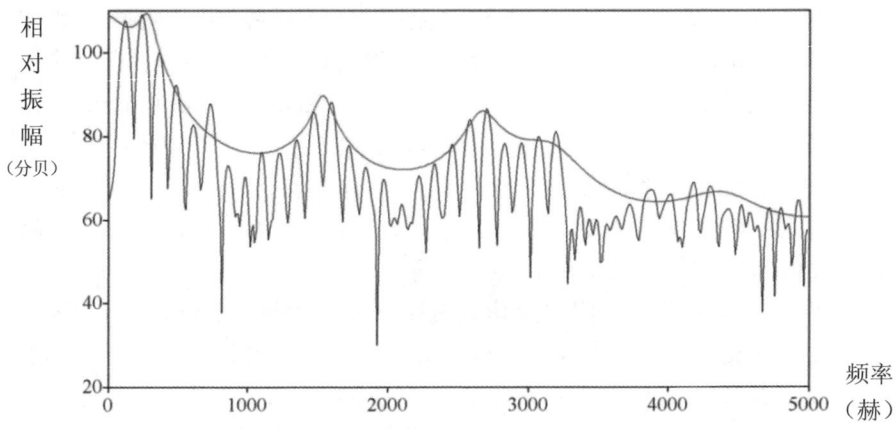

图2-7　[z]的频谱图
（快速傅里叶转换（FFT，显示谐波）与线性
预测编码（LPC，显示滤波情况）叠加）

最后，发音的动力源也是可以改变的。除肺部呼出气流外，我们还可使用软腭吸入、声门呼出、声门吸入等**非肺部气流**（non-pulmonic airstreams）。如飞吻和啧啧赞叹时的发音，就使用软腭吸入气流，分别是双唇倒吸气音[ʘ]和齿倒吸气音[ǀ]，这类音在非洲南部的科伊桑语言（Khoisan languages）中极为常见。

以上我们从[i] [y]出发，逐渐扩展，简述了语音的生理和声学描写框架。在此框架下，我们可以根据需要，对语音进行多种分类。比如，按照声门以上是否存在明显的噪音声源，可分出**阻塞音**（obstruent，如[s] [k] [z]）和**响音**（sonorant，如[a] [u] [l] [m]）[1]。响音中，删去口腔内有明显阻碍的响音（[l] [m]等），剩下就是通常所说的**元音**（vowel）。而那些被删去的响音，加上阻塞音，则是**辅音**（consonant）。

将语音分为元音和辅音，突出了口腔内有无明显阻碍这一标准，也更能体现不同语音在音节中最常见的组合规律，因为元音做音节核的情况比辅音多得多。国际语音学会提供的**国际音标**（International Phonetic Alphabet，简称IPA）表也采取了元音和辅音的传统分类，

---

[1] 声门音[h]等是阻塞音还是响音，存在争议，详见本书第57页脚注2。

并将它们分列图表。元音在口腔内无明显阻碍，而以共鸣腔形状相互区别，可用高低、前后和是否圆唇三个参数共同界定。辅音的主要参数是**发音部位**（place of articulation）和**发音方法**（manner of articulation）。由于辅音既包括阻塞音，又包括口腔内有阻碍的响音，所以"发音部位"和"发音方法"其实都有双层含义：对于[s] [k] [z]等，它们指的是噪音声源产生的部位和方式；对于[l] [m]等，它们指的是口腔内阻碍的部位（但此处并无声源）和共鸣腔的设置方式。

以上分析中没有专门提及**声调**（tone）、**语调**（intonation）等**超音段成分**（suprasegmentals），因为从纯物质角度来看，它们无非体现为音高、音长、能量等因素，上文已有所涉及。问题在于，各种语言是怎样利用和组织这些物质形式的，而这就是音系学的问题了。

三、音系学

20世纪早期，欧洲和美国的一些语言学家分别在各自的研究中发现，语音的物质属性和它在语言中地位不是完全对应的。比如，在开始调查一种语言时，我们可能会记下它的各种语音细节，但随着调查深入，我们就会发现，有些细节对理解这种语言没有太大价值，比如因邻近音影响造成的一些**协同发音**（co-articulation，如普通话"苏"的声母在[u]前变成圆唇的[sʷ]）、发音人的个人特色（如"热"的声母一般为无摩擦的[ɹ]，但也有人发作摩擦强烈的[ʐ]）等。

为了强调那些对理解某种语言有价值的语音性质，学者们提出了**音位**（phoneme）的概念。最初，他们只是把一种语言中价值相同的音分别并作一组，每组算一个音位，而没有明确指出各音位关键的语音性质是什么。比如，按照这种做法，上文中提到的普通话[sʷ]就可以和[s]并作一组，[ɹ]和[ʐ]也可以并作一组，但是这两组不能再合并了，因为"伞"和"染"不同、"俗"和"如"不同，说明{[sʷ], [s]}和{[ɹ], [ʐ]}两组音具有不同的价值。语言学家再从各组成员中找出最常用的那个——**音位常体**（phonemic norm）——来标示各组，并在它的两边打上斜线，表示它是音位，其组员则称作**音位变体**（allophone）。比如，[sʷ]和[s]就是/s/的音位变体。不少音位变体只出现在互相排斥的语音环境中，称作**条件变体**（conditional variants），反之则称**自由变体**（free variants）。例如，上述[sʷ]和[s]就是条件变体，分别出现在圆唇音和非圆唇音前；[ɹ]和[ʐ]则是音位/ɹ/的自由变体。

以上方法很快遇到了一些问题。比如，普通话"舞步"和"舞蹈"中"舞"的不同发音、"雨具"和"雨伞"中"雨"的不同发音，"以及"和"以免"中"以"的不同发音等，应该也可以各并作一个音位，每个音位有两个不同声调的变体。但这样普通话里的音位也太多了。其实，只要把这些音位中的共同成分——上声——提取出来，然后说上声有不同变体就行了。英国学者Jones和美国学者Pike都看到了这一点，并不约而同地提出了**调位**（toneme）的概念。

那么，除了声调外，音位还可以分析出其他语音成分吗？俄国学者Trubetzkoy的研究为我们提供了线索。Trubetzkoy发现，音位间相互区别的方式有很多种，比如下图中，各列音位呈双边对立关系，其本质是清浊对立；各行音位呈多边对立关系，其本质是发音部位的对立。

```
/p/   ↔   /t/   ↔   /k/
 ↕         ↕         ↕
/b/   ↔   /d/   ↔   /g/
```

图2–8　音位/p，b，t，d，k，g/间的对立关系

因此，从各行和各列音位中可以提取出一些关键的语音特征，如"清""浊""双唇""齿龈""软腭"等，而各个音位则可视作若干特征的组合。在此基础上，Jakobson等人提出了一套**区别性特征**（distinctive features）体系，其中每个特征都可有正负两种取值（比如"清"和"浊"就是"－浊"和"＋浊"）。后来学者们又对它做了不少修改，形成了一个大致统一的方案（一般可参考Kenstowicz（1994）中的版本）。照此方案，假设一种语言中有/m/、/n/、/l/、/f/、/s/、/p/、/b/、/t/、/d/、/k/、/g/11个辅音音位，它们就可以解析为如表2–1所列的特征分布：

表2–1　辅音的一些区别性特征

	m	n	l	f	s	p	b	t	d	k	g
响音性	＋	＋	＋	－	－	－	－	－	－	－	－
通音性	－	－	＋	＋	＋	－	－	－	－	－	－
浊音性	＋	＋	＋	－	－	－	＋	－	＋	－	＋
前部性	＋	＋	＋	＋	＋	＋	＋	＋	＋	－	－
舌冠性	－	＋	＋	－	＋	－	－	＋	＋	－	－

音位中的关键语音性质现在清楚了，但音位分析还存在其他问题。比如，德语中的浊阻塞音在词尾要清化，因此/d/音位在词尾发[t]，可是，/t/音位在词尾也发[t]，这就导致不同音位在同一语音条件下出现了相同变体，术语称**中和**（neutralization）。中和给音位理论造成了挑战：设想我们在调查德语时听到了[ʀa:t]的发音，那么应认为它在音位层是/ʀa:t/（建议）还是/ʀa:d/（轮子）呢？如果我们能确定，那也是通过语音之外的线索。因此，尽管我们在这里区分了不同音位，但我们并不是通过音位的区分理解了语言，而是在理解之后才知道[t]属于哪个音位的。

另外，音位分析有时候不够简洁清晰。比如在俄语中，浊阻塞音前的清阻塞音/t/、/ts/等实际念[d] [dz]，这是一种简单的浊化现象。但由于俄语中d本来就是个音位，而dz却不是，这样t→d和ts→dz就成了两种现象：前者是两个音位的转换（或中和），后者是/ts/音位的内部变化。这样分析反而掩盖了浊化的本质。

为了解决上述问题，Halle（1959）提出，既然音位间的转换和音位内的变化都是某些语音性质的变化，那么不如放弃音位，直接采用区别性特征来分析。这样，上述浊化现象就可以统一描写为：

$$\begin{bmatrix} -响音性 \\ -浊音性 \end{bmatrix} \rightarrow [+浊音性] / \_ \begin{bmatrix} -响音性 \\ +浊音性 \end{bmatrix}$$

它的意思是：一个非浊的非响音（即清阻塞音），如果出现在一个浊的非响音（即浊阻塞音）前，其"浊音性"特征的取值会由负变正，其他特征不变。从音位的视角看，这样做混淆了有辨义价值和无辨义价值的音，但正如中和现象所表明的，辨义并非只靠音位。事实上，说话人当然知道自己说的是什么词，而听话人则需要利用各种规则从听到的音推出原来的词（试想一个英国人怎样在特定情况下把听到的[ə]识别为*and*（和）），并非只靠音位。因此，我们需要的也许只是这样两个层面：人心智中的抽象语音表征——或曰**底层形式**（underlying representation）；实际出现的语音形式——或曰**表层形式**（surface form）。它们不同于音位和音位变体，比如[ə]并不是*and*底层语音形式的音位变体，但是，从底层到表层的过程——**音系过程**（phonological process）——也有明确的规则，比如上文对浊化的描写，就是一条**音系规则**（phonological rule）。

以上想法就是Chomsky & Halle在其名作《英语的音型》（1968）

中提出的**生成音系学**（generative phonology）的基本主张。生成音系学克服了音位分析的很多问题，从此成为主流，并在音系表征和音系规则方面不断发展。在音系表征方面，Chomsky & Halle（1968）中的底层和表层形式都把区别性特征罗列在方括号里（像上面的那条浊化公式一样），而且对超音段特征关注不够，后来出现的**特征几何**（feature geometry）理论则认为，方括号内的各种特征有层级组织关系，而**自主音段音系学**（autosegmental phonology）更指出，有些特征应该提取出来另设一些层面讨论。最初提取出来的特征，主要是超音段特征。比如，北京话"好好儿地""远远儿地"中，第二个音节看似第一个音节的重叠，但重叠的其实只有音段，声调层面另有一套规则（上声变阳平），可见声调应该独立出来讨论。后来，独立出来的层面越来越多，甚至发音部位、发音方法等特征都可以成为独立的层面，以至于原来的层面只剩下了由一个个计时单位连成的空架子，称为**骨骼层面**（skeletal tier）。这样，原来只有一个线性层面的音系表征大为丰富，音系学进入了**非线性音系学**（nonlinear phonology；其实称"多线性"更好）时代。

另一方面，音系规则一直是生成音系学研究的核心，因为无论在哪个层面上，从底层生成表层不仅涉及大量的音系规则，而且还涉及规则的使用顺序。仍以北京话的声调为例，"小姐"的底层声调是"上声+上声"，表层却是"阳平+轻声"，其间经过了两条规则：1）两个上声相连时，第一个上声变阳平；2）以"小"、"老"开头的某些名词末音节变轻声。这里的关键问题是：规则1）与规则2）不能颠倒，如果1）先起作用，2）就无法起作用了，这叫**阻断顺序**（bleeding），而"小姐"的生成顺序是**反阻断顺序**（counter-bleeding）。反阻断顺序会让人觉得，表层的某些发音似乎是在不存在的条件下生成的（如"小"在轻声的"姐"前改读阳平，看似无理），这种现象叫做**音系晦暗**（phonological opacity）。除了反阻断顺序外，作为**馈给顺序**（feeding，前一规则得到的结果正好是后一规则要处理的对象）之颠倒的**反馈给顺序**（counter-feeding）也会导致音系晦暗。当然，音系晦暗只是假象，用音系规则的顺序来揭示它的成因，正是生成音系学所擅长的。

不过，音系规则也有一些问题。比如，根据英语的一条重音规则，以-teen结尾的数词（如fourteen（十四））必须前轻后重；而根据另一条节律规则，在fourteen people（十四个人）中，fourteen最好前重后轻，以便使整个表达保持"重轻重轻"的节律交替。这里的第一条规则施用于构词的某个阶段,它的结果必须标在词典里;后一条规则则施用于构词完成后的遣词造句中,不必标在词典里。由此可见,构词有构词的音系规则,而把组织好的词句说出来时,又有一套音系规则,这两套规则甚至可能冲突。对这两套规则的区分,就是**词汇音系学**(lexical phonology)的基本主张,这个领域还有很多问题没有研究清楚。

音系规则的另一个问题是,它没有明确说出规则背后的动因。比如,假设某种语言就是不喜欢两个辅音相连,那么它一定会产生很多规则来避免这种情况,如在辅音中插入元音、删去某个辅音、将某个辅音替换成元音等。这些规则看似五花八门,其实都是一个目的,这种现象称为**共谋**(conspiracy)。为了揭示各种音系规则背后的动因,一些学者提出,不如抛弃音系规则,而直接把一种语言的"好恶"——**制约条件**(constraint,如*CC,即两个辅音不能相连)——按照强烈程度排列出来,以此指导我们遴选出合适的表层形式,这就是**优选论**(Optimality Theory)的主张。20世纪90年代以来,优选论发展迅速。不过,抛弃音系规则的一个代价是,优选论很难解释音系晦暗现象,这也是一些人对它存有疑虑的原因之一。

以上我们按时间顺序简述了音系学自音位学以来的一些发展,不过音系学的流派非常多,更全面的流派介绍可参阅赵忠德、马秋武(2011)等。另外需要补充的是,虽然生成音系学早期放弃了音位,但后来又在一定程度上恢复了音位的地位,将它视作表层形式的一种副产品(Schane 1971),并采用它作为区别性特征组合的简便写法。比如,假设一条音系规则要对前面表2–1中具有"－响音性、－通音性、＋浊音性、＋前部性、＋舌冠性"特征的音进行操作,那么底层形式只要简写为d(是否加双斜线不是很严格),就不用罗列这些特征了。

第二节　主要理论模型与研究方法

一、语音学比较

一般来说,从国际音标体系出发进行语音学比较,是比较简便可行的。前文已指出,国际音标表采用了一些参数分别描写元音和辅音。事实上,我们可以把元辅音放在一起考虑,因为元音的舌位(以舌面最高点标记)分布在一个椭圆形范围内,只要超出了这个范围,口腔某处就会形成明显阻碍，元音的舌位参数就成了辅音的发音部位参数。这种关系可用图2-9示意：其中元音[i]再抬高就成了硬腭辅音，再往前就会有齿龈辅音等；元音[u]再抬高就成了软腭辅音；元音[ɑ]再往后就成了咽辅音。当然，辅音还有发音方法参数，对元音来说，这个参数的值就是"无明显阻碍"。元音还有圆唇参数，对辅音来说它也是存在的，只是重要程度低一些：国际音标表在大部分元音发音点的左右都给出了非圆唇与圆唇形式（如[i]~[y]），但对辅音则没有这样做（如没有给出[s]的圆唇形式[sʷ]）。

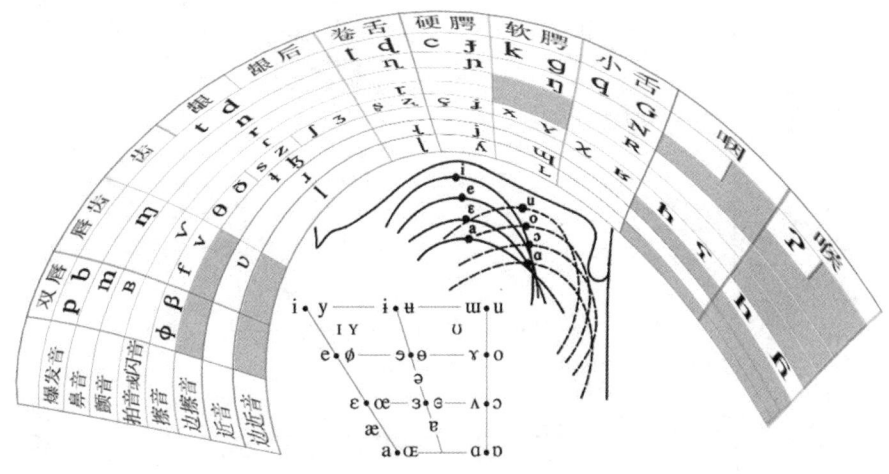

图2-9 元音和辅音的关系
（其中元音舌形图取自Catford 2001: 128）

另外，对于各种发声类型、气流机制等，国际音标表也提供了相应的描写方法。因此，这个体系还是比较全面的。在这一体系下，我们可以比古罗马人更好地理解[y]和[i]的区别；可以发现阿拉伯语有很多发音部位靠后的辅音（[x] [ɣ] [q] [ħ] [ʕ] [ʔ]等）；可以把上海话"皮"的音段细致地记作"清音浊流"（清声母后接气嗓声）的[pɦi]，而不是最初认为的[bi]；还可以描写江西宁都儿歌中出现的倒吸气音[ǃ]（Nathan 2001），虽然一般认为这种音仅常见于非洲南部的一些语言。

以上例子可作为元音、辅音、发声类型、气流机制等对比研究的很好的出发点。不过，语音学比较并不能只靠国际音标。这是因为，我们无法给语音的每一点细小变化都设一个音标，音标符号其实有很大的抽象性。在语音比较中，要把问题研究清楚，往往还要回到上一节所介绍的生理–声学框架，它也是国际音标本身的基础。比如，很多语言都有[i] [u]两个音，但它们都是一样的吗？这个问题就无法用国际音标来研究，而必须依靠更原始的生理–声学数据。生理方面，可以用核磁共振仪、电磁发音仪等设备来观测舌位；声学方面，可以对相关发音人的录音做声学分析。上一节中我们已经看到，这两类数据有较好的对应关系。图2–10是根据多名美国英语和汉语宁波话发音人（成年男性）多次[i] [u]发音的F_1、F_2做出的**声学元音图**（acoustic vowel chart）：

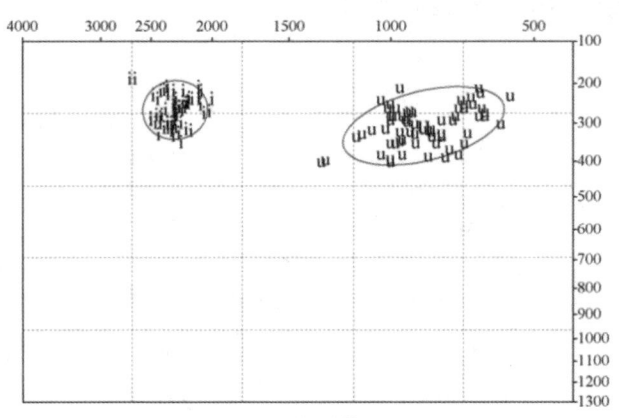

（a）美国英语

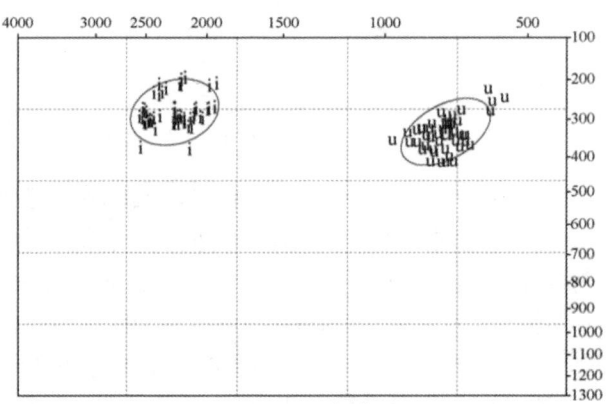

（b）汉语宁波话

图2–10　美国英语与汉语宁波话[i]、[u]的声学元音图
（纵轴为F1，横轴为F2，单位赫兹；美国英语的数据来自Peterson & Barney（1952）的经典研究，33名男发音人每人发音2次；宁波话的数据来自Hu（2014），10名男发音人每人发音5次；椭圆代表根据数据得出的分布概率，置信度为95%。）

上图在坐标设置上充分考虑到了元音声学特征与国际音标元音图的对应：F_1标于纵轴，下大上小；F_2标于横轴，左大右小。这样得到的元音方位正好与国际音标元音图大致吻合。另外，由于人耳对低频的声音更敏感，我们实际上已经把频率坐标转换成了反映听觉高低的**巴克**（Bark）坐标，以放大低频间的差距，使我们的图与听感更吻合[1]。由上图可见，两种语言[i] [u]发音的F_1、F_2是有一些差异的。至于差异是否显著，可以利用统计工具，对原始数据进行T检验，表2-2是检验后得到的**概值**（p-value）：

表2-2　美国英语与汉语宁波话[i][u]的F1、F2值T检验结果

	F_1	F_2
美国英语[i]~汉语宁波话[i]	0.039	0.221
美国英语[u]~汉语宁波话[u]	0.005	0.000

P值代表原假设成立时出现实验结果的概率。比如，上表左上角的数据表明：如果美国英语与汉语宁波话[i]的F_1值没有区别（原假设），那么我们观测到的两种语言多次[i]音的实际F_1值（实验结果）的出现概率是0.038855792。这个概率不到5%，这说明，如果原假设成立的话，是不大可能出现我们的实验结果的。因此，我们应推翻原假设，认为美国英语与汉语宁波话[i]的F_1值有较显著差异。由表中可见，差异最显著的是这两种语言[u]的F_2值——在坐标轴上也可以明显看到，宁波话的[u]比美国英语的[u]更偏右。

实际上，国际音标不仅比具体音值抽象，还存在其他问题。比如，辅音要形成阻碍，大都需要舌的某个部位（即主动发音部位）与口腔的某个部位（即被动发音部位）相配合，所以最好用两个部位共同命名，可是对比前面的图2-2和图2-9可见，国际音标表一般只用被动发音部位命名辅音。比如[k]，其阻碍是舌后部与软腭配合形成的，但音标表上只说它是软腭音。这对[k]也许不是大问题，因为软腭与舌后部具有一对一的配合关系；但舌的前部是很灵活的，会形成多对多的配合关系。比如，对[t]来说，它的主动发音部位可以是舌尖、舌叶，被动发音部位可以是齿、齿龈、齿龈后，这意味着至少有六种

---

[1] 事实上，在国际音标表的元音图中，元音与元音间的距离也是代表它们的听感距离，而非舌位距离。

[t]。国际音标表也提供了一些手段表示这些区别，如[t̺]是舌尖的、[t̪]是齿部的，但若要同时表示舌尖–齿部的[t]就很不方便。另外，还有一些辅音的区别更难表示，如卷舌音：可以把舌头往下卷，也可以往后卷，后卷的程度可以到达齿龈后，也可以到达硬腭等不同位置。因此，国际音标表只好放弃用发音部位来命名这类音，而是统称其为"卷舌音"，这意味着卷舌音其实包括很多种音，仅靠音标很难区别。汉语普通话"知""吃""诗"的声母也常被描写为卷舌音[tʂ][tʂʰ][ʂ]，但如果用一些国外学者熟知的印度语言中的卷舌法来说普通话，在中国人听来就像大舌头。这里所涉及的各种发音区别，只能回到生理–声学框架中来研究。除声学数据外，研究这类辅音最关键的信息来自**腭位图**（palatogram）和**舌位图**（linguogram）。图2–11是一位澳大利亚西部Arrernte语发音人发[ˈpət̺ə]（岩石）时的静态腭位图[1]和舌位图，主要显示的就是卷舌爆发音[t̺]的舌头与上腭接触情况（以可食用的黑色碳粉标示，面积可测量）。可以看到，发音人的舌头背面明显与上腭接触过，这在普通话卷舌音里是没有的。

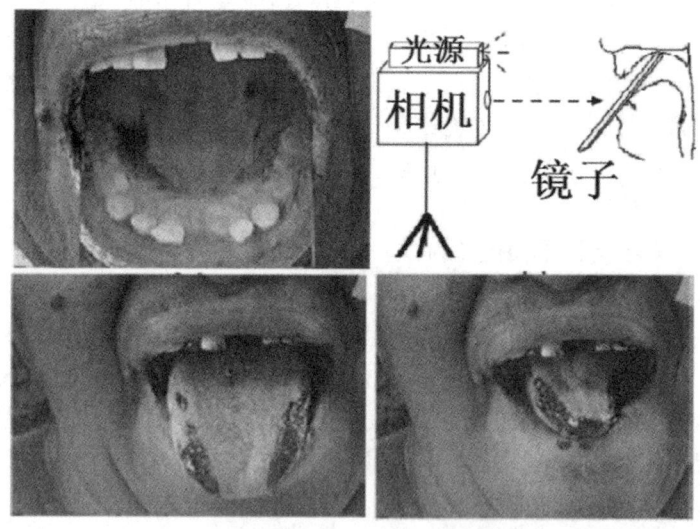

图2–11 一位西部Arrernte语发音人发[ˈpət̺ə]时的腭位和舌位图
（Anderson 2008: 6，7，14；左上角为腭位图；右上角为腭位照相法示意图；左下角为正面舌位图；右下角为背面舌位图）

---

[1] 静态腭位图采用腭位照相，适合田野调查；实时的动态腭位图需要用电子腭位仪来制作。

最后，国际音标还有一个问题，就是各国学者使用它的习惯不同，这一点尤其应在语音比较中引起重视。比如，英美学者常把英语 *run*（跑）的发音记作[rʌn]，但国际音标的[r]只表示舌尖颤音，[ʌ]只表示半低后元音，而当代英语 *run* 的发音通常更接近[ɹəɹ]（英国）或[ɹəɹ]（美国），其中[ɹ/ɻ]是近音，[ə]是半低-低央元音。用[r]代替[ɹ/ɻ]是为了方便，用[ʌ]代替[ə]则是因为[ə]以前发作[ʌ]，如果不了解这些，就会误以为英语 *run* 的前两个音与意大利语[r]和朝鲜语[ʌ]的发音相同。又如，汉语普通话"资""知"的韵母在国际音标表中没有对应的元音符号，这是因为这两个韵母的舌位实际上已经超出了通常元音的舌位范围，原则上属于辅音。辅音做韵母并不罕见，如英语 *listen* [ˈlɪsn̩]（听）、*bottom* [ˈbɒtm̩]（底）都有这种情况，称作**音节性辅音**（syllabic consonant），所以"资""知"的韵母可以记作[ɿ] [ʅ]。但是，这样做比较麻烦，中国学者通常称"资""知"的韵母为**舌尖元音**（apical vowels），并沿用瑞典汉学家Karlgren（高本汉）早年借自瑞典方言的[ɿ] [ʅ]来记录。另一方面，汉语方言中还有一些音节性辅音（如上海话"鱼"的[ŋ̍]）则没有被处理成元音，国内汉语学界通称其为"声化韵"。如果不了解以上背景，就会误以为汉语中有一些绝无仅有的怪音。除[ɿ] [ʅ]外，国内学者常用的其他非国际音标符号还有[ʮ]（[ɿ]的圆唇形式）、[ʯ]（[ʅ]的圆唇形式）、[ᴇ]（[e]和[ɛ]当中的过渡形式）、[ᴀ]（[a]和[ɑ]当中的过渡形式）、[ȵ]（齿龈-硬腭鼻音），这些音中有的也可以用国际音标表示，只是比较麻烦，如[ᴇ]=[e̞]、[ᴀ]=[a̞]，最后一个符号[ȵ]则确实是国际音标表所缺少的。

综上所述，在进行语音学比较时，国际音标是一个好助手，但我们不能过分依赖它。只有深入更原本的生理-声学层面，才可能将语音上的异同研究清楚。

二、音系学比较

从语音描写开始，进而分析音系，这是学习语言学以及调查陌生语言的一般步骤。但是，在做跨语言的语音对比时，我们通常是先从音系开始，然后才比较实际发音的。这是因为，每次实际发音的生理-声学数据多少都有些不同，抛开音系来比较这些数据不仅盲目，而且很难操作。比如，上文对美国英语和汉语宁波话[i] [u]的比较，看上去只是在比较一些实际发音，但如果不是事先确定了两种语言的音系，我们甚至说不出为什么一定要把这几次发音放到一起来比——从纯生理–声学角度，我们只能说出它们每一个的F_1、F_2值等，但无法确定它们算[i]还是[ɪ]，[u]还是[ʊ]。当然，根据测量数据，也可以把实际发音分成一些类（比如F_2在2000赫兹以上的归一类），但这样做通常没有什么意义。

因此，我们需要先做音系比较，弄清楚每种语言是怎样组织语音的，然后再在这些组织结构中寻找一些具有共性的单元或层面，展开具体的生理–声学对比。在做音系比较时，可以以传统的音位为基础，也可以以区别性特征为基础。

以音位为基础的比较，必须特别强调系统性，因为音位不能单独存在，它总是某个辨义系统的一部分。比如我们常说"英语有/e/，阿拉伯语没有/e/"，意思是：在英语的语音系统中，有一些音被专门归在"e"的名下，因为它们与归在"i""a""u""ɔ"等名下的音会形成意义差别；而在阿拉伯语中，没有必要专以"e"的名义归并出一组音，因为把音归在"i""a""u"等几组下，已经足够辨义了。所以说，音位总是某个特定语言的音位，音位对比总是音位系统的对比，不顾系统而直接比较两种语言的单个音位是很危险的。例如，"汉语普通话和英语都有/p/音位"，这个说法虽然没错，但它可能会给人一种错觉，似乎/p/在两个语言体系中的内涵一样，其实不然。要弄清这个问题，我们首先要知道，/p/至少与[p] [pʰ] [b]三种音密切相关，而三者在英汉语中都会用到。如图2–12所示，它们的区别是：如果后接一个元音，比如[a]，那么[p]在气流冲破双唇阻碍（即除阻）后，几乎是同时开始振动声带发出[a]的；而[b]在此之前就已经开始振动声带了；[pʰ]则是在除阻之后隔了一段时间才开始振动声带发[a]的，隔的这段时间只有气流冲出口腔的[h]声。依此，我们把[p] [pʰ] [b]分别称作清不送气、清送气和浊音。如果用声带开始振动的时间减去除阻时间，可得[p] [pʰ] [b]的**嗓音起始时间**（voice onset time，简称VOT）分别为零、正值、负值。

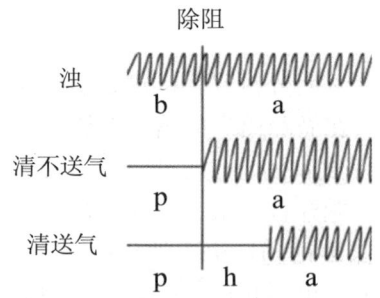

图2–12　[p] [pʰ] [b]嗓音起始时间示意图

接下来，我们可用**最小对比对**（minimal pair，两个意义不同而只有一处语音差异的语言形式）来观察一下[p] [pʰ] [b]在英汉语中的对立关系。比如，普通话"爸""怕"只有声母不同，分别是[p] [pʰ]（注意不要把汉语拼音当成国际音标，误以为它们的声母是[b] [p]），可见/p/、/pʰ/是普通话的两个音位；同时，"爸爸"中第二个"爸"的声母一般是[p]，但也可发成[b]（尤其当第二个音节很弱时），可见[b]是/p/的一个变体。再看英语，[pʰɪn]（别针）和[bɪn]（桶）不同，说明/pʰ/、/b/是两个音位。但是，[pʰ] [b]都不出现在[s]后，这个位置上只可能出现[p]（如[spɪn]（转动）），因此[p]可算作/pʰ/或/b/音位的变体；参考书写形式，我们可将[p]归入/pʰ/音位，并将这个音位名改写作更简单的/p/。另一方面，词首的/b/其实常念作[p]（如[bɪn]可念作[pɪn]），因此[p]也是/b/在词首的一个变体。以上分析如图2-13所示：

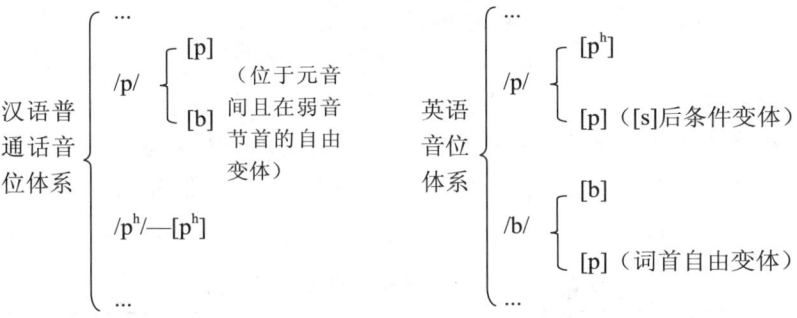

图2-13　汉语普通话和英语的双唇爆发音音位及其变体

由此可见，/p/在英汉语中的内涵很不相同。比较英汉语的/p/音位，其实就是以/p/为切入点，比较两种语言的音位系统。在此基础上，我们才可能进一步找到一些具有共性的单位（如作为音位变体的汉语[pʰ]和英语[pʰ]），展开生理-声学对比（如测量两种语言[pʰ]的嗓音起始时间）。

音位比较中还有一点需要特别注意，就是音位归纳具有非唯一性。这一点赵元任（Chao 1934/2006）早就强调过，却常被忽视。比如，普通话[ɿ] [ʅ] [i]三个音从不出现在同一语音环境中，可以合为一个音位；汉语拼音就是这样处理的，所以"思"si [sɿ]、"诗"shi [ʂʅ]、"溪"xi [ɕi]的韵母拼音相同。但是，[k]和[tɕ]也从不出现在同一环境，汉语拼音却处理成两个音位，写作g和j，如"歌"ge [kɤ]、

"机"ji [tɕi]。其实，也可以把[ʅ] [ʮ] [i]分成三个音位，把[k] [tɕ]合成一个音位（民国时期的邮政拼音就把[k] [tɕ]合为k，所以"北京"拼作Peking），这取决于母语者的语感、语音间的历史关系以及归纳者的个人偏好等。由此可见，一种语言有多少音位、哪些音位，还跟归纳方案有关。有的人很关注各种语言分别有多少个音（即音位），甚至根据二手材料把众多语言的音位数目直接拿来比较，这其实有一定的危险。

前文已经指出，用音位来分析超音段成分不是很方便，而结合区别性特征的非线性音系学在这方面已经取得了很大进步，因此可作为超音段成分音系比较的框架。超音段成分利用的主要是音高、音长、能量这些物理属性，因此，我们要研究的，就是不同语言在各自系统中使用这些属性的方式。

在比较前，我们要注意一点：音高和音长可以单独用来辨义，但能量一般不能，它往往要同音高和音长结合起来使用，并且只是这种结合中的配角。因此，我们不妨把可供利用的物理量组合改作这样三类：音高为主；音长为主；音高+音长+能量。这三类组合可以区分词义和句子语义两种不同层面的意义，在词的层面体现为声调、音长和重音，在句子层面体现为语调、节奏和句重音。我们先来看看词层面的情况（表2–3）：

表2–3　词层面的三种超音段辨义方式

音高为主	音长为主	音长+音高+能量
声调	音长	重音
例：日语：/haˉsiˎ/ "筷子"，/haˉsiˊ/ "桥" 汉语：/maˉ/ "妈"，/maˊ/ "麻"	例：荷兰语：/man/ "男人"，/maːn/ "月亮"	例：英语：/ˈɪmpɔːt/ "进口"（名），/ɪmˈpɔːt/ "进口"（动）

以上三种情况，不是所有语言都有，但都是可能出现的。不过，其中有些术语在学界还不太统一。以"声调"为例，利用音高来分辨词义的现象确实可以统称为声调，但这里又分两种情况：有的语言像日语那样，每个词有一个固定音高模式；有的语言像汉语那样，每个语素有一个固定音高模式，而且由于汉语的语素多是单音节的，所以表现为各个音节都有固定的音高模式。虽然一些权威学者把以上两种

情况都称作声调（如Laver 1994: 462–483；Yip 2002），但也有人只把其中第二种称为声调，第一种则称pitch accent，汉语译作"音高重音"或"词调"。相比之下，英语那样每个词都有一个固定的"音长+音高+能量"模式的现象（即有的音节又长又高又响，有的则相反），则称作stress accent，汉语译作"力度重音"。到此为止，概念还是清楚的，但问题是：stress accent在实际使用中有时简称为stress，有时简称为accent，而且两者都译作"重音"，这就混淆了原本含义较广的accent和含义较窄的stress。其实，可以把汉语、日语、英语中的上述三种现象分别称作声调、音高重音、力度重音，或者声调、词调、重音，但是这两套称呼不应混用。

在进行声调、音长和重音的跨语言比较时，具体测量可以放到语音学层面来做，在音系学层面，只要标记相对音高、音长和重音就行了。这方面已有不少成熟的做法：音高方面，有赵元任提出的五度标调法（用1、2、3、4、5代表从低到高平均分布的五个相对高度）及与之对应的国际音标声调符号（˩、˨、˧、˦、˥等）；音长方面，国际音标有两种音长符号：ː（长）、ˑ（半长）；重音方面，除了熟悉的重音符号"'"等，还可用数字代表重音等级。当然，对重音来说，位置的对比（重音在词中的位置有无规律、规律如何）是更常见的。

再来看语调、节奏和句重音。不少学者对语调的理解其实涵盖了后两者，因此在比较时首先也应注意概念内涵的一致。其次，这些现象有时与区别语义并无太大关系，但确实又呈现出明显的跨语言差异，因此值得比较。比如，语言的节奏选择，有时确实是为了表达语义（如小句边界的停顿与词之间的停顿时长不同），但除此之外，英语、德语等语言还表现出明显的**重音节拍**（stress-timing，即语流以重音为核心分成一个个音步，各音步时长大致相等，但音步内的音节数目未必相等）特点，汉语、法语、西班牙语等语言还表现出明显的**音节节拍**（syllable-timing，即各音节时长大致相等）特点。

语调、节奏和句重音的音系描写，原则上也是抽象描写即可，不过这方面还没有真正为各国学者普遍接受的框架。目前较流行的是**ToBI标调法**（Tone and Break Indices，简称ToBI），在美国尤其常用，但它还有待完善，具体可参考Beckman & Ayers（1994）、Sun（2005）、Ladd（2008）等。如果觉得抽象描写困难，也可以根据研究需要，直接采用语音学中的基频曲线等来说明问题。

在比较不同语言的超音段成分时,还有两点需要注意。首先,超音段成分会互相影响,比如节奏与重音关系密切,重音又会影响声调,声调又会影响语调的实现等,在比较时应注意不同语言在这些方面的异同。其次,超音段成分还会与音段特征互相影响,比如[i]的频率自然偏高,元音音质会受重音影响等,也是在比较时应注意的。另外,有时超音段和音段特征会因感知等原因被人为地归为一类,比如汉语方言中与其他声调并列的**入声**(checked tone),其实不仅有音高特征,而且还有后接阻塞音尾、元音短促等重要特点,比如广州话[sɐp̚]"湿"。在语言比较中,对这种传统分类要小心处理,以免将性质不同的对象混为一谈。

最后来看音系过程的比较。从生成音系学的角度看,它主要是对音系规则的内容、施用范围、施用顺序等进行比较。比如,前面我们曾提到,汉语普通话的[k]和[tɕ]可以并作一个音位/k/,[tɕ]是它在[i]和[y]前的变体。在生成音系学框架下,则可以认为它们的底层形式都是k,这个形式在前高元音前发生部位同化变为tɕ。这条同化规则可以写作:

$$\begin{bmatrix} -响音性 \\ -通音性 \\ +张喉性 \\ -前部性 \\ -舌冠性 \end{bmatrix} \rightarrow [+舌冠性] / \_ \begin{bmatrix} +响音性 \\ +高 \\ -后 \end{bmatrix}$$

也可以简写为:

(1) k→tɕ/ _ $\begin{Bmatrix} i \\ y \end{Bmatrix}$

正是它将"机""京"等从底层形式的ki、kiŋ变成了tɕi、tɕiŋ。

在英语中也有一些针对k的同化规则。其中一条将底层的k在i前变成s:

(2) k→s/ _ i

但是,这条规则只用于构词过程中加-*ity*等词尾的情况,如将*electric*-(电)、*veloc*-(快)、*felic*-(幸福)等末尾的k在-*ity*前变成s。

英语中另外还有一条将i前的k变成硬腭爆发音c的规则:

（3）k→c/_i

这条规则会把 *key*（钥匙）、*like eating*（喜欢吃）等表达中的底层 k 变成 c，可见它是在组词造句完成之后才使用的。

比较以上三条规则，可见规则（1）（2）（3）的施用对象、语音条件都类似，而且都改变了 k 的发音部位特征，可是具体情况却有些不同：规则（1）得到的是一个齿龈–硬腭音；规则（2）得到的是齿/齿龈/齿龈后音；规则（3）得到的是硬腭音。另外，规则（1）和（2）还改变了 k 的发音方法：规则（1）把爆发音变成了塞擦音；规则（2）则把它变成了擦音。

除了具体内容不同，这几条规则的施用范围和顺序也不同。规则（2）只用于构词的某个层面，其结果必须标在词典里；规则（1）和（3）的结果则不必标在词典里（所以用这种思路给"北京"的"京"注音就可只写 *king*），它们是在构词造句后才施用的**后词汇规则**（post-lexical rule）。另外，规则（3）的施用还有可选择性，比如在 *like eating* 中，不一定总是 i 把 k 同化为 c，也可能是 k 把 i 改变为 ə i。

以上音系过程也可在优选论框架下比较。表2–4是对上述普通话同化现象的一种优选论分析：

表2–4　汉语普通话/ki/腭化的优选论分析

输入：/ki/	*软腭音-i	IDENT-IO（通音性）	*爆发音-i	IDENT-IO（延迟除阻）
a. ki	*！			
b. si		*！		
c. ci			*！	
☞ d. tɕi				*

优选论将底层形式视同音位，因此左上角输入的是/ki/。它下面的输出项里，为体现英汉语的差别，我们列出了 ki、si、ci、tɕi 四种形式供选择；选择的标准，则是右上方四个按重要性从左到右排列的制约条件。其中，第一个条件意思是"i 前不能有软腭音"，ki 违反了此条件，首先被淘汰（*表示违反一次，！表示该次违反是致命的，导致淘汰）。第二、三个条件的意思是"输入项与输出项在通音性（即气流

是否可持续从声道中流出）上保持一致"和"i前不能有爆发音"，它们的重要性相同（中间以虚线隔开），si违反了前者，因为发s时气流可持续流出，与发k时相反，ci则违反了后者，因此si和ci都被淘汰。第四个条件意为"输入项与输出项在延迟除阻（即塞擦音的特点）上保持一致"，这是重要性相对最低的条件，因此tɕi虽然违反了它，但仍被选出。

由以上分析可知，只要把制约条件的重要性等级变化一下，就能选出不同的表层形式，得到与前面的三条音系规则一样的结果。

以上我们没有专门讨论本讲开头提到的语音配列问题，但是，音位的条件变体、生成音系学的音系规则以及优选论中不少制约条件，其实都和语音配列有关。当然，我们也可以专门对比语音配列，对比时既要注意不同语言各允许哪些语音组合，也要注意组合出现的条件。比如，德语和英语都有/t-s/组合，但德语常在词首主动使用它（如/tsaɪt/（时间）），英语却几乎从不如此（如日语借词 *tsunami*（海啸）一般读/suːˈnɑːmɪ/），只有/t/与/s/因形态等原因相遇时才被动使用它（如/kæt-s/（猫的））。由于/ts/可算作一个塞擦音音段，因此它在德语中一般处理为一个音位；而在英语中它只是一种允许的配列，一般不算作音位。

第三节 研究示例：英汉语后部擦音对比研究

一、问题的提出

由图2-9可见，发元音时，如果声道某处的发音器官逐渐靠拢，元音就会逐渐变为**近音**（approximant），如果继续靠拢（但不完全接触），以至气流通过时因受到阻碍而产生可听见的不规则**湍流**（turbulence），近音就会进一步变为**擦音**（fricative）。擦音的动力源，通常是肺部气流；它的声源，则既可以是器官靠拢处的湍流，也可以是这个湍流再加上声带的振动（即可清可浊）。在给擦音命名时，我们通常就使用器官靠拢的部位。由于声道中能靠拢并产生湍流的部位很多，每个部位的湍流又可再与声带振动配合，所以国际音标表中擦音的数目特别多。

不过，声道各段的灵活程度是很不一样的，因此各类擦音的密集程度也不相同。口腔前部最灵活，在很小的范围内，就可以用舌尖或舌叶向齿背、齿龈、齿龈后、齿龈–硬腭等多处靠拢，造成[s̪] [ʂ] [ʃ] [ɕ]等多种擦音。但是，硬腭之后的部位，区别的精细程度就没有这么高了。就英语（这里以美国中西部发音为准）和汉语普通话而言，与这段部位对应的擦音音位数目都只有一个：英语是/h/，汉语普通话的一般记作/x/，如表2–5所示：

表2–5　美国英语和汉语普通话的辅音音位
（据Ladefoged 1999和Lee & Zee 2003）

	美国英语							汉语普通话				
	双唇	唇齿	齿	龈	龈后	硬腭	软腭	声门	双唇	唇齿	齿/龈	龈后	硬腭	软腭
爆发音	p b			t d			k g		p pʰ		t tʰ			k kʰ
塞擦音					tʃ dʒ						ts tsʰ	tʂ tʂʰ	tɕ tɕʰ	
鼻音	m			n			ŋ		m		n			ŋ
擦音		f v	θ ð	s z	ʃ ʒ			h		f	s	ʂ	ɕ	x
近音				ɹ		j	w		w[1]			ɻ	j	
边近音				l							l			

"h"和"x"两个符号，分别代表声门清擦音[2]和软腭清擦音（舌面后部向软腭靠拢形成的清擦音），两者的湍流形成部位距离较远（如图2–14所示），从原理上看有较大区别。

---

[1] [w]是双唇–软腭双重部位发音，此处美国英语归入软腭音，汉语普通话归入双唇音，是分析者为简便起见而采取的不同做法，并不矛盾。

[2] [h]及其浊音[ɦ]是否属于擦音存在争议。虽然它们在国际音标表中位列"声门擦音"一栏，但一些学者认为，它们的发音部位不在口腔内，也没有口腔擦音那样明显的湍流，不应算作擦音；持相反意见的学者（如Laufer（1991））则坚称，如果[h]没有一点摩擦，则不可能被听到。语音学界的两位著名学者Ladefoged（1990）和Catford（1990）曾就是否存在"声门擦音"的问题，在同一年的《国际语音学会会刊》（*JIPA*）上发表过观点相反的文章，但都没有说服对方：Ladefoged & Maddieson（1996）仍把[h]和[ɦ]处理为"类似元音的辅音"，而Catford（2001）则坚持[h]和[ɦ]是擦音。在音系学界，从Jakobson, Fant & Halle（1952）的经典研究开始，[h]和[ɦ]就被赋予了和擦音非常不同的特征。目前的生成音系学认为，擦音具有"阻音性"和"辅音性"（[-son], [+cons]），而声门部位的[h] [ɦ]和[ʔ]具有"响音性"和"非辅音性"（[+son], [-cons]），后者只在"音节性"（syllabic）这一点上与元音有别。因此，生成音系学的态度与Ladefoged的比较接近。不过，在这里，我们认为将[h]处理为擦音是合理的，因为一方面，据Stevens（1998: 429）研究，[h]是有湍流的，主要是气流冲击室襞和会厌造成的；另一方面，我们接下来的研究也将表明，[h]与其他后部擦音有密切的关系。

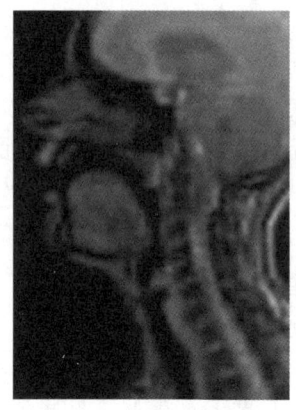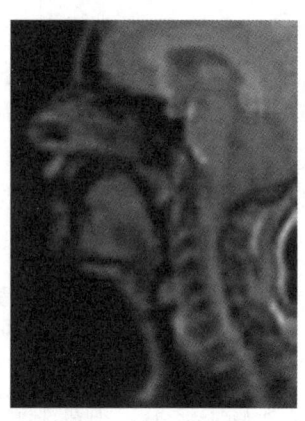

图2-14 [h]（左）和[x]（右）的发音器官矢状侧面核磁共振图像（Lawson et al. 2015）

当然，既然/h/和/x/都是音位，而且在软腭到声门这一段都没有与其对立的擦音音位，那么它们的实际发音也可能存在各种后部擦音的变体。另外，从语音配列的角度来看，/h/和/x/也有很多共同点，比如它们都不能出现在音节末尾（且与/ŋ/形成互补分布），都可以跟前、央、后元音搭配等（见表2-6）：

表2-6 美国英语/h/和汉语普通话/x/的部分语音配列规则

		/h/	/x/
音节首	+前元音	hiːd、hɪd、heɪd、hɛd、hæd、haɪd、haʊ	xei、xai、xan
	+央元音	həd、həˈbɪtʃʰʊəl、hɜd、bʌh	xən、xəŋ、xɤ、xɤu、xɤu
	+后元音	huːd、hʊd、hoʊd、hɔd、hɔːst、hɒd	xu、xua、xuo、xuai、xuei、xuan、xuən、xuaŋ、xyn、xɤ、xou
音节尾		--	--

因此，在没有调查之前，不能排除这样一种可能性，即：/h/和/x/只是英汉语调查者在归纳音位时选择的不同符号，它们的实际发音没有那么大的区别。这种情况下，我们不妨把/h/和/x/视作英汉语后部擦音的集合，通过分析实际的语音材料，来比较一下这两个集合的具体情

况。这种比较对于教学也有一定的意义，因为虽然/h/和/x/在音系地位和搭配规则上有一定的相似性，但错误发音造成的明显外国腔调也是应该避免的。Cruttendon（2001: 192）曾指出："那些母语中没有/h/而有/x/的学习者，比如西班牙人和希腊人，应该避免在英语中使用任何软腭擦音，并应操练清声母/h/带后接元音的发音。"如果汉语普通话的/x/和英语的/h/也是软腭与声门擦音的区别，那么这一条意见也适用于以普通话为母语的人。

二、研究思路与方法

由上文可见，我们要做的比较，其对象就是美国英语和汉语普通话的后部擦音（至于语体和语域，我们会在选择语料时考虑），而其TC就是语音的物理特征。现代语音学提供了很多方法来研究语音的物理特征，比如图2–14使用的核磁共振成像，以及与此类似的B超、电磁发音仪等。不过，同这些生理实验方法相比，声学分析通常更加简单实用，这里我们就采用声学分析的方法。

擦音的声学分析，主要包括时长分析、频谱分析等，其中频谱分析尤为重要。但是，擦音的频谱特征不如元音那样明显（参见图2–7），而且后部擦音又特别容易受到后接元音的影响（Strevens 1960；吴宗济、林茂灿 1989: 133–134），因此，为了使我们观察到的现象有效地反映英汉语的差异，我们必须严格控制选取的语料。首先，我们不能直接要求发音人"发一个/h/或/x/"，而要使用自然的、有意义的语料，这种语料里的/h/和/x/肯定会和别的音搭配使用，因此，为减小不同搭配造成的影响，我们可以选择表2–6中/h/和/x/后接元音相似度较高的情况，并且要注意调高、重音等方面也不应相差太大。其次，实际语料的发音人有男有女，有老有少，各人声道形状也不同，每次发音也有偶然性，因此，为减小这些因素造成的误差，我们可以增加发音的人数和次数，最好不要只用一两个人的单次发音。

考虑了上面的因素后，我们还有一些选择的余地，比如可以用单词朗读语料，也可以用自然会话语料等。单词朗读语料的自然度可能稍低一些，但在语体风格方面的可比性高，因此我们暂时只用这种语料。表2–7是我们设计的一个小型的朗读词表：

表2–7　美国英语/h/和汉语普通话/x/对比朗读词表

美国英语	汉语普通话
hayed /heɪd/	黑 /xei/
had /hæd/	憨、含、汉 /xan/
hud /hʌd/	哈（~~镜）、蛤、哈（~，是你！）/xɤ/
hoed /hoʊd/	齁、猴、后 /xou/
who'd /hu:d/	忽、胡、互 /xu/

表2–7中英语词的选取参考了美国加州大学洛杉矶分校语音实验室数据库（http://archive.phonetics.ucla.edu/）的英语录音文本，因为这个数据库有现成的朗读录音，由9名青年男性、12名青年女性（全部为美式发音）每人朗读4遍（其中两遍不带最后的/d/），可供我们使用。相应地，汉语词（严格地说是语素）选取了/x/的后接元音与英语/h/的后接元音比较接近的音节代表字，并使用了除上声之外的三个声调（/xei/只有平声）。我们没有采用上声字，因为上声的音高较低，可能会引起发声类型的变化，而且上声的调型在英语朗读语料中也很少采用。我们请10位青年普通话发音人（男女各半）对这些字做了朗读录音[1]，录音设备采用Sony笔记本电脑和Terratec DMX 6Fire外置声卡，**采样率**（sampling frequency）22,050赫兹，**采样精度**（sampling precision）16位[2]。

三、分析与论证

根据表2–7的分类，我们利用Praat语音分析软件（www.fon.hum.uva.nl/praat/）提取并整理出了录音中所有的英汉语后部擦音段，然后分性别做出了它们的平均频谱图。图2–15先以英语/hʌd/和汉语/xɤ/的实际发音中/h/和/x/的平均频谱图为例来看看对比的情况（图中箭头的意义稍后解释）：

---

[1] 感谢上海外国语大学外国语言学及应用语言学专业2013级研究生吴玲玲同学为录音工作付出的劳动。

[2] 采样率是每秒从连续信号中提取离散信号的个数，它的一半就是所录得信号的最高频率。辅音的高频信息通常比元音更重要，采样率可设为20000赫兹左右，这样录得的最高频率就在10000赫兹左右。采样精度是每个采样点的数据位数，对语音研究来说，16位已经足够。

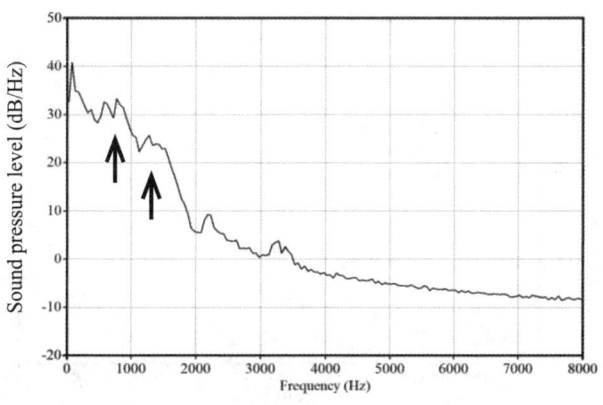

英语/h/（男）

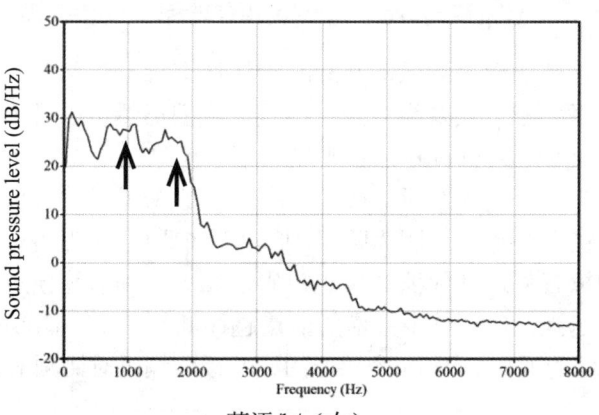

英语/h/（女）

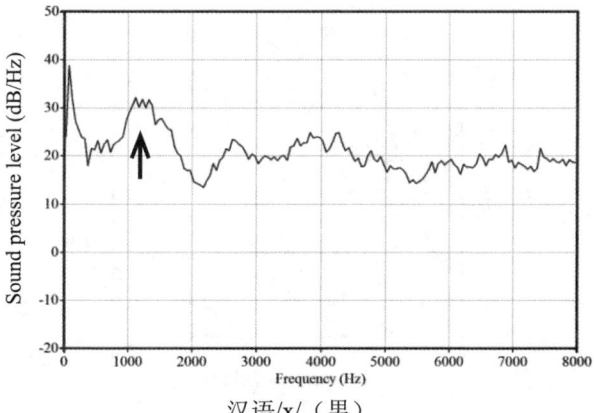

汉语/x/（男）

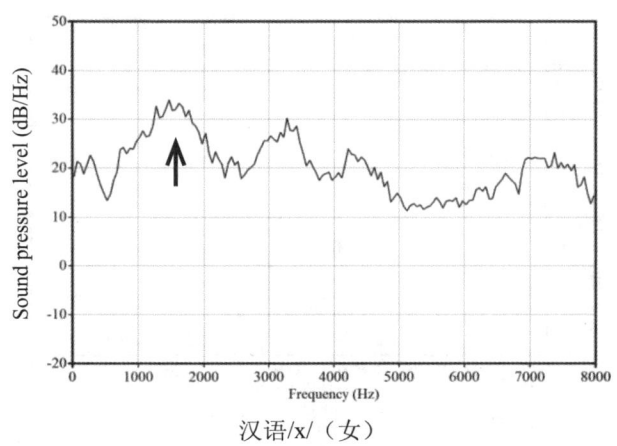

汉语/x/（女）

图2–15　英语/hɐd/和汉语/xɤ/中首辅音的平均频谱图

首先，这些图似乎不像图2–3和2–4那样有规整的共振峰，这是因为英语/h/和汉语/x/都以噪音为声源，但是，我们仍然可以看出这两张图的**频谱重心**（centre of gravity）有明显区别。频谱重心是指在频谱图上将频谱面积等分为二的纵线所对应的频率。一般来说，发音部位越靠后的擦音，其频谱重心越低，因为除了[f]等没有前腔（即阻碍点和唇之间的共鸣腔）的擦音外，其他擦音越是阻碍点靠后，其前腔便越大，低频的共振效果也越强，以至整个频谱的能量越往低频集中。图2–16是Johnson（2003）所做的阿拉伯语中6个擦音的线性预测编码对比频谱图：

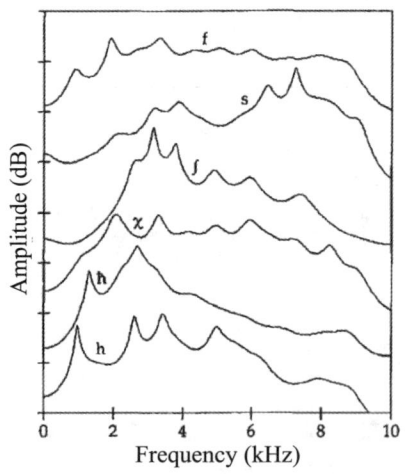

图2–16　阿拉伯语中6个擦音的线性预测编码对比频谱图
（Johnson 2003: 130；各擦音间在纵轴上的高低区别不代表实际情况）

由于线性预测技术主要用于某一时刻的发音,因此该图只用了一位女发音人的单次发音,但是它可以比较明显地呈现出从[s]到[h]能量集中区逐渐下降,因而频谱重心也必然下降的趋势。这一趋势与其他语言的研究发现也是一致的(如Jassem 1965;Gordon et al. 2002等)。以此反观我们的频谱图,可以看出英语/h/的频谱重心明显低于汉语/x/,说明两者在滤波效果上有较大区别,前者的实际发音部位比后者要偏后不少。

但是,/h/与/x/的后接元音/ɐ/和/ɤ/毕竟是不同的,那么这种不同会对/h/和/x/的频谱造成怎样的影响呢?首先来看看/ɐ/和/ɤ/的区别有多大。我们把它们在录音中所对应的音段的起始部分全部提取出来,并分性别做出了它们的声学元音图(见图2–17):

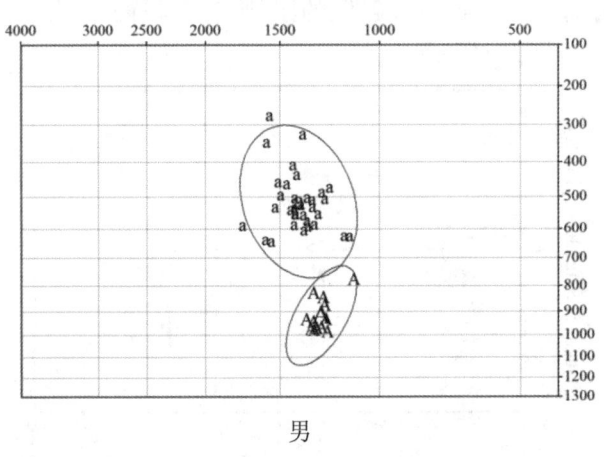

男

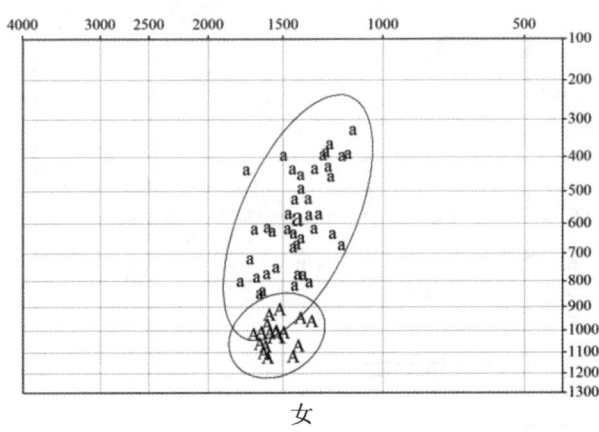

女

图2–17　英语/hɐd/和汉语/xɤ/中元音起始部分的声学元音图
(图中的a代表ɐ,A代表ɤ,椭圆置信度95%)

可以看到，虽然英语/ɐ/和汉语/ɤ/都是央元音，而且前者的离散度较大，但两者元音椭圆的交集仍然很小，可见/ɐ/和/ɤ/确实有一定差距。不过，这对于我们这里的讨论不是最重要的。根据前人的研究，声门擦音和软腭擦音都容易受到前后元音的影响，但具体情况又有所不同：声门擦音会比较清楚地体现出前后元音的F_1、F_2等多个共振峰，而软腭擦音对F_1的体现则不太明显（Fant 1973: 28）。以此反观图2–15中的频谱图，可以看到：英语/h/的频谱上确实有两个突出的能量峰（已用箭头标明），与图2–17中显示的/ɐ/的平均共振峰很接近，而且女性由于声道短，共振峰高于男性，这和频谱图中显示的能量峰的情形也是一致的。如果把英语/h/的平均频谱与后接/ɐ/起始部分的平均频谱相叠加，我们也可以看到两者趋同的走势（能量峰和共振峰的对应已用箭头标明，如图2–18所示）：

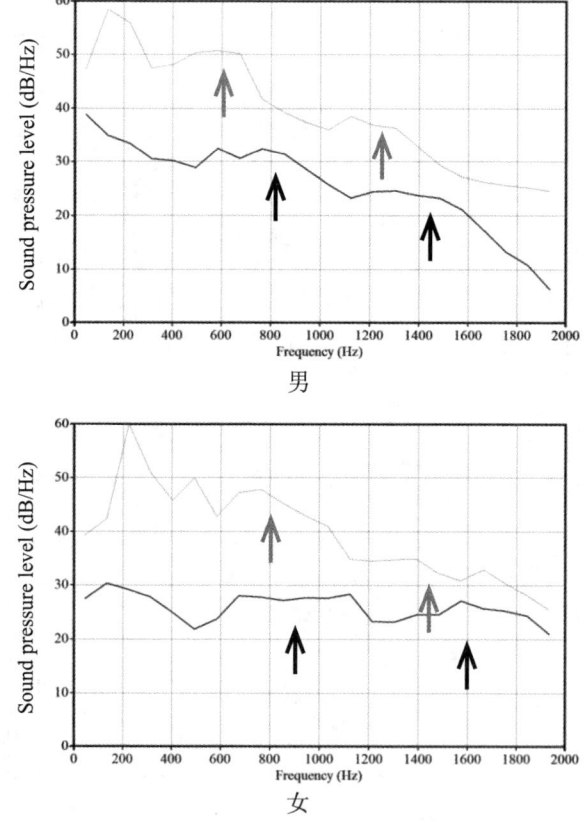

图2–18　英语/h/与后接/ɐ/开头部分叠加频谱图
（黑线为/h/，灰线为/ɐ/，箭头表示/h/能量峰与/ɐ/共振峰的对应）

与此不同的是，汉语后部擦音对后接元音F_1的体现则不太明显：图2–15中/x/的频谱上有与图2–17中/ɤ/的F_2对应的能量峰（已用箭头标明，也是女性比男性稍高），但是却没有与/ɤ/的F_1对应的能量峰。

以上是基于/h/和/x/与央元音搭配时的对比分析。分析表明，此时英语/h/和汉语/x/的实际发音，在总体上确实比较符合[h]和[x]的特点。用同样的方法，我们还可以对比/h/和/x/与其他元音搭配时的情况。可以发现，这些情况下/h/和/x/的频谱特点与以上分析所得到的特点是一致的。

四、结语

通过频谱分析，我们比较了美国英语/h/和汉语普通话/x/在不同语音环境下的实际发音，发现二者确实在总体上有较大区别，而且这种区别符合前人关于[h]、[x]不同特点的描述。从应用的角度看，这意味着以美国英语和汉语普通话为母语的人在学习对方语言时也许可以注意一下后部擦音的发音，比如前者可以有意识地把"胡"发作[xu]，后者则应避免把hot（热）读作[xɒt]。

不过，我们只是比较了频谱，还没有分析时长、音强等参数。而且，就是频谱也还存在一些值得注意的例外情况。比如，有个别汉语发音人的/x/音其实总是有与后接元音的F_1对应的能量峰（在多人均值中无法呈现），而且总体音强很弱，这些都是[h]的特点。这是纯粹的个别现象，还是与发音人的某些因素（比如生长于北方还是南方）有关，还有待研究。另外，我们的英汉语语料不是在同一环境下录制的，可能会影响分析结果，这一缺陷也需要以后使用新的语料来克服。

第四节　小结

本讲中，我们首先介绍了语音研究的不同层面以及语音学和音系学的基本内容，然后分别讨论了语音学和音系学比较的主要理论模型和方法。最后，我们以英汉语后部擦音的对比为例，说明了如何进行语音对比研究。

> **思考题**

1. 阿拉伯文的28个辅音字母传统上分为14个"太阳字母"和14个"月亮字母"。据考证，它们在古代阿拉伯语中的发音大致如下：
   太阳字母：ن /n/、ل /l/、ظ /ðˤ/、ط /tˤ/、ض /dˤ/、ص /sˤ/、ش /ʃ/、س /s/、ز /z/、ر /r/、ذ /ð/、د /d/、ث /θ/、ت /t/；
   月亮字母：غ /ɣ/、ف /f/、ق /q/、ك /k/、م /m/、ه /h/、و /w/、ي /j/、ى /ʔ/、ب /b/、ج /g/、ح /ħ/、خ /χ/、ع /ʕ/、ء /ʔ/。
   古代中国人对辅音声母也有一套分类，表2–8是相关术语、声母代表字（古人称"字母"或"声纽"）以及今人对它们在宋代发音的拟音：

   表2–8 中古汉语声母的传统分类及现代拟音

半齿	半舌	喉	正齿	齿头	轻唇	重唇	舌上	舌头	牙	
		影 /ʔ/	照 /tɕ/	精 /ts/	非 /pf/	帮 /p/	知 /ʈ/	端 /t/	见 /k/	全清
			穿 /tɕʰ/	清 /tsʰ/	敷 /pfʰ/	滂 /pʰ/	彻 /ʈʰ/	透 /tʰ/	溪 /kʰ/	次清
			牀 /dʑ/	从 /dz/	奉 /bv/	並 /b/	澄 /ɖ/	定 /d/	群 /g/	全浊
日 /ŋz/	来 /l/		喻 /j/		微 /m̪/	明 /m/	娘 /ɳ/	泥 /n/	疑 /ŋ/	次浊
		晓 /x/	审 /ɕ/	心 /s/						全清
		匣 /ɣ/	禅 /ʑ/	邪 /z/						全浊

   对照国际音标表，你能总结出"太阳字母"和"月亮字母"的发音区别吗？中国古人对"唇""舌""牙""齿""喉""全清""次清""全浊""次浊"等的区分标准又是什么？

2. 图2–19是对普通话韵母进行声学调查时可以选用的一套汉字。你觉得它在选字和分类上有什么特点？为什么要这样设计？在调查录音时，一般要求发音人先念单字，再把它放进类似"我说这个__字"这样的**载体句**（carrier sentence）中来念。你认为这样做有什么目的？载体句如果设计成"我来念__字"好吗？为什么？如果对英语进行类似的声学调查，你觉得应该怎样选词？

ɿ 丝 ʅ 师 ɚ 儿 a 阿 ɣ 鹅	i 衣 ia 鸦 iɛ 椰	u 乌 ua 蛙 uo 窝	y 淤 yɛ 约
ai 哀 ɛi 杯		uai 歪 uɛi 威	
au 凹 ɘu 欧	iau 腰 iɘu 幽		
	in 音		yn 晕
an 安 ɘn 恩	iɛn 烟	uan 弯 uɘn 温	yan 冤
aŋ 肮 ɘŋ 崩	iaŋ 央 iuŋ 庸	uaŋ 汪 uɘŋ 翁	
	iŋ 英	uŋ 工	

图2-19　汉语普通话韵母声学调查用字

3. 2011年，美国《科学》杂志发表的一篇文章称，根据对504种语言的音位数目统计发现，离非洲越远的地区，当地语言的语音系统越简单（图2-20），可见非洲可能是人类迁徙的源头。从音系学角度看，你觉得这种统计可能存在什么问题？

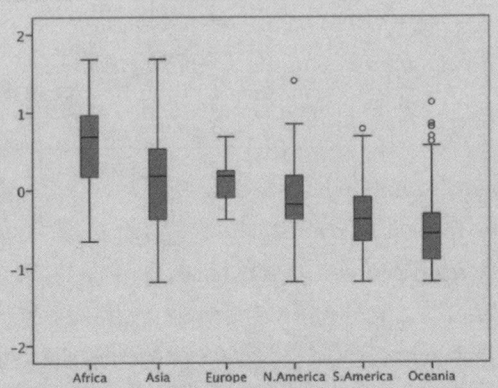

图2-20　各大洲语言音位复杂程度箱线图（Atkinson 2011: 347；纵坐标上的数字是音位数目经过归一化后得到的数值）

4. 表2-9是一些字词在汉语普通话和上海话中的声调（其中带下划线的调值为入声调值，较短促，但不影响这里的分析）。你认为这些声调在两种方言中的底层形式分别是什么，又经过了怎样的音系过程生成表层？有人认为普通话是声调语言，而上海话等吴方言是词调语言，你能从这些语料中找到证据吗？

表2-9 汉语普通话与上海话声调变化对比示例

	上	海	市	上海市	外	国	语	外国语
普通话	51	214	51	53+21+51	51	35	214	53+35+214
上海话	23	34	23	22+55+21	23	<u>55</u>	23	22+<u>55</u>+21
	大	学	堂	大学堂	郑	老	师	郑老师
普通话	51	35	35	53+35+35	51	214	55	53+21+55
上海话	23	<u>12</u>	23	22+<u>55</u>+21	23	23	53	22+55+21

5. 古希腊语、拉丁语、梵语都将带长元音的音节与带双元音和辅音尾的音节归为一类，认为它们在**音节分量**（syllable weight）上是**重音节**（heavy syllable），而其他音节是**轻音节**（light syllable）。请问这种分类的标准是音段特征、超音段特征还是两者的混合？这一分类是诗歌格律的基础。以下是拉丁语作品《变形记》的前四行，其中凡长元音皆有长音符号，双元音只有oe。你能分析出它的格律吗？（提示：格律上，一个重音节相当于两个轻音节。）

In nova fert animus mūtātās dīcere fōrmās
corpora: dī, coeptīs — nam vōs mūtāstis et illās —
adspīrāte meīs prīmāque ab orīgine mundī
ad mea perpetuum dēdūcite tempora carmen!

与拉丁语不同，英语的诗歌格律同音节分量无关。试看以下四行英诗：

As fair art thou, my bonnie lass,
So deep in luve am I,
And I will luve thee still, my dear,
Till a' the seas gang dry.

英诗是利用什么语音性质来形成格律的？这四行的格律是怎样的？

推荐阅读

Chao, Yuenren. 1932/2006. A Preliminary Study of English Intonation (with American Variants) and Its Chinese Equivalents. In Zongji Wu; and Xinna Zhao. (ed.) *Linguistic Essays by Yuenren Chao*. Beijing: The Commercial Press, 110–197.

Fisiak, Jacek. (ed.) 1980. *Theoretical Issues in Contrastive Linguistics*. Amsterdam: John Benjamins.（第3部分）

James, Carl. 1980. *Contrastive Analysis*. Harlow Essex: Longman.（第4.3节）

凌锋，2012，"最大对立"还是"充足对立"——苏州话与宁波话、北京话和英语元音系统的比较，载鲍怀翘主编，《中国语音学报》（第3辑），北京：商务印书馆，83–88。

邵志洪主编，2008，《结构·语义·关系——英汉微观对比研究》，上海：上海外语教育出版社。（第1部分）

第三讲 词汇对比研究

第一节 研究对象与内容

一、词

语言不仅具有声音形式，更重要的是，它是声音和意义的结合体。上一讲已经涉及了意义，不过比较间接，因为音位虽然具有辨义性，但音位本身（如英语的/p/）并无意义。只有把它们组合成更大的单位，才能表达特定的语义。

音乐也是声音的组合，但音乐的意义和语义相比概念性很弱，所以音乐很难被离散为相对固定的音义结合单位；语言则很容易被分析成这样的单位，而且分析的层次很多。比如"小王喜欢书"可分析为"小王"和"喜欢书"，两者又可细分出"小""王""喜欢""书""喜""欢"等，它们都是音义相对稳定的单位，这表现为它们都能同其他单位组合，构成"小王好""他喜欢书""小刘""喜爱"等表达。可互相组合的单位具有**组合关系**，而"小王""他"这样可互换的单位具有**聚合关系**。

显然，按照以上两种关系分析出的单位有大有小，我们首先对较为基本的小单位感兴趣。那些处在分析终点的单位就是最小的音义结合体，称作**语素**（morpheme）。不过，处在分析终点的单位不一定都处于同一个组合层次上。例如，"小王喜欢书"的"书"之前可加修饰成分（如"小王喜欢好书"），"欢"之前就不能加修饰成分（如"*小王喜很欢书"）；"书"的位置相对灵活（如"书小王喜欢"，当然意思已有变化），"欢"的位置则比较固定（如"*欢小王喜书"）。可见，"书"和"欢"虽然都是语素，但它们处于不同层次的组合关系中，与它们形成聚合关系的单位必然也有不同的性质。按照Cruse（1986: 35–37）的观点，"书"和"喜欢"才属于一个层次，这个层次的单位位置相对灵活，内部不能插入其他成分，它们就是**词**

（word）。从能否单独成词的角度，还可以把语素分为**自由语素**（free morpheme，如"书"）和**粘着语素**（bound morpheme，如"欢"）。

词的判定有时不太容易，比如根据内部不能插入其他成分的标准，英语的*get rid of*大致可算一个词，但如果把第三人称单数动词尾-*s*也看作其他成分的话，这个成分确实又可插入这个"词"里（*gets rid of*，而非*get rid ofs），这就在一定程度上违反了"不能插入其他成分"这一标准所基于的**词汇整体性假设**（Lexical Integrity Hypothesis，即"句法不能进入词汇内部进行操作"（Postal 1969；Chomsky 1970））。这个例子说明，词的外延是模糊的，有些结构可能正处于**词汇化**（lexicalization）过程中。另外，语音也常用作判定词的辅助标准，因为很多语言都有一套仅用于词内的语音规则，但是，根据语音规则得出的词也常与上文所说的词有出入，因此又被另称作**语音词**（phonological word），比如英语语音词的特征是有且只有一个主重音，这样*from China*（来自中国）往往只能算一个语音词。除语音外，语义的**非组构性/不可分解性**（noncompositionality）也常用来判定词，比如英语*greenhouse*（温室）是一个词，它的语义并不能通过*green*（绿色的）和*house*（房子）直接推出。不过这个标准也有局限性，因为还有很多词（如*madman*（疯子））的语义确实颇具组构性。

在进入具体使用前，词作为一种单纯的音义结合体，未接受句法操作，称作**词位**（lexeme），它典型地体现为词典上的词条。共享某个语素的词位可构成**词族**（word family），一种语言所有词位的总和即它的**词汇**（lexis）或**词库**（lexicon）。另一方面，词位一旦进入实际使用，便要接受句法操作，并实现为各种**词形**（word-form），一般认为不加任何限定的"词"就是指词形（克里斯特尔 2000: 388）。在统计上，还要区分词形的**词型**（word type）和**词例**（word token），即它的原型和具体用例。以英语为例，如图3–1所示，其词汇/词库包括许多词族，比如共享-*volve*这个语素的词族，该词族中有REVOLVE、INVOLVE、EVOLVE等词位，其中REVOLVE这个词位又可实现为*revolve*、*revolves*、*revolved*、*revolving*等具体的词形[1]，而一个句子如果用了三次*revolves*，那么*revolves*作为词型，在此句中就有三个词例。

---

[1] 此处依西文习惯以全大写字母书写词位，下文为方便起见仍用小写字母。

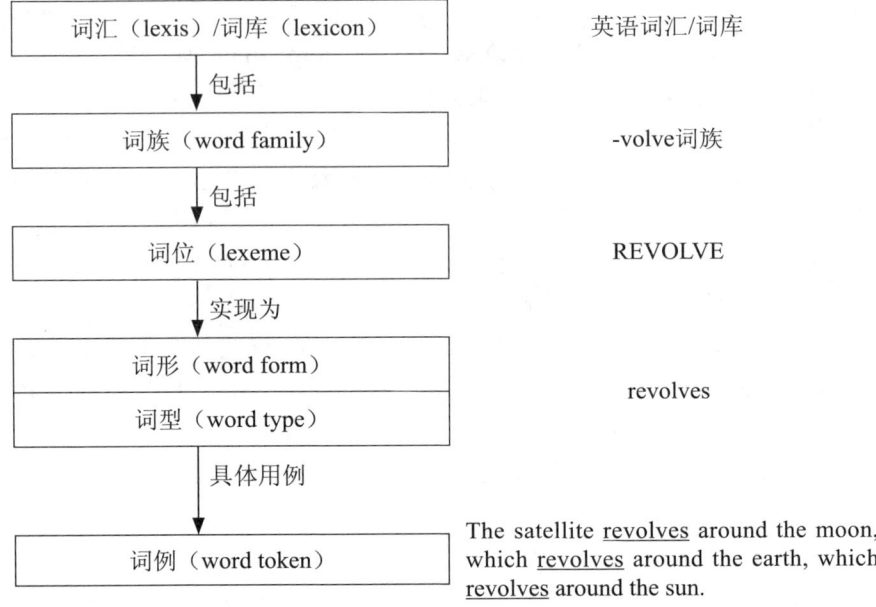

图3-1 词汇、词库、词族、词位、词形、词型和词例的关系

无论是词位还是实际使用中的词形,都是形义结合体,因此都可以从形式和意义两方面进行研究。不过,词形中的部分内容其实是句法处理的结果(如*revolves*中的-s),被称作**屈折(成分)**(inflection),它所表达的"意义"严格地说是句法功能,因此,词汇研究的两个分支——**词汇形态学**(lexical morphology)和**词汇语义学**(lexical semantics)——原则上都不包括屈折的内容。不过,要把句法和词汇断然分开其实是办不到的,这一点从下面关于词汇研究两个分支的介绍中可以看得很清楚。

二、词的形态

形态学包括**屈折形态学**(inflectional morphology)和词汇形态学两部分,前者研究词位在实现为词形之后的屈折形态结构(如*revolve-s*),后者则研究词位本身的内部形态结构(如*re-volve*)。一般认为,后面这类结构(又称构词方式)只出现在拥有超过一个语素的词(即所谓**合成词**(complex word)而非**单纯词**(simple word))里,它包括**复合**(compounding)和**派生**(derivation)两种类型。

复合是两个或两个以上**词基**（base）[1]的组合，根据词基间的关系可分为**并列复合**（appositional compounding，复合词基都是中心语，如"兄弟"）、**向心复合**（endocentric compounding，复合词基只有一个中心语，如"老兄"）和**离心复合**（exocentric compounding，复合词基中没有中心语，如用"好坏"指质量，英语用 sit-in 作名词指静坐抗议）。

派生则只涉及一个词基的变化，如英语 work（工作）添加作为附加成分的**词缀**（affix）-er 后变成 worker（工人）。最常见的派生类型有**特征派生**（featural derivation，改变内在语义特征的派生，如英语 heir（继承人）派生 heiress（女继承人））、**功能派生**（functional derivation，涉及同一事件中不同功能的派生，如英语 cook（烹饪）派生 cooker（炊具））、**转类派生**（transposition，改变词类而基本语义不变的派生，如英语 pure（纯粹的）派生 purely（纯粹地））、**表达派生**（expressive derivation，表达说话人主观感受的派生，如英语 book（书）派生 booklet（小书））等。当然也可以仅从词类的角度将派生词分为**来自名词**（denominal）、**来自动词**（deverbal）、**来自形容词**（deadjectival）等类型。

上述分类对英语等语言大致可取，但也存在一些问题。从这些问题出发，我们还可以看到词汇形态学更复杂的局面。比如：

复合和派生的区分问题。现代英语的 brotherly（兄弟般的）是典型的派生词，但它的古英语词源 brōþorlīce 是由 brōþor（兄弟）和 līce（"像"，现代英语 like 的词源）合成的，其中 līce 是个具有实义的自由语素，因此 brōþorlīce 是复合词。这意味着，在英语史的某个时期，līce 发生了弱化，而在弱化的某个阶段，该成分可能对说话者仍有实义，而形式上却接近后缀。那么，这时候它到底算复合词的词基还是派生词的后缀呢？

复合词和短语的区分问题。如上文提到的 get rid of，动词屈折可以进入其中，其他句法操作则不能，那么它可以算复合词吗？

---

[1] 词基与**词根**（root）有所不同：词基至少含有一个词根，但词基可直接与词缀或其他词基组合，词根则未必。英语的词根多可直接做词基，但有的语言则不同，如拉丁语"赞扬"的词根是 laud，但它在构词时，须先变成某种词基，比如在构成形容词 laudabilis（值得称赞的）时，先添加**词基元音**（thematic vowel）-a-（实为长元音 /a:/），变成词基 lauda-，然后再添加后缀 -bilis。词基又称**词干**（stem），不过后者有时特指与屈折后缀组合的词基（Haspelmath 2010: 20）。

派生和屈折的区分问题。英语*interested*（感兴趣的）本为动词*interest*（使感兴趣）的过去分词，但它的动作义已相当弱化，后接介词可以是*by*，但通常是*in*，因此似乎介于屈折和派生之间。

合成词和单纯词的区分问题。现代英语的*lord*（男主人）和*lady*（女士）来自古英语*hlāfweard*和*hlāfdīge*，后两者都是复合词，字面意思是"面包保卫者"和"揉面团者"，这意味着在英语史的某一时期这两个词可能处于合成词和单纯词的过渡地带。另一方面，共时态下也存在Firth称之为**联觉音组**（phonaesthetics）及Bloomfield称之为**构成词根的语素**（root-forming morphemes）的现象，如英语*flash*（闪光）、*flare*（火光）、*flame*（火焰）、*flicker*（闪烁）等词，都有/fl-/这个成分，它虽不是严格的语素，但很可能会在反复使用中潜在地成为表达"闪动的光"的准语素，从而出现在诸如商标等自创词里。

派生变化的形式问题。英语的*breadth*（宽度）和*length*（长度），一般认为派生自*broad*（宽的）和*long*（长的），但它们的派生词缀是什么呢？这类问题不太好回答，而如果我们承认派生与屈折的中间地带，就会发现接近屈折这一头的类似问题更多，如：英语*drunken*（喝醉的）有几个语素？分别是什么？这些问题表明，我们习惯以语素为基础来描述形态的方法不一定适用于所有形态现象。那种认为一切形态结构都可分析为语素原子的想法，比较适合形态成分的线性组合，即所谓**连接性操作**（concatenative operation），但人类语言中还有大量与此相反的**非连接性操作**（non-concatenative operation）[1]。

综上所述，一方面，词汇形态学研究对象的内部和外部界线其实都比较模糊，各形态类型间存在连续统；另一方面，派生变化形式多样，我们常谈的"加前缀""加后缀"等其实是连接性操作下的小类，而与连接性操作相对的还有非连接性操作。

三、词的语义

词的意义有许多方面。如"单身汉"与"单身汉们"意义不同，这很大程度上和语法有关，比如我们很难理解"*一个单身汉们"；"单身汉"与"光棍""剩男"等意义也不同，这很大程度上和语体、说

---

[1] 连接性和非连接性操作的性质与描写方法也是屈折形态学讨论的重要内容，并存在多种理论模式，详见第四讲第二节关于IA、WP和IP的介绍。

话者的心理印象等情感意义有关，比如法庭判词中如果出现"王某系光棍"就显得很怪。语法意义和情感意义在句子语义分析（如谓词、论元、真值条件等）中有时很重要，但词汇语义学一般不涉及这类意义，而主要关注反映词与世界联系的**所指意义**（reference）。当然，要把各种意义完全分开讨论其实很难办到，下文有时仍会涉及所指以外的意义。

世界并非自动呈现为一套可供言说的系统，我们对它的言说只能通过某一种语言。因此，一种语言的词汇系统怎样以离散的单位呈现出世界，是词汇语义学关注的核心内容，它又分为相互关联的两个部分，即词义以及词义间的关系。

先看词义本身。这方面首先存在**象似性**（iconicity）和任意性两种对立观点，前者认为词义与词的形式存在必然联系，后者则相反。一般认为，任意性是现代语言学的基本主张，但象似性的继承者**语音象征**（sound symbolism）或**音义学**（phonosemantics）早已不再局限于拟声词的讨论，他们对词的语音形式对建构词义的作用做了许多挖掘。另外，合成词以怎样的形式合成，也有很多**理据**（motivation）可寻。

但是，如果说所有词的语义都与其单个语素的语音形式以及多个语素的组合形式完美对应，则不太可能。比如英语里有 *heiress*（女继承人）、*monitress*（女班长），但不存在 *studentess（女学生）；更重要的是，如前文所说，词义往往有非组构性，如"白酒"的语义并不等于"白"加"酒"。因此，无论是分析音的组合还是分析语素的组合，如果仅从词的形式出发，都很难真正把词义分析清楚。

20世纪出现的结构主义为词义研究打开了新的局面。结构主义最初不是从单个词的语义出发的，相反，其开创者 Saussure 认为，一个词的意义是由它在整个词汇体系中与其他词的对立关系决定的。比如他说："在法语里，'判断'这个概念和 *juger* 这个音响形象相联结……但是，不言而喻，这概念没有什么初始的东西，它不过是由它与其他类似的价值的关系决定的价值；没有这些价值，意义就不会存在"（索绪尔 1980: 163）。在此启发下，Trier 等学者发展出了后来被称作**语义场**（semantic field）的理论。语义场可以分析共时态的词义，比如一种语言用哪些词来呈现颜色；也可以分析历时态的词义变化，比如英语从斯堪的纳维亚语借入 *sky* 后，引起了 *heaven* 等临近词汇乃至整个词汇系统的哪些语义变化。当然，这里涉及的虽然大多是所指意义，但也不乏情感等其他意义。

不过，语义场的某些思想其实与Saussure的原意并不相同。Saussure不认为有恒定的语义原型或基本的语义原子，因为一切都是关系。这种思想启迪了语言学外的很多学者，但语言学家仍希望找到某种原型或原子，比如Trier认为，概念场是恒定的，会变化的只是词汇场（徐烈炯 1995: 113），也就是说存在某种关于世界的绝对客观的呈现。类似的想法更系统地体现在后来兴起的对**语义成分**（semantic component）或**语义特征**（semantic feature）的分析中。借鉴音系学中区别性特征的思路，语义学家认为词义也可分析为有限个语义特征的组合，如"单身汉"的词义包括[+人类][+男性][+成年][-已婚]。改变其中某些特征的取值，就可能得到其他词的词义。一般认为，语义特征分析是结构主义语义学的经典内容，不过语义特征并不需要在新一层的结构关系中获得取值，而是像原子一样是预设的，因此它与Saussure的结构主义已相去甚远。

语义特征分析曾引起很多讨论和批评，比如不少人认为，到底有哪些语义特征说不清楚，而一个词的词义涉及多少语义特征也很难说，但无论如何，这种分析法为我们提供了一种原则上全面分析词义的可能。另一方面，它底层的原子主义思想使得它与新兴的Chomsky普遍语法的理性主义哲学相当契合。很快，二者便以Chomsky接受Katz等人的语义学（Katz & Fodor 1963；Katz & Postal 1964）为标志，深度结合起来。Katz的语义学其实就是对语义特征分析更彻底的应用，由于其目标是解释自然语言的意义，尤其是怎样在句法和词义的基础上得出句子语义，因此它对词义成分的分析更全面，包括了语法意义，并力图揭示动词的**论元结构**（argument structure）。这种分析法后来因生成语言学理论的变化而不再流行，但之后兴起的蒙太古语法也是致力于词义与句义统一研究的，此处不再赘述。

词义间的关系，可从聚合和组合两方面来看。聚合关系又分词内和词间两种情况。很多词本身具有**一词多义**（polysemy）现象，如"露脸"有"露面"和"长面子"两个既相关又不同的意思，这是词内的聚合关系，应与**同形异义**（homonymy，如英语pot（锅）和pot（大麻））相区别。词间的语义聚合关系最重要的有**同义关系**（synonymy，如"维他命"和"维生素"）、**反义关系**（antonymy，如"男"和"女"）和**上下义关系**（hyponymy，如"酒"和"白酒"）。以上关系很多都可以用语义特征分析法加以细化，比如"男人"（[+人类][+男性][+成年]）比"单身汉"的语义特征少了一个，因此是"单身汉"的上义词。这样逐一细化后，还可以得到以各种语义特征相连接的词义网，即上文所说的语义场。

词义间的组合关系表现为词的搭配，不过搭配涉及的词义种类多样，有时要把所指意义独立出来不太容易。在Chomsky的著名例子 *Colorless green ideas sleep furiously*（无色的绿色思想愤怒地睡觉）中，*colorless*（无色的）和*green*（绿色的）不能搭配确实可归为所指意义的矛盾，但诸如*ideas*（思想）和*sleep*（睡觉）不能搭配的原因，Chomsky本人的观点也有变化，比如他后来认为这种搭配的问题在于不合语法（Chomsky 1965），因为*sleep*的语法特征中有一项是"<+有生命>___"（下划线表示该词在词语线性排列中的位置），而*idea*的一个特征是"<-有生命>"。不过，他的分析提示我们，词义搭配也可以分析为语义特征的匹配。

第二节　主要理论模型与研究方法

一、词的总体特点比较

比较两种语言的词汇时，首先应注意它们在词的定义或判定标准上有哪些具体表现。如阿尔泰语的元音和谐通常出现在词内，汉语吴方言则采取不同的方法处理词内和跨词的连读变调，这是语音标准。前文提到的语法和语义标准也很值得细究，尤其是那些较难判断的情况，可能反映所涉语言的一些特点。

另一方面，要注意实际构词当中各种成分的活跃程度，比如各种语素的结合能力、各种结合方式的**能产性**（productivity）等。其实，构词本身作为与构造短语不同的表达方式，也有能产性问题。我们常认为，一种语言里词库的"词汇量"多少是固定的，但各种语言的构词活跃程度其实很不一样。试看下面的梵语例子：

（1）saṃcarad-adhara-sudhā-madhura-dhvani-mukharita-mohana-vaṃś-am

移动的–唇–甘露–甜美的–声音–发出响声的–迷人的–笛子–阳性.宾格

calita-dṛg-añcala-cañcala-mauli-kapola-vilola-vataṃs-am
颤动的—目光—旁边—摆动的—头—面颊—摇动—环—阳性.宾格
rās-e　　　hari-m　　　　iha　　　vihita-vilās-am
舞蹈—位格　黑天—阳性.宾格　这里　表现出的—玩乐—阳性.宾格
smara-ti　　　　　man-o　　　　mama　　kṛta-parihās-am.
记得—单数.第三人称　心—单数.主格　我.属格　做出的—逗乐—阳性.宾格

在这舞蹈仪式中，我的心记得黑天，他用自己甘露般移动的双唇令笛子发出甜美迷人的声音，他摇摆的头伴着眼角闪动的目光，耳环在他面颊边晃动，他是那么欢快而幽默。(《牧童歌》，2.1)

这句话里有几个很长的复合词，它们都具有词的一些重要特点，比如句法不能进入、遵循专门的词内语音规则，但它们的意思在其他语言中可能要用复杂的短语来表达。同一个意思用单词来表达叫做**综合性表达**（synthetic expression），用短语来表达叫做**分析性表达**（analytic expression），倾向于综合性表达的语言词汇化程度更高。梵语是词汇化程度很高的语言，它常常临时构造新词。不少印第安语言也是这样，它们大量使用**组并**（incorporation）构词，即把动词和其名词论元合成新的复合词充当谓语。这有点类似于汉语的"怀疑"或英语的 *babysit*（看孩子），但构词更为自由。对比两种语言的整体词汇化程度可能比较复杂，但我们可以从某些语义（如使役义）或句法成分（如定语）的词汇化程度对比做起。

二、词的形态比较

在具体比较各种构词形态前，可以先对形态的复杂程度做些比较。这种比较需要首先分清两个标准：一是平均每个词有多少语素；二是一个词内的不同语素在多大程度上可以分开（Comrie 1989: 46）。根据前一标准，可区分出**孤立语**（isolating language，亦称**分析语**（analytic language））、**综合语**（synthetic language）和**多式综合语**（polysynthetic language）。基于统计结果，Greenberg（1968）将它们平均每个词的语素数分别定为1至2.2、2.2至3和3以上。根据后一标准，可区分出**粘着语**（agglutinating language）和**屈折语**（inflectional language或fusional language）：前者词内语素的界限清楚，如土耳其语*biz-ler-in*（我们的），其中三个语素分别表示第一人称、复数、属格；后者则常见多个语素在形式上的**溶合**（fusion），或称**累积性表达**（cumulative exponence），如英语*our*（我们的），其三层含义在语音形式上已无法分开。以上两个标准常被混淆，其实不太妥当，比如土耳其语是典型的粘着语，但从每个词的平均语素数来看，也是多式综合语。英语已接近孤立语，但它为数不多的语法词尾都是高度溶合的，因此又是屈折语。

需要注意的是，以上第一个标准统计的语素包括屈折语素，第二个标准则主要关注屈折语素。因此，在词汇形态学内，我们还可以另设一些标准来统计。Greenberg（1954）提出过很多与上述第一个标准平行的标准，其中就包括R/W（平均每个词中有多少词根语素）、D/W（平均每个词中有多少派生语素）等。

前文已经提到，单纯词、合成词、复合词、派生词等形态类型间都是渐变关系，因此，在语言对比时，我们可以结合共时和历时因素，充分考察各种典型和非典型情况。典型情况可以从词类、内部结构、功能类型等许多角度来对比，比如"名+名"复合词对比、表达派生对比等等。以表达派生中的**指小词**（diminutive）为例，这是普遍存在的跨语言现象，但具体形式和意义以及普遍程度千差万别。比如斯拉夫语言中的指小词使用很广，很多名词都有指小词，指小词本身还可能有指小词，如俄语人名*Aleksandr*（亚历山大）的指小词是*Sasha*（萨沙），*Sasha*还有指小词*Sashen'ka*（萨申卡），其背景是斯拉夫语言的名词有丰富的表达派生。汉语指小词没有这么普遍，但也有自己的形式特点，比如常用重叠，如"琳琳""宝宝"等。

非典型情况有时候更能体现语言特色。比如，在一些存在组并的印第安语言中，一些动词的论元虽具实义，形式上却已弱化得只能附在动词上，称作**实义后缀**（lexical suffix），如下面Bella Coola语例句中的-*ał*（脚）：

（2）qućałic
   洗—脚—第一人称.单数:第三人称.单数
   我要给他洗脚 （Mithun 1998: 305；转引自Haspelmath & Sims 2010: 21）

标示句法功能的屈折人称词尾-*ic*不能进入*qućał*（洗脚）内部，可见

qućał 是一个词。这个词一方面像复合词，因为 *-ał* 具有实义；另一方面它又像派生词，因为 *-ał* 的形式很弱（这种实义后缀还有无元音的，如 *-lt*（小孩））。由此可见，这是复合和派生的中间状态。

  Bella Coola 语的"洗脚"是一个词，英语的"洗脚"则是一个短语，因为从 *He washed his feet*（他洗了脚）中的时态标志、领属语和复数形式可见，句法全面进入了这个表达。但是，短语和词的中间状态也不少见，有的语言甚至大量使用，比如德语中的**可分动词**（separable verb）就是这样。从以下例子中 *ausmachen*（扑灭）可插入某些屈折标记以及有时拆开使用的情况可知，这类词对句法有一定的敞开度：

（3）a. Ich   hab-e   das   Feuer
    我.主格 完成–第一人称.单数 定指.中性.单数.宾格 火.中性.单数.宾格
    aus-gemacht
    结束–做.过去分词
    "我已将火扑灭"

   b. Ich **mach-te** das   Feuer
    我.主格 做–过去时.单数 定指.中性.单数.宾格 火–中性.单数.宾格
    aus
    结束
    "我扑灭了火"

  派生和屈折的中间状态在一些语言中也很普遍。比如，俄语中个别时间名词第五格可做状语，如 *utrom*（在早上）来自 *utro*（早上），但还有大量时间名词是通过其他方式做状语的，因此，这种时间名词第五格虽然可以说是一种使用范围很有限的屈折变化，但似乎更像是个别词的派生现象。另外，斯拉夫语言中广泛存在的动词体范畴也与此类似。如俄语中多数动词都有"完成体"和"未完成体"的区别，原则上似乎是句法功能的不同，但形式上却没有统一的规则，几乎每个词都要单独记忆两个形式，因此又近似派生。而且，体意义和词汇意义有时也很难区别，俄语中还有以 *-nu-* 表示瞬间意义的，如 *kashlyanut'*（咳一下）来自 *kashlyat'*（咳嗽），似乎"可以看作完成体下的一个小类"（刘丹青 2008: 473），但这种词在词典里都作为词位单独列出，因为它们无法像一般的屈折形态那样类推，可见又接近派生。

单纯词与合成词的中间状态，在汉语中有不少。如"基因""迷你""可口可乐"等，按说都是音译，但译者特意让它们看上去像个合成词。这是因为汉语拥有众多单音节语素，说话者对于那些本无意义的音节，也习惯赋予其意义。赵元任（1979: 79）曾提到老上海人把倒数第二班车叫做"赖三卡"，显然这是对英语 *last car*（末班车）的音译"赖四卡"做了**重新分析**（reanalysis）。英语 *editor*（编辑者）派生出动词 *edit*（编辑）这样的**逆向构词**（back formation），也是通过把整体借自拉丁语的 *editor* 重新分析为 *edit* 加派生词尾 *-or* 实现的。

派生的操作形式，也是形态比较的重要内容。这方面应注意从连接性、非连接性操作等大类出发，逐步细化，而不是仅谈前缀、后缀等我们熟悉的小类。事实上，有些语言无论派生还是屈折都主要使用非连接性操作，如阿拉伯语。以阿语的屈折为例，"他写过""我写过""他在写""我在写"分别是 *katab-a*、*katab-tu*、*ya-ktub-u*、*ʔa-ktub-u*，虽然这里也有一些连接性的前后缀（人称标记），但时态区别主要体现在词基元音的变化上。再看派生，以阿拉伯传统语法的常用模板 *faʕala*（做）为例，重叠第二个辅音后得到的 *faʕʕala* 可表示强调，延长第一个元音后得到的 *faːʕala* 可表示动作有对象，因此，*kasara*（打碎）的派生词 *kassara* 意为"打得粉碎"，*kataba*（写）的派生词 *kaːtaba* 意为"与……通信"。诸如此类非线性的形态规则在阿拉伯语、希伯来语等语言中大量存在，是其传统语法的主要内容。其他语言也不乏此类变化，如英语以重音移位使 *import*（进口）发生动词向名词的转类，古汉语以声调变化使"雨"发生名词向动词的转类。还有一些操作可以算半连接性的，如 Tzutujil 语 *saqsoj*（发白的）派生自 *saq*（白的），*raxroj*（发绿的）派生自 *rax*（绿的）（Dayley 1985: 213；转引自 Haspelmath & Sims 2010: 39），派生词尾 *-Coj* 的首辅音取决于词基的首辅音，只能算半固定的音义结合体。这个例子可算部分重叠；完全重叠（如前文提到的"宝宝"）也是半连接性的。

在比较派生形式的小类时，也应注意表面相似背后的条件、频率等差异。如英语**缩写词**（acronym）*NATO*（*North Atlantic Treaty Organization*，北大西洋公约组织）的缩写）作为一种较特别的半连接性操作，似与汉语"北约"相似，但"北约"的生成并不依赖文字，而 *NATO* 必须在文字的基础上产生。

三、词的语义比较

作为以离散的单位呈现世界的系统,词汇在语义比较中所涉及的第一个问题是一个老问题,即:不同的语言是否代表不同的世界观?比如说,如果某语言只有两个颜色词,按照**语言相对主义**(Linguistic Relativity;或称**萨丕尔-沃尔夫假说**(Sapir-Whorf Hypothesis))的强假说,说这种语言的人即不能理解其他颜色的意义。不过,完全支持这一想法的人不多,更多的人接受的是其弱假说,即语言对思维有一定影响。

语言相对主义并没有为语义比较提供框架,相反,它是对语义比较存在客观框架的质疑。这一质疑的反面是**可表达性原则**(Principle of Effability,即"任何命题都可以在任何自然语言中以某个句子得到表达")和它的弱版本**可译性原则**(Principle of Translatability,即"甲语言任何句子所表达的意思,在乙语言中至少有一句话与此同义")(Katz 1976: 37)。这两个原则主要关注句子和命题,但无疑也涉及词义。对这两项原则向来有不少争议,不过语言学中的语义对比实际上总是要以一定的语义共性作为对比基础的。

就词义对比而言,在承认一定的语义共性(如前文所说的概念场或作为意义原子的语义特征)的基础上,我们可以先看一看两种语言中哪些意义是通过词来表达的。前文在讨论词汇化时曾涉及这一问题,此处我们则主要关注其语义方面。

Von Fintel & Matthewson(2008)列举了三种关于哪些语义可能具有普遍词汇表达的说法:**斯瓦迪士词表**(Swadesh lists)、Immler(1974)的词表、**自然语义元语言理论**(Natural Semantic Metalanguage,简称NSM;详见第四讲第二节)所认定的**语义元**(semantic primes),但对这些说法一一表示了质疑。这些说法虽然未必具有真正的跨语言普遍性,然而对于两种语言的对比也许仍具一定的参考价值。

与以上相关的另一个问题是:哪些意义可以词汇化为怎样的词?是否有一定的条件限制?对此von Fintel & Matthewson(2008)也列举了几类说法,包括类型学中相关的**蕴涵共性**(implicational universal,如一种语言有表红色的词就一定有表黑色和白色的;详见第十讲第一节)、词义决定词性的说法、动词**词汇体**(lexical aspect或aktionsart)的普遍性观点、蒙太古语法中关于句法成分与语义类型相关性的说法等。但他们也同时指出，这些说法都存在争议。当然，对于两种语言的对比研究而言，这些观点还是有一定启发性的，至少它们都从共性的角度提供了一些宏观的观察视角和对比框架。

除了意义的词汇化特点，可以比较的另一项重要内容是词的形式与意义间的关系，即构词的理据性。语素作为构词的基本单位，其语音形式的理据性首先可以对比。不过，最具操作性的比较对象，是这些语素组合起来构成合成词的理据性。例如，在具有类似意义的汉语"手套"、德语*Handschuh*（字面义为"手鞋"）和英语*glove*中，前两者的理据性更强。李冬（1988/2008）经过对比认为，整体而言，汉语的构词理据性与德语相似，强于英语。

在对比构词理据性时，还应注意一些语义上的**阐释空缺**（interpretive gap），即原则上似乎存在，但实际并未见使用的理据。比如，"北风"指的是北方吹来的风，而不是吹往北方的风；"牛奶"指的是牛产的奶，而不是给牛喝的奶。Downing（1977）和Warren（1978）发现英语中也有类似现象，即排斥将构词成分作为目标或目的地来构成复合词。当然，可能存在个别例外，如"北上""远走"、*south-flying*（飞往南方的）等（但也可以认为这里只涉及方向而非目的地）；特殊语境下，"上海队"似乎也可表示"前往上海的队"。这些情况都值得在对比研究中细致讨论。

当然，仅凭构词理据并不能完全揭示词义。系统的词义对比首先还是可以考虑采用结构主义的方法，从词义的内部构成到词义间的各种聚合和组合关系展开。

词义的内部构成虽然原则上总是包括语义特征、论元结构等，但各家的具体分析法和术语不同，可根据具体情况选取。Levin & Hovav（2001）曾用**词汇概念结构**（Lexical Conceptual Structure）理论分析英语*load*（装载）的语义，得到以下两种不同的语义表达：

（4）a. [[x ACT] CAUSE [y BECOME P_{loc} z] [*LOAD*]$_{MANNER}$]
　　b. [[x ACT] CAUSE [z BECOME [ ]$_{STATE}$ WITH-RESPECT-TO y] [*LOAD*]$_{MANNER}$][1]

---

[1] 表达式a意为：通过[*LOAD*]方式x的行为致使y到达z的位置（其中P_{loc}代表**地点介词**（locative preposition））；表达式b意为：通过[*LOAD*]方式x的行为致使z处于与y相关的状态。

从 x、y、z 三者的关系，可以很容易看出这两种表达的联系和区别，它们分别用于 *John$_x$ loaded the hay$_y$ on the truck$_z$*（约翰把草装上了车）和 *John$_x$ loaded the truck$_z$ with hay$_y$*（约翰给车装上了草）中。有趣的是，有的语言（如法语、日语）和英语一样，两种语义用同一个动词，有的语言则用形态上有区别的动词，如俄语中与（4a）和（4b）对应的动词（完成体）分别为 *nagruzit'* 和 *zagruzit'*。

以上其实已经涉及了词义聚合关系中的一词多义关系，其他聚合关系也可以用类似的语义原子的思路来分析和比较。这方面最具代表性的是亲属词的语义场对比，如用"直系""父系""男性""年长"等语义特征在辨义中的必要性和取值来比较不同语言的亲属词系统（许余龙 2010：95–98）。用类似的方法，我们可以发现语言间不少细微的语义差别。比如，下表以四个语义特征分析英汉语两组坐具词的语义（其中带括号的取值表示倾向于取此值），可见汉语的"沙发"虽译自 *sofa*，但其语义对于[单人]这一特征已不再取值。同时，由于"椅子"在[柔软]这一特征上也没有取值，所以汉语的"沙发"和"椅子"可以有更多交集。事实上汉语确实有"沙发椅"的说法，它的语义可对应表3–1"沙发"或"椅子"在四个特征上全部取正值的情况。

表3–1　英汉语两组坐具词的语义特征分析

	带靠背	带扶手	单人	柔软
sofa	+	+	−	+
chair	+		(+)	
沙发	+	+		+
椅子	+		(+)	

语义场对比也可以不用细化的语义特征来呈现，尤其是在上下义等关系中。这时，我们看到的是两种语言对应语义场的宏观结构。对比这类结构时尤其应注意其中的**词项空缺**（lexical gap），如汉语的"糖果"可对应英语的 *sweets*（英式）或 *candy*（美式），"方糖""食糖"等可对应英语的 *sugar*，但它们共同的上位词"糖"在英语中缺乏对应的词项。同时，即使是两种语言中都有的词项，也应注意它们在认知上是否都属于通俗词或非通俗词，感情色彩是否相同，

使用频率是否有区别，等等。

　　用上述方法分析出的词义聚合关系是静态的，但不少词义聚合关系其实是历时变化的结果，而且颇具规律，比如因**语法化**（grammaticalization）、**隐喻**（metaphor）等造成的一词多义现象。近年来兴起的**语义地图模型**（Semantic Map Model）在这方面就有所发现，如Haspelmath（1997）通过考察140种语言的不定代词，得出如图3–2所示的不定代词语义地图：

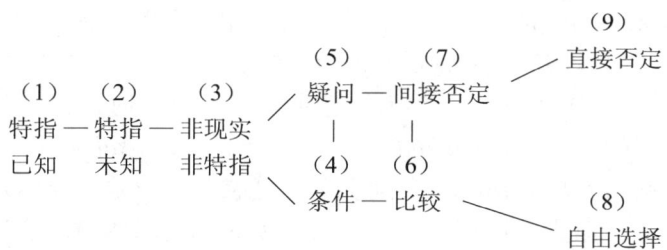

图3–2　不定代词语义地图（Haspelmath 1997）

这个图的意思是：如果一个不定代词有超过一种意义，那么这些意义在这个图上一定是以实线相连接的。例如，英语中的*somebody*可用于该图中第1~5个义项，*anybody*可用于第4~9个义项，*nobody*只用于第9个义项；意大利语中的*qualcuno*可用于第1~5和第7个义项，*chiunque*可用于第6和第8个义项，*nessuno*可用于第5、7、9个义项（Haspelmath 1997: 262–263）。语义地图涉及的很多是语法意义，但这种研究思路作为对共时语义场的改造，可视作语义关系对比的另一种框架。

　　词义的组合关系所体现出的词语搭配是一个比较复杂的现象，涉及的因素较多。许余龙（2010: 100–103）总结了不同语言中的对应词出现不同搭配的原因，将其分成了几个大类：使用的范围大小不同；可引申的程度不同或引申义不同；边缘类搭配不同；上下义词的搭配分工不同；等等。不过，这方面的深入研究还比较缺乏。按照一般的原则，在充分解释前，先要做到充分的描写，而描写词语搭配，一方面可依靠语感和相关工具书，另一方面则可尽量挖掘语料库的作用。在展开对比时，不妨先利用大型语料库，从分类和统计入手，进而发现规律并作出解释。

| 第三节 | 研究示例：英语后缀-able与汉语准前缀"可"的对比研究 |

一、问题的提出

与汉语相比，英语的形态较为发达。表现在构词法中，英语的词缀相对较多，其中的-able便是一个常用的后缀。

带有-able后缀的词在英语词汇中占有相当大的比例。例如，在田刚、张贵民等（1989）列出的10,000个英语常用词中，这类词就有207个之多，占总数的2%以上。而这些词在译为汉语时，很多都可译为"可……（的）"，如：avoidable→可避免的；drinkable→可饮用的；eatable→可食用的；lovable→可爱的。通常认为，这些汉语对应词中的"可"是汉语中的准词缀或类词缀（如见陈光磊1994：§3.3.3）；而在一些不区分词缀和准词缀的著作中，则将其直接视为词缀（如见胡裕树主编1996: 211）。陈光磊（1994: 21）列出含有"可"的汉语派生词有"可爱""可恨""可怜""可取""可见""可靠""可口""可逆""可塑性"等。

上述初步观察表明，从词汇形态学的角度来说，英语中的-able和汉语中的"可"都可以大致认为是两种语言词汇系统中的派生词缀，两者的构词功能也相似，都可以添加在某些词基（主要是动词词基）上，派生出形容词词性的词。再从词汇语义学的角度来看，两者表达的语义也很相似，都具有"可能""可以"等情态意义。因此，我们可以认为两者具有对比的共同基础。

另一方面，并非所有带有-able后缀的英语词（以下简称"-able词"）在汉译时，都可以用"可"来翻译。例如，与perishable翻译对应的汉语表达法通常是"易腐烂（的）""易变质（的）""易死（的）""易毁灭（的）"，而不是"可……（的）"。由此带来的一个问题是：-able和"可"究竟同在何处，又异在哪里？或者说，在什么情况下英语中的-able词通常可以用汉语中的"可……（的）"来翻译，而在什么情况下又不可以？这两个问题相互联系，前者是对-able和"可"这两个英汉词缀本质的探究，主要是语言本体研究中的一个理论性问题；后者或许英语学习者更感兴趣，是一个应用对比研究的问题。而要回答这两个问题，就需要对-able和"可"进行较为系统的对比研究，探讨两者之间的异同以及产生这种异同的原因。

二、研究思路与方法

语言符号是一个形义结合体，即以某种形式表达某种意义。语言学研究的核心内容之一是揭示语言的形式与意义这两者之间的联系，在词汇研究层面上便是探讨词和词的组成成分的形式与其所表达意义之间的联系。因此，对上述问题的总体研究思路可以是从词汇形态入手，分析其与词汇语义之间的联系。

具体就英语中的-able词和汉语中的"可……（的）"词而言，由于这些词是英汉两种语言中的派生词，其形态结构可以分别表示为"X-able"和"可X（的）"，其中的"X"代表可以与词缀-able或"可"相结合的词基，因而上述形义之间的关系可以具体从-able和"可"本身的形态特征及其在整个派生词中的形态功能入手，来研究-able和"可"可以添加在哪些词性的X上构成派生词，由不同词性的X所构成的英语X-able词和汉语"可X（的）"词是否表达不同的意义，从而分析哪些X-able词可以译为"可X（的）"，哪些则不能。

遵循上述研究思路，在具体的研究方法上可以分如下三个步骤来进行：1）确定-able和"可"这两个词缀是否有语素变体，这是分析这两个词缀本身的形态特征；2）系统搜集含有这两个词缀的词，并按其中X的词性进行分类，分析这两个词缀可以分别与什么词性的X相结合构成新词，这是对这两个词缀的形态功能研究；3）分析每类词的整体语义与其构成成分的语义之间的联系，从而最后可以进一步探讨英汉之间对译的一般规律。

总的来说，此类研究可以从分析英语的词汇形态语义特点着手，研究其汉译的一般规律；也可以从分析汉语的词汇形态语义特点着手，研究其英译的一般规律。由于英语的形态较为丰富，下面我们主要从英语出发来进行分析研究。

三、分析与论证

作为分析的第一步，先让我们来看英语-able词缀本身的形态特征。从历时的词源学和共时的形态功能和词汇语义的角度进行综合考量，英语中的{ABLE}这一语素共有三个语素变体：-able；-ible；-uble。-able这一语素变体是从源自拉丁语的-abilis经由古法语借用到中古英语中来的，因此构词力最强，出现得最多，语义也最丰富；-ible直接借自拉丁语，因而一般加在源自拉丁语的动词词尾构成形容词，如reversible、visible；-uble是从源自拉丁语的法语中借来的，加在原拉丁语中以-vere结尾的动词后面构成形容词，如soluble、voluble。

确定了{ABLE}的三个语素变体之后，下一步我们可以系统搜集含有这三个语素变体的词（为了行文方便，下面仍将其统称为"X-able词"）。完成此项工作最有用的工具书是逆序词典，因为我们研究的对象是一个英语后缀，而含有某个后缀的所有英语词条在逆序词典中都是编排在一起的。英汉逆序词典有田刚、张贵民等编（1989）和俞敏洪、黄颀编著（2011），但都是小型词典。类似的英英词典称为押韵词典（rhyming dictionary），如Fergusson（1985），现在网上也有免费供在线查询的押韵词典，如http://www.rhymer.com/，http://www.prime-rhyme.com/。顾名思义，该类词典是为作诗时查找押（尾）韵的词服务的，因此所有最后一个音节相同的词条都编排在一起。不过，由于英语语音与书写形式并不完全一致，这两类词典中词条的编排也不完全一样。比如，在押韵词典中与X-able词排列在一起的还有symbol、tribal等，因为这些词的最后一个音节相同（虽然拼写不同）。所以在选用押韵词典搜词后要略作梳理，删除那些非X-able词。

即便选用逆序词典搜词，在分析前也要对词典中所列出的词进行筛选，因为我们所要讨论的X-able词，主要是指具有如下两个形态特征的英语词：一是词中含有-able后缀（包括其另外两个语素变体-ible和-uble）；二是词中的X在英语里有相应独立的词。因而，在进行筛选时应剔除如下两类词：1）虽然以-able或-ible收尾，但两者在词中都不是后缀，如cable、fable、syllable、vegetable、timetable、Bible等；2）虽然含有-able后缀，但X在英语中不是一个独立的词，如probable、impeccable、formidable、culpable、amenable、eligible、tangible等。表3–2是对田刚、张贵民等编（1989）所列出的、词尾拼写形式为-able、-ible和-uble的词进行搜索和筛选的结果。

表3-2　常用X-*able*词的分布

词尾拼写形式	总数	词尾非后缀（a类词）	X非独立词（b类词）	X-*able*词
-*able*	216	10	33	173
-*ible*	65	1	33	31
-*uble*	3	0	0	3
总计	284	11	66	207

表3-2显示，符合我们研究对象的、真正的X-*able*词共有207个。从词的形态结构与词义之间的关系来看，其中大多数词的词义基本上是**透明**（transparent）的，即具有**形态理据**（morphological motivation，见Ullmann 1962），整个词的词义基本上是由构成该词的语素义组构而成。当然，词义的透明性有程度之分。许多X-*able*词的词义几乎是完全透明的，其词义可以从构成成分X与-*able*的基本意义直接推断，如*eatable*、*drinkable*、*lovable*、*usable*等。另一些X-*able*词的基本词义是透明的，但也有不甚透明的引申义。例如，*respectable*的基本词义是"worthy of respect, deserving to be respected"（可尊敬的），从这一基本词义中引申出"worthy of respect by reason of some inherent quality or quantity"（由于某种本身质量或数量上的原因而受到尊重），从而再引申出"considerable in number, size, quantity, etc."（数量可观的）。也有个别X-*able*词在历时演变中，其基本意义逐渐废用，目前一般只用其引申义，因而词义透明度更低。例如，*considerable*经历了与*respectable*相似的词义演变过程，从本义"that may be considered, worthy of consideration"（值得考虑的）引申出"worthy of consideration by reason of magnitude"（由于大小数量原因而值得考虑），再引申出"somewhat, rather or pretty large in amount, extent, duration, etc."（相当大/多/广/久等），这最后一个词义是目前通用的意义（Simpson & Weiner 1989）。

既然大多数X-*able*词在词义上是基本透明的，那么这些词的词义可以通过分析其与构成成分X和-*able*之间的语义联系而获得。因此，在系统搜集了我们所要研究的X-*able*词，确定了研究的重点是词义基本透明的X-*able*词之后，下一步的工作是分析-*able*的形态功能，即分析-*able*可以添加在哪些词性的词基上,并将所搜集的X-*able*词按其词基的词性进行分类。

对所搜集到的X-*able*词进行初步观察表明,其中的X可以是及物动词,也可以是不及物动词,还可以是名词。因此,X-*able*词可以分为三大类,即Vt.-*able*、Vi.-*able*和N-*able*。下面列出这三大类有代表性的X-*able*词,其中*changeable*和*variable*中的动词词基*change*和*vary*既可用作及物动词,又可用作不及物动词,因此在Vt.-*able*和Vi.-*able*词中都列出。

(5) Vt.-*able*词:affordable, appreciable, avoidable, breakable, believable, controllable, convertible, despicable, drinkable, eatable, explainable, formidable, fixable, justifiable, lovable, obtainable, questionable, readable, reliable, respectable, reversible, traceable, usable, verifiable; changeable, variable

(6) Vi.-*able*词:perishable; changeable, variable

(7) N-*able*词:comfortable, companionable, dutiable, fashionable, knowledgeable, marriageable, objectionable, peaceable, pleasurable, profitable, reasonable, saleable, sensible, serviceable, sizable, valuable

做完X-*able*词的分类工作后,我们就可以较为具体地分析-*able*分别在Vt.-*able*、Vi.-*able*和N-*able*中的具体含义,进而分析整个词的词义及其与汉语中的"可X(的)"之间的对译关系。这一形义之间联系的初步分析结果可归纳如下。

1. 当-*able*添加在及物动词词基后构成形容词时,整个Vt.-*able*词的基本词义是"可能或可以被V(can/may be V-*ed*)",此时的动词词基一般用其被动义。也就是说,Vt.-*able*词的一般含义是,由于其中动词的动作对象(及物动词的受事宾语)所具有的某种属性,使动作者(及物动词的施事主语)可能或可以做出某种动作或采取某种行动。比如,*changeable*中的词基*change*既可用作及物动词,也可用作不及物动词。当用作及物动词时,我们可以说"The decision is changeable"(≈"We can/may change (vt.) the decision"),因为那个决定(*the decision*)具有暂时性,或要视其他情况才能执行这一属性。

Vt.-*able*词在译为汉语时,大多可直接译为"可V(的)",比如：*appreciable*→可感知的；*avoidable*→可避免的；*believable*→可信的；*verifiable*→可证实的；*changeable*→可改变的。有少数此类词直接译为"可V（的）"有些别扭，需作适当变通，如*affordable*含有"（在经济上）可承受"的意思，但在大多数场合译为"负担得起"可能更简洁自然一些。

2. 当-*able*添加在不及物动词词基后构成形容词时，整个Vi.-*able*词的基本词义是"易V（easily or likely to V）"，此时的动词词基一般用其主动义。也就是说，Vi.-*able*词的一般含义是，由于其中动词的动作者（不及物动词的主语）所具有的某种属性，使动词所表示的动作或行为可能或可以发生。比如，当*changeable*中的词基*change*用作不及物动词时，我们可以说"The weather at this season is very changeable"（≈"The weather at this season can/may change (vi.) very easily"），是因为这个季节的天气（*the weather*）本身由于冷暖空气交汇频繁等原因而具有变化无常这一属性。

Vi.-*able*词在译为汉语时，大多可译为"易/会/多V（的）"，比如：*perishable*→易腐烂的，易毁灭的；*changeable*→易变、多变。

3. 当-*able*添加在名词词基后构成形容词时，整个N-*able*词的基本词义是"具备/拥有/显示/给人某种N的（好的）属性（having, showing, bringing, affording the (good) quality of N）"。也就是说，N-*able*词的一般含义是，其中的名词所表示的或要求具有的某种属性，某人或某物（可能或可以）具有。

N-*able*词的具体语义及其汉译时的具体译法，在很大程度上视其中名词词基所表达的确切意义以及整个词在上下文中的意义而定。总体而言，可以分为如下三大类：1）当N表示通常希望得到的某种抽象的东西时，N-*able*词的主要语义为"具备/拥有/显示/给人带来某种（好的/大量的）N（having, showing, giving or bringing (good/fair/great/a great deal of) N）"。这类词有*comfortable*、*fashionable*、*knowledgeable*、*peaceable*、*pleasurable*、*profitable*、*reputable*、*reasonable*、*sensible*、*sizeable, valuable*等。比如：*reasonable*→合理的（having good reason）；*sensible*→明智的（showing good sense）；*knowledgeable*→知识渊博的（showing a great deal of knowledge）；*comfortable*→舒适的（bringing a great deal of comfort）。2）当N表示某种可采取的行动时，N-*able*词的主要语义为"具备某种属性从而适

合或有义务实施N所表示的行为（having such qualities as fit for or liable to N）"。这类词有*dutiable*、*marriageable*、*objectionable*、*saleable*、*serviceable*等。比如：*marriageable*→可结婚的（having such qualities as fit for marriage）；*dutiable*→应纳税的（having such qualities as liable to duty）。3）当N表示某一类人或某个团体时，N-*able*词的主要语义为"具备某种属性从而适合成为N（中的一员）（having such qualities as fit to be a (member of) N）"。这类词有*companionable*、*clubbable*等。比如：*companionable*→适于做同伴的（having such qualities as fit to be a companion）；*clubbable*→适合成为俱乐部会员的（having such qualities as fit to be a member of a club）。

至此，我们初步梳理出了X-*able*词的形与义之间的联系，以及这些词在汉译时的一般规律。有少数X-*able*词在汉译时似乎与上面总结的一般规律相悖。比如，个别Vt.-*able*词在许多场合也可译为"易V（的）"，如：*breakable*→易碎的；*readable*→易读的。究其原因，主要是由于此类Vt.-*able*词中的及物动词可以用在**非宾格结构**（unaccusative construction）或**中动结构**（middle construction）中，如：

（8） The glass broke on the floor.（花瓶摔碎在地板上）（非宾格结构）

（9） Old bones break easily.（老骨头容易折断）（中动结构）

（10） This book reads easily.（这本书容易读）（中动结构）

此类句子中的动词与不及物动词一样，也是用其主动义，即所表示的动作或行为是其主语所具备的某种属性使其然，因而*breakable*和*readable*可以有"易碎"和"易读"的含义。

下面，再让我们来简单看一下汉语中"可X（的）"词的形义对应规律。根据《现代汉语词典》，"可"用作（准）词缀时的基本含义是"适合"，与英语中的-*able*语义相近。其形态功能也与-*able*十分相似，既可添加在动词前构成"可V（的）"词，也可添加在名词前构成"可N（的）"词，如：

（1）"可V（的）"词：可爱，可悲，可鄙，可比，可观，可恨，可见，可靠，可怜，可取，可恶，可惜，可喜，可笑，可行，可憎，可疑。

(2)"可N(的)"词:可口,可人,可身,可体,可心,可意。

"可X(的)"词的形义之间的联系可初步归纳为:1)"可V(的)"词的基本词义是"具备某种属性从而可以/值得/应该受到V";2)"可N(的)"词的基本词义是"具备某种属性从而适合/恰合N"。

四、结语

本节以英语后缀-able与汉语准前缀"可"之间的对比为例,介绍了如何在词汇对比中找到一个值得研究的问题,然后确定研究思路和方法,形成一个在具体研究中可操作的整体分析框架,最后一步步地展开具体的分析、研究和讨论。

通过以上分析,我们可以将英语X-able词与汉语"可X(的)"词以及其他相关表达法之间的基本语义对应关系总结归纳如图3–3所示(其中,实线表示强对应,虚线表示弱对应):

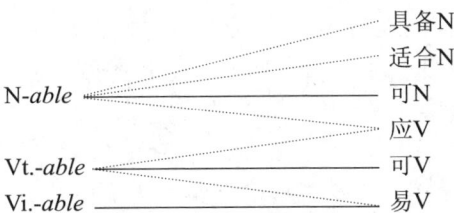

图3–3 X-able词与"可X(的)"词之间的基本语义对应关系

当然,这一示例研究本身是初步的,在许多方面还可以进一步深入。例如,就英语词缀与词基结合的形态特点而言,可以分为两大类:一类称为**中性词缀**(neutral affix,用"#"号表示);另一类称为**非中性词缀**(non-neutral affix,用"+"表示)。也就是说,-able还可以分为#able和+able(Aronoff 1976)。因此,可以继续研究的一个问题是,这种形态上的区分会对语义带来什么影响。此外,还可以从历时演变的角度对共时的差异作出解释,并梳理和归纳出两种语言中相似词缀发展演变的规律,比较两者之间的异同。

第四节　小结

本讲中，我们首先介绍了词的定义及相关概念，然后概述了词汇形态学和词汇语义学的主要研究对象和内容。在此基础上，我们讨论了词汇对比研究在词的总体特点、词汇形态和词汇语义三方面可以采用的主要理论模型和研究方法。最后，我们以英语后缀 *-able* 与汉语准前缀"可"的对比为例，说明了如何进行词汇对比。

思考题

1. 请自选两组具有一定篇幅、分别属于正式与非正式语体的英汉语翻译对等语料，统计一下每种语料中平均每个词有多少语素、多少词根语素、多少派生语素。从结果看，不同统计标准和语体造成的差别大吗？哪一种结果最接近通常关于英汉语形态类型的说法？你觉得这种统计中最困难的地方在哪里？

2. 俄语词 *kniga*（书）有许多派生词，如：*knizhechka*（小书）；*knizhitsa*（小破书）；*knizhonka*（鬼书（如"你给我的是本什么鬼书！"））；*knizhniy*（书的）；*knizhnost'*（书性（如"书具有书性"））；*knizhnik*（书籍爱好者）；*knizhnitsa*（女书籍爱好者）。请参考本讲介绍的形态分类，指出它们各属于哪一类派生词。另外，它们的汉译分别都是词吗？如果是的话，在形态上属于哪一类？如果不是的话，为什么？如果把它们分别译成英语，情况又怎样？

3. 请利用相关工具书，对英汉语构词中常见的非连接性操作的种类做一个小结，并指出各类操作的使用频率如何。

4. 请先从词典中找出汉语"站""坐""卧""走""跑""爬"以及英语 *stand*、*sit*、*lie*、*walk*、*run*、*crawl* 这12个词的所有基本语义，然后利用语义特征分析法，对这些语义进行统一分析和跨语言对比。

5. 学完本讲后，你觉得过渡语语料（如中国英语学习者的英语作文）在词汇对比研究中可能有什么价值？请举出几个可以利用过渡语语料进行研究的词汇对比课题。

推荐阅读

James, Carl. 1980. *Contrastive Analysis*. Harlow Essex: Longman.（第4.4节）

Mettinger, Arthur. 1990. Comparing the incomparable? English adjectives in *-able* and their rendering in Modern Chinese. In Jacek Fisiak (ed.). *Further Insights into Contrastive Analysis*. Amsterdam: John Benjamins Publishing Company. 423–432.

Von Fintel, Kai; and Lisa Matthewson. 2008. Universals in Semantics. *The Linguistic Review* 25: 139–201.

邵志洪主编，2008，《结构·语义·关系——英汉微观对比研究》，上海：上海外语教育出版社。（第三部分）

许余龙，1999，英语X-able词的形态与语义特点，《外语教学与研究》(1): 35–42。

第四讲 语法对比研究

第一节 研究对象与内容

语法（grammar）的含义广泛。根据《新牛津英汉双解大词典》（2007: 913），它既可以指抽象的知识系统（如语言系统的结构规则），也可以指客观事物（如语法书）。即便在语言学研究中，"语法"的用法也不一致。

从历史发展看，语法经历了三个主要发展阶段（Aarts 2007: 113）：首先，从18世纪到19世纪末，广为使用的**学校语法**（school grammars）主要是为了教授简化的基本语法规则，属于**规定语法**（prescriptive grammars）。19世纪末到20世纪中叶的**教学语法**（pedagogical grammars）/**传统语法**（traditional grammars）虽然和学校语法目的相近，但采用了现代语言学研究的**描写**（descriptive）观点。此后出现的**描写语法**（descriptive grammars）/**参考语法**（reference grammars）则对整个语法研究领域进行了详尽描写。

从研究范围看，转换生成语法学家所说的"语法"指体现语言能力的知识总和，是对语言的系统描写，包括语音、语义和句法，但明显侧重于句法。系统功能语法学家所说的"语法"范围要小一些，包括句法、词汇和形态研究（Halliday 1985: xiv），而通常所说的"语法学"一般包括形态学和句法学两部分（Hartmann & Stork 1972；Ducrot & Todorov 1979；Crystal 1985b）。

我们已在第二讲中讨论过语音对比，在第三讲中讨论了词汇形态和词汇语义对比，本讲中的"语法"主要包括句法以及与其有密切联系的屈折形态学。

一、屈折形态学

屈折形态学主要研究出于语法上的需要而产生的词的形态变化。词形的屈折变化根据其表达的不同语法意义，构成几类封闭系统，称为**屈折范畴**（inflectional category）。屈折形态表达的语法范畴分为两类：1）与名词性词语（包括名词及其修饰语）相关的，包括性、数、格、限定性等；2）与动词性词语相关的，包括时、体、态等。

语言间屈折形态的发达程度不同。例如，绝大多数语言学家都认为英语的屈折变化不丰富。O'Grady *et al.*（2010: 132）列举了英语中所有8种屈折变化的词缀形式，包括：1）名词词缀：复数标记-s（如*desks*）和所属格标记-'s（如*Tom's desk*）；2）动词词缀：第三人称单数标记-s（如*walks*）、进行体标记-ing（如*walking*）、过去时标记-ed（如*walked*）和过去分词标记-ed/en（如*walked/beaten*）；3）形容词词缀：比较级标记-er（如*bigger*）和最高级标记-est（如*biggest*）。

但许多语言都有丰富的屈折变化。以拉科塔语（Lakota）为例，根据Rood & Talylor（1996），其动词分为两类：**动态动词**（active verb）用来命名动作；**静态动词**（stative verb）用来描述特征，类似于英语中的形容词。与动词相关的屈折变化形式不仅包含第一、第二和第三人称的标记，还包含单数、双数和复数的标记，而且这些标记还因动词类别而异。动词的屈折变化有两种构成模式：1）标志动态动词主语的人称和数；2）与及物动态动词的宾语或者静态动词的主语保持一致。此外，动词词缀大多为前缀，也包含少数后缀与中缀。

与名词性词语相关的屈折变化形式中，以人称代词为例，第一人称有单数、双数和复数形式；第二和第三人称则有单数和复数形式。此外，数标记的位置也很灵活，例如：主语位置的第一人称单数形式的屈折变化标记-wa可以出现在词的不同位置，如表4–1所示：

表4–1 拉科塔语中屈折变化标记-*wa*的位置（Albright 2000: 2）

前置				
lówan	"he sings"	~	wa-lówan	"I sing"
núwe	"he swims"	~	wa-núwe	"I swim"
káge	"he does/makes"	~	wa-káge	"I do/make"
中置				
máni	"he walks"	~	ma-wá-ni	"I walk"
aphé	"he hits"	~	a-wá-phe	"I hit"
hoxpé	"he coughs"	~	ho-wá-xpe	"I cough"

屈折形态对比主要包括形态变化的形式对比和功能对比两个方面。后者主要是屈折范畴基础上的对比。对比各个屈折范畴在不同语言中的运用和表达方式，是屈折形态对比的主要方面。形态标记的屈折范畴的跨语言差异提醒我们，不应仅关注一种语言的特征。在相似的屈折形态范畴内部，成员构成因语言而异。例如，"数"这个语法范畴在英语中是两分的，即单数与复数；而在多种大洋洲语言中是五分的，如单数、双数、三数、**少量数**（paucal）[1]和复数（Kibort & Corbett 2008）。

再以时态标记系统为例，最简单的是两分法，其中最常见的是过去时v.s.非过去时（如日语）和将来时v.s.非将来时，但有些语言的时态标记系统要复杂得多。Dahl & Velupillai（2011）对222种语言的调查显示，秘鲁亚瓜语中仅过去时就有五种，分别是："最近1类"，表示几个小时前；"最近2类"，表示1天前；"过去1类"，表示大约一周到一个月前；"过去2类"，表示大约一两个月到一两年前；"过去3类"，表示很久以前或传说中的过去。

下面以名词的格为例，简要讨论如何进行以语法范畴为基础的屈折形态对比。首先，必须区分与格有关的三个不同概念：1）表层格：指通过词形变化等格标记手段表达的语法类别，比如主格、宾格、工具格等；2）深层格：表达句子中名词与动词所发生的语义关系，比如施事、受事、工具等；3）名词的句法功用：指名词充当的句子成分，如主语、宾语等。

表层格的标记手段主要有三种：1）名词上的屈折变化形式，如土耳其语中，名词*büro*（办公室）加上方位格标记-*da*，表示"在办公室"，可做动词的状语（Kornfilt 1997: 213）；2）**附置语**（adposition），包括前置词和后置词，如日语中用后置词*ga*和*wo*分别标记主格和宾格（Bender 2013: 95）；3）附加在名词**依附成分**（dependent）上的屈折变化形式，如德语中，通过在名词前的定冠词上附加主宾格标记，标记名词的格。在单数阳性名词前，*der*和*den*都相当于英语的定冠词*the*，*der*表示其限定的名词是主格，而*den*表示其限

---

[1] 此类数的概念语义上接近英语的*a few*，所表达的数量没有明确的上限，下限则取决于该语言中表达数的系统中有没有双数和三数的形式。

定的名词是宾格（Drellishak 2009: 58）。

许余龙（2010: 122）指出，总的来说，语言可以根据其形态格标记系统的不同而分为三类：1）**作格语**（ergative language），其中及物动词的主语有标记，而及物动词的宾语和不及物动词的主语无标记；2）**主格语**（nominative language），其中及物动词的宾语有标记，而及物动词和不及物动词的主语无标记；3）中立型语言，其格标记系统无法用以上两个特点概括。

此外，Comrie（2013）还对语法格标记系统和深层语义格之间的关系进行了类型学调查。根据190种语言的调查结果，两者间的关系呈现五种分布。用S表示一元不及物动词的论元，A和P分别表示二元及物动词的两个论元，A表示施事论元，P表示受事论元。这五种分布可以描写为：1）**中立格**（neutral case）标记系统：共98种语言，包括汉语，S、A和P的格标记相同；2）**宾格**（accusative case）标记系统：共52种语言，S和A标记相同，即主格，但P的格标记不同，为宾格；3）**作格**（ergative case）系统：共32种语言，S和P的标记相同，而A的标记不同；4）**三重格**（tripartite）系统：共4种语言，S、A和P的格标记各不相同；5）**积极**（active）系统：共4种语言，基于语义相似性，即积极性的高低，S分别标记为A或P。

格对比可以从系统和功能两个方面来进行。系统对比主要关注表层格，因为格作为语法范畴，主要指语言的表层格标记系统；而功能对比以共同的深层格关系或句法功能为参照点，比较两种语言中具有相似格标记的名词在句子中的分布。

首先，我们来看格标记系统的内部构成。Dezsö（1982: Part 1）比较了匈牙利语与俄语中格范畴的表达方式及其在句子中的使用情况。匈牙利语和俄语都具有较丰富的形态变化，又同属于主格语，但是这两种语言的格标记系统仍有一些显著差异：1）就格标记手段来说，俄语主要采用形态变化和前置词；而匈牙利语则主要采用形态变化和后置词。俄语中的前置词与带有格后缀的名词配合使用；而匈牙利语中的后置词几乎全部用在名词词干的后面，而且当后置词与名词融合后，便可以成为新的格后缀。2）表示格变化的后缀在数量上相差很大：匈牙利语中大约有二十个格后缀，可以区分约二十种不同的形态格；而俄语中却只有六个形态格。3）就格标记的形态特点来说，匈牙利语倾向于采用粘着型的方式，即一种形态标记只表示一种语法意义；而俄语倾向于采用非粘着型（或称屈折型）的方式。

在系统对比的基础上，还可进一步对比格标记的功能。在匈牙利语和俄语中，具有相似形态格标记的名词，在句子中可能具有不同的语法或语义功能。比如，一般来说，宾语在匈牙利语中总是用宾格来表示；而在俄语中，格的选用有时要视宾语名词与谓语动词之间的语义关系而定。

二、句法

相对于屈折形态系统，句法是语法研究的核心，也是20世纪50年代中期以来语言学研究的主要领域。Halliday（1961）认为，任何语法描写都离不开四个基本理论范畴，即**单位**（unit）、**结构**（structure）、**类别**（class）和**系统**（system）。它们代表了语法描写中的最抽象层次，具有普遍性，适用于描写所有语言。这些理论范畴不仅适用于描写句法对象，还适用于描写语音、音系、形态以及篇章等多个层面的研究对象。

其中，"单位"指语法分析中的语言段。例如，英语中包括词、短语、小句、句子等句法单位。句法分析通常以词作为基本分析单位，以句子作为最大的分析单位。

"结构"指一组相互关联的语言单位间的横向组合构架，包括各单位语符间的关系，主要与组合关系相关，包括句子中各小句之间的关系，小句中各短语之间的关系和短语中各个词之间的关系等。在句子结构内部，低层次的单位根据短语和句法规则和次序组合，构成高一级层次上的句法分析单位。例如，如果用V表示动词，VP表示动词短语，NP表示名词短语，S表示小句，那么根据（1）中的两条规则，"小王""喜欢"和"书"这三个词就可依次组合成完整的小句结构。

（1）VP → V + NP （喜欢书 → 喜欢 + 书）
　　　S → NP + VP （小王喜欢书 → 小王 + 喜欢书）

"类别"指特定单位中的一组成员，它们出现在上一级单位的相应位置。各层次上的句法单位可以根据其不同的特征和功能划分为不同类别。例如，英语"短语"单位上的类别有名词短语、动词短语和副词短语等。它们可以分别出现在上一级单位"小句"中的主语、谓语和修饰语位置。能担当主语功能的还有数量词短语、小句等类别。可见，类别主要与聚合关系相关。

如果某类别内部可以进一步划分为数量有限相互排斥的次类，那么这些次类便构成一个"系统"。一个类别内部不同的分类法有时会相互交叉，因此形成不同的系统。例如，使用英语动词时，必须在时态和体貌系统中都做出选择，才能最终产生该词的具体形式。

句法结构是句法描写的主要对象，某种意义上，单位、类别与系统的建立都是为了描写句法结构。句法对比关注的具体研究课题有语序、特定的句法结构（如双宾结构、内嵌小句结构、被动结构等）、句法省略、语法功能词的运用等方面的跨语言差异等。句法对比可以从表层和深层句法两个层面进行。

表层句法对比的研究对象是语言间表面语法结构的异同。表面语法结构不仅指可以观察到的语言使用情况，或记录下来的各种句子，还包括表达各种语义或语法关系的句子结构系统。Lado（1957）认为，表面句法结构对比的内容包括：1）采用的句法结构形式；2）相似句法结构形式所表达的意义；3）相似句法结构形式的分布。

深层句法对比则试图找出两种语言中这些句型的内在结构规律，并对这些规律加以比较，从而能够从内在结构特征的角度，解释两种语言在表面句子结构方面的不同。转换生成语法框架内，对比研究重点放在语言间转换规则的异同，包括三个方面（Sussex 1976/1980）：1）转换规则的性质、内容及涉及的范畴项目；2）使用转换规则时所受到的输入、输出、顺序先后等方面的限制；3）转换规则在各自语言中的作用大小。

以屈折范畴为基础的词形描写，将屈折形态描写与句法描写联系起来，构成一个介于屈折形态学与句法学之间的描写层面，称为**形态句法层**（morpho-syntactic level）。

仍以格为例：格关系不仅是一种屈折形态，还表示某些语法或语义上的含义。除了在屈折形态层面对比格范畴，还可以在句法层面，研究格标记和其他形态标记，如一致（Baker 2012）和人称（Sigurðsson 2008）等之间的关系在不同语言中的表现。下面我们就具体讨论在最简方案理论框架内,在形态–句法层面上,**隐主语**(PRO)的赋格理论的发展。

隐主语指出现在非限定小句主语位置的隐性主语。英语中,PRO只出现在不定式结构的主语位置,如:

(2) Tom$_i$ wanted [PRO$_i$ to come].

Chomsky & Lasnik(1993)、Chomsky(1995)和Martin(2001)提出PRO带有被称为**空格**(null Case)的格特征。它不同于显性名词成分的结构格特征,只能通过与非限定结构的中心词的核查操作消去。所以,英语的隐主语与中心词*to*构成**标志语–中心语**(spec-head)结构,只能出现在不定式结构的主语位置。

我们在前文提到过,英语的形态标记不很丰富,格系统中只有属格和人称代词的主宾格等标记。通过语言对比,尤其是通过与形态标记系统较丰富的语言的对比研究,往往会发现基于单一语料的语言学理论的不足,从而体现语言对比研究对检验和不断完善语法理论的重要意义。例如,Baltin(1995: 242)基于Sigurðsson(1991)中的冰岛语语料,认为PRO不仅带格标记,而且带的是标准的格标记,而不是特殊的所谓"空格"。Cecchetto & Oniga(2004)通过对拉丁语和意大利语的观察,发现隐主语和它的控制词分享同一格,而且比冰岛语和俄语中的PRO格标记更有规律,从而提出了**格分享**(case-sharing)理论,进一步验证了Baltin(1995)的结论。以拉丁语为例(Cecchetto & Oniga 2004: 143):

(3) Ego   volo   [PRO   esse   bonus].
我.主格   想要   成为   好的.主格
我想要成为好的。

其中,虽然PRO是隐性的,但是它的格可以通过和它保持一致的形容词的格推测出来。由于形容词是主格,我们可以断定PRO也是主格。而且该PRO受小句主语的控制,小句主语是主格,所以PRO理应也是主格。这就对空格理论提出了挑战。因为根据格理论,一个NP不能同时被赋予两个格,所以既然PRO可以带类似主格这样的标准格,就不可能再带空格。

此外，Sigurðsson（2008）指出，在冰岛语中，浮游量化词和它们量化的NP在性、数和格方面都保持一致。以下是限定小句中的例子（Sigurðsson 2008: 410）：

（4）Bræðurnir   voru   ekki   **báðir**
兄弟:定指:主格:阳性:复数   助动词:过去时   没:否定   两者都:主格:阳性:复数

kosnir   í   stjórnina
选举:过去分词:被动   入   委员会:定指

两兄弟没有都被选入委员会。

当量化词嵌入带PRO的非限定结构，它们的形式和相应限定小句中主语的一致形式相同，如：

（5）Bræðrunum   líkaði   illa [að
兄弟:定指:与格:阳性:复数   喜欢:过去时   不 不定式

PRO vera   ekki   **báðir**   kosnir].
主格 助动词 没:否定 两者都:主格:阳性:复数 选举:过去分词:被动

兄弟不喜欢两人没有都被选入委员会。

其中量化词 *báðir* 是主格形式，和它的先行项PRO保持格的一致。他通过详细研究冰岛语中带PRO的非限定结构，认为PRO的独特性源于它同时兼具两个功能：一方面做指称语，类似于显性的代词和照应语；另一方面做**一致特征**（phi-feature）。如此的功能组合，决定了PRO既不可能由如位移等语法手段产生（如Hornstein 1999），也不可能具有词汇形式。

Lyons（1981: 102–103）认为，句法和屈折形态变化共同决定了句子是否合乎语法。语法的这两个方面在不同语言中的重要性不尽相同。在屈折形态丰富的语言里，句子成分之间的关系大多可以直接或间接地通过对形态变化的描写确定，因而语法研究的重点是屈折变化。而在缺乏形态变化的语言里，语法关系主要借助语序和语法结构词来表达，因而语法研究的重点是句法。因此，在语言A中用形态变化手段表达的语法关系，在语言B中有可能借助语序、功能词和词汇等手段来表达。

第二节　主要理论模型与研究方法

一、屈折形态对比

Hockett（1954）提出，屈折形态研究可采用三种理论模式：1）**项目与配列**（Item and Arrangement，简称IA）；2）**词与词形变化法则**（Word and Paradigm，简称WP）；3）**项目与变化**（Item and Process，简称IP）。

IA模式以语素作为形态分析的基本单位，如词根和词缀。这些"项目"组合成的序列称为"配列"，是词在形态表层结构层面上的分析对象。因此，IA模式最适用于分析词形结构容易分解为语素序列的语言，即第三讲第二节中所说的粘着语。这种可分解性主要表现在两个方面：1）一个语音序列可分解为线性组合的一系列语素；2）每个语素都分别表示独立的语法范畴。从屈折形态学的角度讲，IA模式最适用于连接性操作（见第三讲第一节）。例如，土耳其语中 *üzüldünüz* 一词包括四个语素，依次表示词根、被动态、过去时和第二人称复数形式，如：

(6) üz-ül-dü-nüz
　　使难过—被动—过去时—第二人称;复数
　　你们变得难过了。（Göksel & Kerslake 2005: 22）

WP模式以词作为形态分析的基本单位，根据形态变化规律（如动词变位、名词变格等）列出**词形变化法则**（paradigm）。该模式最适用于分析词形结构不易分解的语言，即第三讲第二节中所说的屈折语。采用WP模式描写词的词形变化，只需标示其所属的变化类型即可。可见，WP模式最适用于非连接性操作（见第三讲第一节）。

IP模式既可以将词素也可以将词作为描写的基本单位，使用**变化过程**（process）进行形态分析。狭义的变化过程限于具体的、发生在词内部的形态变化，如英语不规则动词的内部元音屈折变化，如 *take*（"拿"，动词原形）→ *took*（"拿"，过去式）。广义的变化过程则泛指任何含有输入和其对应输出的形态变化规则。例如，广义上，英语动词变化既包括不规则的，也包括规则的形态变化。

我们可以根据所对比语言的形态特点，选择上述三种模式的其中之一作为对比描写的框架，也可以综合利用这些模式来进行对比描写。总的说来，这三种模式适用于描写三种不同类型的形态特征，但所研究的都是变化的形式。Atkinson *et al.*（1982: 142）认为，由于词形变化总是可以用变化法则来描写，而不一定能用（狭义的）变化过程或项目的排列来描写，所以WP是更好的形态对比分析模式。

关于屈折形态对比的共同对比基础，可选择在第一节介绍的屈折形态变化所构成的特定语法范畴系统，然后再对比两种语言如何表达该范畴中的语法内容。

二、句法对比

在进行具体的句法对比之前，应先选择特定的语法理论作为描写的理论框架，确定句法对比的共同基础以及相应的研究方法。

我们首先介绍主要的句法分析方法、流派和代表理论，以及如何科学地看待和选择适合的语法理论框架。第一节中我们讲到，句法结构是句法描写的主要对象。许余龙（2010: 109）指出，句法结构的分析方法大致有两种：**依存关系**（dependency）分析法和**构成成分**（constituency）分析法。依存关系是句子中词与词之间的组合支配关系。依存关系分析法基于依存关系结构，把中心词直接和修饰它的依存成分按照特定的关系连接起来（Kruijff 2007: 444）。**成分结构**（constituent structure）指句法功能相同的一个或一组词构成的单位。构成成分分析法不仅关注句子的线性结构，还关注在句子层级结构上的成分结构（Jacobson 2007: 58）。用来判断构成成分的手段称为**构成成分测试**（constituency tests），主要包括换位、省略或删除、就构成成分提问、替换和并列结构测试等。具体示例可参考Kim & Sells（2008: 19–22）和Larson（2010: 99–114）等。但需要说明的是，如果一个语言单位没通过某种测试，不说明它一定不是特定的构成成分。科学的方法是尽量用更多测试手段进行检测，综合衡量检测结果做出决定。

下面，我们分别使用两种分析方法分析（7）：

（7）送中国技术

（7）有"把技术送给中国"或"送属于中国的技术"两种歧义。采用关系依存分析法，两种歧义的相应结构可以分别表示为（8）和（9）：

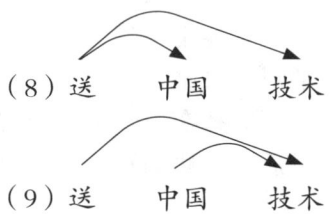

（8）送　中国　技术

（9）送　中国　技术

（8）表现的是双宾结构，"中国"和"技术"分别做中心语"送"的间接宾语和直接宾语；（9）表现的是谓宾结构和定中结构，"技术"做中心语"送"的宾语，"中国"做中心语"技术"的定语。

采用构成成分分析法，（7）的两种歧义结构可分别表示为（10）和（11）：

（10）[[送][中国][技术]]
（11）[[送][[中国][技术]]]

主要的句法理论基本都采用这两种分析法。例如，**依存关系语法**（dependency grammars）主要基于依存关系分析法，如**词语法**（Word Grammar）；转换生成语法则基于构成成分分析法；还有一些理论综合了两种分析法，如**中心语驱动的短语结构语法**（Head-driven Phrase Structure Grammar）。

Newmeyer（1998a: 18–25）认为，语法理论可以分为形式主义和功能主义两大阵营，其本质区别在于是否承认语言在三个方面"自主"，即：1）句法自主：人类认知包含一个由句法成分构成的系统，该系统的主要内容不是产生于语义或篇章，而且这些句法成分的组合原则也不涉及任何句法外的因素；2）语法自主：人类认知包含一个由语言特有的结构成分构成的系统，而且这些结构成分的组合原则不涉及任何系统外的因素；3）语言知识自主：语言知识类似于语言能力，与语言运用相对而言，后者与社会、认知和交际因素相关。

句法自主和语法自主都是语言知识，与其他认知系统相对而言。语法自主比句法自主内容更宽泛，不仅句法知识，全部语法知识构成一个独立的认知系统。语言知识自主不关注该知识系统是否只包含语法因素，而是强调这种知识必须与其使用截然分开。

生成句法模式承认所有三个自主假设。换言之，生成语法把理清句法构成成分间的形式关系作为中心任务，这些成分的语义和语用特征并不是研究重点。此外，宁春岩（2000）从认识论基础、理论对象和理论方法三个方面进一步提出了形式语言学的基本特征，即：1）承认语言具有生物遗传属性，而且是第一位的；2）语言能力和物化这种能力的人脑语言系统是形式语言学的理论对象；3）自然科学的公理系统推导法是形式语言学的理论方法。

另一方面，功能主义模式并不完全承认所有的自主假设，反对的焦点在于句法自主。功能语法不对语法形式进行内部分解，强调语法形式具有的强大表意功能与其语义、语用功能间有密切联系，其特征以语言的功能，特别是它在交际中的表意功能为理据。功能主义的解释和类型学调查相结合，能解释为什么一些语法特征相对更普遍，为什么一个语法特征的出现会预示其他语法特征的出现。关于功能主义模式的内部分类和代表理论，可参看Newmeyer（1998a）和Butler（2005）。

Newmeyer还特别主张用generative取代formalist指形式语法。多数语言学家都使用formalist指形式主义的研究方法，但该术语一方面有"与形式相关"的意思，与意义和用法相对；另一方面还有"形式化"的含义，即用数学般精确的词汇表述阐释自然语言。但是，形式语言学不仅研究语言形式，也研究语言意义。而且，形式化表述的语言学不一定就是形式语言学。例如，计算语言学中的形式表述不能算作形式语言学，只能算作一种应用技术；而形式语用学虽然有一套完善的形式化描写体系，但由于不承认句法自主，它仍属于功能主义理论。

基于以上讨论，表4–2概括了主要语法流派、代表理论和著作。

表4-2 主要的语法流派、代表理论和著作

语法流派	代表理论	代表作
形式派：转换生成语法	早期经典理论	Chomsky 1957
	标准理论（Standard Theory）	Katz & Postal 1964 Chomsky 1965
	扩充标准理论（Extended Standard Theory）	Chomsky 1970
	修正的扩充标准理论（Revised Extended Standard Theory）	Jackendoff 1977
	管约论（The Government-Binding Theory）	Chomsky 1981
	原则参数理论（Principles and Parameters Theory）	Chomsky & Lasnik 1993
	最简方案（The Minimalist Program）	Chomsky 1995
形式派：其他生成语法	配价语法（Valency Grammar）	Tesnière 1959
	格语法（Case Grammar）	Fillmore 1968
	生成语义学（Generative Semantics）	Lakoff 1971
	树邻接语法（Tree-Adjoining Grammar）	Joshi *et al.* 1975
	词汇—功能语法（Lexical-Functional Grammar）	Bresnan 1982
	关系语法（Relational Grammar）	Perlmutter 1983
	词语法（Word Grammar）	Hudson 1984，1990
	广义短语结构语法（Generalized Phrase Structure Grammar）	Gazdar *et al.* 1985
	范畴语法（Categorical Grammar）	Steedman 1993
	中心语驱动的短语结构语法（Head-driven Phrase Structure Grammar）	Pollard & Sag 1994; Sag *et al.* 2003
	基于语符的构式语法（Sign-based Construction Grammar）	Boas & Sag 2012

（续表）

语法流派	代表理论	代表作
功能派	功能语法（Functional Grammar）	Dik 1981; Dik & Hengeveld 1989
	角色参照语法（Role and Reference Grammar）	Foley & van Valin 1984; van Valin 1993
	系统功能语法（Systemic Functional Grammar）	Halliday 1985
	功能句法（Functional Syntax）	Kuno 1987 Kuno & Takami 1993
	认知语言学（Cognitive Linguistics）	Langacker 1987，1991
	构式语法（Construction Grammar）	Goldberg 1995

关于表4–2，还有两点需要说明：1）篇幅所限，表中仅列出了部分代表理论和著作，还有许多语法理论和有影响的著作未列入，如功能主义的**自发语法**（Emergency Grammar）（Hopper 1987，1988）和**哥伦比亚学派**（Columbia School）（García 1979；Diver 1995）；2）关于形式和功能的区分并不总是泾渭分明，各理论之间也并非平行关系，有些理论在特定的发展阶段彼此存在交集。例如，从转换生成语法诞生之初到生成语义学，到认知语言学，再到构式语法的发展进程中，一直都存在继承和批判的关系（Harris 1993）。还有一些随着理论发展而转变立场的语法理论，如词语法在提出伊始属于形式主义，而从Hudson（1997）开始转向功能主义的认知语言学（Newmeyer 1998a: 14）。

我们应该用对立统一的辩证观点看待不同的句法模式。一方面，各句法分析模式是对立的，因为它们往往偏重研究句法的某一个方面，对该方面问题的描写和解释也更直接深入；另一方面，不同的句法模式又是统一的，因为完整的句法模式一般都试图解答句法研究领域里的所有问题，都试图对句法研究提供全方位的描写。

相应地，在选择句法对比的理论模型时，一方面，由于某一句法模式对其侧重研究的方面可能提供更直接深入的描写和解释，因而这种模式可能更适用于这方面的句法对比；另一方面，由于完整的句法模式一般都试图提供全方位的描写，因而有可能采用这样的句法模式作为对比描写框架，进行较为全面的句法对比。

此外，不同目的和不同语法现象的对比可以采用不同的句法模式。全面了解各理论的基本观点和发展历史，有助于我们选择合适的理论模型进行句法对比。例如，了解句法自主是转换生成语法的根本特点，语义并不是此类句法理论关注的重点，那么在对比分析句法—语义界面现象时，此类理论模型很可能不是最好选择，而句法语义兼重的生成句法理论可以提供更丰富的描写手段和解释机制。又如，要进行面向计算实现的语法（对比）研究，由于中心语驱动的短语结构语法、词汇功能语法和树邻接语法在设计之初就有这方面的考虑，也是计算语言学领域应用最广泛的语法理论模型（Backofen et al. 1996），所以这些理论框架可能是更佳选择。

需要强调的是，当今主要的语言学流派或理论都没有完全排斥其他流派的研究方法。一方面，虽然形式主义语言学家往往回避直接谈及纯语用或语义的东西，但都不否认句法和语义及语用不可分割。许多属于形式主义阵营的理论都十分重视对语法范畴做功能主义的标记和解释；另一方面，功能主义也可以从形式主义理论成果中受益，如 William Croft（1999）认为，功能主义也有必要表达语法上的成分关系和依存关系。因此，Newmeyer（1998b）强调，形式主义和功能主义两大潮流并非在本质上不可调和，并建议双方从多个方面开展合作。例如，Newmeyer（2003）就曾分别运用功能、生成句法和类型学三种不同模式讨论了语言间的基本语序和**典型**（canonical）句型的类型学地位，并比较了三种模式的描写和解释力。

介绍了作为描写框架的语法理论之后，下面将主要讨论语法对比研究中采用的共同对比基础和研究方法。我们将分别从表层和深层句法（又分为功能和生成）两个方面进行讨论。

表层句法模式致力于对观察到的句法现象加以系统描写。Greenberg（1966:74）指出，由于跨语言的句法结构差异，使用或单纯使用结构标准甄别跨语言的语法范畴非常困难，甚至不太可能。所以，表层句法对比一般运用Halliday（1961）提出的单位、结构、系统和类别这四个语言理论范畴来描写句法。要在特定语言中描写这些抽象理论范畴，还需要一套具体的"描写范畴"。一方面，由于理论范畴具有普遍性，他们可以作为对比的基础；另一方面，适用于一种语言的描写范畴并不具有普遍性（Halliday *et al.* 1964: 31），因而并不一定能直接用于描写另一种语言。因此，在以这种句法模式为框架的句法对比中，我们可以以其中的一个范畴作为对比的共同基础，对比这一范畴中的句法现象在其他方面有何不同。例如，我们可以用"单位"范畴中的"句子"作为对比的共同基础，对比两种语言的句子各有哪些类别，构成这些类别的系统有何不同，每种类别中的句子结构有何不同，等等。由于表层句法模式以直接描写语言在使用中的表面语法现象为主，因而以这类模式为框架的句法对比，往往能更直接地应用于外语教学等应用领域。

Lado（1957）提出了进行表层句法对比的三个具体步骤：1）分别找出两种语言中最好的结构描写，包括结构的形式、意义和分布。如果找不到，则应先分别做准确的结构描写；2）简要列出两种语言中的所有结构；3）逐一比较两种语言中的结构。此对比方法既可用于全面对比两种语言的句子结构，也可用于比较某一类型的句子结构。

与表层句法不同，深层句法模式不仅致力于对观察到的语法现象加以描写，而且试图对这些现象加以解释。深层句法模式力求从最抽象的基本语法范畴出发，精确描写并解释如何组成和理解（即"生成"）语言中合乎语法的句子。不同的语法流派对于"解释"的理解并不完全相同。Moore & Polinsky（2003: 3）认为，在三组对立概念中（即共性v.s.个性、内部v.s.外部、共时v.s.历时）的不同选择，奠定了理论语言学研究方法的基础，也决定了其解释机制的不同性质。例如，Chomsky的生成语法模式是基于"共性、内部和共时"组合的解释机制。

功能和生成句法模式采用的共同对比基础和研究方法不尽相同。功能句法模式以功能作为句法分析的依据，着重纵聚合关系的研究，因而以功能模式为描写框架的句法对比，除了可以将单位、类别、结构作为共同对比基础之外，还特别适合将功能和系统作为对比的共同基础。例如，我们可以将系统作为对比的共同基础，比较不同的语言在这些系统中的表达手段和形式特点有何不同。

以功能句法模式为框架的对比也会使用某些具体的语义概念作为共同对比基础，如由波兰语义学派提出的自然语义元语言（以下简称NSM）理论模式。该理论基于Wierzbicka（1972，1980，1988，1992，1995，1996）提出的语义元概念。语义元指在某一语言内部进行**化**

简释义(reductive paraphrase)分析使用的终端语义成分。换言之,这些语义成分不可能在语言内部再进行定义,否则将导致**循环定义**(circularity)。NSM理论使用有限的一套语义元集合,可以描写任何语言中的所有词项、语法结构和文化脚本。

Goddard(2003)认为,语义元可以作为句法对比稳定的共同对比基础,提高语言对比的精确度。语义元对于语法对比之所以重要,主要因为:1)任何语言的句法结构都包含语义,要对这些结构进行清晰的描写和解释,都离不开语义描写;2)有必要借助一个完整的语义元集合描写所有语言的语法范畴包含的语义内容;3)由于语义元内在的句法特征体现于所有语言,所以很多情况下,语义元都匹配相应的普遍句法。例如,语义元IF匹配语言中的条件结构;4)语义元为类型学范畴(如"及物""被动""关系从句"等)提供了清晰、精确和**不以种族为中心的**(non-ethnocentric)语义基础。例如,语义元SAY和对应的句法结构(主要指配价和补语的变化)如表4–3所示。NSM理论的研究者认为,在所有语言中,都能使用这些具体的句法结构表达语义元SAY的意义。

表4–3 语义元SAY匹配的句法结构

语义元	句法结构	句法标签	汉译
SAY:	X says something	名词性补语	X说某事
	X says something to someone	听话者	X对某人说某事
	X says something about something	言内话题	X说关于什么的某事
	X says, "…"	直接引语	X说:"……"

生成派句法模式在句法分析中可采用不同的共同对比基础和研究方法。我们主要介绍三种。

第一种是转换生成句法模式。转换生成语法致力于普遍语法的研究,在具体的语法研究中力求采用一些具有普遍性的语言范畴作为描写手段,并追求描写的**明晰性**(explicitness)。因此,我们可以用这类语法模式描写的某些普遍的句法现象作为对比的共同基础,而且通过对比,可以对两种语言在句法形式上的不同做出明晰的解释。

转换生成句法对比可以分三步进行：1）搜集与归纳对比语料；2）以这些语料为基础，分别对两种语言进行句法结构描述；3）根据所作的结构描述，对两种语言进行对比。为了较为准确地衡量句法规则的异同程度，对比语言学家还提出了一些判别标准。比如，Marton（1968/1980）将两种语言中在语义上相对应（即最佳翻译对应）的语符列称为**对应**（equivalent）语符列，将既具有语义对应又在形式结构上相对应的语符列称为**全等**（congruent）语符列。

还有一些转换生成语言学家认为，生成句子深层结构的基础规则部分具有普遍性。Chomsky（1957: 49）认为，某种语言的语法本质上是该语言的理论。与任何科学理论一样，语法基于对语言现象的有限观察，把观察到的现象联系起来，使用假设的结构构建普遍规则，进而预测新的语言现象的出现。因此可以把那些普遍规则作为句法对比的共同基础。例如，van Buren（1974）认为在转换生成语法框架内，可以对两种语言中相对应但不全等的基础规则进行归纳与概括，制订出适合两种语言的共同基础规则。具体措施是：1）区分**主要/共有范畴**（primary/common categories）和**次要/依附范畴**（secondary/dependent categories）这两个概念。前者承载语义信息，后者依赖于前者而存在。对比分析中的共同基础部分只生成主要范畴而不生成次要范畴。比如，"时间"（Time）是主要范畴，而英语中的"时态"（Tense）则是次要范畴，因为"时态"依赖于"时间"而存在；2）基于上述概念区分，在对比语法中引入一个新的**嫁接**（grafting）部分。其作用是生成次要范畴，并规定它们根据哪些条件才能"嫁接"到主要范畴上。由此，这些次要范畴便成为连接基础部分和各自语言的转换部分的纽带。该对比语法的结构模式可以用图4–1来表示：

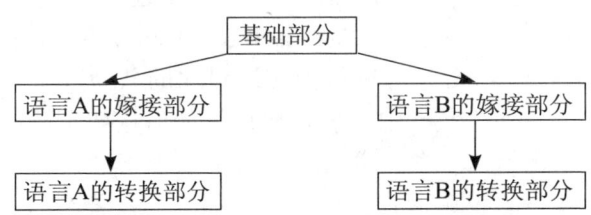

图4–1　van Buren的对比语法结构模式

可以看出，van Buren将一般转换生成句法对比研究中的第二步与第三步，即分别描写与对比两部分，合并为一步，直接根据对比语料制订出对比语法。

这种语法对比的具体方法包括：1）搜集和整理对比语料。先根据语言A的一个（或几个）简单的句子，找出语言B中与这个句子翻译对应的句子；2）在两种语言中分别找出与上述句子具有同样意义但不同结构特征的句子；3）根据结构特征，将这些句子从简单到复杂分门别类地列出。

在这一过程中，我们往往仍然需要先分别对两种语言进行句法描写，再比较两种语言中句法规则的异同，决定哪些规则在进行必要的修正后，可以作为对比语法的共同基础部分，哪些规则要放到嫁接部分或转换部分中处理。

第二种是以语义为基础的生成语法模式，包括生成语义学、格语法、关系语法等。此类理论都认为句子的深层结构本质上是语义性的，而不是句法性的。这种语义结构在生成语义学中表达为语义逻辑关系，在格语法中表达为深层格关系。由于这种语义结构比深层结构更"深"、更抽象，因而一些语言学家（如Krzeszowski 1976/1980；Preston 1975/1980）认为，这种结构更有普遍性，也更适合作为对比的共同基础，并进一步建立了专门用于语言对比的对比语法模式。例如，Krzeszowski（1974/1980）认为，语法系统或结构范畴可能是某一种语言所特有的，所以并不能完全保证比较对象与内容总是具有内在的可比性。为了保证可比性，他提出了**对比生成语法**（Contrastive Generative Grammar）模式。该模式至少包括从高到低五个层面，即语义层、范畴层、句法层、词汇层和后词汇层。对句子结构的对比分析可以从最高、最抽象的语义层出发，经过五个层面的生成转换过程，最后得到各自的表层结构。对比分析中出现差别的层面越高（即越接近于语义层），说明两种语言的句子结构差别越大。

第三种是配价语法模式。Jakobsen & Olsen（1988）指出，**配价语法**（Valency Grammar）可以作为句法对比的共同基础，尤其是在外语教学领域。在外语教学中，教师要讲解如何构建正确的句子，因此必定和表层结构紧密相关，并强调正确的表达形式。此外，外语教学还必须关注外语的表达形式在哪些方面和母语显著不同，所以在该领域，语言间的差异比相似之处更值得关注。但是，一方面，转换生成语法之前的语法理论不关注句子成分的组合原则；另一方面，转换生成语法的性质决定了其研究重点不是表层结构。所以两种句法模式都不适合此类句法对比。但是配价语法不仅和表层结构紧密相关,而且是更具概括力和普遍性的深层结构,具有强大的生成力,能满足语言习得中构建句子的需要。

总之,虽然解释力是所有对比语言学研究的终极目标(van Buren 1974: 83),但不可否认的是,语料的归类、分析和描写(包括表层和深层句法描写)是语言对比的前提和基础。

第三节　研究示例:英语 as ... as any 与汉语"和任何……一样……"结构的对比研究

一、问题的提出

英语中的 as ... as any/anyone/anybody 结构与汉语中的"和任何……一样……"结构十分相似,都用于表达一种等同的比较,而且表达比较对象的名词短语中也都含有一个不定代词 any 和"任何"。

此类句子结构看似简单,但初学英语者遇到这样的句子,往往会在理解和翻译中出现错误。其通病是,将这两个英汉比较结构表达的意义完全视为等同,看到 as ... as any/anyone/anybody 一类的英语句子,似乎会不假思索地采用汉语中的"和任何……一样……"结构来翻译。下面便是两个较为典型的例子:

(12) The researchers reckon that the bosses themselves are *as* much to blame *as anybody* for this state of affairs. (*The Economist*, 1984, 3, 18)
研究人员认为,老板们本身也和任何人一样应对这种情况负责。(误)

(13) These were battle-tested veterans with long ties to Reagan and even longer ones to the Republican Party, men who understood presidential politics *as* well *as any* in the country. (1996年英语专业八级考试英译汉试题)
这些人都是些久经沙场的老手,与里根渊源很深,与共和党渊源更深,他们和国内任何人一样了解总统竞选策略。(误)

上面两个例子中的汉语译文之所以是错误的，是因为根据上下文，在（12）中，*this state of affairs*指的是一些英国大公司留不住好的中层管理人员和部门经理而导致这些人纷纷跳槽这一现象，对于这一现象显然并非任何（英国）人都要负责的。而在（13）中，句首的These指的是英语原文上文提到的里根竞选班子中三位最高负责人及其两位副手，该句说他们是*battle-tested veterans*，意思是极富竞选实战经验的行家里手。因此，汉语译文中"他们和国内任何人一样了解总统竞选策略"这一说法本身不合逻辑和常理，不仅大大贬低了这五位的专长，同时也大大高估了美国国内普通民众的政治热情和竞选才华。

那么，as ... as any与"和任何……一样……"这两个结构表达的意义究竟有什么异同？为什么在翻译上面两句英语句子时，采用汉语中的"和任何……一样……"这个结构来表达是错误的？显然，这是英汉句法对比研究中一个值得关注的问题，而解决这个问题对英汉翻译实践也有较大的指导意义和应用价值。

二、研究思路与方法

初步观察可以发现，英语as ... as any结构与汉语"和任何……一样……"结构之间的相似之处主要有两点：1）其中的as ... as ...和"和……一样……"都用于表达等同的比较；2）其中都含有一个表示任指的不定代词any和"任何"。那么，这两点相似之处中的哪一点导致了初学英语者产生上述理解和翻译中的错误呢？

先来看英语中的as ... as ...和汉语中的"和……一样……"这两个表达等同比较的结构。由于上面两个真实书刊中出现的英语例子较长，句子结构较为复杂，涉及的背景知识也较多，因此我们可以用下面两个简单的句子来检测。

（14）Tom is *as* intelligent *as* Henry.
汤姆和亨利一样聪明。
（15）Tom studies *as* hard *as* Henry.
汤姆和亨利学习一样用功。

这两个英语句子表明，英语as ... as ...结构中，两个as之间通常出现的是一个形容词（*intelligent*）或副词（*hard*），表达在某个方面等同。而无论两个as中间出现的是形容词还是副词，只要比较的对象是单一的个体（或团体作为一个整体），那么这样的英语句子都可以直接用汉语中的"和……一样……"结构来翻译，通常不会出现问题。因此，我们可以认为，英语中的as ... as ...和汉语中的"和……一样……"这两个比较结构本身表达的意义基本相同，不是造成例（12）和（13）中误译的原因。

如果我们将（14）和（15）两个比较结构中的单一比较对象*Henry*换成一个含有不定代词*any*的名词短语，可以得到下面两个句子：

（16）Tom is *as* intelligent *as anybody* in the class.
（17）Tom studies *as* hard *as anybody* in the class.

此时我们是否还能套用"和……一样……"结构，将这两句英语句子翻译为下面两句对应的汉语句子呢？

（18）汤姆和班上任何一位同学一样聪明。
（19）汤姆和班上任何一位同学学习一样用功。

或许在某种特殊的情况下我们还是可以这样做的，即如果一个班上的同学都一样聪明或学习一样用功。但这种特殊情况并不多见，在一般情况下，一个班上的同学在聪明或学习用功程度上通常都会有所差别。在这种情况下，如果还是套用"和……一样……"结构来翻译（16）和（17）两句中带有*any*的英语句子，就会出现问题。

既然在翻译不带有*any*的（14）和（15）两句英语句子时可以套用汉语中"和……一样……"的结构，而在翻译带有*any*的（16）和（17）两句英语句子时通常不能套用"和……一样……"的结构，那么要对（12）和（13）中两句英语句子误译原因进行分析，第一种方法是从整个句型结构入手，比较（16）和（17）两句英语句子所表达的等同比较与（14）和（15）两句英语句子到底有什么不同。由于误译主要是由英语*as ... as ...*比较结构中出现了*any*这一不定代词引起的，因此，第二种分析方法是进一步聚焦*any*这一不定代词，研究其语义和语法功能，比较在这两个方面与汉语中的"任何"究竟有何差异。

三、分析与论证

首先，让我们来分析（16）和（17）两句英语句子所表达的等同比较与（14）和（15）两句英语句子究竟有何不同，从而找出不能套用汉语中的"和……一样……"结构来翻译的原因,并探寻合理的翻译方法。

上面提到,(14)和(15)两个比较结构中的比较对象是单一的个体(Henry)。就某个具体的个人而言,所比较的某种属性(如聪明程度或学习用功程度)在某一时间段内通常是固定不变的;而在(16)和(17)两个比较结构中,比较对象是(除了被比较者之外)班上所有的学生。如上所述,在一般情况下,班上的同学往往在聪明或学习用功程度上或多或少有所差别。因此,与(14)和(15)两个结构表达的静态固定比较不同,(16)和(17)两个结构表达的实际上是一种动态的非固定比较,两者的区别可用图4–2所示:

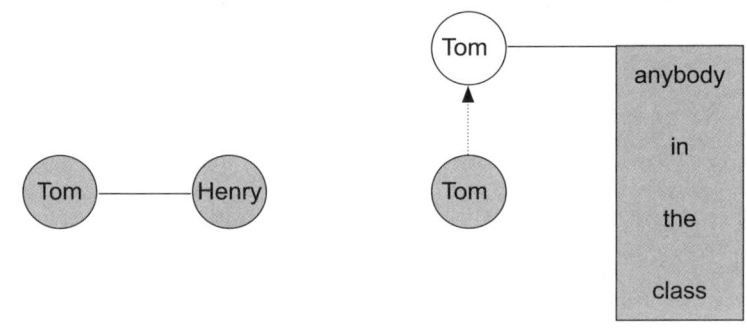

      静态固定比较   动态非固定比较

图4–2　两种不同的等同比较类型

也就是说,当比较的对象是某一具体的人或事物的时候,英语中的as ... as ...表达的是一种静态固定的比较,与汉语中的"和……一样……"结构表达的等同比较相同,从而在翻译这些句子时,我们可以采用汉语中的"和……一样……"这一结构。

而所谓的动态非固定比较,是指由于比较对象是一组人或事物(如班上的所有学生),而且这组人或事物中的个体在所比较的属性(如聪明或学习用功程度)方面并非完全是同质的,从而被比较者(如Tom)也不可能与比较对象中的每一个体在所比较的属性方面都是一样的。因此在理解此类句子时,我们需要找出在所比较的属性方面最强的一个(如班上最聪明的那位同学),不管这个人或物是谁或哪一个,然后将其与被比较者作等同比较。这是因为,如果Tom is as intelligent as anybody in the class这个命题成立,那么这个命题在逻辑上蕴含了Tom is as intelligent as the most intelligent student in the class。也就是说，如果某位学生在班上是最聪明的话，那么Tom在智力方面也达到了那种程度。其言外之意是，如果Tom不是班上唯一一位最聪明学生的话，也至少和班上那位最聪明的同学在聪明程度上是不相上下的。换言之，Tom是班上最聪明的学生之一。假如班上新来一位比Tom更聪明的学生，那么 *Tom is as intelligent as anybody in the class* 这个命题便不再成立了。这也就是我们为什么认为，这种结构表达的是一种动态的、非固定的等同比较。而汉语中的"汤姆和班上任何一位同学一样聪明"则没有上述含义（除非班上的同学确实是完全一样的聪明，比如具有相同的智商测试值），因此在翻译（16）和（17）两句英语句子时，一般不能采用（18）和（19）两句汉语句子。

上述分析也提示了我们，在一般情况下可以采用什么样的方法来翻译（16）和（17）之类的英语句子。因为既然在理解此类句子时，需要我们找出在所比较的属性方面最强的一个，那么我们在翻译此类英语句子时的一个翻译策略是，可以在汉语译文中表达比较内容的那个形容词或副词前面，添加某些表示最高级意义的字眼，把动态比较的内在含义表达出来。比如，可以将（16）和（17）分别译为：

（20）汤姆是班上最聪明的一位同学。
（21）汤姆是班上学习最用功的一位同学。

同样，我们也可以把前面的（12）和（13）两句真实语篇中的句子分别译为下面的（22）和（23），当然在具体翻译时，需要根据上下文作一些灵活变通：

（22）研究人员认为，老板们本身应对这种情况负首要责任。
（23）这些人都是些久经沙场的老手，与里根渊源很深，与共和党渊源更深，他们深谙总统竞选之道。

然后，让我们进一步分析英语as ... as any结构中出现的any一词在语义和语法功能方面的特点。实际上这也是进一步探究，为什么as ... as ...这一结构后面跟了一个any之类的不定代词后，这一结构不再表示一种静态固定的比较了。

英语中的*any*, *anybody*或*anyone*这类不定代词是**非断言性**（nonassertive）不定代词，通常用于疑问句、否定句或条件句，比如：

（24）Do you have *any* money with you?（疑问句）

（25）I don't have *any* money with me.（否定句）
（26）If I have *any* extra money, I will save it for my children.（条件句）

尽管这些不定代词有时也可以出现在某些肯定陈述句中，但是此时整个句子的"深层"或基本含义往往是否定的（见Quirk *et al*. 1972: 223–224，1985: 389–391），比如：

（27）Freud contributed more than *anyone* to the understanding of dreams.
对解析梦所作出的贡献弗洛伊德比任何人都大。（引自Quirk *et al*. 1985: 390）

Quirk等人认为，这句话的基本意思是否定的，因而可以改写为如下一个含有否定词的句子：

（28）*Nobody* contributed as much to the understanding of dreams as Freud.
对解析梦所作出的贡献没有人比得上弗洛伊德。

如果这种分析是正确的，那么我们同样可以把上面的（16）和（17）分别改写为如下含有英语否定词的句子：

（29）a. Tom is *no* less intelligent than anybody in the class.
b. *Nobody* is more intelligent than Tom in the class.
（30）a. Tom studies *no* less hard than anybody in the class.
b. *Nobody* studies harder than Tom in the class.

通过以上分析，我们可以提出翻译as ... as any这一类英语句子的另一种翻译策略，或称翻译技巧，即采用正说反译的方法，通过添加一个否定词，从反面的角度来表达。比如，在翻译上面的（16）和（17）两句英语句子时，可以分别根据（29）和（30）中的英语改写句子，采用下面（31）和（32）中的两种汉语表达方式：

（31）a. 汤姆之聪明不亚于班上任何一位同学。
b. 班上没有人比汤姆更聪明了。
（32）a. 汤姆学习之勤奋不逊于班上任何一位同学。
b. 班上没有人比汤姆学习更勤奋了。

其中的第一种译法（a）或许更接近英语原文的语义以及原文所表达的较为含蓄的风格。

通过以上分析，前面的（12）和（13）两句英语句子也可分别译为下面的（33）和（34）：

（33）研究人员认为，老板们本身对这种情况所应负的责任不比任何人少。
（34）这些人都是些久经沙场的老手，与里根渊源很深，与共和党渊源更深，他们对总统竞选策略的了解不亚于国内任何人。

那么为什么英语as ... as any结构在通常情况下表达的是一种动态非固定的等同比较，而看似与其完全对应的汉语结构"和任何……一样……"却不能表达动态非固定的等同比较呢？要回答这一问题，还需进一步探讨any和"任何"在语义和语法上的异同。

英语中的any可以表达两种相互关联但又不同的语义，因而可以区分为两个不同的any：1) **自由选择**（free-choice）any；2) **极性敏感**（polarity-sensitive）any。下面两句英语句子分别用其一种含义：

（35）You can take *any* of the books on the shelf. （自由选择）
（36）*Anyone* can make this kind of mistake. （极性敏感）

句（35）的意思是，听话者可以自由选择，从书架上取走任何一本书；而句（36）的内在含义是，即便是最精明的人也会犯此类错误，句（35）则没有这一含义。

而汉语中的"任何"一词在单独使用时似乎只能表达自由选择，而没有极性敏感含义；若要表达明确的极性敏感含义，则通常需要与"都"连用。例如：

（37）你可以取书架上任何一本书。（自由选择）
（38）a. ?任何人会犯此类错误。
　　　b. 任何人都会犯此类错误。（极性敏感）

英语as ... as any结构中的any通常需要作极性敏感解读，而汉语"和任何……一样……"结构中的"任何"一般不能作极性敏感解读。这也为上面提出的两种汉译策略提供了进一步的理据：正因为需要作极性敏感解读，因而在汉译时可以添加一些表达最高级含义的字眼；也正因为需要作极性敏感解读，因而在汉译时可以采用正说反译的方法（正与反是典型的两极，*Anyone can make this kind of mistake*也可以改写为*No one can avoid this kind of mistake*）。关于不定代词的这种用法及其解读，可进一步参见文卫平（2012，2013，2015）以及廖巧云、蒋勇（2013，2015）。

另一种可以用于分析英汉不定代词*any*和"任何"在语义和语法上异同的方法是，采用第三讲第二节中所提到的Haspelmath（1997）的不定代词语义地图分析模式，勾勒出*any*和"任何"在那张语义地图上各自占据的位置，更为直观地显示两者之间的异同。

四、结语

在上面的示例研究中，我们首先对英汉语中两种类似的等同比较结构作了整体上的语义分析；然后，聚焦其中的不定代词*any*和"任何"，进行了较为细致的语义和用法异同对比分析。在此基础上，我们提出了在翻译英语*as ... as any*一类句子时，可以采用的两种方法，即添加最高级字眼法和正说反译法。通过以上对比分析，我们不仅可以解释中国学生在翻译此类英语句子时经常出错的原因，提示我们可以采用的翻译策略，而且还揭示了其背后的理据。

最后还需强调的是，上面提出的两种翻译策略仅适用于通常情况下英语*as ... as any*结构表达的等同比较。在某种特殊情况下，这两种策略也会失效。下面便是实际语篇中出现的一个例子：

（39） This question can scarcely be answered on the basis of English alone. Either the data suggest no solution or the range of possibilities is so unconstrained that speculation is idle. <u>The X-bar theory has picked on a solution that is *as* plausible *as any*</u>." (Hawkins 1983: 294)

此例首句中的*This question*是指语序共性问题。例中前两句将基于英语单一语料而提出的解决语序共性问题的所有方案（*solution*）都否定掉了，因此最后一句表达的意思是，X-杠理论提出的解决方案和其他任何方案一样，也不见得可取。

第四节　小结

本讲中，我们首先分别介绍了语法研究和语法对比的对象和内容，然后讨论了语法对比可采用的语法理论模型，以及在进行语法对比时的共同对比基础和研究方法。最后，我们以英汉两种语言中相似的结构 as ... as any 与"和任何……一样……"之间的对比为例，具体说明了如何开展语法对比研究。

思考题

1. 请根据以下一组法语句子（Bender 2013: 49）分析：在法语中，与名词相关的屈折范畴（性和数）的表现形式和规律是什么？与英语相比，它们有什么不同之处？

   （1）Je　　　　vois　　　　　　la
   　　 我.第一人称;单数　看见.第一人称;单数　定指.阴性;单数
   　　 voiture.
   　　 汽车.单数
   　　 "我看见那辆汽车。"

   （2）Je　　　　vois　　　　　　les　　　voiture-s.
   　　 我.第一人称;单数　看见.第一人称;单数　定指.复数　汽车–复数
   　　 "我看见那些汽车。"

   （3）Je　　　　vois　　　　　　le
   　　 我.第一人称;单数　看见.第一人称;单数　定指.阳性;单数
   　　 camion.
   　　 卡车.单数
   　　 "我看见那辆卡车。"

   （4）Je　　　　vois　　　　　　les　　　camion-s.
   　　 我.第一人称;单数　看见.第一人称;单数　定指.复数　卡车–复数
   　　 "我看见那些卡车。"

2. 请分别使用依存关系分析法和构成成分分析法分析下面一组结构（朱德熙 1980: 179–180）的歧义：

   （1）出租汽车

（2）发现了敌人的哨兵
（3）是我出的作文题
你熟悉的外语中有没有类似的歧义结构？这些歧义结构的特点和成因是什么？

3. 汉语中的所谓兼语式，如"张三请了李四吃饭"，自提出伊始就受到不少质疑。兼语式是否是汉语特有的结构？在英语中是否存在对应或全等语符列？请选择一种合适的句法理论作为描写框架，根据本讲介绍的共同对比基础和研究方法进行句法对比，并解释英汉之间为什么存在差异。

4. 请结合例证说明语法对比的理论价值（如从普遍语法和语言类型学的角度）和应用价值（如在语言教学和计算语言学领域中的应用价值）。

推荐阅读

Krzeszowski, Tomasz P. 1974/1980. Contrastive Generative Grammar. In Jacek Fisiak. (ed.) *Theoretical Issues in Contrastive Linguistics*. Amsterdam: John Benjamins, 1980, 185–192.

Lado, Robert. 1957. *Linguistics Across Cultures*. Ann Arbor: University of Michigan Press.

Moore, John; and Polinsky Maria. 2003. *The Nature of Explanation in Linguistic Theory*. Stanford: CSLI Publications.

Newmeyer, Frederick J. 1998. *Language Form and Language Function*. Cambridge, Cambridge, MA: The MIT Press.

Van Buren, Paul. 1974. Contrastive analysis. In John Patrick Brierley Allen; and Stephen Pit Corder. (eds.) *Techniques in Applied Linguistics*. London: Oxford University Press, 279–312.

文卫平，2012，英汉任选词any与任何的语义，《中国外语》第3期：37–46。

许余龙，1989，as … as any (body)句型的理解与翻译，《英语自学》第8期：29–31。

第五讲 篇章对比研究

第一节 研究对象与内容

第三和第四讲分别以词和句子为主要研究对象，本讲将主要关注句以上的语言单位的对比研究。句以上单位的研究可追溯到古希腊罗马时期的修辞学研究，后来又进入语体学（包括文体学）、文学等研究领域。创立于1926年的布拉格学派认为不应事先限定研究对象，较早研究了句以上结构（朱永生等 2005: 14）。

对于句以上单位，不同流派的语言学家使用不同的术语，主要包括**text**（篇章）和**discourse**（话语）[1]。有的学者（如Harris 1952）在使用这两个术语时并未加区分。在一些实际分析和研究中，许多语言学家倾向于将书面语材料称为"篇章"，而将口语材料称为"话语"（Edmondson 1981: 4–5；Stubbs 1983: 9–10）。Beaugrande（1980: 2）和Beaugrande & Dressler（1981）则认为，在具体语言交际中，话语是由一些互相关联的篇章构成的语言段，因而是比篇章高一级的语言单位。

本讲主要采用Widdowson（1973/1979: 52）和Coulthard（1977: 9）等的观点，从语言形式与语言功能的角度将两者进行区分，即："篇章""句子"和"**用法**"（usage）研究关注语言形式；"话语""**语句**"（utterance）和"使用"研究关注语言交际功能。换言之，篇章分析研究"句子"在篇章中的"用法"和组句成篇的形式规律，而话语分析研究"语句"在特定情景中的"使用"及其交际功能。van Dijk（1977: 3；1980: 29）的用法与此相近。他认为，"篇章"关乎语言能力；而"话语"则关乎语言运用。

Text源于拉丁语动词texere的被动分词，意为"被编织的"（Sanders & Sanders 2007: 598）。篇章的组织结构形式与句子的组织结构形式有

---

[1] 由于对两个英语术语的理解和使用存在诸多差异，其汉语翻译也是如此。text被译为"篇章"、"语篇"或"文本"；discourse被译为"话语""语篇"或"语段"。阅读相关文献或进行此类研究时应特别注意术语的界定。

本质不同。在第四讲中我们讨论过，一些生成句法学家坚持句法自主，但界定篇章依据的不是形式，而是意义。篇章不是一连串句子的组合，而是语义上的统一体。任何一个语言段，不论是口头的还是书面的，不论篇幅长短，只要构成一个语义上的整体，便可称为篇章。例如，"停！"这一个字就可构成篇章。

总的来说，篇章之所以成为篇章是由于它具有一定的结构性，这种结构性主要体现在两个方面：1）篇章中各句子之间在语言形式上的**衔接性**（cohesion）；2）篇章中各句子所表达的概念或命题之间在语义逻辑上的**连贯性**（coherence）。

一、衔接性

关于衔接性的定义，各派说法不一。Halliday & Hasan（1976: 4）代表狭义的衔接观点，认为在特定篇章中，如果某一语言成分的解释取决于另一个语言成分的解释，那么两者之间便构成衔接关系。Beaugrande & Dressler（1981: 3）代表广义的衔接观点，认为所有能将篇章中各表层语言成分联系在一起的语言关系都可称为衔接。他们所说的衔接不仅包括Halliday & Hasan称之为衔接的语言关系，而且也包括第四讲中提到的句子成分之间的依存关系等其他语言关系。

许余龙（2010）对衔接性的理解介于以上两种观点之间，认为除了Halliday & Hasan的狭义衔接，还有必要把Halliday所说的与篇章功能直接有关的表面语音、语法现象也纳入篇章对比的框架。其中，由于句内成分之间的依存关系是句法研究的主要内容之一，所以不必在篇章研究中重复。篇章的衔接性可以分为两类：1）具有篇章衔接功能的句子结构；2）各种语言形式在语义上的衔接。具体的衔接手段归纳为表5–1（根据许余龙（2010: 150）略作修改）：

表5–1　篇章衔接手段分类

	衔接种类	衔接手段
衔接	结构衔接	信息结构、主述位结构、主述题结构、特定句式（如对偶和排比等）、整齐而有规律的语音形式（如押韵和节奏等）、一致的时态与体貌等
	语义衔接	语法手段（如照应、替代、省略和连接）和词汇手段（如重复、同义、上义和搭配等）

结构衔接手段中，我们首先讨论信息结构。篇章由依次排列的信息单位构成。每个信息单位通常是一个小句结构，必须包含一条**新信息**（new information），另外还可以包括一条**已知信息**（given information）。已知信息为导出新信息奠定基础，两者通过建立彼此之间的联系，不断推动信息传递。例如（1）和（2）。其中，下划线实线部分表示新信息，虚线部分表示已知信息。

(1) a. The milk goes first to a clarifier.
　　↳ b. *The clarifier* is a machine for applying centrifugal force.
　　　↳ c. *It* consists of a rapidly revolving bowl containing several discs.
　　　　↳ d. *The discs* separate the milk into thin streams.
　　　　　↳ e. *The streams of milk* then pass into a preheater.
　　　　　　↳ f. *The preheater* …（Lord 1964: 91）

(2) a. 从前有座山，
　　↳ b. 山 上有座庙，
　　　↳ c. 庙 里有个老和尚，
　　　　↳ d. 老和尚 在给小和尚讲故事。

可以看出，篇章中的每个成分都在"已知信息——新信息"的框架内占有一定位置（Halliday & Hasan 1976: 27）。前一个信息单位的新信息或新信息的一部分成为后一个信息单位的旧信息，然后通过它再引出该信息单位的新信息，依次更替，从而保证流畅地传达信息。相反，如果打乱（2）的词序或句序，破坏原来的信息结构，就会阻碍信息传达，造成理解困难，如：

(3) *从前有座山，庙里有个老和尚，有座庙在山上，老和尚在给小和尚讲故事，老和尚说从前有座山……

结构衔接除了体现于信息结构，还体现于主述位结构。**主位**（theme）和**述位**（rheme）概念的提出是为了研究句子中不同成分在语言交际中发挥的不同作用（朱永生 1995: 6）。主位位于句首，是消息的出发点和小句展开的基础；其余部分是述位，代表讲述的内容。主述位结构因语言而异，而且在很大程度上受各语言的句法结构规律制约。例如，英语中的宾语可置于谓语动词后或主语前，但不可置于主语和谓语动词之间，如（4）；但汉语中的宾语可置于所有这三个位置上，如（5）。

（4）a. I like beans.
　　　b. Beans I like.
　　　c. * I beans like.（Hudson 1988: 200）

（5）a. 我喜欢豆子。
　　　b. 豆子我喜欢。
　　　c. 我豆子喜欢，茄子不喜欢。（许余龙 2010: 158–159）

Halliday（1985；1994/2000: 38–61）把主位进一步分为三类，即**简单主位**（simple theme）、**复杂主位**（multiple theme）和**小句主位**（clausal theme）。其中，前两类又分为若干小类。表5–2列出了一个英语小句的复杂主位包含的小类：

表5–2　英语小句中的复杂主位小类（Halliday 1994/2000: 55）

well	but	then	Ann	surely	wouldn't	the best idea	be to join the group
延续	结构	连接	称呼	情态	限定	主题	
篇章			人际			经验	
主位							述位

信息结构和主述位结构之间的关系比较复杂。区分主述位的主要目的是为了研究篇章的信息结构。信息结构和主述位结构所表达的语义都是组织篇章的结构手段。只不过，从普通语言学意义上说，前者是语义性质的，后者是形式概念，取决于主述位在句中的位置（彭宣维 2013: 12–13）。句首成分通常既充当句子信息结构中的已知信息，又充当句子主述位结构中的主位（Halliday 1970: 162），在上下文中起到承上启下的作用。（1b–1e）和（2b–2d）中的已知信息和他们的主位一致。但两者并不总是一致，如（6）。其中双下划线部分为主位，单下划线部分为述位。

（6）a.《东京爱情故事》中，莉香和完治最终分手了，但
　　　b. 莉香至少等过完治两次之后才与他分手。
　　　c. 分手之前莉香至少等过完治两次。

在（6a）的语境下，（6b）和（6c）包含相同的已知信息（即两人分手了）和新信息（即之前莉香至少等过完治两次），但是他们的主述位结构不同。徐盛桓（1985: 20）进一步指出，无论是主位还是述位，其表达的信息不一定总是固定于已知和新信息这两个极点之上，而是表现出更复杂的情况。

与篇章的结构衔接相关的另一组概念是**主题**（topic，又称"话题"）和**述题**（comment）。Hockett（1958: 191）首先提出了**主题–述题结构**（Topic-Comment Construction，简称主述题结构或T-C）的概念。篇章中，句子中的已知信息和主位合一的语言成分称为主题，其余部分称为述题（许余龙 2010: 151）。主题的基本特征是表达"句子是关于什么的"，设定了主要谓语关系所在的时空和特定框架（Li & Thompson 1981: 85）。Li & Thompson（1976）把语言分为**主语显著**（subject-prominent）、**主题显著**（topic-prominent）、主语主题都不显著和主语主题都显著等四种类型。主语是句法概念，主题是篇章概念。在主语显著的语言里，句子的基本结构是主谓结构，句中的主谓关系总是很容易识别；在主题显著的语言中，这种主谓关系并不总是能很容易识别，句子的基本结构主要体现为主题与述题的关系，而不是主语与谓语的关系。一般认为，英语属于主语显著的语言，而汉语则属于主题显著的语言。因此在一定的篇章语境中，汉语较容易将某些已知信息处理为主题，而且在必要时还可以同时将不止一个已知信息成分处理为主题。例如，（5b）中包含两个主题，"豆子"是第一主题，"我"是第二主题（许余龙 2010: 159）。我们在研究主题时，要考虑语言差异，因为不同语言对主题的处理不同（McCarthy 1991: 59）。例如，日语中的**小品词**（particle）wa广泛应用于标记小句中的主题（Hinds 1986: 157）；菲律宾的Tagalog语在小句的末端进行主题化（Creider 1979）；对汉语主题的系统讨论可参见赵元任（1968）。

第二类衔接表述篇章中各种语言形式的语义联系，即Halliday & Hasan所说的衔接，包括照应、替代、省略、连接等语法手段和重复、同义、上义和搭配等词汇手段。这些具有衔接功能的语言项目称为**衔接项目**（cohesive item）；篇章中与他们具有语义联系的其他语言项目，则称为**预设项目**（presupposed item）。由于各语言的语法词汇体系不同，具有和采用的衔接手段也不同。下面我们主要分三种情况讨论。

第一种情况是，不同语言具备不同的衔接手段，在相似语境下，使用的衔接手段不同。例如（7）和（8）：

（7）A: Did you skip the class last week?
　　　B: Yes, I did.
（8）A: 你上周逃课了吗？
　　　B: 逃了。

英语中常用 *do* 作为替代衔接项目，替代动词或动词短语。在（7）中，B所说的 *did* 替代 *skipped the class*，而汉语中没有类似的动词替代衔接项目，在相似语境下，采用的衔接手段是省略主语和重复词项"逃了"。

第二种情况是，即使两种语言具有相同的衔接手段，其使用情况却不同。许余龙（2010）指出，虽然英语和汉语中都采用人称照应衔接，但人称代词作句子主题时，汉语中常会省略人称代词，即采用**零回指**（zero anaphora）的照应形式，而在英语中，需要反复使用人称代词来指称预设项目。

第三种情况是，即使两种语言采用同一种衔接手段，而且衔接项目表达大致相同的意义，其指称功能可能不完全一样。比如，Qian（1983）指出，虽然汉语中的"这"和"那"以及英语中的 *this* 和 *that*，是语义上分别对应的常用指示照应衔接项目。但是在指称功能上，"这"有时可以用来指称上文中提到的刚发生不久的事，而在英语的相同语境中却必须用 *that*；汉语中的"这"还可以用来指称同一篇章中别人说的话或提到的事，而这一指称功能在英语中却一般由 *that* 来承担。Xu（1987）和许余龙（1989/2008）认为，英汉指示词的这种指称功能差别，主要是因为英汉指示词在各自语言中的功能负荷量不同，而且汉语近指词"这"含有一个较强的化远为近的心理成分（详见第九讲第三节）。

Widdowson（2007/2014: 47）认为，人们之所以使用衔接手段，而不是用语义更充分的表达方式，是因为后者可能会迫使读者处理冗余的信息，导致降低篇章的**似真性/合理性**（feasibility）。一般来说，语言交际遵循**最省力原则**（the least effort principle），人们会使用尽可能少的语言构成所需的上下文连接。相关问题是：到底需要多少衔接手段才能构成篇章？如果读者不依靠衔接手段，能在多大程度上理解篇章？

二、连贯性

篇章的连贯性体现为篇章的语义结构,即各词句表述的概念或命题之间,以及他们与整个篇章的主题之间存在的语义逻辑联系。Beaugrande & Dressler(1981:第5章)指出,可通过研究篇章中的各种概念间的联系,分析篇章的连贯性。篇章中的概念可分为基本概念和次要概念:1)基本概念是篇章的组织核心,或称控制中心。基本概念可以是所描述的对象或情景,也可以是所叙述的事件或行动;2)次要概念意在进一步说明或发展基本概念,在篇章的组织上受基本概念的控制。次要概念可表示外形、属性、状态、特征、关系等描述细节,也可表示施事、受事、工具、时间、地点、原因、结果等广义的深层语义格。

为了更好地分析篇章的连贯性,可以进一步说明各类概念之间联系的性质和类型,例如概念之间联系的密切程度:某些次要概念表示基本概念具有的固有特征,是基本概念的**确定性成分**(determinate component),他们之间联系的密切程度较高;另一些次要概念则表示基本概念通常具有的,但并非必不可少的特征,是主要概念的**典型性成分**(typical component),他们之间联系的密切程度较低。

下面分别介绍对比相似的篇章语义结构的表达形式和篇章语义结构的惯用模式。

首先,语义结构的表达形式方面,由于不同语言使用不同的词汇和句法手段表述篇章中的概念与命题,相似的篇章语义结构在不同语言中,可能具有不同的表现形式。要进行这类对比,必须先分析篇章的语义结构。以叙述体篇章为例,贯穿此类篇章语义结构的主线是事情的前后经过。为分析叙述体篇章,Gleason(1968)提出以**事件链**(event line)为主线的语义结构分析模式。事件链由一系列**活动**(action)以及这些活动之间的联系构成。每项活动通常由一个动词或动词短语表达。活动之间的联系,表现为时间上或语义逻辑上(如因果、密切程度等)的联系。

叙述体语义结构中的另一个重要成分是**参与者**(participant)。参与者主要指事件链中各种活动涉及的直接参加者。根据参与者在活动中扮演的角色,参与者与活动间的关系分为施事(AG)、受事(PA)、目标(GO)、受益者(BE)等几类,类似于深层语义格。如果有的参与者不仅参与一项活动,还是整个事件链中的主要参与者,那么该参与者便构成叙述体篇章中与事件链平行的另一条结构线。图5–1是叙述体篇章可能具有的一种篇章语义结构类型。

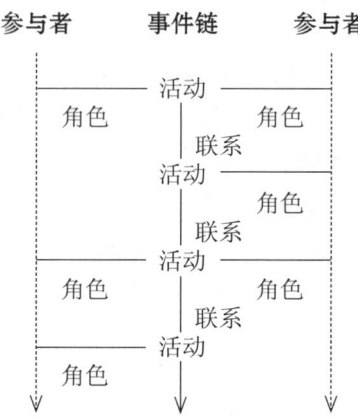

图5–1　叙述体语义结构分析模式(Gleason 1968: 51)

该模式可用于分析不同语言间篇章达到连贯的叙事结构的异同。例如,许余龙(2010: 168–170)运用此模式对比分析了《水浒传》中的一段故事及其英语译文。

Gleason的篇章对比模式,一般只适合采用翻译对应语料对比分析叙述体的篇章,比较的重点是具有相似语义结构的篇章在两种语言中的表达方式。但是,这类对比或许并不能真正反映不同语言在篇章语义结构方面各自不同的特点。

要做到这点,必须分析讲不同语言的人把一组概念和命题组合成篇章时惯用的方式。Kaplan(1966)认为,篇章的组织方式具有语言和文化的特殊性,反映了人的**思维模式**(thought pattern)。通过对篇章的语义结构和组织方式的分析,有可能找出具有不同语言文化背景的人习惯采用的不同思维模式。他发现,讲英语、闪语、东方语言、罗曼语和俄语的人具有如图5–2所示的不同思维模式:

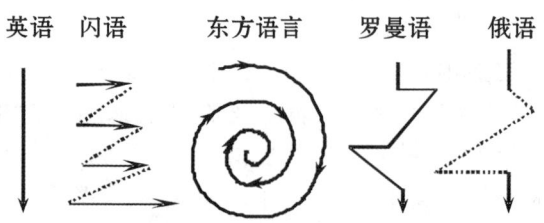

图5–2　不同语言所惯用的不同思维模式

英语篇章的组织和发展呈直线型，因为英语段落通常以**主题句**（topic sentence）开始，直截了当地点明该段的中心思想，然后该段的其他各句都服务于发展这一中心思想；闪语篇章的发展呈平行型，在篇章组织中往往会采用一系列复杂的平行结构；东方语言的篇章发展呈螺线型，篇章的主题往往采用迂回的方式来加以阐述；罗曼语和俄语的篇章组织方式有些相似，都呈曲折型，通常都包含一些似乎离题的插曲。

自从Kaplan提出上述观点之后，许多对比修辞研究都关注检验Kaplan（1966）的观点在概念和方法上的可行性和存在的问题。有些研究支持他的观点，有些则提出了质疑甚至批评。

在支持研究方面，例如，Régent（1985）的研究表明，英语病历描述全部采用过去时，按时间顺序简述病情发展过程；而法语（属罗曼语）病历描述不时插入采用过去时的倒叙和采用将来时的对前景的估测。这说明，具有英语文化背景的人习惯于采用直线型的思维表达方式；而具有罗曼语文化背景的人习惯于采用曲折型思维表达方式。这似乎是对Kaplan提出的不同思维模式的最有力证明。James（1980: 121）和Kaplan（1972）发现，闪语中的平行型篇章组织结构会被借用于根据闪语原著翻译的英译作品和英语学习者的英语作文中。Kaplan（1968）和Coe & 胡曙中（1989/2009）的研究则证实了英汉思维模式之间的差异。此类研究还有Tannen（1980，1984）和Clancy（1980）等。

不过，对于Kaplan归纳的几类语言在篇章结构上的差别，也存在一些质疑甚至批评。例如，许余龙（2010）认为这些差别有些过于粗略，Kaplan所说的思维模式只是一种概括性的倾向。具体篇章或段落的组织结构受很多因素的影响，如体裁、语体、题材、内容、目的、对象、场合、语域等。此外，作者的文化价值观或者交际情景也会影响篇章结构。又如，Scollon *et al.*（2000: 118–119）认为，中西方的学生采用不同论证模式，实际是一种选择倾向。其实，中国学生完全掌握如何采用演绎结构进行论证，但由于中国文化看重家庭和政治方面的层级关系，他们倾向于使用更间接的表达和论证方式。Wang（2011）则认为，Kaplan关于线性思维的观点在逻辑和实证方面都不科学，误导和阻碍了研究者发现更复杂和细微的篇章特征。

三、衔接与连贯的关系

关于衔接与连贯的关系,主要存在两种截然不同的观点。一种认为衔接是连贯的必要条件,例如Halliday & Hasan（1976，1985）、Reinhart（1980）和Ehrlich（1990）。另一种则认为衔接既不是连贯的必要条件也不是充分条件。例如,Widdowson（1979）认为,即使没有衔接项目,篇章也可以连贯,如:

（9）A: Can you go to Edinburgh tomorrow?
B: B. E. A.[1] pilots are on strike. (Widdowson 1979: 96)

虽然（9）中A与B之间没有任何衔接项目,但仍能看出命题的发展,即B对A的提问做出了否定的回答,所以篇章是连贯的。

吕叔湘（2002: 484）指出,篇章中之所以歧义的情况很少,其中一个重要原因是上下文、语境和"情理"起到了排歧的作用,如（10）:

（10）普通话学不好,怎么办？学啊！……下点心,往地道里学。（1982年11月15日《北京晚报》；引自吕叔湘2002: 487）

其中,虽然最后一句之前没有任何衔接手段,但读者并不会把其中的"点心"理解为吃的点心,也不会把"地道"理解为《地道战》里的地道。吕叔湘把其归因为"情理"的作用。

Enkvist（1978）则指出,即使篇章中有大量衔接项目,也不一定连贯,如:

（11）I bought a Ford. The car in which President Wilson rode down the Champs Elysées was black. Black English has been widely discussed. The discussions between the presidents ended last week. A week has seven days. Every day I feed my cat. Cats have four legs. The cat is on the mat. Mat has three letters. (Enkvist 1978: 110)

苗兴伟（1998: 47）认为,应该辩证地看待衔接和连贯的相互关

---

[1] 英国欧洲航空公司（British European Airways）。

系，要对两者加以区分，但不能将两者对立起来。朱永生（1997：23）认为，衔接是连贯可能使用的手段。许余龙（2010）认为两者密切相关，总的说来，篇章在形式上的衔接性是为语义上的连贯性服务的，是内在语义连贯性的表层形式标志。在没有明显的形式衔接纽带的篇章中，概念或命题之间在表面上看不出有什么直接的联系，因而我们往往需要运用有关的背景知识作逻辑上的推理，补上某些省略了的概念，才能最后判断篇章的内在连贯性。

此外，还有研究探讨了衔接项目的使用数量和连贯之间的关系，如周光亚（1986）和武果（1987）。

第二节　主要理论模型与研究方法

语言的使用形式通常是篇章，而不是孤立的句子。对比不同语言之间在篇章组织的方式和手段上的异同，是对比研究中最有趣的一个方面（Gleason 1968；Hartmann 1980）。

篇章的衔接性和连贯性是所有语言的共同特点，否则便无篇章可言，而只是一组杂乱无章的句子的随意堆砌。因此，篇章的衔接性和连贯性可作为篇章对比的共同基础，比较不同的语言如何取得篇章的衔接性和连贯性，他们采用的篇章组织方法和手段有何差异，等等。

在篇章的衔接性对比方面，由于篇章的衔接性表现为篇章中各句子之间在表面语法结构和词汇方面的联系，可以直接采用传统的语法概念来加以描述，因而成为篇章语言学最先研究的内容，也是篇章对比中较为容易进行客观分析的研究领域。我们可以从分析句子的词汇语法结构特征入手，比较不同的语言在组句成篇时，采用的语法和词汇手段有何不同；也可以用某些语法和词汇范畴作为对比的共同基础，比较他们在不同语言中的衔接功能。

在篇章的连贯性对比方面，由于对比的对象是篇章中的概念及命题之间的联系，因而不能以句子作为分析的基础，而只能以概念或命题作为分析的基础。一组相同的概念和命题，由于谋篇布局的不同，可以构成不同的篇章。篇章的连贯性对比便是要比较不同语言在谋篇布局方面的异同。在对比分析中，我们可以把篇章分解为一组互相联系的语义概念和命题，分析他们之间的逻辑联系，比较不同语言在篇章中表现这些概念和命题时,使用何种典型语义逻辑结构。

需要特别指出的是,即便在同一语言中,不同篇章的衔接性和连贯性也有很大差异。例如,Gutwinski(1976)和Halliday & Hasan(1976)对英语篇章的衔接分析表明,不同风格的作家和不同语体的篇章,会使用各具特色的衔接手段。如果随意将两种语言中的两个篇章加以比较,那么得到的结果也许并不能代表两种语言间的差别,而或许只是两种不同风格或语体间的差异。因此,在篇章对比中,对比语言材料的选择十分重要。

Hartmann(1980: 37–40)认为,可用作篇章对比的双语对应篇章语料大致有以下三类。

一类是翻译对应篇章语料。理想的翻译对应语料,在语义上应该是对等的;在形式上,在整个篇章的结构、分段以至于分句方面,通常也都比较一致。但是两种语言的句内语法与词汇特征可能有较大的差别。衔接手段对比以句子为分析单位,要求对比语料在句子划分、组句成篇等篇章结构形式方面具有较大的对应性,才能对比两种语言所采用的衔接手段在种类、数量和分布等方面的异同。因此,此类语料比较适合用于具体的篇章衔接手段对比。

第二类是改写对应语料,分为两种:1)将同一信息,先用语言A拟定,然后改写为语言B。此类语料常见于国际贸易中。改写比翻译更注重篇章对具有不同文化背景的读者产生的心理效果,在语言形式上完全采用在语言B中常见的典型形式,而不拘泥于语言A的形式;2)改写对应语料的信息先通过非语言信息媒介(如影像)来表达,然后将此信息"改写"为不同语言形式。例如,一部名为《梨的故事》的电影,已经用于一系列关于书面语与口语间,以及不同语言间的篇章特点的比较(如见Chafe 1980)。该电影只有画面和音响效果,没有对话和旁白。**受试**(subject)先观看电影,然后把故事写下来或复述出来。网站http://pearstories.org/defaultc.htm(艾玛莉 2001)提供了基于该电影的七种中国方言的叙述语料和相关材料。改写对应语料具有整体篇章语义上的对应性,但是在具体的语义分布和篇章的组织结构方面存在语言差异,因此较适合篇章连贯性对比。

第三类是语域对应语料。此类语料语义上不对应,而只是具有相似的篇章题材、风格、使用场合、使用对象等。一般来说,语域和篇章类型分得越细,语料的对应性就越高。此类语料常见于某些程式化的篇章,如报刊上的启事、通告、讣告、各类产品说明书,以及各类专业文章等。我们可以比较两种语言中语域对应的篇章，在表层语言特征和通篇语义结构方面的差异。

篇章对比的方法大致可分为面向结构和面向内容两种（Sanders & Sanders 2007: 601）。面向结构的方法是为了发现篇章构成单位之间的意义关系，如逻辑关系和指示关系。此类研究模式和理论包括采用衔接和语域共同界定篇章、**篇章超结构**（superstructure）（van Dijk 1977; van Dijk 1980; van Dijk & Kintsch 1983）、**可及性理论**（Accessibility Theory）（Ariel 1988，2001）、**向心理论**（Centering Theory）（Grosz et al. 1995; Walker et al. 1998）、**修辞结构理论**（Rhetorical Structure Theory）（Mann & Thompson 1988）和**故事语法**（Story Grammars）（Thorndyke 1977; Rumelhart 1975）等。

面向内容的方法是为了发现某一篇章是关于什么的。该方法可以从最小的构成单位（命题）开始，也可以从更宏观的层面上分析主题和次主题的篇章结构特点。此类研究模式和理论包括**主位推进**（thematic progression，简称TP）、**主题链**（topic chain）、**对比和跨文化修辞学**（Contrastive and Intercultural Rhetoric）（Kaplan 1966; Connor 1996）、**微观和宏观结构**（Micro- and Macrostructure）（van Dijk 1977; van Dijk 1980; van Dijk & Kintsch 1983）和**框架理论**（Frame Theory）（Minsky 1975; Brown & Yule 1983）等。

篇幅所限，我们仅简要介绍其中的衔接和语域共同界定篇章、主位推进理论、主题链以及对比和跨文化修辞学。

采用衔接和语域共同界定篇章。我们在第一节介绍了衔接的类别，并结合例证说明，衔接既不是构成篇章的充分条件也不是必要条件。Halliday & Hasan（1976: 23）明确指出，构成篇章的条件除了衔接之外，篇章在语域方面还必须一致。就篇章而言，两者缺一不可，而且两者不互为前提。篇章除了衔接，还需要在表达意义时具备一定程度的连贯性，不仅包括内容上的连贯，还包括各种**人际成分**（interpersonal components）上的连贯，如**语气**（mood）、**情态**（modality）等。语域是语义概念，是若干意义的组合（Halliday & Hasan 1985: 38–39）。Widdowson（2007/2014: 49）表达了类似观点，指出篇章衔接手段不过是帮助理解的手段而已，只有读者能借助它理解一篇连贯篇章时，它才有效。这解释了（8）（9）（10）体现的篇章特点。所以，在比较篇章结构时，既要关注衔接手段在不同语言中的应用，也要关注语域一致的篇章的整体/宏观语义结构，不可过重强调其中一个方面。

主位推进。主述位结构在篇章段落中的发展模式，称为主位推进（以下简称TP）。TP探寻篇章中主位内容的源头，关注前后句的主述位之间的联系和变化。TP研究源于捷克语言学家František Daneš。Daneš（1970）共总结了五种TP（转引自张德禄、刘洪民 1994）：1）延续型：前一句的述位成为后一句的主位；2）连续型：前一句的述位成为后面一组句子的主位；3）派生型：前一句的上义主位派生出后面一组句子的下义主位；4）框架型：前一句的述位的分项成为后面一组句子的主位；5）跳跃型：篇章中省略了一节或多节主位链环，它们需要在语境中得到补充。

国内亦有不少关于主位推进模式的研究，较早的如徐盛桓（1982）（四种：平行性的发展、延续性的发展、集中性的发展和交差性的发展）和黄衍（1985）（七种：平行型、延续型、集中型、交叉型、并列型、派生型和跳跃型）。后来，许多语言学家在此基础上发展了主位推进的研究，例如Fries（1983）、Dubois（1987）、李战子（1992）、朱永生（1995）等。各家对主位推进模式分类的标准、数量和名称不尽相同，但存在诸多类似之处，都是对篇章发展的客观描述。但从理论上说，有多少种篇章发展的类型，就有多少种主位推进的模式。正如McCarthy（1991: 56）指出的，这些模式可能不过是"文体"或"修辞"的概念，并不是结构上的概念，因为没有任何组合是被"**规则**"（rule）禁止的。

此类研究的重要性在于，能体现篇章面向读者的特点，不仅可以用于单一篇章分析，也可用于某一类型或体裁的分析，因此语域也与主位推进理论密切相关。此类对比一般采用语域对应的篇章材料作为对比语料。例如，Newsham（1977，转引自James 1980）从大学一年级各科英法教科书中，每种语言随机选取24个段落来进行分析。她发现了段落中相连句子的四种主述位结构，并比较了这四种结构在两种语言中的分布情况。又如，许多广告篇章都使用指向同一主位（特别是产品的名称）的主位推进模式（McCarthy 1991: 56）。赵建成、余毓国（1993）研究了英语汽车广告的语言特点，发现此类广告多以商品名称和顾客为主位，支持了McCarthy（1991）的结论。Nwogu（1990）则研究了医学类篇章中主位推进的规律。

除了描写和对比主位推进模式，还可以从语言对比的视角研究以下相关课题：各种主位推进模式和篇章连贯之间是什么关系；篇章中往往包括多种主位推进模式，他们如何共同作用构成连贯的篇章；影响主位推进模式选择的因素是什么，等等。

主题链。主题链也是推进篇章组织结构发展的重要手段，由Dixon（1972: 71-73）首先提出。他在研究**迪尔巴尔语**（Dyirbal）[1]的篇章结构时发现，任何篇章都具有由一系列简单句构成的底层结构。如果这样的一组句子具有共同的名词短语，而且他们都有共同的所指，那么他们就构成一条主题链。曹逢甫（1979/1995: 89）认为，主题链是"一个主题带一个或几个评述"。但Chu（1998: 324）认为，一个主题带一个评述不能够构成主题链，主题链是由零回指形式的主题连接的一组小句。Li（2005: 37）认为，只要小句之间存在同指的显性主题NP与零形NP（不一定是零形主题），则构成主题链，如（12）。其中，显性主题"祥子"出现在第二小句，和第一和第三小句的零形NP构成主题链。

（12）a. Ø 听到这儿，b. 祥子把车拉了起来，c. Ø 搭讪着说了句："往南放放……"（Li 2005: 58）

此外，Li（2005）通过对比英汉之间最形似的主题链结构，认为英语的主题链是句子层面上保持主语延续性的现象，而汉语主题链是篇章层面保持主题延续性的现象。近年来，越来越多的学者关注主题链的类型和模式。例如，黄锦章（1996）认为，汉语中主题链的基本模式包括单主题型和多主题型两种；王静（2004）和王静（2006a）分别聚焦静态和动态主题链的特点和内部组织规律；王静（2006b）根据生命度和组织方式（与篇章内容的关系）把主题链分为强势和弱势两大类，并结合统计结果证明，篇章主要由强势主题链构成，而弱势主题链则因篇章类别而异；孙坤（2013）在对比英汉篇章组织模式的基础上，总结了七种主题链之间的关系，以及汉语中主题链篇章建构的四种模式，即交互模式、大小主题关系链模式、网状结构模式和主题链与其他形式交互模式。

对比语言间主题链的异同，可能发现篇章组织结构差异的深层次原因（如荣晶 2000；张滟 2012），并推动相关应用研究，如语言教学（如Li 2005）和自然语言处理（如周强、周骁聪 2014）等。

---

[1] 澳大利亚昆士兰东北部迪尔巴尔部落居民之间的原住民语言。

对比和跨文化修辞学。对比修辞学始于Kaplan（1966），目的是发现和研究在二语习得过程中，学习者在作文写作中碰到的问题，并通过参考母语的修辞策略，尝试解释这些问题（Connor 1996: 5）。该理论认为，语言和写作是文化现象，不同的文化倾向于使用不同的修辞。它受对比语言学的影响，关注教学，属于应用语言学领域。早期的此类研究大多对不同语言的篇章进行实际的对比分析，但缺乏系统理论的指导。因此，Kaplan（1988）指出，有必要建立对比修辞理论体系。Martin（1992）响应Kaplan的呼吁，以Beaugrande & Dressler（1981）的篇章语言学理论为基础，提出了一个可供实际对比修辞研究采用的宏观篇章描述框架。他指出，对比修辞研究不应局限于对比篇章的形式结构（包括衔接性和连贯性），也要对比影响篇章产生的其他因素。Connor（1996: 172–174）对三十多年来的对比修辞进行了回顾和总结，认为"新对比修辞"不仅研究学术和专业领域中的篇章，也研究篇章的产生过程，并指出了今后该研究领域的五大具体发展方向。近年，在对比修辞的基础上，又发展出跨文化修辞学。该理论研究不仅对比来自不同文化背景的篇章，还研究来自不同语言、文化和社会背景的作者如何通过说和写相互协商和影响（Connor 2011: 1–2）。

Connor & Moreno（2008）认为，对比修辞学的共同对比基础是跨文化的，具有可比性的概念。他们结合例证，说明了如何在两个研究阶段（即选择对比语料和建立具有可比性的篇章概念）建立正确的共同对比基础。

研究方法方面，此类研究既可采用语料库分析法（如Upton & Connor 2001），也可采用访谈、观察和问卷调查等辅助手段的篇章分析法（如Connor 2000）。Johansson（1998）指出了在对比和翻译研究中语料库的重要性，并划分了三类语料库，即平行语料库、翻译语料库和学习者语料库。在对比修辞学研究中使用最多的是学习者语料库，如Kaplan（1966）使用的语料库和**学习者英语国际语料库**（International Corpus of Learner English）（Granger 1996）。此外，Connor & Moreno（2008）还提出了使用平行语料库进行对比修辞研究的方法，共包含12个具体步骤。

对比和跨文化修辞学视角下的对比通常采用语域对应的篇章语料。例如，Mauranen（1993）比较了不同文化背景的专业人士（英裔美国人和芬兰人）写的经济学篇章的结构，发现前者的篇章更面向读者，更注重礼貌表达，体现更清晰的篇章修辞结构。又如，Soler-

Monreal（2011）对比了用英语和西班牙语完成的博士论文中，"介绍"部分的内容和组织结构，发现英语介绍更注重作者的贡献和工作的创新性，具有更复杂的组织结构。更多研究案例可参见Connor *et al.*（2008）。

第三节　研究示例：英汉篇章中的话题引入与回指

一、问题的提出

篇章是表达相对完整交际意图的语言使用单位，用于讲述某个事件（叙述体），描述某个人、物或情境（描述体），阐述某种思想或观点（论述体）等交际目的。无论是哪种类型的篇章，其中都会提及一些具体的人、物、事等**篇章实体**（discourse entity，简称"实体"）或抽象的想法、观点和现象等作为篇章谈论的**话题**（topic），如下面一个汉语民间故事开头部分中的"陆丰甲子港""一个老渔翁""他家"和"一个十七岁的女儿"等，这些是篇章首次提及和引入的实体，是篇章下文中故事所要讲述的潜在话题。

（13）从前，陆丰甲子港有一个老渔翁，为人忠厚老实，勤俭过人。他家只有一个17岁的女儿，长得俊秀美丽，聪明伶俐，从小跟着老父出海捕鱼，所以，她年纪轻轻就学得了一身捕鱼的好本领。（《鲤鱼姑娘》）

从篇章产出的角度来说，有些引入篇章的实体是作者想谈论的主要话题，有些是次要话题，有些则只是附带提及而已，比如在（13）引入的话题中，"一个老渔翁"，特别是"一个17岁的女儿"，是故事所要讲述的主要话题，即故事的主人公。语言也为作者提供了不同的表达手段，使作者有可能向读者暗示篇章中不同实体的不同**话题性**（topicality），即不同实体在篇章中作为所谈论话题的不同重要性。重要话题是篇章谈论的主要对象，引入篇章后反复再次提及，即得到**回指**（anaphora），如（13）中的"他"回指篇章前面的"一个老渔翁"，"她"回指"一个17岁的女儿"。回指本身也给篇章增添了句与句之间的衔接性，以及篇章整体在语义上的连贯性。因而，作者在篇章组织中的一项重要任务便是**话题管理**（topic management），其中至少包括如下两项工作：1）在实体首次引入篇章或其后再次提及他们时，将某些实体标示为（潜在的）重要话题；2）随着篇章的展开，向读者提示话题的维持或转换。

而从篇章理解的角度而言，正确解读作者在篇章中运用的话题管理方式，不仅对理解篇章中各小句所谈论的对象，而且对理解整个篇章所谈论的内容，都具有十分重要的意义。

那么，英汉两种语言在首次将一个话题引入篇章时所采用的语言手段究竟有何异同？采用不同语言手段所引入的话题与其后在篇章中的回指究竟又有何联系？本节将以英汉叙述体篇章为例，对这两个问题进行探讨。

二、研究思路与方法

首先，语料的选择。上面提到，篇章有不同的类型。我们之所以选用叙述体篇章，是因为在事件叙述过程中往往会提及许多具体的人和物，一些重要的人和物又会在篇章中反复提及，因而是研究话题引入与回指的最合适语料。

在叙述体篇章中，口头讲述的故事又最具有代表性，但语料搜集的难度较大，因此我们选用尽可能接近口述的英汉民间故事作为研究分析的语料。具体而言，所用汉语语料选自贾芝、孙剑冰（1980a，1980b）中的18篇汉语民间故事。这些故事具有如下一些特点：1）"都是鲁迅所说的'不识字的小说家的作品'"（贾芝、孙剑冰（1980a：1），在收入故事集的过程中，又遵循"忠实记录，慎重整理"的原则（贾芝、孙剑冰 1980b：560），保留了大部分口述故事的特点；2）一般都比较简短，有清楚的故事情节以及明确的参与者，即篇章谈论的话题；3）谈论的主要人物不多，可以较清楚地看出故事是如何将一个人物（或动物）作为谈论的话题引入篇章，以后又是如何维持这一话题，或转换为另一个话题的；4）由于最接近口述故事，所以故事中的句子通常比较短，结构也较为简单，较适用于分析小句和句子之间的篇章回指现象，较少受到复杂内嵌句句内回指的干扰。英语语料是从Ashliman（2005）中采用同一标准选出的18篇英语民间故事。

其次，分析内容和分析框架。为了回答上面提出的两个问题，探讨英汉叙述体篇章中话题引入与回指之间的关系，我们需要分析英汉篇章在首次引入一个话题时所采用语言手段，以及不同语言手段所引入的话题在其后的篇章中被回指的频数。以某种语言手段引入的话题在其后的篇章中被回指的频数越高，说明该语言手段是用于引入一个篇章所要谈论的重要实体。

要分析上述内容，我们需要建立一个适用于同时分析汉语和英语的分析框架。从语言类型学的角度来讲，在将一个实体首次引入篇章时，作者主要可以使用两类语言表达手段来标示所引入实体的相对重要性：1）句法手段；2）形态手段（详见Givón 1990第17章，2001第10、16章；许余龙 2005a）。

与话题引入相关的句法手段主要有**存现结构**（existential-presentative construction）的运用和引入话题的名词短语在句中的句法功能。在具体分析中，我们按照Huang（1987）的标准，将以下四类动词认定为表达存现意义的动词，含有这些动词的结构为存现结构：1）存在动词"有"；2）表示某人或某物出现或消失的动词，如"出（了）""来（了）"；3）表示某人或某物所在处所的动词，如"住（着）""坐（着）"；4）表示作为某一事件或经历的结果，某人或某物出现于情景中的动词，如"养（了）""生（了）""娶（了）"。分别举例说明如下（加下划线的是存现动词）。

（14）含有存在动词的存现结构
　　a. 从前<u>有</u>个泥水匠叫刘善，……（《八哥》）
　　b. Once upon a time there <u>was</u> a young lady called Lady Mary, … ("The Story of Mr. Fox")
（15）含有出现动词的存现结构
　　正在这个时候，<u>出了</u>个汉子叫二郎，……（《二郎捉太阳》）
（16）含有处所动词的存现结构
　　a. 鲁家湾里<u>住着</u>一个姓鲁的老木匠。（《鲁班学艺》）
　　b. Constant tradition says that there <u>lived</u> in former times in Soffham (Swaffham), alias Sopham, in Norfolk, a certain peddler, … ("The Peddler of Swaffham")
（17）含有结果动词的存现结构
　　a. 从前有个泥水匠叫刘善，他<u>养了</u>一只八哥。（《八哥》）
　　b. There was once a grocer who had a beautiful parrot with green feathers, … ("The Parrot")

引入话题的名词短语在句中的句法功能可以分为主语、（直接）宾语、间接宾语、旁语（介词宾语）和名词修饰语等五小类。

与话题引入相关的形态手段泛指话题引入时所采用的不同类型的名词短语。根据我们汉语民间故事语料中用于首次引入篇章实体的名词短语的实际使用情况，我们将汉语名词短语区分为如下四种形态类型：1）无定名词短语，即带有数量词语的名词短语；2）光杆名词短语，即既无数量词语又无物主代词、指示词或领属词语修饰的名词短语；3）零形代词；4）代词。考虑到英汉之间的可比性以及英语的特殊性，我们将英语名词短语区分为如下四种相应的类型：1）无定名词短语，即带有不定冠词的单数名词短语和带有零冠词的复数名词短语；2）有定名词短语，即带有定冠词、物主代词、指示词或领属词语的名词短语；3）专有名词，包括带有头衔和称谓的专有名词；4）其他名词短语，包括人称代词、零形代词、全称代词（如 *all* 和 *every*）和否定名词短语。

最后，在明确了分析内容和分析框架之后，需要确定分析这些内容的具体方法。由于分析内容中大量涉及对篇章中出现的各类句法结构、名词短语的形态类型与句法功能、话题引入后被回指的次数等数据统计，因此本质上是一种定量分析（关于对比研究中定量与定性分析的区别和一般方法，见第七讲）。进行此类分析的一种较为系统可靠的方法是建立一个含有研究所需信息的数据库，然后借助这个数据库来分析英汉篇章中话题引入与回指之间的关系（关于如何建立以篇章回指为目的的专用语料数据库，见许余龙 2005b；关于如何将微软办公软件中的 Access 数据库软件应用于语言文字研究中的一般方法，见张再兴 2003）。

三、分析与论证

首先让我们来看英汉篇章中话题引入时采用的句法结构与回指之间的关系。我们统计分析了18个英汉民间故事中，所有指人实体和那些至少在篇章中提及两次的非指人实体在首次引入篇章时所采用的句法结构，以及话题引入后被回指的次数。在我们的汉语数据库中，共含有154个这样的实体，这些实体引入篇章后，在篇章的下文中，共被回指1,235次；在英语数据库中，共含有271个这样的实体，在其后的篇章中，这些实体共被回指1,539次。具体分类统计结果见表5–3。

表5–3 英汉篇章中话题引入的句法结构及其与篇章回指的关系

句法结构	引入话题数量		被回指次数			
			总次数		平均数	
	汉语	英语	汉语	英语	汉语	英语
存现句	41	19	919	402	22.4	21.2
非存现句	113	252	316	1137	2.8	4.5
合计	154	271	1,235	1,539	8.0	5.7

表5–3显示，在汉语民间故事里提到的154个篇章实体中，41个是由存现结构首次引入篇章的。在其后的篇章中，这些实体共被回指919次，平均每个实体22.4次。而其余用非存现结构引入的113个实体，平均每个实体被回指的次数只有2.8次。

这一分布特征在英语民间故事中同样显现。在英语民间故事里提到的271个篇章实体中，19个是由存现结构首次引入篇章的。在其后的篇章中，这些实体共被回指402次，平均每个实体21.2次。而其余用非存现结构引入的252个实体，平均每个实体被回指的次数只有4.5次。

这一结果表明，英汉两种语言中的存现结构都是典型地用于将一个新的重要实体作为话题引入篇章。

再让我们来看英汉篇章中话题引入的形态手段与回指之间的关系。上面提到，在我们的汉语民间故事语料数据库中，共有154个实体被引入篇章。表5–4列出了将这些实体首次引入篇章的名词短语的形态类型，以及在篇章下文中被回指的总次数和平均次数。

表5–4 汉语篇章中话题引入采用的形态手段及其与篇章回指的关系

名词短语类型	引入话题数量	被回指次数	
		总次数	平均数
无定名词短语	63	994	15.8
光杆名词短语	84	236	2.8
零形代词	5	3	0.6
代词	2	2	1.0
合计	154	1,235	8.0

表5–4显示，由无定名词短语引入篇章的63个实体，在其后的篇章中，共被回指994次，平均每个实体回指15.8次；由光杆名词短语引入篇章的84个实体，在其后的篇章中平均回指的次数仅为2.8次；而零形代词和代词则很少用于引入话题，引入的话题也几乎只是一次性提及而已。这清楚表明，总的来说，无定名词短语在汉语篇章中主要用于引入一个（潜在的）重要话题。

表5–5列出了英语篇章中采用不同形态手段引入的话题在篇章下文中被回指的总次数和平均次数。

表5–5　英语篇章中话题引入采用的形态手段及其与篇章回指的关系

名词短语类型	引入话题数量	被回指次数	
		总次数	平均数
无定名词短语	113	822	7.3
有定名词短语	120	584	4.9
专有名词	15	85	5.7
其他	23	48	2.1
合计	271	1,539	5.7

表5–5显示，在英语篇章中，由无定名词短语引入篇章的实体，在其后的篇章中平均提及的次数为7.3次；由有定名词短语和专有名词引入篇章的实体，在其后的篇章中平均提及的次数分别为4.9和5.7次；而其他类型的名词短语只是用于引入篇章在谈论主要话题时附带提及的实体。这表明，总的来说，无定名词短语在英语篇章中也较多用于首次引入一个（潜在的）重要话题。但是，如果我们将英语中的专有名词也视为有定名词短语的话，那么英语中有定和无定名词短语在标示所引入话题的相对重要性方面，两者之间的差别远不如汉语中无定名词短语和光杆名词短语之间的差别那么显著（在汉语中两者之比为15.8比2.8）。

最后，让我们来进一步分析话题引入的句法和形态手段两者之间的相互作用对篇章回指产生的综合影响。

上面对英语的分析显示，虽然仅就形态手段而言，英语中有定名词短语（包括专有名词）和无定名词短语在标示所引入话题的相对重要性方面,差别并没有汉语那样显著。如果结合分析这些名词短语的句法功能(见表5-6,其中的"宾语"是指除了"存现宾语"之外的其他宾语),那么英语中话题引入手段与篇章回指之间的关系便变得更为清晰了。

表5–6 形态句法手段对英语篇章回指的综合影响

名词短语类型	句法位置	引入话题数量	被回指次数	
			总次数	平均数
无定名词短语	存现宾语	18	401	22.3
	主语	33	229	6.9
	宾语	32	121	3.8
	旁语	24	57	2.4
	名词修饰语	6	14	2.3
有定名词短语	主语	32	190	5.9
	宾语	30	186	6.2
	间接宾语	3	43	14.3
	旁语	40	101	2.5
	名词修饰语	15	64	4.3
专有名词	主语	4	58	16.3
	宾语	1	1	1
	旁语	5	10	2
	名词修饰语	5	16	3.2
其他	主语	13	39	3.0
	宾语	5	5	1
	间接宾语	3	3	1
	名词修饰语	1	0	0
	存现宾语	1	1	1
合计		271	1,539	5.7

表5–6显示，英语民间故事中的重要话题倾向于采用如下三类名词短语引入：1）用作存现宾语的无定名词短语（在篇章中平均被回指的次数为22.3）；2）用作间接宾语的有定名词短语（平均被回指次数为14.3）；3）用作主语的专有名词（平均被回指次数为16.3）。其中，第一类名词短语用于引入最为重要的话题，也是篇章下文最为频繁的回指对象。

有趣的是，我们对汉语民间故事语料所作的相似分析（结果见表5–7）显示，句法和形态手段之间的相互作用并不能对汉语篇章回指产生类似的影响。

表5–7　形态句法手段对汉语篇章回指的综合影响

名词短语类型	句法位置	引入话题数量	被回指次数	
			总次数	平均数
无定名词短语	**存现宾语**	**41**	**919**	**22.4**
	主语	4	18	4.5
	宾语	17	55	3.2
	旁语	1	2	2
光杆名词短语	主语	46	69	1.5
	宾语	109	1,063	3.7
	旁语	5	37	7.4
	名词修饰语	3	24	8
专有名词	主语	5	12	2.4
其他	主语	7	5	0.7
合计		238	2,204	8.0

从表5–7中我们可以看出，在汉语篇章中，用作存现宾语的无定名词短语似乎是引入重要篇章话题的唯一形态句法手段。出现在其他句法位置上的无定名词短语，以及无论出现在什么句法位置上的其他名词短语，通常都只是用于引入一个次要话题。

英汉无定名词短语在篇章功能方面的另一个区别是，汉语篇章中的无定名词短语典型地出现在存现结构中，用于引入一个新的重要话题。在我们的汉语民间故事语料中，共有63个无定名词短语，其中的

65.1%（41例）用作存现宾语。事实上，在我们的汉语语料中，唯一能出现在存现结构中的名词短语是无定名词短语。相反，正如表5–6所显示，在我们英语民间故事语料里出现的113个无定名词短语中，只有18个（占总数的15.9%）用作存现宾语，用于引入一个新的重要话题；而更多的无定名词短语则是用作非存现句的主语（33例）、宾语（32例）和旁语（24例），用于引入次要话题。

四、结语

上述示例研究表明，英汉两种语言在将新实体作为（潜在）话题首次引入篇章时，所采用的形态句法手段有同有异。主要相似之处为：在英汉篇章中，用作存现宾语的无定名词短语都是引入重要话题的主要手段，所引入的实体也是篇章下文最为频繁的回指对象。英汉两种语言的主要差别表现为：在汉语篇章中，存现结构中的无定名词短语似乎是引入一个最为重要的篇章话题的唯一形态句法手段；而在英语篇章中，除了这一手段之外，用作间接宾语的有定名词短语和用作主语的专有名词也会用于引入一些相对重要的篇章话题。

当然，上述研究结果只是我们通过对小型英汉民间故事语料的分析而获得的。在英汉其他叙述体篇章（如各类小说），以及其他文体的篇章（如描述体和论述体篇章）中，两种语言是否也呈现类似的异同，仍需进一步研究和检验。此外，除了示例所分析的话题引入采用的句法和形态手段之外，是否还有其他一些用于标示重要话题的（附加）手段，也还可以进一步探讨。

上述示例研究的另一个局限性是，作为研究对象的话题也主要局限于表示人和物等具体的**实体话题**（entity topic）（见Gundel 1988；Lambrecht 1994: 127–8），篇章中提及的观点、想法和现象等抽象话题的引入和回指是否遵循同样的规律，也值得进一步研究。

第四节　小结

篇章结构性主要体现在衔接性和连贯性两个方面。本讲首先介绍了衔接性和连贯性在不同语言中的表现差异，并讨论了两者之间的关系;然后介绍并讨论了篇章对比研究的三大类双语对应篇章语料、主要理论模型、共同对比基础和研究方法;最后,以英汉篇章中的话题引入与回指为例,说明了如何具体开展篇章对比研究。

思考题

1. 请分别收集用汉语和你熟悉的外语写的个人简介各五篇,例如中外大学或研究机构的学者简介、公司网站上的雇员简介等。分析简介中使用的衔接手段、篇章内容和组织结构,并对比两种语言之间的异同。思考这些异同说明这两种语言具有哪些特点。

2. 本讲中例(2)"从前有座山"的完整故事结构代表了一种比较特殊的篇章结构,如下所示:

a. 从前有座<u>山</u>,
　↳b. <u>山</u>　上有座<u>庙</u>,
　　↳c. <u>庙</u>　里有个<u>老和尚</u>,
　　　↳d. <u>老和尚</u>　在给小和尚讲故事。
　　　　↳e. <u>老和尚</u>　说……

王勇、黄国文(2006: 288)将其称之为**递归**(recursive)结构。语言学中的递归性是指相同结构成分的重复或层层嵌套。此外,以重复和循环为特点的递归性还应用于文学和艺术作品(王爱松 2014),如刘震云的小说《故乡相处流传》和电影《盗墓空间》的部分剧情。请再找出一些这样的例子。

3. 请分析以下篇章中的主位推进模式有哪几种?

　　窗前是一大片草地。草地上长满了蒲公英。当蒲公英盛开的时候,这片草地就变成金色的了。

　　我和弟弟常常在草地上玩耍。有一次,弟弟跑在我前面,我装着一本正经的样子,喊:"谢廖沙!"他回过头来,我就使劲一吹,把蒲公英的绒毛吹到他脸上。弟弟也假装打呵欠,把蒲公英的绒毛朝我脸上吹。就这样,这些并不引人注目的蒲公英，给我们带来了不少快乐。

（《金色的草地》，小学三年级《语文》课本上册，北京：人民教育出版社，2012: 6）

4. 你同意Kaplan（1966）归纳的思维模式吗？为什么？他们是固定的思维模式，还是如Scollon *et al.*（2000）解释的那样，只是一种选择偏好？可结合自己的写作体验具体说明。

推荐阅读

Enkvist, Nils Erik. 1984. Contrastive linguistics and text linguistics. In Jacek Fisiak. (ed.) *Contrastive Linguistics: Prospects and Problems*. Berlin: Mouton, 45–67.

Halliday, Michael Alexander Kirkwood; and Ruqaiya Hasan. 1976. *Cohesion in English*. London: Longman.

Hartmann, Reinhard Rudolf Karl. 1980. *Contrastive Textology: Comparative Discourse Analysis in Applied Linguistics*. Heidelberg: Julius Groos Verlag.

Smith, Sara W.; Hiromi Pat Noda; Steven Andrews; and Andreas H. Jucker. 2005. Setting the stage: How speakers prepare listeners for the introduction of referents in dialogues and monologues. *Journal of Pragmatics* 37(11): 1865–1895.

许余龙，2007，话题引入与语篇回指——一项基于民间故事语料的英汉对比研究，《外语教学》第6期：1–5。

第六讲 语用对比研究

第一节 研究对象与内容

语用学（pragmatics）是一门研究语言使用的学科。许多语言学家对语用学的定义都各不相同，可参见Levinson（1983: 6–27）和何兆熊（2000: 6–9）。根据研究范围，语用学可分为微观语用学和宏观语用学（Levinson 1983: ix；Mey 1993；何自然1997: §1.2）：微观语用学以英美语用学研究为代表，主要是用语言学和哲学的方法来研究语言在交际中的语用逻辑意义，探讨传统的语用课题，如指示语、会话含义和言语行为等；宏观语用学以欧洲大陆的语用研究为代表，研究范围扩大到社会语言学等领域，关注语言使用的社会语境或机构语境。

本节将分别从语境、语言使用者和语言形式三个视角，讨论对比语用学的主要研究对象与内容。这三个视角相互联系，不可割裂。例如，任何语言形式的使用都无法脱离使用者和语境，而缺少使用者的语境必定不完整。

一、语境视角

Leech（1983: x）认为，语用学"研究话语如何在情景中获得意义"；Akmajian *et al.*（1995: 558）也认为，语用学"研究语言的使用及其与语言结构和话语情景的关系"。语言使用和说话者想表达的意思，要视具体语境而定，与什么人、在什么时候、在什么场合、说什么话以及怎样说都有密切的联系。语境视角下的研究可以以语言形式为起点，研究它们是如何正确使用在语境中，也可以反向行之，即从特定语境出发，研究适合该语境的语言形式。

一方面，相同语言表达形式在不同语境下传达不同的语用意义。例如，（1）可能描述天气，或暗示应该把窗户关上，或提醒添加衣服等。

(1) It's a little cold now.

另一方面，相同语境下可使用不同语言表达方式。例如，如果暗示应该把窗户关上，除了（1），还可以说：

（2）a. I want you to close the window.
　　b. Can/Could/Would/Will you close the window?
　　c. Would you mind closing the window?
　　d. Isn't it a little cold now?
　　e. It is a little cold now, isn't it?
　　f. Gosh, it's cold now.

Crystal（1985a: 243）认为："语用学所要研究的，是口笔语中影响人们对语言进行选择的各种因素。"语用学家们的一个重要研究领域就是甄别这些语境因素。例如，何兆熊（2000: 21）归纳的语境因素如下图所示：

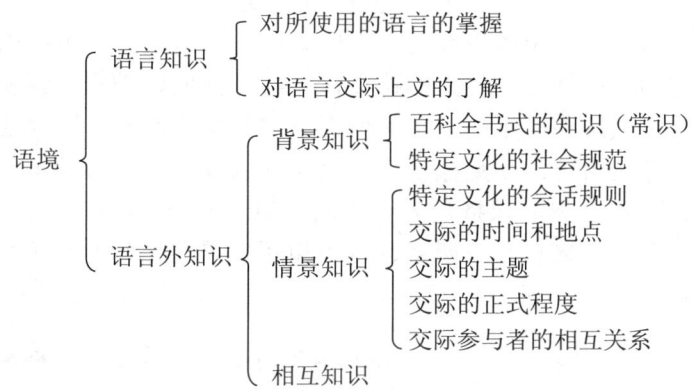

图6-1　语境知识的类型

然后，我们可以研究在不同语境下，语言使用者如何运用这些语境知识有效地交际。其中，Herbert P. Grice提出的**合作原则**（Cooperative Principle，简称CP）突出了语境的重要性（Suppes 1986: 24）。根据CP，会话应该根据其所在的语境，共同接受的目的和发展方向进行。一般来说，会话双方都会遵守**会话原则**（maxims of conversation）。即使听话者发现违背会话原则的情况，他也总是倾向于相信说话者会遵守合作原则，所以会马上寻找符合语境的另一个含义，于是产生了**会话含义**（conversational implicature）。会话含义并不是单纯建立在语义逻辑推理基础上的，而是根据会话原则、语境以及话语的字面意义对言外之意所能作出的推断，比如说话者的暗示、社会态度、未言明的意图和猜测等。

但是，有研究指出，会话的进行并不总是遵循合作原则。例如，会话的一方并不总是表现出要合作的态度或兴趣，表面上的不合作，甚至是根本不合作的对话也存在。例如，汉语中，听话者如果受到赞美之词，通常要通过表示不赞同来谦虚一番，如（3）：

（3）A：你今天穿的衣服真漂亮。

B：没什么/哪里，哪里，一般啦。

针对这些质疑，研究者们在合作原则的基础上进一步丰富或简化了会话原则。例如，为了解释人们在表达语用意图时为什么不总是遵循合作原则，Leech（1983: §1.5）在合作原则基础上丰富了会话原则的分类体系。例如，增加的礼貌原则包括得体准则、宽宏准则、褒扬准则、谦虚准则、赞同准则和同情准则。这些原则之间的相互作用，决定了说话者在特定语境或文化中所采用的话语形式，可以用来解释一些礼貌相关的概念和行为的跨文化差异。我们以赞同准则和谦虚准则为例，说明这些准则的应用如何因语言和文化而异。谦虚准则规定，尽量少夸赞自己，多贬低自己；赞同准则规定，尽量缩小与对方的分歧，并与对方观点保持最大程度的一致。Holmes（2007: 690–691）分别列举了由来自马来西亚、日本和新西兰文化背景的学生参与的对话，如（4）（5）（6）：

（4）语境：新西兰惠灵顿的两位马来西亚学生之间的英语会话。

S: eeee, nice stockings

R: ugh! there are so many holes already

（5）语境：在办公室外面的走廊里，英语教师与日本学生之间的对话。

T: what a beautiful blouse

S: ［垂视并摇头］no no

T: but it looks lovely

S: ［保持沉默，但继续垂视］

（6）语境：新西兰语言文化背景

M: that's a snazzy scarf you're wearing

S: yeah it's nice isn't it my mother sent it for my birthday.

（3）—（5）显示，在汉语、日语和马来语的文化中，常常会拒绝夸赞，表明在这些文化中，谦虚准则重于赞同准则；而（6）显示，在新西兰文化中，尽管人们可能会降低夸赞的程度或把夸赞转移到其他方，但更倾向于对赞赏表示同意，表明赞同准则重于谦虚准则。

此外，许余龙（2010: 186–187）认为，与英语相比，汉语中有一套更为丰富的与**社会指示**（social deixis）相关的词汇系统，分别适用于谦虚准则和褒扬准则。社会指示语是用于表示交际参与者的社会地位和相互社会关系等功能的语言形式。褒扬准则规定，尽量颂扬对方，避免贬低对方。汉语中存在"您"（褒扬准则）和"你"的区分，以及更多谦称（谦虚准则）和敬称词（褒扬准则）。这从一个侧面说明，涉及人际关系时，汉语比英语更注重礼貌原则。

与Leech增加原则的数量相反，还有一些研究精简了会话遵守的原则。有学者认为，关联原则是解释会话所需的唯一原则，例如Kasher（1976）提出的**"合理化原则"**（Rationalization Principle），以及影响更广泛的Sperber & Wilson（1986/1995）提出的**关联理论**（Relevance Theory）。

二、语言使用者视角

Mey（1993: 5）认为，语用学是"从使用者的角度出发进行研究的语言科学"，突出了语言使用者在语用学研究中的作用。Austin（1962）指出，人们使用语言时不仅是在说话，还在行事，进而提出了**言语行为**（speech act）的概念，其核心是言语的**施事行为**（illocutionary act），开拓了研究语言使用和运作的重要领域。言语行为理论，简言之，指的是说即是做，或语言即是行为（Huang 2007: 656）。例如，萨马兰奇在莫斯科宣布北京成为2008年奥运会主办城市，或者当神父说 *I now pronounce you man and wife*，他们都创造了某种社会现实。

在不同文化中，同样的语言形式实施的言语行为可能不同。比如，在某些穆斯林地区，只要丈夫连续三次说类似（7）这样的话，正式宣布与妻子离婚，便完成了离婚的必要程序，使离婚生效（Levinson 1983: 229–230）。

（7）I hereby divorce you.
　　　我特此与你离婚。

(7)的施事行为是宣布离婚,因为在穆斯林文化中有这样的一个约定性程序,即只要丈夫口头上宣布与妻子离婚,就可以达成离婚;但在汉语和多数西方文化背景中,这一言语行为都不具备实现这一施事意图的**适切条件**(felicity conditions)。所谓适切条件,是指成功实施言语行为需要满足的一套条件。

在不同语言中,相似言语行为可能采用的表达方式和**语用策略**(pragmatic strategies)并不一定完全对应。例如,James(1980: 136)和House & Kasper(转引自Oleksy 1984)研究发现,在实施"请求"这一言语行为时,就使用频率来说,英语通常采用更间接的方式,而德语通常采用直接的方式。例如,要请人关窗,英语倾向于采用(1)–(2)中较间接的表达方式,而德语倾向于采用如(8)的直接表达方式。

(8)Du solltest das Fenster zumachen(德).
  You should close the windows(英).
  你应该把窗关上。

言语行为主要通过**言语行为动词**(speech act verbs)表达。例如,如果说"我保证明天会去",其中的"保证"就是该言语行为的言语行为动词。广义上的言语行为动词指所有用来描写语言行为的动词;狭义上的言语行为动词只包括表达确定说话者态度的动词。例如,"保证""恐吓""夸奖""说""吼""打断"都可以称为广义上的言语行为,但后面三个词不属于狭义上的言语行为动词,它们只表示言语的行为,不涉及说话者的态度(Austin 1962;Traugott & Dasher 2002;Proost 2007)。Austin指出,许多言语行为即使没有言语行为动词也可以成功执行。例如,要表达承诺,我们可以直接说要做什么事情,或者对一个问题给出肯定的回答,如婚礼仪式上新人的回答 I do。对此,Ross(1970)提出了**行事假设**(performative hypothesis),认为每个句子的深层语义结构中都含有一个言语行为动词。如"地球是圆的"这一陈述句,可以分析为"我告诉你地球是圆的";而"地球是圆的吗?"这一疑问句,可以分析为"我问你地球是否是圆的"。其中的"告诉"和"问"便是深层语义结构中的言语行为动词。

根据不同的分类标准,有多种言语行为和言语行为动词的分类法,如Austin(1962)、Vendler(1972)、Searle(1975)、Bach & Harnish(1979)、Allan(1994)、Allan(2001)和Bach(2004)等。各分类体系的子类之间存在较多对应之处,详见Allan(1998)。

其中，影响最广泛的是John L. Austin的学生J. R.Searle（1975）。他把施事行为分为五类，即指令（如请求和命令）、承诺（如答应和保证）、表情（如道歉和同情）、宣告（如宣布和声明）和表信（断言和假设）。

Vanderveken（1990: 168）进一步指出，言语行为动词和言语行为之间不存在一对一的对应关系，同一言语行为动词可以表达不同的言语行为。例如，*promise*在（9）中实施不同的言语行为：

（9）a. I promise him that he would be punished if he did not come back in time. （威胁）
　　b. I promised to help him. （承诺）
　　c. I promised her that she would be free tomorrow. （安慰）

汉语中也存在此类现象，如"劝"既可以表示建议，也可表示恐吓，例如"我劝你还是放老实点儿"。

我们可以从汉外语言对比视角研究言语行为和言语行为动词。例如，常颖（2008）对比了汉俄言语行为动词的语义；朱坷（2008）对比了汉语和越南语中的"建议"类言语行为；阮翠娥（2014）对比了英汉语中的"建议"类言语行为功能等。

Huang（2007: 663–664）在跨文化和语言的言语行为差异的视角下，总结了五个主要的研究领域，并提供了许多有趣的实例。1）某些言语行为在特定文化和语言中缺失，如Rosaldo（1982）和Harries（1984: 134–135）；2）某些文化和语言特有的言语行为，如Hudson（1985）和Wierzbicka（1991: 159–160）；3）不同文化中，实施言语行为的不同方式，如Mey（2001: 287）；4）相同的言语行为在不同的文化或语言背景下可能得到不同的典型回应，如例（3）–（5）和Mizutani & Mizutani（1987: 43）；5）相同的言语行为在不同文化中具有不同程度的**直接性**（directness）或**间接性**（indirectness），如Blum-Kulka *et al.*（1989）。

以间接性为例，现实生活中，言语行为大多倾向于采用（1）–（2）中较间接的表达方式。言语行为的这种间接性主要体现在两方面：一方面，言语行为总是和语境紧密相关，受语境的制约，所以从这个意义上说，言语行为总是间接的。语言虽然具备各种施事的能力，但某种程度上，也必须通过实际使用的语境来解释（Austin 1962: 100）。理论上，有多少语境，就有多少种间接表达法。因此，

Stalnaker（1972: 383）认为，语用学是对语言行为以及实施这些行为的语境所做的研究；另一方面，这种间接性还体现在使用者常使用的方法，例如前面提到的合作和礼貌原则、会话含义和**加标**（indexing）等。参与者只有通过正确的推理过程，才能有效交流。

三、语言形式视角

下面我们将从语用对比的角度，讨论语音、词汇、语法和话语结构四个语言层面上的语言形式与语用功能（如语用意图、语用意义、会话含义以及施事行为等）的关系。

语音形式和语用功能：语言在语音层面上的表现手法，大多建立在隐喻和**象似**（iconism）的基础上（Bolinger 1980；Lakoff & Johnson 1980），从而可能具有普遍性。在许多语言中，说话者都可以利用音长、音高和重音等语音表现手段，来表示某种语用意图或语用意义。Bolinger（1980: 11）指出，人们说的每个词或短语，都含有其字面意义以外的一些意义，如生气、发怒、询问、疑惑、抚慰、傲慢、敬畏、权威等。人们要进行有效的交际，就必须懂得如何表达和理解这些意义。例如，英语和汉语中的陈述句（如（10a）和（10b））都可以用升调表示疑问：

（10）a. You didn't tell her.
　　　b. 你没告诉她。

又如，女孩对男朋友说：

（11）如果你到了，我还没到，你就等着吧；如果我到了，你还没到，你就等着吧。

女孩设定了两个语境，虽然结果都是用相同的书写形式"你就等着吧"，但很可能会使用不同的语音形式，以表达不同的语用功能。前者语调较平缓，像是"指令"；后者会拉长音长，提升音高，更像是"威胁"。如果男朋友不能正确理解此类语音表达的不同语用功能，恐怕与女朋友的交往会出问题。

词汇形式与语用功能：从词汇的角度来说，词语的选择和运用，可以表达特定的会话含义，并对会话的发展有重要影响。例如，Cruse（1977，转引自Robinson 1988）指出，在话语中采用具体的特称词，表示说话者对某件东西或话题感兴趣,如(12)中的B1;而采用抽象的统称词,则表示说话者对某件东西或话题不感兴趣,如(12)中的B2。

(12) A:今天逛街买了什么?
　　　B1:我买了块苹果手表。
　　　B2:我买了块手表。

形容词也是如此。当说话者选用强烈程度较高的形容词时,往往表明他对所说的事情和话题很感兴趣,如(13)中的B1。而选用强烈程度较低的形容词,则表明说话者对所说的事情或话题不感兴趣,如(13)中的B2。

(13) A:　How do you think about the film?
　　　B1: It's fantastic.
　　　B2: It's nice/good/ok.

上述词汇选择的会话含义与影响,与人类语言交际的一般原则相联系,因而似乎在许多语言中都普遍存在。不过,由于各种语言内部的词汇系统不同,在同一语境中,不同语言之间在可供选择的范围方面,必然存在差异,例如前文提到的英汉社会指示语的词汇系统间的差异。

此外,采用词汇手段还可以表达其他会话含义。例如,说话者可以采用词汇手段(通常与语音手段配合使用)表示强调或其他附加感情色彩,例如增加表示强调程度的副词,如英语的really和so,汉语的"真"和"好"等。如果会话中删除这些词,或代之以表示弱化的程度副词,也会表达特殊的会话含义。

语法形式与语用功能:我们在第四讲中提到,语法形式可以分为屈折形态形式和句法形式两大类型。在不同语言中,相似的形态或句法形式可能具有不同的语用功能,相似的语用功能也可能通过不同的形态或句法形式来表达。

形态形式的语用对比方面,一些语言中的形态变化直接与语用意义的表达有关,所以对它们的描写也就必须与其语用功能联系起来。例如,日语中的敬体有敬称、谦称、亲切称等用法。敬体的表达除了使用词汇手段之外,还大量采用接头词、助动词等词头和词尾的形态变化手段。因此,日语具有较为复杂的敬语形态系统,在话语中必须保持**敬语形态一致**（honorific concord）；而在汉语中，用于不同语境的语体差别主要通过词汇和句法的手段来表达。

句法形式的语用对比方面，可以从以下两个角度对比不同语言中句法形式与语用功能之间的联系。1）相似的语用功能在不同语言中可能通过不同的句法结构形式表达，如前文提到的英语比德语更倾向于采用间接的语言形式表达"请求"，如（1）-（2）和（8）。由于语言文化背景的差异，同样的言语行为，在不同语言中可能倾向于采用不同的策略来实施，如（3）-（6）；2）在不同语言中，相似句法结构可能表示不同语用功能。例如，Riley（1979/1981: 131）指出，英语和法语中条件式句型表示不同的施事行为。法语条件句可表示假设、请求确认和建议三种施事行为，但英语条件句只能用来表示假设。各种语言都有自己的一套惯用表达法，这些表达法在语法形式和语义内容方面，以及在表达的语用含义和使用的场合与范围方面都不一定相同。例如，Davis（1987）比较了不同语言间礼貌客套语的语用差别。

话语结构对比：语用对比的一个重要内容是比较两种语言在相似语境中的话语结构。一项典型的话语交际活动通常由一系列语句组成，要分析各个语句在整个交际过程中的语用功能以及它们之间的语用联系，必须分析话语的语用结构。会话原则典型地反映在面对面的会话交际中，会话结构也就最适宜于进行语用方面的分析，因此话语语用结构的研究对象主要是会话结构（Levinson 1983；何兆熊 2000）。

Riley（1979/1981）认为，在某一情景中为某一目的而进行的会话，同时具有三个不同层面上的结构：1）形式结构；2）**施事结构**（illocutionary structure）；3）**交际结构**（interactive structure）。会话结构的语用研究主要分析后两种结构。我们按照会话进行的一般交际阶段（即开始、话题选择、会话开展中的施事结构以及整体会话结构）分别举例说明。

首先，会话通常以打招呼开始，不同语言中，打招呼的场合和方式都遵循各自一套约定俗成的常规。比如，Riley（1979/1981: 135）指出，法国人进商店买东西，或者德国人走进火车车厢，通常会向其他顾客或乘客打招呼致意，而英国人却没有这个习惯。此外，不同语言在相似的交际情景中所用的招呼用语也可能不同。例如，黄次栋（1984）和Hong（1984）对比了英汉招呼语的形式、频率和回答策略的区别。

其次，关于会话话题的选择，不同语言和文化背景中的情况也不一致。比如，对西方人来说，年龄、婚姻状况、薪金、财产等都属于个人隐私，一般不便询问（Winskowski 1983）。而在汉语中，这些时常都可以作为话题。

然后，会话开展过程中，不同语言和文化背景的说话者倾向采用的施事结构也不尽相同。在英语中，与夸赞相关的常见施事结构是"赞美＋赞同/感谢"，如（6）。虽然类似（3）的施事结构也可能出现（Pomerantz 1978），但使用频率较低。汉语则较多地采用类似（3）的施事结构。而在法语中，回话者从来不对赞美表示感谢（Riley 1979/1981: 134）。Owen（1983）表明，不同语言具有不同的道歉和补救的交换结构。

最后，整体会话结构对比方面，我们可以以相似的交际情景和目的作为共同对比基础，比较两种语言在该交际情景中，为了实现预期的交际目的，如何进行会话交际。由于涉及交际情景和交际目的的变化因素很多，这类对比需要在大量实际调查的基础上才能进行。许余龙（1991）分析了一位中国警察和他的英籍上司之间的一段对话。对话内容是前者因为要送生病的母亲去医院，向后者请假。研究发现，在汉语中，这类表示请求的会话由于受礼貌原则的制约和调节，通常倾向于采用"陈述＋请求"的基本施事结构，即先陈述一系列提出请求的原因，然后再提出请求；而在英语中，这类会话较为注重合作原则中的关联准则，通常倾向于采用"请求＋陈述"的基本施事结构，即先直截了当地提出请求，如果需要的话再说明原因。

从篇章语义的角度来说，英语中的"请求＋陈述"的施事结构模式，与英语段落经常采用的"主题句＋支持句"的篇章结构模式是一致的，都体现了第五讲第一节中所说的直线型思维模式；而汉语中的"陈述＋请求"的施事结构模式，则与螺线型思维模式相吻合。这从语用学的角度，部分解释了为什么讲汉语和讲英语的人具有不同的惯用思维模式。

第二节　主要理论模型与研究方法

一、主要理论模型

语用对比可采用的理论框架较多，下面分别简要介绍合作原则、礼貌理论、关联理论和言语行为理论,以及应用这些理论进行语用对比的主要领域。

合作原则:Grice(1975,1989)提出的合作原则是指导会话进行的一条**超级原则**(super principle)。在交际双方运用语境知识进行有效交际的过程中,它会分解成四条具体的会话原则,即**质量准则**(maxim of quality)、**数量准则**(maxim of quantity)、**关联准则**(maxim of relevance)和**方式准则**(maxim of manner)。交际双方总会自觉或不自觉地遵循这些约定俗成的原则。合作原则广泛应用于许多研究领域,如社会角色(如Fukushima 2002)、幽默(如Attardo 1990,2003;鲁海涛 2010)、教学(如McCarthy 1987;Lovejoy 1987)、语言使用的性别差异(如Rundquist 1992;Michell 1984)和文学批评(如Bollobás 1981)等。详细的讨论可参见Huang(2007:180–182)。

礼貌理论(Politeness Theory):Brown & Levinson(1978,1987)认为,人们之所以倾向于采用更间接的交流方式,原因之一是为了保护他们自己和听话者的面子。他们认为,几乎所有话语都会对人的面子构成威胁。基于此,他们提出了礼貌理论,认为交际要照顾到两种基本类型的面子需求。一类是**积极面子**(positive face)需求,即希望得到重视、喜爱和赞赏,并保持自己在公众中正面的个人形象;另一类是**消极面子**(negative face)需求,即不希望自己被逼迫,希望保持思想和行动的相对自由,要有自己的空间。话语参与者使用互动的礼貌策略满足人们的这两种面子需求,避免冲突,与他人保持和睦的关系。Brown & Levinson(1987)提出了许多礼貌策略,并列举了大量的例子加以说明(关于该理论的全面介绍,可参见Fraser(1990))。从社会的视角,使用礼貌理论可用来对比礼貌标记和礼貌策略等在不同语言(如House & Kasper 1981;Kasper & Blum-Kulka 1993;Blum-Kulka et al. 1989;Márquez-Reiter 2000;Hickey & Stewart 2004;Dippold 2008)、语境(如Locher 2004;Bayraktaroglu & Sifianou 2001)、性别(如Tannen 1990;Coats 1996;Holmes 1995)、文化(如Ting-Toomey 1994;Scollon & Scollon 1995;Spencer-Oatey 2000)和社会群体(如Holmes & Stubbe 2003)之间的会话的异同。

关联理论:Grice提出的四个会话准则之间的界限不够明确,其中的关联准则常常包含其他三个准则的核心内容。为此,Wilson(1994:44)提出了关联理论,包括四点基本主张:1)句子的解码含义匹配同一语境下的数个解释；2）这些解释通过**可及性**（accessibility）划分级别；3）听话者依靠一个强大的标准选择最合适的解释；4）当听话者认为其中有一个解释匹配说话者的愿意时，会马上终止选择程序。

关联理论的理论基础是相信存在一种天赋的生理机制。人类的认知系统为了提高效率不断经历选择程序，并因此不断进化。人类的感知机制倾向于自动挑选相关的刺激；记忆提取机制倾向于自动激活可能的相关假设；推理机制倾向于以最有成效的方式对这些假设进行实时处理（Wilson & Sperber 2002: 254）。

关联理论广泛应用于许多领域，包括：对比分析不同语言之间的连接现象（如Lee 2002），从语言对比的视角描写和解释语法现象（如Carston & Noh 1996；Fretheim & Vaskó 1996）、提高翻译质量（如Gutt 2000；Rosales 2002）、幽默研究（如Curco 1995，1996；Yus 2003；刘乃实 2005；鲁海涛 2010）、文学篇章分析（如Pilkington 2000；Yus 2002）等。

言语行为理论：Austin（1962）提出了言语行为理论，认为说一句话的同时，实施了三种行为，即**说话行为**（locutionary act）、施事行为和**取效行为**（perlocutionary act）。说话行为是指说一句有意义的话这一行为本身；施事行为是指说这句话的施事意图，比如表示陈述、询问、建议、请求、警告等；取效行为是指说出这句话后取得的效果。此外，不同语言学家提出了不同的适切条件。例如，Searle（1969: 57–61）在Austin（1962）提出的三个适切条件的基础上，把适切条件分为四个基本类别，即命题内容、预备条件、**本质**（essential）条件和**真诚**（sincerity）条件。命题内容条件指说话者提到自己将要实施的话语行为，即言语行为是关于什么的；准备条件指真实世界中实施言语行为的前提条件；真诚条件指言语行为必须以真诚的方式实施；本质条件指说话者有意让其言语实施言语行为，而且听话者也能认识到这种意图。

以婚礼上神父和新人的会话为例。新人在誓词中承诺将来终身相互照顾，而不可提及过去发生过什么（命题内容条件）；宣布新人正式结为伉俪的说话者（即神父）应该具有相应的身份资格（预备条件）；新人许下结婚誓言，说话人必须真诚（真诚条件）；当新人许下结婚誓言时，必须有意创造这种责任，并让对方知晓（本质条件）。

二、研究方法

在第四讲第二节中我们提到,语言理论研究大致可以分为两大流派,即功能派与形式派。一些功能派语言学家(如Dik 1980: 2)把语用视为语言研究的总框架,认为句法和语义原则必须根据语言交际中的语用目的和条件来加以阐述。一些形式派语言学家(主要是生成语义学派的某些语言学家),则试图将一些语用现象纳入语义形式的描述框架中。例如,第一节中提到的行事假设和一些关于言语行为动词的分类研究。这两种截然不同的观点大致相当于Leech(1983: §1.2)所说的**语用主义**(pragmaticism)和**语义主义**(semanticism)。

不过在实践中,Dik等一些功能派语言学家仍将语言研究分为句法、语义和语用等相对独立的分析层面。一些形式派的语言学家也认为,复杂的表面语言现象是一些相对独立的系统之间互相作用的结果(Newmeyer 1983: 2–3)。因此,我们可以把语用学看作是一个相对独立的组成部分,也就是采用Leech所说的**互补主义**(complementarism)的观点。

关于语义主义的语用对比的共同对比基础,Wierzbicka(2008)建议使用基于自然语义元语言(NSM,见第四讲第二节)理论的NSM英语。由于"**常规**"(normal)英语有许多自身的文化负载,如果把它作为比较交际规则和文化价值的唯一工具,难免会导致以英格兰为中心的偏见。由于NSM可以匹配所有语言的词汇和语法的核心内容,为了实现跨文化语用学使全世界相互理解的目标,她建议将NSM英语作为跨文化对比和解释的共同对比基础。文中还根据许多英语、俄语、波兰语和乌克兰语等不同语言中的对比实例,说明什么是英格兰为中心的偏见,以及如何使用NSM英语进行跨文化语用对比研究。

互补主义的语用对比主要可以从语言表达方式和语用意义这两个方面进行。一方面,我们可以把相似的语言表达方式作为对比基础,比较这种表达方式在两种语言中的语用功能有什么不同。相似的语言表达方式是指两种语言中,某些语言形式,在语音、词汇、形态、句法、篇章等语言层面上具有某种对应性。这种对应性可以建立在系统或结构的基础上,也可以建立在语法功能或所指意义的基础上。这在前面的语音、词汇、语法和篇章对比中已经专门讨论过;另一方面,我们也可以把相似的语用功能作为对比基础,比较这种语用功能在两种语言中分别通过什么样的语言形式表达。相似的语用功能是指语言

A中的一个言语行为与语言B的一个言语行为相对应。Oleksy（1984：359）认为，言语行为的对应性有两个必要前提，即这两个言语行为表达的施事行为相同，并具有相同的适切条件。此类语用对比的理论假设依据是（Fraser *et al.* 1979，转引自Oleksy 1984）：1）除了由宗教、文化等方面的差异而带来的约定性仪式程序不同（如关于例（7）的讨论）之外，每种语言的使用者都实施一套相同的基本言语行为，如请求、道歉、声明、许诺等；2）每种语言都能够提供一套相同的策略，即一套具有一定语义结构的句式，来实施某个言语行为；3）在什么时候，某个特定的言语行为该不该或可不可以实施，以及采取什么策略来实施等方面，语言之间具有很大的差别。

在以对应的言语行为为基础的语用对比中，我们可以研究两种语言的交际参与者，在实施某个相同的言语行为时，所采取的策略和表达法有何异同。为此，我们必须首先搜集对比的语言材料。这一工作大致可遵循下列程序：1）设定一些实施该言语行为的具体语境，包括场合、参与者、交际目的等；2）采用内省或实验手段，搜集在不同的语境中，不同的参与者在实施该言语行为时所采用的策略；3）对这些策略加以分类整理：可以先将不同的策略，按其使用的不同交际语境加以分类，然后再将相似语境中采用的策略，按其使用频率的高低加以排列。

在此基础上，我们就可以对比分析这些策略和语言表达法。在两种语言中，用于相同语境、表示相同言语行为并具有相似使用频率的两个表达法是语用对应的表达法。我们可以比较两种语言中语用对应的语言表达法在形式和语义结构方面的不同。

第三节　研究示例：英汉语中"回绝"言语行为实施策略对比研究

一、问题的提出

语言不仅是表达和交流思想的工具，也是行事的一种手段，即以言语方式实施某种行为，以取得某种成效。因此，言语行为研究是语用学研究的一个重要组成部分。言语可以实施的行为很多，包括命令、宣告、陈述、询问、请求、建议、承诺、警告、威胁、恭维等。本节以英汉回绝言语行为为例，探讨此类研究的思路与方法，以及分析与论证。

所谓回绝，是指对请求的一种回应，拒绝对方所提出的请求。由于回绝是对请求的一种负面回应，因而是一种威胁请求者面子的言语行为，在实施时一般需要尽可能选择恰当的言语表达方式，力求做到礼貌得体。那么，英汉两种语言的使用者会采用什么样的言语表达方式，或者说**回绝策略**（refusal strategy），来实施回绝言语行为呢？在不同的具体交际情境中，这些回绝策略的使用频率是否会有所不同？东西方两种文化的差异对英汉回绝策略的使用又有什么影响？这些是英汉回绝言语行为研究所必须回答的问题。

二、研究思路与方法

要回答上述问题，在整体研究设计时，我们首先需要对影响回绝策略使用的各类因素进行梳理。这些因素便是研究中所要分析的**自变量**（independent variable），如言语行为实施者的语言文化、性别、交际双方的亲疏关系和相对地位等。各类不同回绝策略的使用量或频数则是研究中所要分析的**因变量**（dependent variable），因为我们假设各类不同回绝策略的使用会因言语行为实施中的自变量不同而异（详见第七讲），而我们研究的目的便是要揭示言语行为实施者的语言文化、性别、交际双方的亲疏关系和相对地位等因素是如何影响各类不同回绝策略的使用的。

要实施上述整体研究设计的思路，我们可以采用调查研究的方法，也可以采用语料分析的方法。下面我们将主要以Liao & Bresnahan（1996）的研究为例，说明如何采用调查研究的方法来开展英汉回绝言语行为实施策略的对比研究。

Liao & Bresnahan（1996）以母语分别为英语和汉语的美国和中国台湾大学生为调查对象，考察他们在日常生活的相似情境中，当需要回绝别人的请求时所采用策略的异同。一般认为，中国文化强调集体主义，而美国文化强调个人主义。根据这一文化差异，可以作出如下理论假设：中美两国的人在需要回绝别人请求的场合，会采用不同的策略来实施回绝这一言语行为。她们的研究便是要比较中美两国学生在实施回绝这一言语行为时，采用什么样的语言形式，具有什么样的特点。

为了具体研究上述问题，她们设计了如下六个可以实施回绝这一言语行为的情境（引自Liao & Bresnahan 1996: 707）：

(14) a. Your teacher asks you to stay after school to help prepare for a reception for new students. You really have many other things that you need to do. What would you say?

你的老师要你课后留下，帮助老师做一些迎接新生的准备工作。而你确实有许多其他工作要做。你会怎么说？

b. A classmate who regularly misses class asks to borrow your notes. You would really prefer not to lend them. What would you say?

你班上一位经常旷课的同学向你借课堂笔记。你确实不想借给他。你会怎么说？

c. Your longtime friend asks for your help in moving. You have an important exam coming up. What would you say?

你的一位老朋友请你帮他搬家。而你即将参加一场重要考试。你会怎么说？

d. A friend asks to borrow your car to visit his girlfriend's family in Traverse City. You would really prefer not to lend your car to anyone. What would you say?

你的好朋友向你借车，带他全家去特拉弗斯城。你确实不想把车借给任何人。你会怎么说？

e. You are buying your course books with a friend. He ends up US$25 short and asks to borrow this amount. You worry that if your friend can't repay you, you'll run out of money before the end of the month. What would you say?

你和一位朋友一起买教科书，你朋友缺25美元，向你借。你担心如果他不能还给你的话，你到月底会没钱用了。你会怎么说？

f. Your younger sister asks to borrow US$500. She promises to pay the money back in 3 months. You only have US$1,000 in your bank account which you have managed to save for next semester's tuition. What would you say?

你妹妹向你借500美元,并保证三个月内还你。你银行存折上只有1,000美元,是存着用来交下学期的学费的。你会怎么说?

在上述调查问卷中,研究者着重调查如下两种交际关系因素。1)交际双方是否家庭成员:在情境(14f)中,受试需要回绝的是一位家庭成员(妹妹),而在其他的情境中,需要回绝的是一位非家庭成员(老师/同学/朋友)。2)交际双方的相对地位:在情境(14a)中,受试需要回绝的人比自己的地位高(是自己的老师);在情境(14f)中,受试需要回绝的人比自己的地位低(是自己的妹妹);在其余情境中,交际双方的地位相等(彼此是同学或朋友)。性别因素则通过在抽样中各选取一定数量的男女受试来调查。因此,这一调查设计所要研究的自变量为语言文化、言语行为实施者的性别、交际双方是否家庭成员和交际双方的相对地位;因变量是各类不同回绝策略的使用量或频数。

在对比研究的调查设计中,关键是确保两种语言的调查问卷所描述的情境相同或相似,因为情境对应是定量语用对比研究的共同对比基础。Liao & Bresnahan(1996)的上述调查问卷体现了情境对应的原则。情境对应还包括相同的情境在两种语言文化中是同样常见的。例如,在该项研究的原始数据收集期间(1993年11–12月),自己有汽车的学生在美国较多,而在中国台湾可能较少。或许正是由于研究者考虑到了这一差异,因此在她们调查问卷的情境(14d)中,英汉语文本略有不同:在英语文本中,是向"朋友"借车,目的是"到女朋友家去";而在汉语文本中,是向"好朋友"借车,目的是"带全家外出"。由于美国学生有车的比例较高,因此可以向一般的朋友提出借车;而中国台湾学生有车的比例低一些,因此一般只有在好朋友之间才会提出借车。

接受调查的受试分别为美国和中国台湾两所大学的本科生,516名美国受试和570名中国受试分别来自美国和中国台湾各地。每位受试只给上述六个情境中的一个,要求受试写下在这一情境中自己通常会怎么说。从两个以上总体中同时抽取样本,进行同一问卷的调查研究,这种调查研究设计称为**平行样本设计**(parallel sample design;见维尔斯曼1995/1997: 207)。

三、分析与论证

调查结束后，研究者根据相关文献中对回绝策略的分类以及受试在上述六个情境中作答的实际情况，主要比较分析了美国和中国台湾大学生对以下21个回绝策略的使用：1）沉默、犹豫、缺乏热情；2）提供别的帮助；3）推延；4）将责任推给他人或者某种无法控制的缘由；5）回避；6）笼统答应但不具体承诺；7）转移和分散对方注意力；8）笼统答应但同时表示为难；9）指出所提请求不合适；10）直接说"不"；11）借口或解释；12）抱怨或博取对方同情；13）陈述根本原因；14）开玩笑；15）批评；16）有条件地答应；17）质疑请求的合理性；18）威胁；19）陈述原则；20）表示歉意；21）语码转换（Liao & Bresnahan 1996: 706）。

对问卷作答情况进行了分类归纳整理后，研究者主要采用如下三种数据统计分析的方法来分析中美回绝策略使用的异同，即非参数分析法中的**卡方检验**（χ^2 test）和**费氏精确检验**（Fisher's exact test），以及参数分析法中的**方差分析**（analysis of variance，简称ANOVA）。卡方检验是用于检验样本分布是否符合预期假设的一种常用数据分析方法。该方法也有其局限性，即当所比较的组中出现一个或多个期望频数小于5时，并不是一种证实具有显著性的合适检验方法。此时，如果卡方值较大，足以使概值小于0.05，那么可以进一步采用费氏精确检验。下面以情境（15a）为例，来说明如何对收集起来的问卷调查数据进行分析。

在情境（14a）中，中美大学生需要回绝比自己地位高的老师所提出的帮助做迎新准备工作的请求，对问题的回答可以分为"答应提供帮助""答应提供部分帮助"和"拒绝提供任何帮助"这三大类。那么，中美大学生对这一请求的回应是否有差异呢？表6–1是对这一问题的数据分析（引自Liao & Bresnahan 1996: 709，Table 3）。

表6–1　中美学生对请求回应的整体差异性分析

	中国台湾学生	美国学生	合计
答应提供帮助	3 (3.16%)	2 (2.7%)	5 (2.96%)
答应提供部分帮助	16 (16.84%)	15 (20.27%)	31 (18.34%)
拒绝提供任何帮助	76 (80%)	57 (77.03%)	143 (78.7%)
合计	95	74	169
卡方值＝0.768（自由度＝2；概值＝0.681）			

表6–1显示，研究者共回收到95份中国台湾大学生的有效问卷和74份美国大学生的有效问卷。对这些问卷的数据统计分析表明，整体而言，两地大学生在愿意提供老师全部或部分帮助方面并无显著差异。

那么，是否存在性别之间的差异呢？表6–2和6–3分别统计分析了美国和中国台湾男女学生对该请求的回答（分别引自Liao & Bresnahan 1996: 708–709，Table 1和Table 2）。

表6–2　美国男女学生对请求回应的差异性分析

	男生	女生	合计
答应提供帮助	0	2 (4.55%)	2 (2.7%)
答应提供部分帮助	3 (10%)	12 (27.2%)	15 (20.27%)
拒绝提供任何帮助	27 (90%)	30 (68.18%)	57 (77.03%)
合计	30	44	74
卡方值＝5.091（自由度＝2；概值＝0.078）			

表6–3　中国台湾男女学生对请求回应的差异性分析

	男生	女生	合计
答应提供帮助	1 (2.13%)	2 (4.17%)	3 (3.16%)
答应提供部分帮助	1 (2.13%)	15 (31.25%)	16 (16.84%)
拒绝提供任何帮助	45 (95.74%)	31 (64.58%)	76 (80%)
合计	47	48	95
费氏精确检验的概值＝0.000125			

表6–2显示，美国男女学生在愿意提供老师帮助方面并无显著差异；但表6–3却显示，中国台湾男女学生在这方面存在显著差异，女生更愿意为老师提供帮助，或者说女生比男生觉得更难回绝老师提出的请求。

对于该项研究的重点，即回绝策略的应用，Liao & Bresnahan（1996）首先分析了英汉两种语言中两句对应的套话 *I would like/love to ...* 和"我愿意……"在完全或部分回绝别人请求时的使用情况，如：

（15）a.（美国受试）Yes, I would love to help but I have to leave early.
b.（中国受试）老师，我很愿意，可是我有很多事要办，能不能换个时间？

这是一种先表达肯定的意愿，然后表示有困难，不能或只能提供部分帮助的回绝策略（即上列回绝策略8）。表6-4是对问卷中这一对英汉套话出现的频数及中美大学生之间的差异分析（引自Liao & Bresnahan 1996: 711，Table 5）。

表6-4 "I would/我愿意……"表达法在英汉语中的使用频率和差异性分析

表达法	汉语	英语	合计
"I would/我愿意……"	6 (6.5%)	24 (33.3%)	30 (18.3%)
其他表达法	86 (93.5%)	48 (66.7%)	134 (81.7%)
合计	92	72	164
卡方值＝19.426（自由度＝1；概值＜0.001）			

表6-4显示，在情境（14a）中，中美大学生对这一回绝策略的使用频率是有差异的，即美国大学生使用这一策略的百分比约为中国台湾大学生的5倍（33.3/6.5）。而且卡方检验结果表明，这一差异具有统计学上的显著性。

然后，研究者分析了如下一些自变量与因变量之间的关系：

1. 语言文化差异对称呼语使用的影响：34.7%的中国受试在回绝老师的请求时，使用"老师""教授"等称呼；而在美国受试中，只有2.7%的人使用Mr./Mrs.的称呼。两者之间具有显著差异，反映了中国文化中的尊师传统。

2. 语言文化和性别差异对礼貌用语使用率的影响：在回绝老师的请求时，中美男女受试均有一半左右使用"对不起""不好意思"或I'm sorry等礼貌用语，无显著差异。

3. 语言文化差异对受试回绝请求时提供原因解释的影响：41.3%的中国台湾男生和34.78%的女生在不能向老师提供帮助时，说明了明确的原因，如"我要打工""我要赶作业"等；而美国男女生给出明确原因的分别只有10%和9.5%，呈现出显著的语言文化差异。

4. 语言文化和性别差异对回绝策略整体使用情况的影响：研究者先统计每位受试在情境（14a）中对21种不同回绝策略的使用频数。受试每使用这21种策略中的任何一种，计为一次；同样的策略重复使用，记为多次。然后研究者统计了美国男生、美国女生、中国台湾男生、中国台湾女生这四组受试使用回绝策略的总次数与平均数，并对平均数进行方差分析。数据分析结果表明，在回绝策略的使用量方面，地区语言文化和性别都存在显著差异：美国学生的使用量显著比中国台湾学生高，女生显著比男生高。而整体而言，中国台湾大学生的回绝策略使用量要比美国学生低。

研究者对其余五个情境中的回绝策略使用情况也作了类似的分析和比较，并对不同情境中的使用情况作了对比。在对所有六个情境中请求的应答情况进行分析之后，Liao & Bresnahan（1996: 703）得出如下总体结论：1）中国人和美国人在回绝请求时使用表示歉意的礼貌用语的频率相似；2）中国人感到较难回绝家人的请求，而美国人感到较难回绝朋友的请求；3）中国人和美国人在回绝请求时采用不同的惯用表达式和不同的策略；4）中国人对回绝的理由点到为止，并不试图对地位相同的人说教，而美国人在回绝对方请求时往往会提出不同的理由，并在自己认为有理时会对对方说教。她们认为，所有这些似乎说明，中西文化都注重礼貌，但礼貌在东方国家里主要表现为谦虚，而在西方国家里主要表现为不自贬。

姚俊（2003）对中国大陆大学生作了类似的问卷调查研究，得出了与Liao & Bresnahan（1996）大致相似的结论。

四、结语

我们以Liao & Bresnahan（1996）的研究为例，介绍了如何采用问卷调查的研究方法，来对比分析英汉语中回绝言语行为实施方式的异同及其背后的原因。

语用学研究中的问卷调查绝大多采用**语篇补全法**（Discourse Completion Task/Test，简称DCT）作为语料收集的工具。Liao & Bresnahan（1996）采用的是语篇补全法中的书面语篇补全法，即先让受试阅读一段情境描述，然后请他们写出在这一情境中的表达方法。除此之外，语篇补全法还可以有如下五种：1）多项选择语篇补全法，即让受试阅读一段情境描述，但随后请他们在一组选项中选取一个自己认为在这一情境中的最佳回答;2)口头语篇补全法,即先让受试听一段情境描述,然后请他们说出在这一情境中自己会作出的回答;3)语篇角色扮演法,即先提供一个情境,然后请两位受试扮演这一情境中两个不同的特定角色,说出他们认为在这一情境中会说的话;4)语篇自我评估法,即先提供一段书面情境描述,然后请受试评估自己在这一情境中必须实施的某一言语行为的能力;5)角色扮演自我评估法,该法是上述3和4两种方法的结合,即先请受试观看一段先前录制的角色扮演录像,然后请他们评估自己在其中表现出的语用能力(Parvaresh & Tavkoli 2009: 366–367)。

语篇补全法中的受试大多是在校学生,所设计的情境也大多是学生熟悉的、与校园和家庭日常生活密切相关的情境。采用这一方法收集的语料来研究言语行为实施,虽然具有变量控制容易和可操作性强的优点,但缺点也较为明显,主要表现在如下三个方面:1)语篇补全法所设计的情境具有较大的局限性,不能真实反映言语行为在各种不同的社交情境中实施的复杂性和多样性;2)采用不同的语篇补全法得出的研究结果有时可能并不契合,例如Parvaresh & Tavkoli(2009)的研究表明,即便情境和受试相同,采用语篇角色扮演法和开放式书面语篇补全法获取语料所进行的研究,得出的结果并不一致,从而影响了结论的可靠性和可信性;3)六种语篇补全法都是通过人为设定虚拟情境,让受试写出或说出在此情境中自己最有可能说的话,因此较适用于研究在某一特定的情境中人们认为自己会怎么说,而并不完全适用于研究人们实际上是怎样说的(Yuan 2001)。

此外,以回绝这一言语行为研究为例,采用语篇补全法大多只能孤立考察回绝这一言语行为本身的实施。被回绝的"请求"言语行为,实际上也是一种潜在的面子威胁言语行为,该言语行为的实施策略可以影响到回绝言语行为的实施。因而,更好的方法是将两者结合起来进行分析。洪岗、陈乾峰(2011)在一定程度上注意到了上述问题,在整体研究设计上做了两大方面的改进:1)采用真实语料而不是语篇补全法作为分析的语料,对中美新闻发言人的回绝策略进行了对比研究;2)在研究中将记者的提问分为是非疑问句、特殊疑问句、选择疑问句和陈述句等四种形式,考察记者的不同提问方式对新闻发言人选用不同回绝策略的影响。当然,在数据统计和分析中,该研究只是整体检验了提问类型与回绝策略之间的相关性,并未具体分析每种回绝策略与提问类型之间的关系,也未对提问策略作进一步的分析。

将来的研究可以在这方面做进一步的改进。

近年来，言语行为研究的领域也在不断拓展，如 Meibauer（2014）和 Dynel（2015）对说谎和欺骗言语行为进行的研究。由此可见，言语行为对比研究还有大量的课题可做。

第四节 小结

本讲首先从语境、语言使用者和语言形式三个视角讨论了语用对比的主要对象和内容，然后简要介绍了进行语用对比可采用的理论框架、共同对比基础以及研究的方法和步骤，最后，我们以英汉两种语言中"回绝"言语行为实施策略对比为例，具体说明了如何开展语用对比研究。

思考题

1. 以下话语中都有一个短语或小句形式重复使用了两次或多次。请分析它们的不同语用含义，以及这些语用含义是如何体现出来的。思考在你熟悉的外语中是否存在类似的语言形式。如果有，请举例说明；如果没有，请分析原因。
   - （1）语境：一个地方冬天和夏天温差特别大。
     冬天，能穿多少穿多少；夏天，能穿多少穿多少。
   - （2）语境：分析过去和现在单身的原因。
     原来是喜欢一个人，现在是喜欢一个人。
   - （3）语境：众人看完节日游行后从外面回到公寓门前。

Monica:	… Why are we standing here?
Rachel:	We're waiting for you to open the door. You got the keys（降调）.
Monica:	No I don't.
Rachel:	Yes, you do. When we left, you said, "got the keys（降调）."
Monica:	No I didn't. I asked, "got the ke-eys（升调）?"

Rachel: No, no, no, you said, "got the keys（降调）."
Chandler: Do either of you have the keys（升调）?（《老友记》（*Friends*）第一季第9集）

2. 在本讲第一节第三部分我们介绍了表示强调的语音和词汇形式。请从这一视角分析以下对话中的下划线部分产生幽默的原因。

（1）语境：关于是否应该把所有的积蓄花在婚礼上，Monica和Chandler发生过争执，之后Monica主动想要和解。

Monica: Listen umm, I've been thinking, it's not fair for me to ask you to spend all of your money on our wedding. I mean, you work, you work really hard for that.

Chandler: Ehh.（注：此时表现出得意的神情）

Monica: Eh, you work for that.（《老友记》（*Friends*）第七季第2集）

（2）语境：在Joey参演的电影首映式上，Joey和Chandler正要走红地毯。

Chandler: This is so exciting! It's so glamorous! People taking our picture. How do I look?

Joey: A little tall.

Chandler: What?

Joey: Do you mind crouching down a little bit, so that I look taller? (Chandler does so.) There you go. (And they walk down the red carpet.)

Chandler: It's just so glamorous!（《老友记》（*Friends*）第八季第22集）

（3）语境：稍早Chandler被公司指派到遥远的Tulsa工作，妻子Monica有点不太情愿跟随丈夫搬离纽约。这一天Chandler下班回到他们的公寓。

Chandler: (Enters) Hey!

Monica: Hey!

Chandler: I've got good news!

Monica: You got out of the whole Tulsa thing?

> **Chandler:** Okay, I have news. You don't have to move to Tulsa. You can stay here and keep your job.
> （《老友记》（*Friends*）第九季第3集）
>
> 3. 在日语中，当人们收到别人送的礼物时，常会说"すみません"（"不好意思/对不起"）；当客人参加完聚会要离开时，常会对主人说"お邪魔いたしました"（"我们打扰您了"）。请讨论在相同语境下，汉语和英语等其他语言中的施事行为的异同。这些异同说明了什么？
> 4. 尝试使用本讲介绍过的不同理论和方法（例如违反会话原则产生会话含义，不同语言和文化中言语行为冲突或误解，礼貌策略的误用等）综合使用语音语调、词汇、语法和会话结构等各层次的语言形式，模仿你喜欢的情景喜剧中创造幽默效果的手法，编写一个会话片段。请与你的同学分享你的作品，并请他们分析会话中幽默产生的原因，比较你们之间理解和分析的异同。

推荐阅读

Liao, Chao-chih; and Mary I. Bresnahan. 1996. A contrastive pragmatic study on American English and Mandarin refusal strategies. *Language Sciences* (18): 703–727.

Pütz, Martin; and JoAnne Neff-van Aertselaer. (eds.) 2008. *Developing contrastive pragmatics: Interlanguage and cross-cultural perspectives*. Berlin: Walter de Gruyter.

洪岗、陈乾峰，2011，中美新闻发言人回绝策略对比研究，《外语教学与研究》第2期：209–219。

王爱华，2001，英汉回绝言语行为表达模式调查，《外语教学与研究》第3期：178–185。

许余龙，1991，话语语用结构对比刍议，《外国语》第6期：46–49。

姚俊，2003，从英汉回绝策略的语用对比看中西文化差异，《山东外语教学》第1期：12–17。

第七讲 对比研究中的定量与定性分析

在第一讲中讲到，基于不同的研究目的和性质，对比语言学可分为理论对比语言学和应用对比语言学两大类。我们还可基于一般方法论将对比语言学研究分为定量对比研究和定性对比研究两大类。以这两种分类法确立的这两个分类系统可互相交叉，即理论和应用对比研究都可采用定性或定量的方法；反之亦然，即定量和定性对比研究都可以以理论或应用为目的。

前面各讲中介绍的理论和应用对比研究，主要属于定性研究。随着篇章语言学、话语分析、语用学和自然语言处理等研究领域的兴起，语言描写和应用研究的不断深入和日趋精细，以及语言数据统计分析方法和工具的完善，特别是大型计算机语料库的建立，语言定量对比研究将不断扩大。下面我们先讨论定量和定性研究的特点、区别和相互关系。

第一节 定量研究与定性研究

Krathwohl（1993: 740）认为，用文字而不是数字或测量手段描写现象的研究是定性研究；用数字和测量手段而不是文字描写现象的研究是定量研究。这直白地指出了两种研究方法在资料呈现方式方面的差别，但两者的区别不止于此。Denzin & Lincoln（2005: 193–194）分别以基于定性研究的**建构主义**（constructivism）和基于定量研究的**后实证主义**（postpositivism）[1]两个**范式**（paradigm）为代表，从本体

---

[1] 由于**实证主义**（positivism）包括不同的研究方向，如分析哲学、逻辑原子论、逻辑经验主义和语义学等，所以二战后不久被渐渐弃用（Onwuegbuzie et al. 2009: 121）。Phillips & Burbules（2000: 24）认为，实证主义不再合适用来指定量研究，应代之以"后实证主义"。

论、认识论、方法论基础三个方面，讨论了定量和定性研究的差异，如表7-1（Onwuegbuzie *et al.* 2009: 122）所示：

表7-1　定量和定性研究的范式基础

范式基础	定量研究（后实证主义范式）	定性研究（建构主义范式）
本体论基础	社会科学探究应该是客观的	针对同一现象，存在多种矛盾但同样合理的描写，呈现多种现实存在
认识论基础	研究者应该消除偏见，保持情感中立，与研究和测试目的无关，也不依据经验对所提出的假设做出判断	主观的具有知识的人和知识无法分割；相互作用；主观主义
方法论基础	寻求获取并可能获取不受时间和情境限制的结论，而且通过定量的研究方法可以有效可靠地确定导致结果的真正原因	阐释性或辩证的；不可能完全区分因果；归纳性推理；不受时间和情境限制的结论既不可取也不可能

接下来，我们再从认识论的角度，具体讨论如何进一步区别定性和定量的研究方法。Wiersma & Jurs（2004: 13–14）认为，定量研究与定性研究代表了两种截然不同的理解研究对象的方法，体现于以下七个方面：1）首先，定量研究本质上是一种演绎性探究，即从一般原理到具体情景的研究；而定性研究源于描写性分析，本质上是一种归纳探究，即在具体情景的基础上推理出概括性的结论。2）相比较而言，定量研究更常使用科学的研究方法，更看重产出和结果，强调关系、影响和原因；而定性研究更加关注研究过程，强调理解社会现象。3）定量研究从一开始便倾向于以理论假设为基础，因此对理论检验的研究一般都属于定量研究。虽然并非在所有的定量研究中，理论都是明确的，但某种形式的理论基础总是隐含其中。与此相反，定性研究并不强调在研究开始时，便要对所研究的问题有一个理论假设。理论可能随着研究的进展被改变、摒弃或完善。如果理论的发展基于数据，而不是基于一些已经存在的观点、概念或系统，那么该理论被称为"**有基础的理论**"（grounded theory）。[1] 即使在研究过程中并未形成

---

[1] Glaser & Strauss（1967: 3，转引自Davis 1995: 440）认为，所谓"有基础的理论"，是指从定性研究中产生的理论，该理论适合（fit）所研究的情景，而且在使用时也有效（work）。"适合"的意思是，理论范畴必须可便捷（而非勉强）地应用并体现于所研究的数据；"有效"的意思是，它们必须和所研究的现象密切相关，并能解释这些现象。

理论，这种研究也具有其描述价值。4）定量研究旨在确定某一现象中各**变量**（variable）[1]和**因子**（factor）之间的关系和影响，探讨产生这一现象的原因，并倾向于聚焦特定的变量和因子，并不关注整体解释。因此，一般情况下，定量研究会把事实和评价区分开来；而纯粹的定性研究致力于从整体上解释自然情景，认为复杂的现象不能被分解为一些因素或独立的部分，事实和评价之间存在复杂的相互关系。5）定量研究寻求与情境无关的总结。纯粹的定量研究以严格的实证主义和科学的方法为特征；而定性研究认为特定的自然和社会环境对人类的行为具有重要影响，因此是**情境敏感的**（context-sensitive）。纯粹的定性研究强调研究应在具体的自然情景中进行，并且研究所获得的意义也仅适用于特定的情景和条件。6）在定量研究中，研究者一般不介入所研究的事物；而在定性研究中，研究者对自然环境中的现象进行观察，并可能会参与其中，以免错过一些重要情况。7）资料的呈现方式方面，定量研究非常依赖统计结果，而定性研究非常依赖描述性分析。

总的来说，定量研究比定性研究更强调标准研究程序和研究设计；而定性研究比定量研究采用更多研究方法。尽管定量研究和定性研究有着各自鲜明的特征，但许多研究者倾向于将定量研究和定性研究看成是一个连续体（Wiersma & Jurs 2004；刘润清1999；何兆熊 2000: 352）。Wiersma & Jurs（2004: 15）归纳了上述两大类研究的主要特征，如图7–1所示。

定性研究	<————————>	定量研究
归纳探究	<————————>	演绎探究
理解社会现象	<————————>	关系、影响和原因
基于资料或不形成理论	<————————>	基于理论
整体探究	<————————>	关注个别变量
情境敏感	<————————>	情景无关
观察—参与	<————————>	研究者不介入
描述性分析	<————————>	统计性分析

图7–1 定性—定量研究的连续性特征

---

[1] 变量指研究对象的某个可变化特征，该特征随个体、时间、条件等变化而变化。

但是，无论是在自然还是社会科学研究中，研究范式之间都不是竞争关系（Lakatos 1978），只是用于不同的研究目的（Davis 1995: 448）。事实上，许多研究领域中的定量和定性的研究范式在许多方面都很难分清楚，研究者不可能只按照一个提前设计好的范式和原则进行研究，例如**评价研究**（evaluation research）（Reichardt & Cook 1979）和认知科学（Miller et al. 1984，转引自Chaudron 1986: 709）。

Onwuegbuzie et al.（2009）提倡采用定性和定量混合的研究方法。首先，他们以分属定量研究、定性研究，以及定量和定性混合研究的一些研究范式为例，对比分析了三类研究在本体论、认识论、方法论基础和七个具体因素方面的异同，以及与数据分析策略之间的关联。他们发现定量与定性研究之间有许多共通点。以数据分析方法为例，首先定量和定性研究中都分析来自个人经历、观察或试验的数据。其次，不管是定量还是定性研究，许多核心的分析技术都不那么纯粹，既和定性研究范式也和定量研究范式相关。例如，Sechrest & Sidani（1995: 79）指出，定性研究者常会使用 *many*、*most*、*frequently*、*several*、*never* 等词汇。这些词汇从根本上说是定量性质的。而定量研究中，研究者需要决定采取数据分析的因子结构、相互关系等，因此，很大程度上，研究者本身也成为了一种研究工具，无法保持绝对的客观和中立，这与表7–1中讨论过的量化研究的范式基础相矛盾。Onwuegbuzie et al.（2009: 121）指出，后实证主义代表的定量研究具有以下特点：1）虽然后实证主义者相信存在一个独立的可供研究的现实，但是所有的观察本质上都是理论性的，并不可靠，所有理论都可能被修正；2）后实证主义者认为，人们的文化经历和世界观的不同导致了他们对现实的所谓客观感知总会有偏差；3）正是由于这种固有的偏差和不可靠感知与观察，不断产生的结构都不会十全十美（Phillips & Burbules 2000）。因此，我们只能接近现实的真相，但不可能完美地解释它。

关于在语言学研究中应该采用哪种研究方法，也存在不同看法。以面向外语教学的应用语言学研究为例，Davis（1995）、Henning（1986）和Chaudron（1986）分别强调了定量、定性和混合的研究方法的重要性。

Henning（1986: 702–703）强调了定量研究的重要性。在语言习得领域，他虽然承认既可进行定性研究也可进行定量研究，但是他认为，如果没有借助一些定量研究方法，没有把文字和数字结合起来，就算不上科学研究。基于对该领域权威期刊中发表的共203篇论文（1970–1985）的分析，他指出，定量分析一直处于快速增长的趋势，并针对量化研究中存在的问题，建议可采用九种定量研究范式。

Davis（1995）则强调了定性研究的重要性。她指出，虽然定量研究者常常认为在其研究领域没有任何先入之见，但事实上，他们都把其研究任务置于特定的理论和经验上的参照体系内，正如前面所介绍的定量研究那样，从一开始便要确定可能影响研究的理论和观点。解释性的定性研究的一个主要目标是，通过收集和分析数据发展理论。此类理论其实就是前面提到的有基础的理论。此类理论服务于两个基本目的：一是描述各部分之间的关系，形成一个内部相互联系的研究；二是为后续研究提供理论模式。她指出，此类定性研究中，具体的语料收集和分析过程不仅需要理论框架指导，而且还要考虑其他理论因素，所以理论上总是要高一个层次。例如，要研究外语课堂上教师使用的交际方法，基于课堂的观察和访谈等固然重要，但除此之外，研究当地的外语教育政策和外语教师的受培训情况等也有助于对研究问题有更清晰和全面的认识。

Chaudron（1986）认为，应该充分认识两种研究方法各自的价值。一方面，定性研究使相关范畴更精确，例如通过对资料的分析使重要变量更加精确，供将来继续深入研究；另一方面，定量研究可分析变量之间相关性大小。他结合外语教学中的许多研究示例，讨论了定性和定量两种研究方法在二语课堂中的相互作用。

总之，定量对比研究与定性对比研究相辅相成。定性对比研究可以提供做定量分析所需要的各种语言形式或结构类别，以及分类标准；而定量对比研究可以更客观、清楚地体现语言间这些形式和类别的使用和功能差异，从而帮助我们更准确地认识、表述和区分它们。Johnson & Christensen（2014）详细介绍了在教育和相关社会科学领域如何选择和使用定性、定量和混合研究方法。Tashakkori & Teddlie（1998）则聚焦混合研究方法，结合具体的研究案例，构建了该方法的分类体系和操作指南。

以方法论为基础，Wiersma & Jurs（2004）把教育研究分为五种类型，即实验研究、准实验研究、调查研究、历史研究和人种学研究。它们的特点和所要研究的问题可归纳如表7–2所示（Wiersma & Jurs 2004: 18）。

表7–2 五种研究类型的特点和所研究问题

类型	特点	所要研究问题
实验研究	至少人为设定一个变量，并确定这个变量的影响。受试由随机抽样确定	实验变量的影响是什么？
准实验研究	至少人为设定一个变量，并确定这个变量的影响。被研究的组群是完整的、自然形成的[1]	实验变量的影响是什么？
调查研究	研究变量的发生率、关系和分布。变量不是人为设定，而是在自然情景中被研究	变量的特征是什么？变量之间的关系和可能的影响是什么？
历史研究	描述过去的事件或事实	曾经是什么或发生过什么？
人种学研究	整体描述目前的现象	现象的性质是什么？

许余龙（2010: 266）标出了这五种研究类型在由定性和定量为两极构成的连续体上的相对位置，如图7–2所示。

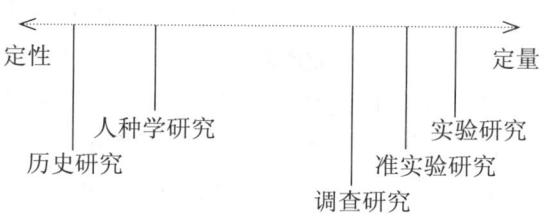

图7–2 五种研究类型在定性—定量连续体上的位置

这表明，从总体上来说，每一类型的研究都不是纯粹的定性或定量研究。而具体就同一类型中的不同研究来说，由于它们含有的定量或定性成分多少不同，它们在这一连续体上的位置也可能不同。

上述五种研究模式也可运用于语言研究。例如，历史研究大致相当于历史语言学研究，而人种学研究大致相当于共时描写语言学研究。历史语言学研究和共时描写语言学研究也主要是定性研究，而语言研究中的实验研究、准实验研究和调查研究也主要是定量研究。

---

[1] 例如，参加实验的学生是按照自然班级抽取和组合的（而非随机抽取）。

第二节　定量对比研究的主要类型与研究方法

本节将首先简单介绍一下定量对比研究的三种主要类型，然后讨论定量对比研究设计的基本原则和方法。

一、定量对比研究的主要类型

根据语言对比研究的特点，定量语言对比研究可分为定量篇章对比分析研究、语言对比实验研究和语言对比调查研究三大类。

第一类定量语言对比研究是定量篇章对比分析研究。此类研究是在对两种语言的篇章进行对比分析的基础上，研究两种语言中的两个相对应的语言系统或项目在篇章中的使用数量、分布和用法方面的异同。定量篇章对比分析可以在词汇、句法、篇章组织结构、语用及文化等不同语言学层面展开。

在词汇层面，可以研究影响篇章组织结构的项目，如篇章衔接手段、态度标记（如 *fortunately* 和 *to one's surprise* 等）、言据性标记（如 *perhaps*、*clearly* 和 *according to* 等）等，具体分类可参见 Vande Kopple（1985）。赵世开（1999）采用定量研究方法对比了人称代词在英汉语料中的差异。Markkanen et al.（1993）比较了英语和芬兰语中篇章项目的异同，并讨论了研究设计的具体问题，以及与篇章概念相关的理论问题、定义和分类等。Becher（2010）以英语和德语的各32篇篇章为语料，对比分析了**指示词语**（deictic expressions）在篇章中的分布情况，发现德语指示词语出现的频率更高，并分析了造成这种现象的两个原因。Williams（2010）对比分析了英语和西班牙语医学研究论文在介绍研究方法时，第一人称动词形式的用法异同，发现不同语言背景的作者会使用不同的篇章策略选择第一人称动词形式，反映了两种语言的文化差异。例如，英语第一人称动词形式常用来介绍非标准的研究方法，很少用来描述常规技术。相反，在西班牙语篇章中，它既可以用来描述标准的，也可以用来描述非标准的研究方法。Berg（2012）对比分析了英语和德语中**复合词**（compound）的构成成分之间衔接紧密度的区别。数据分析和十种实际测试的结果显示，德语复合词构成成分之间的衔接紧密度更高，而且构成复合词的约束条件也更严格。英语中的复合词更像是短语，而德语中的复合词更像是词。

更多词汇和词类量化对比分析还有张彦昌、张而立（1994）、许余龙（2000）、William（2008）、Usoniene & Šoliene（2010）、Carretero（2010）和Carretero & Villamil-Touriño（2011）等。

在短语和句法结构层面，Wiechmann（2011）对比了英语和德语语料库中的关系小句结构，并讨论了如何在两种**亲属语言**（genetically-related languages）之间发现概率差异。Goethals（2013）对比分析了西班牙语和荷兰语中前面带指示限定词和定冠词的名词短语表达的不同意义。研究发现，荷兰语的指示词和定冠词**语义漂白/虚化**（semantically bleached）的程度更高，因此语法化程度更高。Al-Shaer（2014）以双语小说为语料，比较了阿拉伯语和英语的属格结构在形式和功能上的不同，发现虽然阿拉伯语的属格形式几乎涵盖了数据库中所有的英语属格结构，但使用了多种形式，格、性、数、有定性及人称的显性标记都可以表示相同的语义功能。Rabadán（2015）特别指出，针对结构而不是单个成分进行研究，可以发现语言间一些难以甄别的关系。她基于英语和西班牙语平行语料库，以英语的"*still/already*+动词"短语结构及其西班牙语的对等形式为例，通过定量分析，对比了两者在使用频率和用法等方面的异同，探讨了两种语言的语法系统在表达体貌转换方面的异同。

在篇章组织结构层面，Williams（2004）基于以西班牙语为源语言和翻译目标语的语料，对比分析了源语言语料和翻译语料中主位成分的特点以及相关的句法范畴差异，发现翻译语料中信息超负载，并过多使用人称代词作主位成分。Williams（2009）基于同类语料，对比分析了生物医学领域研究论文的主述位推进模式差异，发现以西班牙语为源语言的语料中，大多通过使用段内连接，指向前文临近的主述位成分，形成更衔接的线性模式；而以英语为源语言，以西班牙语为目标语的语料中，受源语言的影响，大多采用更远的连接，从而产生**主位跳跃**（thematic "jumps"），形成**超主位**（hyperthematic）模式。Álvarez & Muñoz（2012）基于来自英语和西班牙语的各约四百万词的推特语料，对比分析了它们在组织结构、文体和内容方面的异同。此类研究还有曹合建（1994/2009）和卢雨菁、张爱萍（2008）等。

在语用和文化对比层面，Chakorn（2006）基于对80封英语和泰语请求函的定量分析，如信件长度和请求的分布与位置之间的关系、修辞结构等，对比了说服和礼貌策略的跨文化差异。研究发现，泰语请求函通常推迟介绍写信目的，而英语请求函更直接地表达写信目的。Kasanga & Lwanga-Lumu（2007）以道歉为例，定量对比了英语和塞茨瓦纳语中表达礼貌的语言形式间的跨文化差异，并结合社会地位和社会及文化规范等因素对发现的主要差异进行了解释。Lafuente-Millán（2014）基于英语和西班牙语商业管理类的篇章语料库，通过对比分析发现，文化因素、母语迁移和外语熟练度都会影响**介入标记**（engagement marker）在不同语言中的使用策略。

第二类定量语言对比研究是语言对比实验研究。此类研究的目的是通过操控一个或多个自变量来研究它们的作用和效应。所操控并研究的自变量称为实验变量。具体实验中的实验变量的数目可多可少，一般在二到五个之间。对比语言学实验研究中，至少包括两个实验变量：语言和所研究的语言问题。

语言对比实验研究可分为理论性研究和应用性研究两类。理论性对比实验研究是通过实验的方法，收集以两种语言为母语的受试在同一实验环境下经诱导产生的语料，研究两种语言中两个相对应的语言系统中的项目在使用数量、功能和用法方面的异同。例如，Piwek & Cremers（1996）设计了一个搭积木环境下的实验。每次由两个受试参加，其中一个是搭建者，另一个是指挥者。要求搭建者根据指挥者的指示，按照模型搭建一座建筑。搭建者看不到模型，而指挥者不能挪动积木块，两人之间只能通过对话，合作完成这项任务。研究者收集他们之间的对话，分析用于第一次确定某个积木块的指称用语。数据统计分析表明，英语近指词表达的可及性比远指词高，而荷兰语的情况恰恰相反，远指词表达的可及性比近指词高。又如，在Féry（2010）的实验设计中，研究者变换玩具动物的空间布局，收集了六种语言的母语受试在表达这种相对位置的变化时使用的语料数据，并对比分析了在句法、音高和韵律等方面的跨语言异同。此类研究还有Kessler（1972）和Mazuka et al.（2011）等。

应用性对比实验研究是通过对外语学习者进行测试，收集受试使用某一语言项目的数据，分析和研究母语与外语之间的差异是否会影响学习者的学习任务，并以此检验某种外语习得理论。例如，王文斌（2000）为研究第二语言反身代词的习得过程，设计并使用了一套图片，共48幅：每幅图片上方是两个人，正在进行各种活动；下方是一个含有代词或反身代词的英文句子。请中国高级英语学习者根据图片对句子的真假值进行判断。实验结果表明，受试在英语学习的高级阶段仍受母语知识的干扰。又如，Dekydtspotter & Renaud（2009）采用

阅读时间实验法（reading-time experiment），以法语为母语的受试和三组不同语言水平的法语学习者为受试组群，对比研究了语言学习者在习得法语过去分词一致过程中产生的语言差异，以及语法特征的重要作用。此类研究还有李荣宝等（2000）、VanPatten et al.（2013）和汤红娟（2014）等。

第三类定量语言对比研究是语言对比调查研究。此类研究通过问卷、访谈等方式，对两种（或以上）语言使用进行调查和对比研究，确定相关变量之间的关系，并解释数据分析结果。调查研究中的被调查者一般也称为受试。调查研究的应用范围十分广泛，包括许多方言调查、一些社会语言学和语用学研究（如第六讲第三节介绍过的Liao & Bresnahan 1996）等。

调查研究是一种非实验性的研究，通常在自然情景中进行。例如，社会语言学家用隐藏的录音机录下自然情景中的对话，用于研究不同社会阶层的受试使用语言的特点。Blair & Czaja（2005）详细说明了抽样调查中的各个环节，涉及邮寄调查、互联网调查、电话调查、个别调查等多种形式，重点讨论了一些相关基础和重大问题，譬如如何尽可能地减小误差，提高调查的效度等。此外，调查研究还可采用问卷、调查清单（如方言调查中的标准词表）、访谈等方式，直接要求或间接诱导受试提供研究所需的数据资料。这样做不仅可以集中收集某一方面的研究数据，有利于研究的完成，而且也有助于对结果作出解释。Fowler（1995）专门讨论了如何设计高质量的调查问卷。但需要注意的是，通过这一方法获得的数据资料，并不一定能够真正反映语言在自然情景中的实际使用状况。

调查研究中态度测量常用到**李克特量表**（Likert scale）和**语义级差量表**（semantic differential）。李克特量表通常分为五个等级点，每个点对应一个相关的回答。各点之间的距离相等且以中间点为中心对称分布，例如：完全同意、同意、中立、反对、强烈反对。语义级差量表是采用一个或一组适用于描述调查项目的两极对立的反义形容词，如：满意、不满意；同意、反对等。两极之间一般分为七个级差，请受试参照这对形容词表达的词义或概念，在量表的七个级差中选定一个，表明自己的看法或态度。关于量表的编制和统计可参见DeVellis（2012）。

例如，杨吉春、杜氏秋恒（2008）运用语言对比调查研究方法，基于数据统计，认为越南学生分不清汉语阴平和去声的主要原因是受越语横声的干扰，并提出了相关改进方法。王墨希、李津（1993/2009）综合使用语言对比调查和实验两种方法，研究了中国学生英语语篇思维模式的特点及其对英语教学的启示。此类研究还有孟悦、王艳宇（1992）等。

二、定量对比研究的研究方法

定量语言对比研究设计方面的主要困难在于要保证对比研究中的跨语言语料的可比性。要解决这个问题，必须尽量多控制语料收集环境中的变量。因此，定量研究设计的基本目的是控制差异，即通过限制或消除一些变量的影响，并解释其他变量的影响，创造条件使研究者能够看清所关注的变量（Wiersma & Jurs 2004: 84）。这一原则与对比研究的基本原则一致，都是为了使研究建立在某一共同基础上。没有共同基础的定量研究与没有共同基础的对比一样，都是没有意义的。

Wiersma & Jurs（2004: 85）指出，教育研究中有以下四种控制差异的基本方法：1）**随机化**（randomization）；2）保持条件或因子不变；3）把条件和因子设为自变量；4）统计调节。这四种方法在原则上也适用于语言定量对比研究。在语言定量对比研究中，只有控制一些语言相关的变量（如语言变体、语体等）导致的差异，才能看清我们要研究的语言差异。下面以研究人称代词在两种语言的篇章中使用数量和分布差异为例，分别讨论这四种控制差异的方法。研究的理论假设是人称代词的使用量因语言而异。在研究设计中，语言作为自变量，而人称代词在篇章中的使用量作为因变量[1]。

第一种控制差异的方法是将变量的影响平均分配到研究组群中，从而尽可能抵消这一变量产生的差异和影响。为此，往往还需要对抽样**总体**（population）按照某一特征进行分类，在每类中按比例随机抽取，或随机抽取相等数量的样本个体，这称为**分层随机抽样**（stratified random sampling）。

例如，在同一语言中，人称代词的使用和分布还受不同文体的影

---

[1] 自变量指受研究者控制，与输入和原因相关的变量；而因变量是研究者观察，随着自变量变化而变化，与输出和结果相关的变量。关于变量的其他类别和具体测量办法可参见刘润清（1999: 219–224）。

响。在叙述体的小说中，人称代词可能会用得多些；而在严谨的法律文件中可能会用得少些。因而在研究设计中，需要控制语言间的文体差异。为此，我们可以从两种语言的各类文体的篇章中，分别随机抽取相同数量的篇章，假设都为N篇，作为分析的语料。该研究设计如表7–3所示：

表7–3　随机化控制差异的定量对比研究设计

自变量	分层随机抽样	因变量
语言		
语言A	从各类文体语料中随机抽取N篇	各类人称代词在语料中的使用量
语言B	从各类文体语料中随机抽取N篇	

应该注意的是，随机抽样有其固有的误差。**抽样误差**（sampling error）的估计值可以运用统计分析的方法求得。一般来说，样本越大，抽样误差就越小。为此，**随机抽样**（random sampling）的样本要尽量大。Henry（1990）结合案例详细介绍了样本设计的思路，以及如何选择合适的样本设计方案。

第二种控制差异的方法是保持条件或因子恒定不变。所谓因子，通常指自变量的一种或一部分。这种方法使该恒定因子由一个潜在的变量变为**常量**（constant），假设为因子α，从而使变量的变化范围缩小，更趋于稳定。该研究设计与上述随机化研究设计相似，如表7–4所示：

表7–4　保持条件或因子不变的定量对比研究设计

自变量	恒定因子	随机抽样	因变量
语言			
语言A	因子α	随机抽取N篇	各类人称代词在语料中的使用量
语言B	因子α	随机抽取N篇	

例如，在上述语言间人称代词使用量的对比研究中，可把某一特定文体作为恒定因子α，从两种语言的该文体语料中各选取相同数量的篇章，作为分析的语料。

值得注意的是，采用保持条件和因子不变的方法控制差异，会限制研究结果的有效性。例如，根据表7–4的研究设计得出的研究结果，不能反映两种语言间人称代词使用的整体差异，而只能反映两种语言在所限定的特定文体中的使用差异。

由此可见，上述两种控制差异的方法各有利弊：随机化的方法可使研究结果反映语言间的总体差异，但为减小抽样误差，要求样本量大，统计的工作量也很大；而采用保持条件和因子不变的方法可以深入地研究语言间较小范围内的差异，样本可以相对小一些，较易于统计分析，但研究结果的概括性较差。

第三种控制差异的方法是把条件和因子设定为自变量。这种方法既有助于看清语言间的差异，也有助于看清语言内部不同条件下或不同因子之间是否存在差异。该研究设计如表7–5所示：

表7–5　设定自变量因子的定量对比研究设计

自变量		随机抽样	因变量
语言	因子		
语言A	因子α	随机抽取N部篇章	各类人称代词在语料中的使用量
	因子β	随机抽取N部篇章	
语言B	因子α	随机抽取N部篇章	
	因子β	随机抽取N部篇章	

仍以语言间人称代词使用量的对比研究为例：如果理论假设是，人称代词的使用可能会因不同体裁（如小说、剧本等）而异，那么在定量研究设计中，可以另将语料的不同体裁设定为自变量因子，即因子α（如小说）和因子β（如剧本），分别统计人称代词在两种语言的小说和剧本中的使用量。这样，我们既可以观察语言间人称代词在这两种不同体裁的作品中的使用差异，又可以观察某一语言中人称代词在这两种不同体裁作品中的使用差异。

第四种控制差异的方法是统计调节。该方法通过调整因变量的统计数据，消除控制变量[1]的影响。例如，采用如表7–3所示的研究设

---

[1] 由于一个研究项目通常无法涵盖所有变量，于是通过控制不研究的变量，使其不影响自变量和因变量的关系，这些被控制的变量叫做控制变量。

计,从两种语言中分别随机抽取N部篇章,虽然控制了来自两种语言的篇章的数量相等,但如果样本长度不一致,就不能把统计所得的人称代词的绝对使用量直接用于语言对比,而需要对统计数据加以处理,以便去除因语言间样本篇章的长度不等而带来的影响。一个简单的办法是将人称代词的绝对使用量除以样本篇章的总词数,求得两种语言的篇章中人称代词占篇章总词数的百分比,然后再对百分比进行语言对比。

上述四种控制差异的方法既可单独使用也可综合使用,分别用不同方法控制不同的变量。例如,赵世开(1999:第2章)在关于英汉人称代词定量对比研究设计中,综合使用了保持特定的因子不变和把特定的因子设为自变量两种方法:一方面把文类(原文v.s.译文)设计为自变量因子;另一方面保持相同的体裁因子(即剧本)不变。该研究设计如表7–6所示:

表7–6 赵世开(1999)的定量对比研究设计

自变量		恒定因子 (体裁)	双向翻译对等语料	因变量
语言	文类			
英语	原文	剧本	五个英语独幕剧	各类人称代词在 语料中的使用量
	译文	剧本	《雷雨》英译本	
汉语	原文	剧本	剧本《雷雨》	
	译文	剧本	上述独幕剧的汉译本	

此外,他采用的是双向翻译对等语料。由于翻译对等的篇章表达相同的语义和语用意义,在这样的篇章中,人称代词的使用机会是相同的,因此定量统计中出现的英汉人称代词使用量的差异,可以反映出英汉人称代词使用习惯的不同。如果从英汉原文中分别选取几个篇章进行对比,那么由于英汉篇章之间并不翻译对等,因此人称代词使用的场合以及可能出现的机会就不再对等。这样,所统计的人称代词使用量的差异,有可能是由于英汉语料讲述的是不同内容而造成的,因而不能很好地反映出英汉语之间在人称代词使用习惯方面的差异。而且,由于采用了双向翻译对等的语料,语料中同时包括了英汉语的原文,可以排除译文语言可能受原文语言影响这一因素,从而进一步保证所统计的差异,能够反映两种语言本身使用习惯的差异。因此,

这是一个很好的定量对比研究设计。

再来看一看第四种控制方法，即统计调节在该研究中的应用。例如，根据该研究发现，表7–7总结了英汉第一人称单数形式在双向翻译对等语料中的绝对使用量和在各自人称代词系统中的使用率：

表7–7 英汉第一人称单数形式的绝对使用量和使用率

文类 语言	原文（使用率%）	译文（使用率%）
英语	947（32%）	1,040（30.1%）
汉语	712（35.9%）	808（36%）

表7–7显示，从使用率来看，汉语比英语用得多；而从绝对使用量来说，英语用得比汉语多。许余龙（2010: 273）指出，绝对使用量和使用率反映了两种不同的语言事实。如果要比较在相同的语境中表达相同的语义和语用意义时，语言间人称代词使用量的差异，应该以绝对使用数量作为衡量标准。因此，结论应该是，在相同的语境中表达相同的语义和语用意义时，英语比汉语第一人称单数代词使用得多。但是，如果要比较某个或某类人称代词的使用在各自语言的代词系统中所占的比例，那么应该以使用率作为衡量标准。结论应该是：第一人称单数代词在汉语代词系统中的使用率比在英语代词系统中的使用率高。不过，这并不意味着第一人称单数代词的使用量汉语比英语多。

总之，如何合理运用数据来说明语言事实，是定量对比研究中的一个原则问题。如果对统计数据进行了处理，就必须清楚地认识到数据反映什么样的语言事实，哪些数据之间是可比的，哪些数据之间是不可比的，可比的数据之间比较的又是什么，等等。

除了尽量多控制语料收集环境中的变量之外，还可以通过采用特定的共同对比基础，保证对比研究中的跨语言语料的可比性。Krzeszowski（1984: 303）认为："语用对等可以作为一些对比分析的共同对比基础，例如关于篇章结构、文体特征以及量化方面的研究。"具体到篇章对比的量化研究，他认为："只有当篇章代表相同的语域，或相同的文体，或相同的体裁，或具有任何可以为推动比较作为参照的共同平台时，才可以被选作比较的对象"（Krzeszowski 1981: 103）。Markkanen *et al.*（1993: 138）进一步指出，仅仅是相同的文体或体裁作为共同对比基础可能还不够，还需要进行更精确的定义。篇章也是一种交际活动，也受相同基本情景因素的制约，至少受到环境、参与者、话题和目的的制约。因此，保持这些因素恒定不变可以保证在这些条件下产生的篇章之间具有可比性。此外，此类研究在语料分析方面的困难在于，不同语言的一个篇章项目不仅在不同语境下兼具数个功能，而且相同语境下也可能有不同的解释。虽然这是各语言内篇章本体研究的问题，并不是对比本身的问题，但解决这个问题对跨语言对比至关重要。

确定共同对比基础后，我们就可以按照研究设计进行后续环节的研究，具体包括：1) 确定有待研究和解决的语言学问题，并针对问题提出理论假设。在第一节中我们提到，理论假设是定量研究的出发点，所有定量研究都有一个明确表述或隐含的理论假设。此外，理论假设往往需要结合文献中的主要理论与观点，涉及一些基本理论概念。因此，在确定定量对比研究的问题和提出理论假设之前，通常需要先阐明这些基本概念；2) 根据研究设计方案，基于相关对比语料，或通过实验和调查等方法收集数据；3) 对数据进行统计和分析；4) 基于分析结果对现有理论加以验证、补充、修正，甚至提出新的理论与观点。

该对比研究过程体现了定量研究与定性研究（如相关文献讨论和对理论的修正等）相结合。而且，定量对比研究不仅以理论假设为出发点，研究结果往往也会对现有理论产生影响。这体现了定量语言对比研究对语言学各领域发展的主要贡献。

第三节　研究示例：英汉指称词语的回指功能对比研究

一、问题的提出

在第五讲的研究示例中，我们讨论了话题的引入方式与引入后的话题在篇章下文中被回指概率之间的关系，探讨了英汉两种语言在这一方面的异同。该研究本身涉及定量与定性分析。而与此相关的另一个问题是：篇章实体作为潜在的话题被首次引入篇章后是如何在后续篇章中被回指的？即：在篇章中，作者会倾向于采用哪种形式的指称词语来回指引入篇章的话题？英汉语中不同形式的指称词语在回指功能方面究竟又有何异同？本节将以此为例，介绍如何在对比研究中进行定量与定性分析。

二、研究思路与方法

在语言对比研究中，定量分析所涉及的，通常是各类语言项目（如音素、语素、词、短语和句式结构等）在所对比语言中为了表达某一功能而使用的频次；而语言项目及其功能本身的界定、识别和分类则涉及定性分析。

上述研究问题所涉及的语言项目是英汉两种语言中的指称词语，而研究所关注的语言功能是指称词语在篇章中用于话题回指的功能。因此，指称词语和回指功能分别是这一研究中的自变量和因变量，因为我们假设指称词语的回指功能会因其形式的不同而不同。我们研究的目的，是要揭示指称词语的形式与其回指功能之间的关系。要开展此类研究，首先需要对指称词语及其回指功能进行界定、识别和分类。

先来看指称词语的分类和界定。正如话题引入可以采用不同类型的名词短语一样，话题回指同样可以采用不同类型的名词短语作为指称词语。语言中，用作篇章回指的指称词语可以根据其形态语义特点分为如下四大类型：1）专有名词，如"张三"；2）有定描述语，如"小明的妈妈"；3）指示词语，包括单独使用的指示词（如"这"），以及指示词与名词构成的指示短语（如"这个人"）；4）代词，包括各类人称代词及其零形式（即零形代词）。与用于话题引入的名词短语类型不同的是，在用于话题回指的指称词语中并不包括无定名词短语，因为无定名词短语在篇章中典型地用于引入一个重要的话题。

在上述四大类指称词语中，专有名词和指示词语的界定与识别在英汉两种语言中都问题不大，而有定描述语和代词则较麻烦一些。有定描述语在英语篇章中的界定和识别相对较为容易，因为英语中有定冠词，带有定冠词的名词短语除了用于类指，一般都可以认定为有定描述语。汉语中没有定冠词，因此我们的界定标准是，汉语中的光杆名词短语除非是用于首次引入一个篇章实体，否则都认定为有定描述语。例如，在下面一个民间故事的首段中，光杆名词短语"儿子"的指称是有定的，用于回指前一句中的"一个儿（子）"，因此是一个有定描述语。此例也说明，回指是篇章中的两个名词短语，即**回指语**

（anaphor）和**先行语**（antecedent），表达的是一种同指关系。此例中的"儿子"是回指语，其先行语是"一个儿（子）"。

（1）从前有一个很厉害的老太婆，她有一个儿，一个闺女。<u>儿子</u>娶了媳妇不多日子，Ø就下关东去了。(《找姑鸟》)

代词中零形代词的界定和识别似乎更为麻烦一些，因为此类代词在实际篇章中并不出现，需要人为添加进去。一般认为，英语中没有零形代词，因此Ariel（1990）在对英语指称词语的回指功能分析中，便没有零形代词这一类（另见许余龙2000）。我们总的处理原则是，凡是篇章中的一个动词在上下文中有明确的施动者和受动者而没有用显性形式表达出来的，那么在相应的句法位置上都可以认定为有一个零形代词。这一原则统一应用于英汉两种语言，以确保可比性。例如，在下面一段引自《水浒传》第十二回中的短文及其英语译文中，都根据这一原则添加了零形代词。

（2）杨志取路，不数日，Ø<u>来到东京</u>。Ø入得城来，Ø寻个客店，Ø安歇下；庄客交还担儿Ø，Ø与了Ø些银两，Ø自回去了。

（3）Yang Zhi thus journeyed on for many days and <u>he</u> went toward the eastern capital and <u>he</u> came into the city and Ø found an inn and there Ø settled himself to rest. The farmer gave <u>him</u> the bundle and Ø received some silver and Ø went back alone. (Buck 1933: 197)

英语例（3）第一句中的两个代词*he*和两个零形代词Ø与（2）中的前四个零形代词相对应；第二句中的代词*him*对应于（2）中"庄客交还担儿"后的零形代词，意思是庄客交还担儿给杨志。至此我们可以看出，根据上述原则识别与认定零形代词，在分析英汉篇章时具有很大的对应性，既能体现两种语言的差异（如英语多用显性代词，而汉语多用零形代词），又能显示两种语言的相似之处（如英语在表达一连串相继发生的简单事件时也会用零形代词）。

与零形代词相关的另一个问题是，汉语篇章中的动词在形态上没有**定式**（finite）与**非定式**（nonfinite）之分，而英语则有明确的标记。因此，为了提高零形代词在英汉两种语言中界定和识别标准的一致性，我们在英语非定式动词短语前也添加了零形代词，如例（4）。这种处理方法的依据是，Quirk *et al.*（1985: §14.5–14.9）和Biber *et* al.（1999/2000: §3.12）将（4）中*traveling the whole distance from Upsall to London on foot*之类的非定式动词短语分析为**非定式小句**（nonfinite clause）。既然是小句，那么动词前应该有一个主语。

（4）He went, Ø traveling the whole distance from Upsall to London on foot. ("Upsall Castle")

再让我们来看指称词语的回指功能。这里所要分析的回指功能，是指称词语在标示其指称对象的可及性方面的功能。可及性是一个心理语言学概念，是指一个人在语言表达或理解时，从大脑记忆系统中提取一个语言或记忆单位的便捷程度。这是因为，从表面上看，指称词语是用于回指篇章上文出现的某个名词短语，比如上面例（1）中的"儿子"回指前一句中的无定名词短语"一个儿（子）"。但实际上，篇章理解过程是一个逐步在大脑的记忆系统中构建起一个**心理模型**（mental model）的过程。篇章每引入一个实体，该实体便在该篇章的心理模型中得到表征，或者说在大脑记忆系统中增添一个关于该实体的心理档案。以后，每当篇章再次提及该实体，其心理档案便被激活，关于该实体的新信息便储存在该心理档案中。这样，在读完一篇故事或文章后，大脑记忆系统便构建出一个关于该篇章的完整心理模型。

由此可见，作为指称对象的篇章实体在大脑记忆系统中的可及性，与该实体在大脑记忆系统中的激活程度有关。上文刚提及的实体，由于其心理档案刚被激活，仍保留在大脑的**短时记忆**（short-term memory）中，因此其可及性很高；而上文早先提及的实体由于已在短时记忆中被清除，存入**长时记忆**（long-term memory）的**情节记忆**（episodic memory）中，因此其可及性较低。

Ariel（1990）认为，就篇章回指而言，篇章实体在大脑记忆系统中可及性的高低，主要由如下四个因素决定：1）间隔距离，即先行语与回指语在篇章中出现的先后间隔距离；2）竞争度，表现为回指语前面可竞争作为先行语的指称词语的数量；3）显著性，即先行语在句子和篇章中的显著性；4）一致性，即先行语是否与回指语同处于一个篇章片段或段落中（Ariel 1990: 28–29；另见许余龙 2002）。

Ariel进一步认为，作者之所以要在篇章中使用不同类型的指称词语，其中一个重要作用便是向读者标示所指实体的不同可及性，便于读者正确理解指称词语的所指对象，因而就指称词语的这一回指功能来说，它们是**可及性标示语**（Accessibility Markers）。她将可及性标示语分为三大类：1）专有名词和有定描述语是低可及性标示语；2）指示词语是中可及性标示语；3）代词及其零形式是高可及性标示语。她认为，语言中指称词语的这一回指功能具有共性。然而，就具体语言来说，不同语言中指称词语的类型以及相似指称词表达的可及性会由于语言之间的个性差异而略有不同。

Ariel提出的指称词语的回指功能分类和回指对象的可及性判断标准，构成了阐释本研究中自变量与因变量两者之间关系的一种具体理论假设，预测了指称词语的回指功能会如何因其形式的不同而不同。具体而言，该假设认为，专有名词和有定描述语用于回指低可及性的篇章实体，指示词语用于回指中可及性的篇章实体，而代词及其零形式用于回指高可及性的篇章实体。这就是Ariel（1990，1994，2006）提出的篇章回指的可及性理论。

厘清了指称词语及其回指功能的类别和界定标准，明确了需要研究的两者之间的关系之后，我们便可以采用定量分析的研究方法，来检验英汉两种语言中各类指称词语在用于篇章回指时的整体使用情况是否符合Ariel上述可及性理论的预测。

在具体分析中，对于篇章实体的可及性，可以采用Ariel（1990，1994）的研究方法，依据指称词语与其最近的先行语在篇章中的位置距离来确定，并将篇章位置距离分为如下四档：1）指称词语和先行语在同一句子内（简称"同句内"）；2）先行语在与指称词语同一段落的前一句子中（简称"前一句"）；3）先行语在同一段落前两句或以上的句子中（简称"同段内"）；4）先行语在前一段落中（简称"跨段"）。这一篇章位置距离的界定标准，实际上也同时考虑到了前面提到的决定篇章实体可及性的四要素之一的一致性，即先行语与回指语是否同处于一个段落中。

根据可及性理论，我们可以认为，指称词语与其先行语之间的篇章位置距离越短，那么指称对象的可及性越高；相反，则可及性越低。由此可以推断：高可及性标示语往往出现于短距篇章环境中，如"同句内"；低可及性标示语往往出现于长距篇章环境中，如"跨段"；中可及性标示语则介于两者之间。

量化分析篇章回指距离的另一种方法是统计回指语与其最近的先行语之间相隔的其他名词短语的平均数，为了与上述"篇章位置距离"相区分，我们将这种篇章回指距离称为"回指间隔距离"。回指语与其最近的先行语之间相隔的其他名词短语平均数越小，说明回指间隔距离越短，指称对象的可及性也越高；相反，则可及性越低。回指间隔距离的量化统计方法实际上也部分反映了决定篇章实体可及性四要素之一的竞争度，因为回指语与先行语之间相隔的其他名词短语越多，可竞争作为先行语的名词短语也越多。由此同样可以推断：高可及性标示语倾向用于平均数较小的短距回指；低可及性标示语倾向用于平均数较大的长距回指；中可及性标示语则介于两者之间。

明确了定量分析的内容之后，我们便可以选用合适的语料，并经过标注后进行统计分析。在这一研究中，我们仍采用第五讲研究示例部分所用的18篇汉语民间故事和18篇英语民间故事，并建立一个可以统计分析指称词语与其最近的先行语之间回指距离的数据库（详见许余龙2005b）。

三、分析与论证

首先，我们来看主要以间隔距离并兼顾一致性因素来确定的篇章实体的可及性与篇章中回指这些实体所用的指称词语类型之间的关系。表7–8列出了英语指称词语与其先行语的篇章位置距离。

表7–8 英语指称词语与其先行语的篇章位置距离

指称词语类型	回指语与先行语之间的篇章位置距离				合计
	同句内	前一句	同段内	跨段	
反身代词和相互代词	**10 (100.0%)**	0	0	0	10 (100.0%)
零形代词	**269 (94.4%)**	10 (3.5%)	0	6 (2.1%)	285 (100.0%)
关系代词	**58 (100.0%)**	0	0	0	58 (100.0%)
人称代词	**448 (64.9%)**	139 (20.1%)	12 (1.7%)	91 (13.2%)	690 (99.9%)
指示词语	1 (7.1%)	**7 (50.0%)**	0 (0%)	6 (42.9%)	14 (100.0%)
专有名词和有定描述语	57 (11.8%)	88 (18.3%)	49 (10.2%)	**288 (59.8%)**	482 (100.1%)
总计	843 (54.8%)	244 (15.9%)	61 (4.0%)	391 (25.4%)	1,539 (100.1%)

整体而言,这一结果支持可及性理论的预测,即在英语中,代词是高可及性标示语,指示词语是中可及性标示语,而专有名词和有定描述语是低可及性标示语。具体表现为,在我们的英语民间故事语料中,除了反身代词(如 *himself*)、相互代词(如 *each other*)和关系代词(如 *who*)全部用于句内回指之外,人称代词的先行语大多(64.9%)在同一句内;指示词语的先行语有一半(50.0%)在同一段落的前一句中;专有名词和有定描述语大多(59.8%)用于跨段指称,其先行语在篇章前一段落中。

汉语指称词语与其先行语的篇章位置距离分布如表7–9所示。这一结果同样在整体上支持Ariel的论断。具体表现为,在我们的汉语民间故事语料中,反身代词和零形代词的先行语绝大多数(分别为94.1%和91.3%)出现在同一句内;人称代词的先行语绝大多数出现在同一句内和前一句中(97.5% = 55.2% + 42.3%);指示词语大多出现在同一句内、前一句中或同段内再前面的句子中;专有名词和有定描述语用于跨段回指的比例最高(42.2%)。

表7–9 汉语指称词语与其先行语的篇章位置距离

指称词语类型	回指语与先行语之间的篇章位置距离				合计
	同句内	前一句	同段内	跨段	
反身代词	**16 (94.1%)**	1 (5.9%)	0	0	17 (100%)
零形代词	**630 (91.3%)**	53 (7.7%)	4 (0.6%)	3 (0.4%)	690 (100%)
人称代词	**90 (55.2%)**	69 (42.3%)	1 (0.6%)	3 (1.8%)	163 (99.9%)
指示词语	**6 (35.3%)**	6 (35.3%)	4 (23.5%)	1 (5.9%)	17 (100%)
专有名词和有定描述语	45 (12.9%)	118 (33.9%)	38 (10.9%)	**147 (42.2%)**	348 (99.9%)
总计	787 (63.7%)	247 (20.0%)	47 (3.8%)	154 (12.5%)	1,235 (100.0%)

接着,我们来看主要以间隔距离并兼顾竞争度因素来确定的篇

章实体的可及性与篇章中回指这些实体所用的指称词语类型之间的关系。表7–10列出了英语指称词语在篇章中的回指间隔距离。

表7–10　英语指称词语在篇章中的回指间隔距离

指称词语类型	频数	回指语与先行语之间平均间隔名词短语数
反身代词和相互代词	10	0.1
关系代词	58	0.1
零形代词	285	0.9
人称代词	690	1.9
指示词语	14	3.2
专有名词和有定描述语	482	15.0
总计/总平均数	1,539	5.6

如果回指语与先行语之间相隔的其他名词短语数为0，那么说明两者之间没有其他名词短语相隔，即先行语就是回指语前面的一个名词短语。表7–10显示，我们英语语料中的反身代词、相互代词和关系代词与其先行语之间的平均间隔名词短语数为0.1，说明这些指称词语是英语中的极高可及性标示语，而这种极高可及性主要是由句法结构决定的。就篇章回指而言，英语中的零形代词和人称代词或许可以认为是更为典型的高可及性标示语，与其先行语之间的平均间隔名词短语数分别为0.9和1.9。我们语料中的英语指示词语也符合中可及性标示语的篇章分布特征，与其先行语之间的平均间隔名词短语数为3.2。专有名词和有定描述语则是典型的低可及性标示语，与其先行语之间的平均间隔名词短语数高达15.0，是所有指称词语总平均回指间隔距离（5.6）的近3倍。因而从整体上来说，这一统计分析结果也支持Ariel的可及性理论，即在英语中，代词是高可及性标示语，指示词语是中可及性标示语，而专有名词和有定描述语是低可及性标示语。

我们也同样分析了汉语高、中、低三类可及性标示语在篇章中的回指间隔距离，表7–11汇总了数据统计结果。

表7–11　汉语指称词语在篇章中的回指间隔距离

指称词语类型	频数	回指语与先行语之间平均间隔名词短语数
反身代词	17	0.4
零形代词	690	0.3
人称代词	163	0.7
指示词语	17	1.5
专有名词和有定描述语	348	4.6
总计/总平均数	1,235	1.6

这一分析结果同样也在整体上支持Ariel的论断。表7–11显示，我们汉语民间故事中的反身代词和零形代词，在篇章中与其先行语之间相隔的其他名词短语数平均分别为0.4和0.3，也就是说，大部分反身代词和零形代词的先行语就是其前面一个名词短语，两者之间没有其他名词短语相隔。汉语人称代词与其先行语之间的平均间隔名词短语数为0.72，比反身代词和零形代词要略高一些。这些指称词语是汉语中的高可及性标示语。汉语指示词语与其先行语之间的平均间隔名词短语数为1.5，大致相当于语料中所有指称词语的总平均数（1.6），这似乎可以从另一个角度说明，汉语指示词语是中可及性标示语。与指示词语相比，汉语专有名词和有定描述语的回指间隔距离明显较远，与其先行语之间的平均间隔名词短语数达到4.6。

将表7–11与表7–10进行比较，可以发现，英汉民间故事中各类指称词语的整体分布特征相似，回指间隔距离都是从高可及性标示语到低可及性标示语逐步增大。但两者之间也存在一些差异。整体而言，与英语指称词语相比，汉语指称词语的平均回指间隔距离明显较短，前者的平均间隔名词短语数为5.6，而后者仅为1.6。这似乎从一个侧面说明，汉语篇章的连贯性更多依赖于短距指称来获得，而且由于回指间隔距离短，汉语中的篇章回指似乎要比英语更容易理解。

四、结语

本节以英汉指称词语的回指功能对比为例，讨论了在实际对比研究中，如何先对需要定量分析的语言项目及其表达的功能进行定性识别与分类，然后选用适当的语料进行定量分析，最后在定量分析的基础上对所对比的两种语言的特点进行定性归纳。

上述具体示例研究的另一个目的是介绍如何采用定量分析的方法来检验Ariel提出的篇章回指的可及性理论，因为用跨语言事实来检验某个语言学理论也是对比研究的一项重要任务。

当然，在此类已有的研究中，对篇章实体可及性的界定与分类，Ariel本人仅以四要素中的间隔距离和一致性为标准，我们的研究增加了以间隔距离和竞争度为标准的分析，但这两种定量分析都没有考虑到显著性这一要素。关于在英汉篇章回指消解研究中，采用什么样的标准来确定篇章实体的显著性，并根据不同标准的显著性来设定候选先行语之间不同的优先选取排列顺序，检验不同的排序对英汉指代消解的影响，可参见孙珊珊等（2013）。

第四节　小结

本讲首先分析了定性研究与定量研究之间的主要区别和各自的特点；然后分别简要介绍了三类主要的定量对比研究类型，即定量篇章对比研究、语言对比实验研究和语言对比调查研究，并讨论了定量对比研究设计的基本原则和方法；最后以英汉指称词语的回指功能对比研究为例，具体说明了如何逐步开展一项完整的定量语言对比研究。

思考题

1. 请结合第一节中关于定性和定量研究方法之间的区别，谈谈你如何理解以下定性研究的定义，并尝试借鉴此定义的内容和结构，给定量研究下定义。

   （定性研究是）以研究者本人为研究工具，在自然情境下采用多种资料收集方法对社会现象进行整体性探究，使用归纳法分析资料和形成理论，通过与研究对象互动对其行为和意义建构获得解释性理解的一种活动。（陈向明 2000: 12）

2. 请找出更多综合使用定性和定量研究的语言对比研究的例子（如第二节中提到的Williams 2004，2009；Chakorn 2006），举例说明哪些环节分别体现了两种不同的研究方法，这些环节对彼此的影响是什么。

3. Carretero（2010）基于**英国国家语料库**（British National Corpus，简称BNC）和**西班牙皇家语言学院语料库**（Corpus de referencia del español actual，简称CREA），对比分析了英国英语中的*absolutely*和**半岛西班牙语**（Peninsular Spanish）中的*absolutamente*的异同，以下是部分统计结果。请根据这些数据统计结果（Carretero 2010: 203）体现出的异同，得出阶段性的结论。分析本文的量化设计中的自变量和因变量分别是什么，作者是通过什么手段控制变量的。此外，作者还从句法和篇章功能角度进行了详细对比，细节请参看原文。

表7-12　基于BNC口语和书面语语料的*absolutely*的词频

	BNC口语语料	BNC书面语语料
总词汇数	1千万	9千万
出现次数	1,889	3,783
每百万词的出现次数	188.90	42.03

表7-13　基于CREA口语和书面语语料的*absolutamente*的词频

	CREA口语语料	CREA书面语语料
总词汇数	8百万	7千2百万
出现次数	624	4,101
每百万词的出现次数	78	56.96

4. 如果你要开展以下三项研究，请根据对研究问题和理论假设的描述，设计将采用的定量对比研究方法。请思考按照你的方法拟开展的研究分别属于哪种类型的定量语言对比研究。
　　研究1
　　研究问题：双语儿童在双语环境中习得两种语言中共有结构的规律

理论假设：双语儿童习得两种语言共有结构的顺序和速度相同

研究2

研究问题：语音层面上，某汉语方言对英语学习者英语发音的影响

理论假设：如果母语方言和英语的发音体系差异较大或不同，方言"负迁移"的倾向就较小

研究3

研究问题：英汉书评中表达类言语行为在分布、频次及表达对象等方面的异同

理论假设：英汉书评中表达类言语行为完全相同

推荐阅读

Ariel, Mira. 2006. Accessibility theory. In Keith Brown (ed.). *Encyclopedia of Language and Linguistics*, 2nd ed., Vol. 1. Oxford: Elsevier, 15–18.

Ariel, Mira. 2013. Centering, accessibility and the next mention. *Theoretical Linguistics* 39: 39–58.

Wiersma, William; and Stephen G. Jurs. 2004. *Research Methods in Education: An Introduction* (8th edition). Beijing: China Light Industry Press.

孙珊珊、许余龙、段嫚娟，2013，前瞻中心排序对英汉指代消解影响的对比分析，《外语教学与研究》第6期：803–815。

许余龙，2000，英汉指称词语表达的可及性，《外语教学与研究》第5期：321–328。

许余龙，2002，语篇回指的认知语言学探索，《外国语》第1期：28–37。

许余龙，2018，英汉指称词语的语篇回指功能对比研究，《外国语》第6期：26–34。

第八讲 对比研究与外语教学

外语教学是应用对比语言学的主要领域之一。本讲将介绍对比研究与外语教学理论和研究方法之间的关系,并探讨对比研究在外语教学中的应用。

第一节 对比研究与外语教学理论

为理解对比研究与外语教学理论和研究方法之间的关系,有必要先介绍对比研究和外语教学理论的心理学基础,然后简单介绍对语言和外语教学影响最大的两种心理学理论,即行为主义心理学和认知心理学,并讨论迁移理论这一对比分析的心理语言学基础与这两种心理学模式的关系。

一、对比分析和外语教学理论的心理学基础

行为主义心理学家将语言过程描述为**语言行为**(verbal behaviour),或语言表达的刺激和反应,认为儿童语言习得过程与其他习惯的形成过程一样,受同一套学习原理的支配。就外语学习来说,由于学习者已养成母语的语言行为习惯,因此在学习外语过程中,新语言习惯的形成受旧语言习惯影响。这可用行为主义心理学的**迁移**(transfer)理论解释,即新知识的习得以旧知识为基础,前一项学习任务的完成会影响后一项学习任务的进行。

对比分析的兴起与发展正是建立在迁移理论的基础之上。James(1980: §2.3)从外语学习的角度,诠释了Osgood(1949)提出的三种迁移范式,并讨论了他们与对比分析的关系。这三种范式如表8–1所示(其中S和R分别代表刺激和反应;具有相同下标的表示相同,具有不同下标的表示不同):

表8–1 迁移的三种范式

	L_1	L_2
范式A	S_1——R_1	S_2——R_1
范式B	S_1——R_1	S_1——R_2
范式C	S_1——R_1	S_2——R_2

在范式A中，外语学习者碰到两种语言的不同刺激S_1和S_2，产生相同的反应R_1。例如，第六讲第一节提到，在餐馆中要啤酒时，英国人一般采用疑问句式，而德国人一般采用陈述或祈使句式。这两种表达方式在各自语言中的反应相同，即侍者去取啤酒。在范式B中，外语学习者在两种语言里碰到一个相同刺激S_1，引起两种不同反应R_1和R_2。例如，在汉语和英语中，对于（1）中的两种相同语言刺激，会得到完全不同的反应。

（1）a. 上哪儿去？
　　 b. Where are you going?

汉语听话者的反应很可能只是把（1a）当作招呼语，不必真正回答确切的去处；而英语说话者期待的反应却是一个明确的答复。在范式C中，外语学习者在两种语言中碰到的两个学习任务之间没有任何联系，因此失去了对比的共同基础和意义，但范式A和B中的语言间差异对外语研究和学习者很重要。

外语学习过程中的语言迁移有三类：

1) 有害迁移，也称**干扰**（interference）。这类迁移通常发生在两种语言中既有联系又有区别的两个学习任务之间。在外语学习过程中，"现有确凿证据表明，母语是影响外语习得的一个主要因素"（Ellis 1994: 343）。外语学习者倾向于用母语的表达或理解方式代替外语的表达或理解方式，或者回避和过少使用与母语相差较大、学生感到较为困难的语法结构（如Schachter 1974；Kleinmann 1977；Wong 1983；Mukattash 1984），从而造成影响外语学习的有害迁移。外语教学的任务之一是要防止产生这种母语干扰。

2) 有益迁移，也称**促进**（facilitation）。这类迁移发生在两种语言中相同（特别是反应相同）的两个学习任务之间。在表8–1中的范式A和B中，如果两种语言的不同刺激或反应在某一方面相同，那么这种相同性可以促进外语学习中新的语言习惯的形成（如Schumann 1979）。

3）零迁移。这类迁移发生在两种语言中毫无联系的两个学习任务之间，如表8–1中的范式C。零迁移也可发生在两种语言中的两种表达形式差距过大，以至于外语学习者认为它们毫无共同之处的情况。

总之，以迁移理论为心理学基础的对比分析特别重视通过语言对比，在外语教学中促进有益迁移，防止和纠正有害迁移。

但是，Chomsky（1957）掀起了对行为主义心理学基本观点的猛烈抨击，转而从认知的角度解释语言行为，有力推动了认知心理学的发展，逐步成为语言和外语教学研究的主要指导思想。认知心理学认为，语言学习并不是一个习惯形成过程，而是一个创造性的**假设验证**（hypothesis testing）的过程。在该过程中，语言学习者不断根据输入的语言材料，对语言规则提出假设，并通过验证，对这些规则加以修正、补充和完善。

认知心理学的基本观点得到了母语习得和外语教学两方面研究成果的支持。一方面，Klima & Bellugi（1966）和Brown（1973）对母语习得过程进行的研究表明，尽管儿童的智力和学习语言的环境都不尽相同，但在母语习得过程中都会经历基本相同的发展阶段和语言项目的习得顺序。而且，儿童在语言习得初期的各阶段，会系统地采用不同于成年人的语言结构。这证明了认知心理学的基本观点，但行为主义心理学对此却无法解释；另一方面，在外语教学领域，Rivers（1964）、Milon（1974）、Dulay & Burt（1974a）和Bailey et al.（1974）的研究表明，与母语习得过程相同，外语习得过程也遵循似乎与母语无关的特定程序。

如果确实如此，那么在外语教学研究中似乎就不必将外语学习者的母语与外语进行对比了，迁移理论这一对比分析的心理语言学基础也就站不住脚了。然而，许余龙（2010: 210–212）从理论和实际调查研究两个方面说明，这一简单的结论并不能成立。首先，外语与母语的习得程序并不完全相同，而且更多研究表明，外语习得过程显然受母语习惯的影响，如Ellis（1985: 59–61）。其次，行为主义和认知心理学的认知学习模式相辅相成。由于各类学习任务的性质并不完全相同，依据单一的学习模式无法圆满解释所有类型的学习过程。支持此观点的研究如Rivers（1964）、Jakobovits（1970: 25）、Steinberg（1982: 159）、Atkinson et al.（1983: 215）和Crider et al.（1986: 211）。

20世纪80年代后,许多应用语言学家都已认识到迁移在外语学习和使用中的作用,如今正进一步研究产生迁移的条件,以及这些条件如何与其他因素互相作用,共同影响外语习得与使用,等等,如Færch & Kasper（1987: 112）和Ellis（1994: 343）。

二、对比研究与外语习得理论

以行为主义心理学和认知心理学为指导思想,在外语教学研究领域,分别产生了两类外语习得理论:对比分析模式和**创造性建构**（creative construction）模式（Flynn 1987; Broselow 1988）。

对比分析模式主要以行为主义心理学和结构主义语言学为基础。其早期理论认为,外语习得主要是一个从母语习惯向外语习惯迁移的过程。一方面,当母语和外语在形式、结构、语义或语用等方面不同时,会产生有害迁移。学生在学习某些语言项目时会感到困难,并受到母语干扰而造成一些错误。相关研究有Kellerman & Sharwood Smith（1986）、Færch & Kasper（1987）和Sa'Adeddin（1989）；另一方面,当母语和外语的某些结构相同时,会产生有益迁移（见Oller & Redding（1971））。外语教学的目的是促进有益迁移,同时克服有害迁移,并在此基础上帮助学生形成新的外语使用习惯。

但是,有一些实际调查研究（如Dulay & Burt 1974a, b）表明,语言间差异并不一定造成有害迁移,语言间的相同之处也并不一定产生有益迁移。一定程度上,正是此类对对比分析外语教学理论的批评和否定,推动了创造性建构模式的产生。

创造性建构模式以认知心理学和生成语法理论为基础,认为母语和外语习得都遵循一套相同的固有原则。一方面,通过比较母语和外语的习得过程,发现它们是相同的,如Cook（1973）、Appel（1984）和Mazurkewich（1985）；另一方面,在外语习得过程中,两个决定性因素是外语的结构和外语学生共同具有的创造性建构能力,而学生的母语经验并不影响外语的习得。相关研究有Dulay & Burt（1974a）和Bailey *et al.*（1974）。

需要说明的是,仅仅依据对比分析模式或创造性建构模式无法完全解释外语习得过程中的一些现象,这两种模式并不互相排斥。我们应该在一个可靠的心理学和语言学框架中,把两者统一起来（Flynn 1987: 26）。

三、对比研究和外语教学研究方法

基于上述两种外语习得理论模式,分别产生了研究外语教学的两种方法:对比分析和错误分析。

对比分析以对比分析教学理论为基础,认为外语教师只有充分了解学生在外语学习中产生错误的原因,才能有效防止和纠正这些错误。大部分可清楚找到根源的错误,都是由于母语的干扰引起。因此,外语教师只有认真地把学生的母语和所学外语进行具体比较,才能了解学生究竟错在哪里。经过专门训练的外语教师能够清楚地指出错误的具体所在(Lado 1957: 4)。

错误分析基于创造性建构的外语习得理论,认为由于外语和母语习得的过程都是创造性的假设验证过程,所以外语学生的错误反映了他对外语规则习得的程度。研究学生在外语学习过程中系统出现的错误,有助于了解学生在学习中采用的**学习策略**(learning strategy)和所提出假设的本质。James(1998: 269)在Corder(1974,1981: 23)的研究基础上,提出了一个较为详细且操作性强的研究流程,共包括十个环节。在其中某些环节,错误分析必须借助对比分析才能进行(Corder 1973: 274;James 1998)。例如,找出在**重构**(reconstruct)的理想目标语形式和学习者语料之间不对应的关系,通过回译把**偏常**(deviant)形式译成母语,对错误类型的分类、描写和解释等。

外语学习过程中,学生常犯的错误有三种:1)语际错误,即由母语干扰引起的错误;2)语内错误,即由于没有掌握外语规则引起的错误;3)其他错误,如由于教学或教材不当引起的错误。

根据干扰错误在外语学习错误中所占比例,可以将母语干扰在外语习得中的程度分为三等。1)外语学习的过程几乎可以完全排斥母语干扰。例如,Dulay & Burt(1973)发现,干扰错误仅占错误总数的3%;2)母语干扰至少对某些外语项目的习得具有决定性的作用。例如,Takashima(1989)发现,日本学生在回答英语是非疑问句时,近88%的错误可以归结为母语的干扰;3)母语干扰的作用大小介于上述两类之间。例如,Richards(1971)发现,一半以上的错误可以归入干扰错误。James(1980: 29)和R. Ellis(1985: 29)均认为,干扰错误的平均百分比大约为33%。此类研究还有(括号内的百分比为干扰错误在外语学习错误中所占的比例)Grauberg(1971)(36%)、George(1972)(33%)、Tran-Thi-Chau(1975)(51%)、Mukattash

（1977）（23%）、Flick（1980）（31%）、Lott（1983）（50%）、王彤福（1984）（45%）等[1]。

尽管错误分析可以找出一些与母语干扰无关的错误，但并不能完全说明学生遇到的困难和问题与母语无关。例如，学生刻意回避使用与母语差别较大的结构（Schachter 1974；Kleinmann 1977）。又如，学生一方面过多使用与母语相似的外语结构，另一方面又过少使用与母语不同的结构（Levenston 1971；Wong 1983）。

因此，综上所述，对比分析和错误分析各有所长，并不能互相取代。对比分析只有与错误分析结合起来，才能更好地揭示学生在外语学习中遇到的困难和问题。

在对外语习得过程的具体研究中，可以将对比分析和错误分析统一在**过渡语**（interlanguage）（Selinker 1972，1992）研究的框架中（如Davies et al. 1984）。过渡语既可以指外语学习者在某个学习阶段习得的一个具体的语言系统，也可以指反映学习者在整个外语习得过程中习得的一系列互相联结的这种语言系统。过渡语研究以认知心理学作为其理论基础，认为外语与母语的习得都是相同的假设验证过程。在该过程中，任何阶段的过渡语既不同于母语也不同于目的语。虽然过渡语理论与创造性建构理论都把外语习得过程视为一个假设验证过程，但Selinker（1972）认为，语言迁移仍然是过渡语形成过程中的主要因素之一，其过渡语理论正是基于对迁移现象研究发展而成。许余龙（2010: 217）认为，在过渡语研究的框架中，语言迁移可以重新解释为一种认知过程，也就是外语学习者根据自己的母语知识对外语中的规则提出假设。

此外，习得过程中的过渡语构成一个渐进的演化系列。关于此系列的出发点和过程，存在两种不同观点。一种观点（如James 1980: 5）认为，过渡语以母语为出发点，是从母语到外语的语法**重新组织过程中的连续体**（restructuring continuum）；另一种观点（如Corder 1983: 91）认为，过渡语以普遍性语法为出发点，是在外语语法**重新创建过程中的连续体**（recreation continuum）。其中，有学者（如Zobl 1983, 1984）认为，外语和母语的习得过程都是根据所接触的语言材料调定语言参数。另一些学者（如White 1985）认为，外语学习者首先以母语

---

[1] 所列文献中，1984年以前的资料引自Ellis（1985: 29）。

的习惯方式来调定这些参数，只有在认识到两种语言的参数调定方式不同时，才根据外语的方式重新调定。这与将母语作为过渡语出发点的观点其实是一致的。

当前，许多外语习得研究者（如Flynn 1987: 48；Broselow 1988: 206–207）认为，在以普遍语法作为外语习得出发点的理论框架中，有可能将对比分析与创造性建构结合起来，将对母语影响的研究与对过渡语共性的研究结合起来。

过渡语的研究范围不断扩大，不仅包括早期主要关注的音系、形态、词汇和句法，还扩展到了与社会语言学相关的交际能力。例如，对比在相同的社会情境中，外语学习者如何使用母语、外语和过渡语三种语言系统实施言语行为，如道歉（如Cohen & Olshtain 1981）、礼貌（如Beebe 1995）、对粗鲁的回应（如Beebe & Waring 2005）和多种语用策略的综合对比（如Rose 2000）等，从而探讨语用能力发展的规律。

四、对比分析假设与对比分析的预测力

对比分析假设是指对比分析的心理学基本原理，可分为强假设与弱假设（Wardhaugh 1970）。根据Lee（1968）提出的强假设，母语干扰是造成外语学习的困难和错误的主要（甚至唯一）的原因，而且母语与外语的差异越大，造成的学习困难也越大，因此学生需要学习对比分析中发现的差异。此外，通过对比分析，还可预测外语学习中会出现的困难和错误。但大量实际调查研究表明，母语干扰并非是造成错误的唯一（甚至主要）原因。在外语学习中，对比分析预测的一些错误并没出现，而真正出现的许多错误，对比分析却未能预测到。

这导致了弱假设的产生。弱假设认为，对比分析不具有预测力，只有诊断力。对比分析首先必须搜集外语学习者遇到的困难和所犯的错误，然后再通过对比"诊断出"哪些错误是由母语与外语的差异引起的。语言对比只是用来解释实际出现的干扰现象，而不是预测这种干扰。

但是，如果要通过对比分析来解释干扰错误，首先必须假定母语与外语之间的某些差异可能会造成外语学习错误，即假定对比分析有预测错误的能力。James（1980: 185）认为，要使对比分析成为指导外语教学的有效手段，对比分析必须具有预测力，而对错误的诊断则是错误分析的任务。

许余龙（2010: 225）进一步指出，对比分析可预测哪些语言结构或成分可能发生迁移，但并不能完全预测外语学习者会碰到的困难和会犯的错误，因为这些困难和错误是由许多因素共同决定的。Lado（1957: 27）也认为，如果不实际观察学生使用外语的情况，就无法全面解释他们碰到的问题。只有把对比分析与整个外语习得过程和迁移过程研究结合起来，才能更好地发挥对比分析对外语学习的指导作用。

第二节　对比研究在外语教学中的应用

对比分析可以预测学生可能遇到的困难，因此可以指导外语教学的各个环节，如课程设计和教材编写、课堂教学和测试，以及相关研究领域，如二外教学和困难度分析。

一、对比分析与课程设计和教材编写

课程设计和教材编写首先涉及教学材料的安排。Fries（1945: 9）认为，教学效果最好的教材是以对所学语言进行科学的描述为基础，并将其与对学生的母语所作的同样描述进行仔细比较后编写而成。Lado（1957: 2）进一步指出，外语学习者会发现，外语中与其母语相近的特征学习起来较简单，而不同特征学起来较困难。

因此，在外语教材编写中，如果外语教师把学生的母语和外语进行比较，可以更好地看清学生在外语学习中遇到的难点所在，预测学生可能会遇到的困难，然后决定教材中各个部分的详略和重点。许余龙（2010: 226）建议，整个课程应按教学规律和外语本身的难易程度编排，每课课文则突出外语与母语的差异。这是外语教材编写中广泛遵循的原则，体现了教材的针对性。

以外语语音教材的编写为例，国内出版的英语语音教材（如葆青1973；邹世诚1982）都大量采用对比描述法。整本教材编排英语音素时都遵循先简后繁的原则，如先安排单元音，再安排复合元音；在讲解每个音素时，都指出了英汉语音的异同，以及受汉语语音的影响而导致的常见错误。

外语教材的解释和练习部分也可根据对比分析的预测，将重点放在与母语不同的外语语言项目上，尤其是词汇和语法部分，如许国璋（1979）。特别是在为成年人编写的外语教材中，需要首先简明扼要地解释与母语不同的词汇基本用法和语法点知识，然后设计各类练习，如填充、翻译、回答问题等。

语用和文化对比分析也可指导课程设计和教材编写。意识到语用和文化差异，有助于决定课程和教材的内容（Lwanga-Lumu 1999: 103）。在外语教材中，向学生对比呈现并解释不同的文化视角，可以帮助他们在现实生活中遇到复杂的语言和文化环境时做出更明智的选择（Xiong 2012: 514）。

通过直接对比外语教材中的语句结构和内容，可以发现和解决教材编写中可能存在的问题，以提高编写质量。例如，教材应该宣扬人们期待的社会情景（Lee & Collins 2010:134）。Lewandowski（2014）通过对六部外语语法教材中的语句对比研究发现，21世纪的语法教材比20世纪70–80年代的语法教材在**性别模式化**（gender stereotyping）方面的程度更低，更能体现男女平等。

最后，根据外语教材的使用情况，特别是学生遇到的困难和出现的错误，应该对教材进行修改和补充。例如，Binghadeer（2011）通过对比分析，找出母语为阿拉伯语的英语学习者所犯的语音错误，然后把这些错误和语音教材中的相应部分进行比对，发现造成错误的原因是教材没有提供合适的练习材料，因此建议，有必要特别针对由于母语干扰造成的发音错误改进教材。

二、对比分析与课堂教学

上述教材编写的原则也适用于课堂教学。需要解释和练习的重点不可能全部详细地在教材中反映出来，需要教师在课堂教学中随时根据学生的学习情况进行讲解和操练。对比分析可以帮助外语教师更好地了解学生的学习困难，分析学生犯错的原因是外语本身的困难，还是母语的干扰。如果是后者，教师可以有针对性地帮助解决，并增加辅助性的练习帮助学生克服母语干扰。

例如在词汇方面，García（2014）发现，以西班牙语为外语的课堂教学中，大量课堂讲授的内容都集中于动词讲解，但通过对过渡语的分析，发现学生最常犯的是代词方面的错误。造成此类错误的一个明显原因是母语干扰，因此，他建议在外语教学中应着重讲解各层次上的代词用法。

在句法结构方面，中国学生在使用英语时常犯以下错误：

（2）*There are some people believe that he is right.

其中的错误显然是受（3）中汉语句子的影响：

（3）有些人相信他是正确的。

由于汉语的"有"字句和英语的 *there be* 句型具有相近的意义和形式，学生常会把两者等同起来。但"有"字句中，如果"有"之前没有处所词，它其实接近于"某"或"某些"（吕叔湘 1980/2000: 631），因此"有"字句并不是 *there be* 的汉语对等形式。此外，语法上，*there be* 句型不允许在"真主语"后再跟另一个谓语形式（如（3）中的 *believe*），否则会形成句式杂糅。因此，（2）应改成（4a）或（4b）。如果不特意强调存在，（4a）的结构更紧凑。

（4）a. Some people believe that he is right.
    b. There are some people who believe that he is right.

在篇章结构方面，Kaplan（1988: 277）指出，有经验的美国老师根据以英语为外语的学生写的英语作文，能够准确地判断出他们的母语是什么。这说明，无论是母语为英语还是其他语言的人，他们的英语写作方式都有章可循。又如，Sheikholeslami & Makhlouf（2000）发现，以阿拉伯语为母语的学生即使已经掌握了英语句法和惯用法，他们的英语作文仍不地道。如果英语教师熟悉以阿拉伯语为母语的学生的英语写作特点，可以马上判断出，其中的主要问题是由于母语写作的修辞结构迁移至外语写作中造成的。此外，学生修改的时候也不会关注篇章组织结构方面的改进。我们发现，以汉语为母语的学生在英语写作和修改过程中也存在类似问题，表现在使用段落主题句和循环论证等方面，因而写出的英语作文不地道。即便在教师指出此类错误后，学生也常对于如何改进感到困难。因此，教师需要在课堂教学中相应加强这方面的讲解和练习。

此外，对比分析还可用于研究课堂教学中，不同语言的语言项目在**习得次序**（acquisition order）（如Krashen 1977）和特定语言项目的**发展序列**（developmental sequence）（如Kasem 2000；于秀娟、姜宗彦 2006）等方面的异同。研究结果不仅对外语课堂教学有启示和借鉴作用，也可指导课程设计和教材编写。

总之，这类建立在对比分析基础上的课堂教学，有助于学生克服母语干扰，从而正确理解和掌握外语的词汇、语法以及篇章结构等。

三、对比分析与外语测试

对比分析还可用于外语测试。首先，在外语测试设计方面，通过语言对比分析，可以更客观地设计反映学生外语能力的测试。James（1980: 149）认为，外语测试的基本要求之一是有效性，即能正确反映学生的外语能力。在词汇测试方面，Meara（2005）认为，语言差异决定了不能把一种语言的词汇能力测试直接借用于不同语言，在不同语言间进行"等同"的测试绝非易事。词汇能力可以从三个维度进行描述，即词汇量大小、词汇知识的深度和核心词汇项目的可及度。三者之间是非线性、相互作用的关系，而且因语言而异。例如，如果说某种语言的词汇量包括N个词，在不同语言中这可能具有不同的实际含义。最后，作者还指出，根据从不同语言中"相同"的测试得出的结果，以及抽取出的"相同"数据，仍需要通过各种方式进行解读。例如，对于英语为母语的西班牙语学习者受试和以西班牙语为母语的英语学习者受试，即使采用相同的测试，也不能仅仅因为测试方式相似，想当然地根据测试结果得出哪种语言更难或者哪一类受试水平更高这类结论。又如，Ito（1997）以母语为日语的外语学习者为研究对象，通过对比分析，根据他们的过渡语的准确程度，发现他们在三种类型的测试中表现各异，并讨论了研究结果对教学的反拨作用。

此外，在测试内容的选择方面，对比分析也可以发挥一定的作用。Lado（1961）的外语测试理论，在很大的程度上是建立在对比分析的基础上的。Davies（1968: 12）也认为，如果外语测试是为一组具有共同母语的外语学生设计的，那么对比分析必不可少。测试项目通常有代表性，特别是在学生所学的范围内可能会遇到困难的项目。这种困难主要由外语本身的困难和语言间差异两方面因素造成。外语的困难往往也是与母语相对而言。因此，对比分析可帮助我们选择和确定测试的重点。例如，对学英语的中国学生来说，英语冠词与介词的用法、时态的呼应以及一些特殊的语法结构等，是经常容易出错的地方，因而应该成为测试的重点。对比分析不仅可以帮助我们确定测试的内容，而且可以帮助我们设计具体的试题。例如，可以将由于母语干扰造成的错误分别列为选择题的干扰项和改错题的试题内容。

最后，还可以通过外语测试，检验对比分析的教学效果，发现学生的学习困难，从而对提高教学有所启发。例如Pandey（2000）通过托福考试检测对比分析和错误分析的教学效果，根据学生的成绩，发现听力理解和语法部分对学生尤其困难。又如，Fisher & Lapp（2013）研究了讲黑人美语的学生无法通过学术英语考试的原因和改进办法。他们认为，对比分析技巧不仅可以使学生掌握基于情景进行语码转换的能力，而且能够提高他们的学术英语水平。他们还提出了一系列关于如何使用对比分析组织教学的实用方法，并建议教师运用和深化既有的对比分析研究成果，加深学生对语言差异的认识和把握。结果证明，采用对比分析法组织教学大幅提高了此类学生的测试通过率。

四、对比分析与二外教学

对比分析对第二、第三等外语的教学也有一定的指导意义。一些学者指出，在学习第二外语时，学生受第一外语的影响往往比受母语的影响大。Rivers（1983: 89）根据自己学习第六语言——西班牙语——的经验认为，在学习第三、第四外语时，学生倾向于依赖自己已学过的最弱的一种外语的知识推测正在学习的外语形式。似乎他们潜意识中认为，"这是外语，因此说起来就得像外语"。Ellis（1994: 339）认为，外语学习者已学会的其他外语与母语都会影响他们正在学习的外语。Rast（2010）的研究表明，即使学习者第一外语的水平非常有限，也会对其第二外语产生各种影响。

对比分析在第二外语研究中的运用主要集中于语音、音系、词汇和形态方面，如Escudero（2007, 2013）、Hammarberg（2009）、

Wrembel（2010）、Granado（2011）和Boratyńska-Sumara（2014）。以语音感知研究为例，Qin & Jongman（2016）的实验表明，以英语为母语的学习者在学习第二外语广东话时，他们学习第一外语汉语普通话的经验会提高他们对声调的敏感性。Onishi（2013）的研究则显示，学习者的第一外语知识会提高他们学习第二外语时对音系差异的感知能力。

在此类研究中，要分析母语和第一外语与第二外语之间的相互关系，对比分析都是必不可少的研究方法，而且研究成果对二外教学有明显的借鉴和指导意义。因此，在第二外语教学中，将第二外语与第一外语进行对比，用对比分析法组织教学，不失为一种行之有效的方法。吴贤良（1988）根据自己向学过英语的中国学生教授法语的经验，认为在二外教学中，运用英法比较的方法，让学生在对比、联想中学习和掌握法语，比单纯用汉语或法语来讲解，效果要好得多。

五、困难度分析

对比分析能确定学生的母语与外语的异同，但是并非所有差异造成的学习困难都相同。比如，Jackson（1981）指出，学生最容易出错的地方是既有相同之处又有不同之处的语言间对应项目。如果两种语言中的对应项目差别很大，那么一般并不会造成学习错误。该论断在一些研究中得到了验证。例如，Oller & Ziahosseiny（1970）发现，错误的概括和相似的拼写形式是导致外语拼写错误的主要原因；Flege（1995）分析了大量具有不同难度的语音习得的例子，证明相近的音比不同的音更难习得；Major & Kim（1996）也证明差异大的语言现象比相近的现象习得速度更快。

如何根据对比分析确定各类外语项目的学习难度，是一个较为复杂的技术性问题。例如，Stockwell & Bowen（1965）分析了外语语音学习的难度，主要依据两种语言在各个语音结构位置上语音选择的三种可能性：1）任意选择：在某个语音位置上，可以允许一组音位中的任何一个音位出现；2）强制性选择：在某个语音位置上，音位变体的选择是强制性的或者音位分布受限制；3）零选择：语言A中的某个音在语言B中缺失。他们根据母语和外语中各种选择的可能性的对应情况，将外语语音学习的困难度分成三等共八级。

对外语学生来说，语音学习中最困难的部分是母语中没有而在外语中必须选择的语音成分。例如，对于学习英语的中国学生来说，像 cotton（棉花）等词中的/t/可能是属于最为困难的英语语音之一，因为当/t/出现在/n/前时，不再像在元音前那样是一个口腔除阻的爆破音，而是一个鼻除阻音。这个音位变体在汉语中没有，而在英语的这一音位分布环境中，却是一个强制性选择的音位变体，因而属于最困难的音。中国学生通常倾向于把这个音发成口腔除阻爆破音，将/tn/读成/tən/。

Stockwell *et al.*（1965）还采用该基本方法分析了语法困难度。考虑到语法形式在两种语言中所表达的语义概念的异同，将原来的八级困难度增加到十六级。

Saeed & Fareh（2006）分析了母语为阿拉伯语的英语学习者在翻译阿拉伯语的篇章标记 *fa* 时遇到的各种困难，并按照难度进行了排列；Kaiser *et al.*（2014）对比分析了语义对等的句法结构，结果发现对外语学习者来说，虽然整体上那些母语中没有的句法结构相对更难理解，但是它们并不总是会引起阅读理解的困难。

难度分析有时还应考虑其他因素。1）具体语言项目的不同差异程度会造成不同程度的母语干扰，从而产生不同的难度；2）难度还有理解性与表达性，以及暂时性与顽固性之分。比如，外语学习者也许能正确分辨（或理解）某些音，但却很难发出（或表达）这些音；3）学习者会碰到哪些困难，还取决于学校的环境和设施、教师、教学方法、学习者的个人因素等许多其他因素（如许余龙1997，1998，1999b，2003）。

总之，难度分析在理论上还有许多可以进一步探讨的地方，而且也必须与心理语言学研究以及科学的实际调查结合起来。

第三节　研究示例：母语与二语阅读学习策略的使用及其效果对比研究

一、问题的提出

学习策略是语言习得研究的一个重要方面。所谓学习策略，是指学生在学习中采用的某些方法或技巧（Ellis 1997/2000: 76–77）。Chamot & Kupper（1989）指出，所有的学生都使用某些学习策略，问题的关键是，策略是否用得灵活恰当（转引自Skehan 1998/1999: 264）。在制订教学指导方针时，教师也都将培养学生的学习策略和教学生"学习如何学习"放在首要位置（Nunan 1988/2001: 159）。

那么以汉语为母语的学生，在他们的汉语母语与英语二语阅读学习过程中，会使用哪些学习策略呢？在这些策略中，哪些有助于阅读能力的发展？学生在汉英阅读学习中使用的学习策略及其效果是否会有差异？在不同阶段的汉英阅读学习中，学生使用的学习策略及其效果是否也会有所不同？这些便是本示例研究所要回答的问题。

二、研究思路与方法

要回答上述问题，我们首先需要收集相关数据资料，然后对数据资料进行分析。

本示例研究所用的原始数据资料，取自我们直接参与的"**国际教育成就评价协会**"（The International Association for the Evaluation of Educational Achievement，简称IEA）在1988–1993期间规划组织的大型国际阅读能力调查研究项目（The IEA Reading Literacy Study）香港子项目的数据材料（关于该项目的简介及一些相关研究，见许余龙1994，1997，1998，1999）。该国际项目的调查对象是小学四年级（9岁组）和中学三年级（14岁组）学生的母语阅读能力。但由于中国香港是一个汉英双语社区，因此香港子项目同时对学生的汉英阅读能力进行了调查。小四和中三这两个阶段学生的阅读能力，大致代表了学生初级和中级阶段的发展水平。参加9岁组汉英阅读测试的人数分别为3,312和2,615人，参加14岁组的人数分别为3,160和2,715人。

该项目的研究工具包括参试学生的学校、教师和学生调查问卷以及阅读能力测试试卷两大部分，汉英语试卷的测试内容相同并翻译对等。在学生调查问卷中，两组学生都要求回答如下一个相同的问题，即在教师经常提倡的11个学习策略中，选取他们认为对提高自己的汉语或英语阅读能力最为重要的3个策略（以下列出的是汉语阅读调查问卷中的问题，在英语阅读调查问卷中，其中的"中文"全部替换为"英文"）：

(5) 学生问卷中关于阅读学习策略的问题

要提高中文阅读能力,你认为哪<u>三个方法</u>最重要?(<u>只选三项</u>)

a) 喜欢阅读中文书籍
b) 有大量时间阅读中文书籍
c) 能专心致志
d) 懂得怎样把中文字读出来
e) 学会大量中文生字的意义
f) 拥有很多好的中文书
g) 拥有丰富的想象力
h) 做很多中文阅读的回家作业
i) 在中文难点上多做练习
j) 做很多中文书面练习
k) 有人指导

学生问卷由学生在完成阅读能力测试后填写。抽样确定的每个班级以随机方式,一半学生参加汉语阅读能力测试并填写汉语阅读调查问卷,另一半参加英语阅读能力测试并填写英语阅读调查问卷。利用问卷所收集的数据资料,并结合学生的汉英阅读能力测试成绩,可以分析如下两大类我们所要研究的问题:1)在教师通常提倡的那些阅读学习策略中,哪些是学生认为对提高自己的阅读能力最有帮助的?在汉语母语与英语二语阅读以及两个不同阶段的阅读学习中,学生使用的学习策略是否有所不同?2)这些策略的使用与学生的阅读能力之间有什么关系?在母语与二语阅读以及两个不同阶段的阅读学习中,这些学习策略的效果是否也有所不同?下面我们将从这两个方面来讨论数据分析的结果。

三、分析与论证

就学生整体来说,对第一个问题的回答,可以根据选择某个学习策略的学生人数来推断。即如果选择某个策略的学生人数多,说明那个策略被较多学生认为是最重要的,因而在学习中也可能用得较多。表8-2列出了在9岁组和14岁组汉英阅读调查中,将某项学习策略作为阅读学习最重要策略的学生占各组学生总数的百分比，表中学习策略的字母编号与上面（5）中所列学习策略的编号相对应。

表8-2　各组学生阅读学习策略使用的百分比

学习策略	9岁组		14岁组	
	汉语（%）	英语（%）	汉语（%）	英语（%）
a	56	46	63	47
b	26	21	30	24
c	57	56	63	34
d	27	34	8	21
e	29	34	29	47
f	11	7	8	2
g	18	7	17	3
h	15	15	14	14
i	18	21	22	23
j	19	23	21	32
k	22	34	26	52

表8-2显示，总的来说，两个年龄段的学生都将"喜欢阅读"（5a）、"能专心致志"（5c）和"掌握大量单词的意义"（5e）作为汉英阅读学习中前三位最重要的学习策略；而选择"拥有很多好的读物"（5f）、"拥有丰富的想象力"（5g）和"做很多阅读回家作业"（5h）的学生都不到20%。

就年龄组内的汉英阅读而言，9岁组学生在汉英阅读学习中对学习策略的选择十分相似，唯一较大的差别是，有较多的学生在英语学习中选择策略k，即有人指导。这可能主要是由于英语毕竟不是他们的母语，在学习中遇到的困难会大一些，因此较多学生希望有人指导。

相比之下，14岁组学生在汉英阅读学习中对学习策略的选择差别较大。在英语学习中，有较多的学生选择"有人指导"（5k）、"学会大量生词的意义"（5e）、"做很多书面练习"（5j）和"懂得词的读音"（5d）；而较少的学生选择"专心致志"（5c）和"喜欢阅读"（5a）。

就年龄组间的汉英阅读而言，在汉语阅读学习中，两组之间唯一较大的差别是，较多9岁组学生将"知道汉字的读音"（5d）作为提高汉语阅读能力的重要策略。这说明，较多小四学生认为，多识字是提高汉语阅读能力的重要方法；而在中三阶段，绝大多数学生认为，多识字已不再是提高汉语阅读能力的主要手段。

两组学生在英语阅读学习中的最大差别是：有更多的14岁组学生认为"有人指导"（5k）、"掌握大量英语单词的意义"（5e）、"做很多英语书面练习"（5j）是提高英语阅读能力的重要策略；而较少学生将"专心致志"（5c）和"掌握英语单词读音"（5d）作为提高阅读能力的重要策略。这表明，在英语阅读能力发展的中级阶段，虽然大部分学生对掌握英语单词的读音不再感到是个大问题，但随着英语阅读要求的提高，似乎比初级阶段更缺乏信心。这表现为超过一半的学生感到需要有人指导，较多的学生觉得需要扩大词汇量，并做大量的书面练习。

本示例研究的第二个问题更为重要，因为该问题有关学习策略的使用是否恰当有效。对该问题的回答需要分析学习策略的使用与阅读成绩的相关性，以便确定上述11个学习策略对学生在汉英阅读学习两个不同发展阶段的有效性。具体做法是，根据选择和不选择某一策略的两组学生的平均阅读成绩来推断，即：如果选择某个策略的学生平均成绩显著高于不选择这个策略的学生，说明这个策略对学生的阅读能力有正面的影响；如果选择某个策略的学生平均成绩显著低于不选择这个策略的学生，说明这个策略对学生的阅读能力有负面的影响；如果差别不大，说明没有显著影响。

要比较两个独立大样本平均数之间的差异有无显著性，可以采用Z检验的方法（见郝德元 1982: 152–156；王汉澜主编 1987: 400–403）。因此，我们利用香港国际阅读能力调查研究报告（Johnson & Cheung 1995；其中所有的数据统计均由笔者完成）中列出的选择和不选择每个策略的学生人数、他们的平均分以及平均分的标准差及其标准误等基本数据，进一步计算出选择和不选择每个策略的两组学生平均分之差的Z检验值。我们将显著水平确定为$\alpha=0.05$，这一显著水平上的Z绝对值为1.96。因此，如果Z绝对值大于1.96（即$|Z|>1.96$），说明有显著相关性；如果小于1.96，说明无显著相关性。如果大于1.96的Z值为

正数,说明是显著正相关;如果为负数,说明是显著负相关,即认为某一学习策略是提高阅读能力最重要方法的学生,他们的阅读测试成绩反而显著低于不这样认为的学生。

下面的表8–3和表8–4,分别列出了所有与9岁组和14岁组学生汉英阅读成绩显著相关的学习策略。为了便于比较,在汉英两种语言的阅读中,只要有一种语言阅读能力测试成绩差异的Z绝对值大于1.96,便列出与其相关的学习策略。表中,学习策略的字母编号与前面(5)中所列的策略编号相对应,显著相关的用粗体显示。

表8–3　与9岁组学生阅读成绩显著相关的学习策略

学习策略	选择	汉语阅读			英语阅读		
		学生数	平均分	Z值	学生数	平均分	Z值
a	不是	1,308	521.04	**3.90**	1,293	419.84	**3.20**
	是	1,664	530.68		1,094	427.72	
c	不是	1,277	517.25	**6.44**	1,039	424.61	−0.83
	是	1,695	533.35		1,348	422.56	
d	不是	2,158	524.72	**2.32**	1,566	422.59	1.00
	是	814	530.96		821	425.09	
e	不是	2,121	522.64	**4.85**	1,576	420.71	**3.07**
	是	851	535.88		811	428.78	
f	不是	2,639	528.82	**−5.12**	2,231	424.00	−1.75
	是	333	507.56		156	415.67	
g	不是	2,429	527.65	**−2.15**	2,211	424.76	**−4.36**
	是	543	520.97		176	407.02	
h	不是	2,540	528.13	**−3.35**	2,031	424.48	**−2.17**
	是	432	516.46		356	417.58	
j	不是	2,398	528.74	**−3.89**	1,834	422.39	1.57
	是	574	516.78		553	426.95	
k	不是	2,306	530.49	**−6.17**	1,579	425.72	**−2.65**
	是	666	512.40		808	419.01	

表8–4　与14岁组学生阅读成绩显著相关的学习策略

学习策略	选择	汉语阅读			英语阅读		
		学生数	平均分	Z值	学生数	平均分	Z值
a	不是	1,141	526.93	6.73	1,375	422.41	5.91
	是	1,912	543.07		1,238	438.22	
b	不是	2,143	534.25	3.71	1,996	426.93	3.98
	是	910	543.60		617	439.52	
c	不是	1,129	536.20	0.55	1,715	431.96	−2.09
	是	1,924	537.53		898	425.98	
d	不是	2,819	539.32	−6.61	2,068	434.40	−6.76
	是	234	509.56		545	412.85	
g	不是	2,547	537.83	−1.50	2,525	429.19	2.66
	是	506	533.06		88	450.28	
k	不是	2,246	541.79	−6.90	1,261	438.95	−6.56
	是	807	523.80		1,352	421.47	

将表8-3与表8-4作整体上的比较，我们会发现，与9岁组学生汉英阅读成绩显著相关的学习策略的数量要比与14岁组相关的多。在语言难点上"多做练习"（5i）这一学习策略，与9岁组和14岁组的汉英阅读都没有显著关系。除此之外，与9岁组汉英阅读无显著关系的学习策略只有1个，即"有大量时间阅读"（5b）；而与14岁组无显著关系的却有4个，即"学会大量单词的意义"（5e）、"拥有很多好的书籍"（5f）、"做许多阅读回家作业"（5h）和"做很多书面练习"（5j）。

就9岁组学生的汉英阅读而言，表8-3显示，与汉语阅读显著相关的学习策略较多，共有9个。其中4个有正面影响，按显著性（即Z值）大小排列依次为"能专心致志"（5c）、"学会大量单词的意义"（5e）、"喜欢阅读"（5a）和"懂得单词读音"（5d）；5个有负面影响，按显著性（即Z的绝对值）大小排列依次为"有人指导"（5k）、"拥有很多好的书籍"（5f）、"做很多书面练习"（5j）、"做很多阅读回家作业"（5h）和"拥有丰富的想象力"（5g）。而与英语阅读显著相关的学习策略只有5个。其中2个有正面影响，即"喜欢阅读"（5a）和"学会大量单词的意义"（5e）；3个有负面影响，即"拥有丰富的想象力"（5g）、"有人指导"（5k）和"做很多阅读回家作业"（5h）。将这一结果作一比较，我们可以看出，所有与英语阅读显著相关的学习策略与汉语阅读也都显著相关。在其中两个有共同正面影响的学习策略中，除了喜欢阅读这一策略外，另一个学习策略是学会大量单词的意义。这是一个低层次的阅读技能，反映了初级阶段汉英阅读学习的共性，即扩大词汇量是初级阶段提高汉英阅读能力的有效方法。

表8-3还显示，有4个与9岁组汉语阅读显著相关的学习策略，与英语阅读却没有显著关系。其中2个对汉语阅读有正面影响的是"能专心致志"（5c）和"懂得单词读音"（5d）。这两个学习策略对英汉初级阶段阅读学习的不同显著性，似乎部分是由于汉英两种语言的文字差异造成的，说明掌握汉字的读音要比掌握英语单词发音更困难。因此在初级阶段汉语阅读学习中，懂得汉字读音确实是提高阅读能力的一个显著有效的策略。另外2个对汉语阅读成绩有负面影响而与英语阅读没有显著关系的学习策略是"拥有很多好的书籍"（5f）和"做很多书面练习"（5j）。某些学习策略对阅读能力有负面影响主要是因为，认为这些学习策略最重要的学生总体阅读能力较低。最明显的是有人指导这一学习策略。需要有人指导的学生大多是感到阅读有困难的学生，因此将有人指导作为提高阅读能力最重要策略的9岁组和14岁组学生，他们的汉英阅读测试成绩都要明显低于不将此作为最重要策略的学生。上述结果表明，做很多书面练习对于汉语阅读来说，通常是阅读能力较低的学生采用的学习策略；而对英语阅读来说，采用这一策略的学生，其阅读成绩略高于不采用这一策略的学生，虽然两者之间的差别没有达到统计学上的显著水平。汉英阅读之间的这一差别，似乎反映了母语与外语学习之间的差别。因为对这些学生来说，汉语是他们的母语，平时接触较多，因此做很多书面练习对提高阅读能力并不一定有很大帮助；而英语是外语，平时接触较少，因此多做书面练习对提高阅读能力可能会有些帮助。

就14岁组学生的汉英阅读而言，表8-4显示，与他们汉语阅读显著相关的学习策略有4个。其中2个有正面影响，即"喜欢阅读"（5a）和"有大量时间阅读"（5b）；2个有负面影响，即"有人指导"（5k）和"懂得单词读音"（5d）。而与他们英语阅读显著相关的学习策略有6个。其中有正面影响的有3个，即"喜欢阅读"（5a）、"有大量时间阅读"（5b）和"拥有丰富的想象力"（5g）；有负面影响的也有3个，即"懂得单词读音"（5d）、"有人指导"（5k）和"能专心致志"（5c）。所有与汉语阅读显著相关的学习策略都与英语阅读显著相关，作用也相仿。这说明，中级阶段汉英阅读的共同特点是，只有喜欢阅读和大量阅读才能提高阅读能力；如果还把懂得单词读音这种低层次的阅读技能作为重要学习策略的话，只能反映学生的阅读能力较低。作为一种学习策略，拥有丰富的想象力对英语阅读有显著正面影响，对汉语阅读却有微弱的负面影响；而能专心致志对英语阅读有显著负面影响，对汉语阅读却基本上没有多大影响。这一结果似乎说明，由于英语派生和复合构词手段丰富，小句与小句、句子与句子之间的联系较多采用形合法而不是意合法，因此在阅读能力发展的中级阶段，丰富的逻辑想象力有助于提高英语阅读能力，而专心致志、死扣个别字句反而会影响英语阅读能力的提高。

四、结语

本节利用一项大型国际阅读能力调查的数据资料，分析和探讨了在汉英阅读学习的初级和中级阶段，学生学习策略的使用情况及其与他们的汉英阅读能力发展之间的关系。结果表明，就以香港学生为代表的母语为汉语的中国学生而言，在他们的汉英阅读学习中，使用的学习策略以及这些策略对他们两种语言阅读能力的影响，都既有共同之处，又有所不同。共同之处可能反映了初级和中级两个阶段汉英阅读学习的共同特点；而不同之处，有些可能反映了不同发展阶段的不同特点，有些可以归结为母语与外语阅读学习之间的差异，还有些可能是英汉两种语言的不同特点造成的。

虽然该国际项目的开展距今已有20多年，分析所依据的数据资料似乎略显陈旧，但该项目的后续研究项目**"国际阅读能力进展研究"**（Progress in International Reading Literacy Study，简称PIRLS）目前仍在进行，每隔五年开展一轮，不过调查对象仅为9岁组学生，最近一轮在2016年进行。而受PIRLS启发而开展的PISA（Programme for International Student Assessment）国际项目，阅读测试的对象则仅为15岁中学生。因而，我们的数据资料仍是可以进行此类对比研究的设计严谨、具有国际可比性的大型研究资料。

当然，上述研究和分析是初步的。影响学生母语和二语阅读能力的因素非常复杂，要全面了解，还必须进一步做大量深入细致的研究。正如Ellis（1994/1999：558）所指出："学习策略的研究在语言教学和解释第二语言学习的个人差异方面，都具有很大的发展前途。……然而，或许我们有理由说，此类研究目前仍处于起步阶段。"而就阅读策略与阅读理论的关系而言，正如Stahl（1997：26）所指出，我们不应该满足于笼统地问哪种方法最有效，而应该探讨对教什么内容及什么样的学生有效。所以，在这些方面都有大量的研究有待于我们去做。

第四节 小结

本讲首先简要介绍了对比分析的心理学基础，然后从外语习得理论和外语教学研究方法两方面讨论了对比分析在外语教学中的位置和作用，并探讨了对比分析假设的本质以及对比分析的预测力；接着，结合研究实例，说明了如何将对比分析运用于外语教学中的课程设计和教材编写、课堂教学、外语测试、二外教学以及外语学习项目的困难度分析等环节；最后，以语言差异对阅读学习策略使用与效果的影响为例，具体说明了如何在外语教学研究中运用对比分析的研究方法。

思考题

1. 以下语句都是以汉语为母语的英语学习者在英语写作中常犯的错误。请找出其中的语病，并通过对比分析找出学生犯错的原因。

   a. The first house was empty, however, the second house was full of people.
   b. Stepped into the room, you will see a huge bookshelf standing against the far wall.
   c. Unlike most of the other countries, the origin of America is not obscured by the mists of time.

2. 请举例说明如何以科学的态度看待对比分析与错误分析的关系？你是否同意以下观点：a）离开对比分析很难进行错误分析。b）错误分析的结果可以验证对比分析的预测是否正确（Ragusich 1977）。

3. 下面这篇文章是以汉语为母语的学生写的英语议论文。请从宏观（如篇章结构和修辞）对比的角度分析其中存在的问题。这些问题反映了什么语言差异？试从其中找出一些例子讨论对比分析可在外语教学中发挥的作用。

Should College Students Hire Cleaners?

I don't think that college students should hire cleaners, but I don't think that they shouldn't hire cleaners either. To me, it seems like a question about choosing a life style. I think everyone has their rights to choose their life styles.

Most people don't think that college students should hire cleaners. They think this is not something that a college student should do. In their opinion, a college student must study in a poor environment. They even think college students should not have an air conditioner in their dormitory. They always say that when they were college students they didn't have any air conditioner but they still study very hard. But actually, I think this is impenetrable. Our actions and habits are based on the environment. We pay a lot of money for the dormitory and we have rights to have an air conditioner. These people who object to set up air conditioners in dormitories enjoy air conditioning in their offices all summer. Actually, they are just envying because they didn't have air conditioners in their dormitories when they were college students, so they hope we shouldn't have any either. Now they don't think college students should hire cleaners for the same reason. They are envying.

Every person has his rights to choose his life style, and other people have no rights to accuse them. Although I will not hire a cleaner, I think we have the rights to hire a cleaner.

4. 请思考：对比分析除了应用于本讲中讨论的外语教学与研究的相关领域外，还可以应用于哪些其他相关领域（如外语教师培训，作业批改与反馈等）？在这些领域中如何应用对比分析？

推荐阅读

Cohen, Andrew. 2011. Second language learner strategies. In Eli Hinkel (ed.) *Handbook of Research in Second Language Teaching and Learning* Vol. II. Abingdon, England: Routledge. 681–698.

Erler, Lynn; and Claudia Finkbeiner. 2007. A review of reading strategies: Focus on the impact of first language. In Andrew Cohen; and Ernesto Macaro (eds.) *Language Learner Strategies: 30 Years of Research and Practice*. Oxford: Oxford University Press. 187–206.

James, Carl. 1980. *Contrastive Analysis*. Harlow Essex: Longman. (第2.3节)

Osgood, Charles E. 1949. The similarity paradox in human learning: A resolution. *Psychological Review* (56): 132–143.

Pandey, Anita. 2000. TOEFL to the test: Are monodialectal AAL-speakers similar to ESL students? *World Englishes* 19(1): 89–106.

许余龙，2003，学习策略与英汉阅读能力的发展，《外语教学与研究》第3期：200–205。

第九讲　对比研究与翻译

翻译是对比语言学的重要应用领域。翻译过程是将源语的某个表达法转换成目的语的对应表达法的过程，与单向性的应用对比分析过程非常相近。因此，翻译其实是一种典型的对比分析练习（Marton 1981: 169）。本讲将主要从翻译理论和翻译实践两个方面讨论语言对比与翻译的关系。

第一节　对比研究与翻译理论

国内外许多学者讨论了翻译研究的不同视角、应包含的内容以及所涉及的知识层面等，提出了一些翻译研究的模式和总体框架，如罗新璋（1984），金隄（1989/1994），杨自俭、刘学云（1994），刘宓庆（1998），Holmes（1975），Toury（1991），Chesterman（1993）等。

在翻译学界，翻译学是一门跨学科的学问已成共识。翻译研究非常复杂，涉及语言学、哲学、修辞学、诗学、心理学、社会学、文化人类学、交际理论、文学批评、美学和符号学等学科，而这些学科本身还没有一种普遍接受的理论（Nida 1993: 155；王东风 2014）。下面，我们首先以Catford（1965）和Hatim（1997）提出的两个语言学翻译理论为例来讨论语言对比与翻译理论的关系，然后基于Vehmas-Lehto（1987）的相关理论讨论两种研究的异同，最后探讨语言对比研究在翻译理论研究中的意义。

一、Catford的对比语言学翻译理论

Catford（1965）是一部以语言学理论为基础，全面系统地讨论翻译理论的代表性著作。Catford（1965: 20）将翻译定义为"将一种语言的篇章材料替换为另一种语言的篇章材料"的过程。他认为，翻译

可以在任何一对语言或方言间进行，无论它们是否有亲缘关系，或时间、地域、社会等方面的联系。因此，翻译理论是对比语言学的一个分支。下面，我们从翻译对等和意义两个翻译核心概念入手，简要介绍Catford（1965）关于对比研究和翻译理论之间的关系的观点。

翻译对等是翻译的核心概念。"翻译实践的核心问题是找出目的语中的对等表达法；而翻译理论的一个核心问题是定义翻译对等的性质和条件"（Catford 1965: 21）。翻译对等可分为**篇章对等**（textual equivalence）和**形式对应**（formal correspondence），并可通过对比源语与目的语的篇章来发现。

篇章对等可通过替换程序进行检验，具体步骤是：1）确定源语的语言单位（如：*That book is mine*）；2）请熟练的双语使用者或译员进行篇章翻译（如："那本书是我的"）；3）观察两者的不同（如：*that*对应"那"）；4）对源语的例句进行各种替换（如：*This book is mine*），并分别进行篇章翻译；5）统计特定的源语单位（如：*that*）的特定对等形式在所有目的语篇章中出现的次数（如：*that*的对等形式"那"在20篇汉语篇章中共出现了10次）；6）计算特定源语项目的篇章对等形式的适用几率（如：*that*在汉语中的一般篇章对等形式"那"的适用几率为50%）。

篇章对等又可分为无条件和有条件的一般篇章翻译对等。英语的*that*在所有篇章使用场合中的翻译对等属于前者；不同的篇章使用场合中*that*的翻译对等则属于后者。篇章对等非常依赖语境，因此往往不存在绝对意义上的完全对等。只有基于大量源语与目的语的篇章对比分析，才能确定无条件一般篇章翻译对等。

与篇章对等不同，形式对应指源语和目的语间的一对范畴（单位、类别或结构）在各自语言系统中占据的位置尽可能相同。由于语言都有各自的独特性，其中的范畴最终由语言本身内部的关系确定，因而形式对应只能是近似的，只有在较高的抽象层面上才能较容易确定，并可能要在篇章对等的基础上才能最终确定。如果说因为语言A与语言B的一对范畴在各自语言中高一级单位的结构中的作用基本相同，所以他们是这两种语言间的形式对应范畴，前提是在最高几率的篇章对等的基础上，首先确定这两个高一级单位形式对应。

翻译中的另一个核心概念是意义。两种语言中翻译对等的语言单位应该表达相同的意义。Catford认为，意义包括任何一种语言形式所参与建立的整个关系网络（1965: 35）。语法和词汇中的形式语言单位所建立的关系可分为形式关系和语境关系两种。

形式关系是指一个**形式项目**（formal item）与同一语言中其他项目之间的关系。例如，语法层级性结构中不同级别的单位间的关系，以及一个词项与同一语义场或词汇分支系统中其他词项之间的关系等。

语境关系是指语法或词汇项目与篇章的情景中相关要素之间的关系，可通过前文提到的替换法来确定。可以改变情景中的一个要素，观察篇章的相应变化；或改变篇章的一个语言项目，研究情景的相应变化，从而发现与该语言项目相关的一组情景要素，即它的语境意义。

由于语言间的形式对应只能是近似的，因此语言间的形式意义也很少会完全相同。语境意义也是如此：一个语言项目的语境意义由相关的一组情景特征组合而成，而这种组合也因语言而异。虽然语言间的项目很少具有相同意义，但是这些语言项目可以用于相同情景。只要源语和目的语篇章或语言项目在特定情景中可以互换，他们便是翻译对等的。因为句子是最直接与特定情景中某个言语功能相联系的语法单位，所以几乎总是可以在句子级别建立翻译对等。

确定翻译对等的一般条件是，一个源语和一个目的语篇章或语言项目可以与相同的一组实体特征（或至少是其中几个）发生联系（Catford 1965: 50）。所谓"实体特征"，是指情景实体的区别性语义特征（参见第三讲第二节中介绍的语义特征分析）。

Catford的语言学翻译理论说明，语言对比研究对翻译对等和确定翻译对等条件具有重要意义。

二、Hatim的对比篇章语言学翻译理论

Catford（1965）的语言学翻译理论主要是以句以下的语言成分对比为主要理论依据；Hatim（1997）则试图将翻译理论、对比语言学和话语分析三者结合起来讨论翻译，从对比篇章语言学的角度提出了一个宏观的翻译研究的理论框架。

Hatim（1997: 12）认为，"篇章是有效交际的最终单位"，并提出了一个以语境、**篇章类型**（text type）、**篇章结构**（text structure）和**篇章组织**（texture）为基本概念的篇章处理模式。在该模式中，语境是篇章使用者在表达或理解某一信息的意义时的出发点，也是终点。语境包括三个方面：交际交易、语用活动和符号交流。篇章可视为一种语境中的活动，并从三个方面分析：这种活动是谁与谁之间进行的交

际交易；为什么目的而进行的语用活动；通过什么样的社会文化符号进行符号交流。语境的这三个方面构成了广义语域，由此产生并决定了篇章类型、篇章结构和篇章组织：具体语境因素的确定决定了篇章类型，篇章的层级性组织原则决定了篇章结构，调节篇章连贯性的因素决定了篇章组织。在翻译过程中，源语篇章的理解和译文篇章的生成都应该考虑到这三个方面的因素。

此外，篇章的三个特征，即篇章类型、篇章结构和篇章组织之间，以及它们与翻译之间都存在密切的关系。篇章的**篇章类型焦点**（text-type focus）基本决定了其篇章结构，而篇章结构又有赖于篇章组织来实现。下面我们将分别讨论。

1. 篇章类型。篇章的章际性使语境的不同方面不断相互作用，并最终产生篇章类型。具体语境因素的确定，决定了特定篇章的篇章类型焦点。

Hatim以议论文的篇章类型为例，首先建立了议论文的分类体系，以及各子类的论证模式，然后基于大量的篇章样本分析，归纳了不同次类的议论文在英语和阿拉伯语中惯用频率的差异。这些差异造成了初学翻译者在将英语议论文译成阿拉伯语时，会遇到理解和表达方面的困难。而且，为了易于阿拉伯语读者的理解，有时在翻译中需要在两种语言的议论文的论证模式之间进行转换。

2. 篇章结构。一系列构成篇章的元素（词、短语、小句等）不仅会线性组合，还会组成一个层级结构：几个（或一个）篇章元素构成一个篇章结构段，几个（或一个）篇章结构段构成一篇篇章。需要注意的是，篇章结构段与篇章书写或排版时形成的自然段是不同的概念，混淆它们会导致理解上的错误。

例如，一篇英语篇章的结构由三个结构段组成：第一个结构段举出要反驳的论点；第二个结构段提出相反论点；第三个结构段具体论证相反论点。但是这三个结构段可分为两个自然段。由于第一和第二结构段较短，因此都被纳入第一自然段，第三结构段为第二自然段。在阿拉伯语中，论证相反论点的句子需要用一个特殊的论证标记（即小品词 *fa*），而不一定要另起一个自然段，但Hatim（1997: 59–61）发现，大部分学翻译的研究生在翻译该篇章时，都没有这样做。这说明他们没有理解英语原文的篇章结构，没有看出第二自然段（即第三结构段）是具体论证第二结构段提出的相反论点。

3. 篇章组织。篇章组织研究篇章的各部分如何通过各种语义、语法和篇章手段形成一个有机统一体。篇章组织使篇章具有衔接性，反映了篇章的连贯性和篇章结构，使一组句子成为在特定语境中为某一交际目的服务的有效得体的篇章。篇章组织手段相当于第五讲第一节中讨论过的篇章衔接手段。

具体篇章组织手段的应用，在语言之间存在着较大差异。如何处理好篇章组织，以取得和原文篇章组织一样的效果，是翻译中值得考虑的重要问题。为此，必须进行语言之间的篇章衔接对比，并对比相似篇章组织手段在各自语言中的作用。

最后，Hatim从文化和意识观念的宏观角度，探讨了如何用他提出的翻译理论模式处理社会生活中的语言现象。他认为，通过话语对比分析，可以解决诸如篇章类型与礼貌、文化接触、文学作品中意识观念的分析和翻译、非文学作品中反语的分析和翻译等一些在翻译中会遇到的问题。

上述两个翻译理论模式表明，翻译的语言学理论的提出，主要依据都是语言差异，而后者正是对比语言学的主要研究内容。因此，对比语言学"是与翻译实践中必然会出现的那些思维过程关系最为密切的语言学分支"（Pollard 1992: 4）。我们认为，就对比研究与翻译理论的关系而言，从语言学视角构建的翻译理论，实际上就是对比语言学翻译理论。

三、对比研究与翻译的关系

Vehmas-Lehto（1987）从对等概念、研究目的、研究的语言单位、研究材料和研究起点五个方面讨论了对比语言学和翻译科学之间的不同之处。虽然随着对比语言学的发展，其中有些观点已经不十分准确，但是大多数见解仍有助于理解对比研究和翻译之间的关系。下面，我们基于他的观点，结合对比语言学和翻译的新发展进行逐一讨论。

首先，对等概念方面，对比研究更注重形式对等，而翻译更注重"语言符号+语境"作为一个整体在语言间的对等。例如，对比研究中，Marton（1968: 55）认为，两种语言的词或词组必须具有相同的句法功能才可视为对等，这是最狭义的对等标准。此外，Krezeszowski（1971: 123）基于深层结构的概念，提出对等理论关注句子的**语义等同**（semantic identity），最接近的语义等同是可接受的逐词翻译及其释义。而翻译中，对等的条件不仅包含语言形式，还包含该语言形式所在的语境（Švejecr 1970: 33；转引自Vehmas-Lehto 1987: 64）。因此翻译中的对等也称为**功能对等**（functional equivalence）或**动态对等**（dynamic equivalence）（Nida 1964: 159）。但是，近来对比语言学家也意识到仅仅对比语言符号，而不考虑他们在各自语言的交际过程中的作用显然是不足的，从而推动了语用对比等研究领域的发展。

第二，研究目的方面，传统的对比研究关注语言使用者的语言能力，包括语用能力，但研究的重心在语言本身；而翻译主要关注语言运用，因此一些影响语言使用的语外因素也是研究的重要内容。

第三，研究的语言单位方面，传统的对比研究的对象集中于句以下单位，而翻译的研究对象是整个篇章。其实，Vehmas-Lehto（1987）已经意识到，这方面的差异当时正在逐渐缩小。20世纪70–80年代，M.A.K Halliday和De Beaugrande等学者推动了篇章语言学和篇章对比研究的发展。如今的对比研究已经超出了句子层面，篇章对比和语用对比方兴未艾（具体讨论参见第五讲和第六讲）。

第四，研究材料方面，对比研究使用的翻译材料主要是双向语料，例如第七讲中讨论的赵世开（1999）中的双向翻译对等语料。虽然在对比研究中也常常使用单向翻译对等语料，但那只是出于实际操作的考虑，并不是最佳选择。但是，翻译只涉及单向语言操作，其目的不是为了寻找普遍意义上的对等关系，而只是寻求具体篇章和情境中的翻译对等，因此不需要双向语料。

第五，在研究起点方面，基于翻译对等语料的对比研究先研究语言A的某个特定语言现象，然后再研究语言B中的该现象。两种语言中的任何一种都可作为研究的起点。此外，对比的目的是确定语言项目及其表达的意义和功能之间的相互关系。既可以从语言间的两个语言项目出发，研究它们在什么情况下表达相同或不同的意义和功能；也可以从意义和功能出发，研究在不同语言中表达这些意义和功能的语言项目的异同。翻译过程是从源语到目的语的单向语言转化过程（Catford 1965: 20）。因此，翻译通常始于源语的篇章，例如考察它的篇章类型、情境因素等，然后再确定他们在译文中的对等表达。

可以看出，虽然对比研究和翻译之间存在诸多不同之处，但是两者之间也存在紧密的联系。对比研究"具有不少可供翻译理论、翻译模式建构参考的有价值内容"（武波 1999: 74），可以为从语言视角分析和解释诸如翻译的可译性（如廖七一1994）、单位（如吕俊

1992/1994；罗选民1992/1994）、分类（如Catford 1965）、目的（如Vehmas-Lehto 1987）、标准（如辜正坤1989/1994）、等值和等效（如金隄1989/1994；罗新璋1990/1994；张南峰1999；王东风2000）等重大理论问题提供研究框架。

以翻译等值和等效为例。翻译对等是翻译理论研究中的核心概念和研究内容。Catford认为，语言间的两个语言项目在形式和语境意义上都完全相等的情况十分罕见。同样，在Hatim的理论框架内，严格意义上的翻译等值几乎不可能。由于篇章翻译对等的语言项目在语境意义和章际性等方面通常并不完全等值，因此他们也并非完全等效。因此，等效只是译者所追求和力求接近的理想目标，但通常达不到，只能做到大体对等（Jin & Nida 1984: 77；张南峰1999: 44）。

但是，在特定的语境中仍旧有可能建立翻译对等。张南峰（1999: 49）指出，"等效原则引起争论的原因是正反双方都为翻译事先规定单一的、范围很窄的目的"。许余龙（2010: 250）进一步指出，翻译对等的接近度受语言的形式、语义、语用等特点的制约，并受文体、修辞和整个社会文化特征的影响。因此，一方面，我们可以在分析具体篇章翻译对等的基础上，研究Catford所说的一般篇章翻译对等，特别是有条件的一般篇章翻译对等，加深对翻译等值和等效的认识；另一方面，Lado（1957）早就指出，语言对比应该和文化对比结合起来。Cheung & Xu（1994）在对中国香港各行业的翻译实际使用情况作了调查研究后也认为，翻译研究与分析的视野应该开阔一些，应该将翻译放在整个双语活动的大框架中加以分析和研究。

翻译对等不仅是翻译理论的重要研究内容，还是翻译实践的目的。而且，译文和源语之间存在多大程度上的翻译对等，也是衡量翻译质量的重要标准。因此，译者的任务通常被定义为在源语和目的语之间建立某种对等关系，翻译被视为对比语言学的一个分支（Lotfipour-Saedi 1990: 389）。

第二节 对比研究与翻译实践

上节中的讨论表明，对比研究不仅能帮助译者了解同一源语语言项目在不同语境中表达的不同意义和功能，还能为译者提供在不同语境中处理源语语言项目的不同方法。译者的任务是找出与源语语言项目在特定语境中篇章对等的目的语项目，即Catford（1965）所说的有条件的一般篇章翻译对等。

此外，翻译对等需要基于各个语言层面上的对比研究，确定语言项目在哪个语言层面上是等值的，在哪个层面上不等。Lotfipour-Saedi（1990）在对源语和目的语进行对比分析的框架内，在篇章的层面，研究了翻译对等的本质，并从七个维度讨论了翻译对等的具体构成，包括词汇（包括七种意义）、结构、**篇章性**（texture）、句子意义v.s.语句意义、语言变体、认知效果和审美效果。此外，Hatim（1997: 1）认为："要观察对比语言学是如何工作的，一个有效的方法是通过翻译；而要探讨翻译过程，一个有趣的方法是考察译者在处理篇章时作出什么样的决策。"下面结合具体的翻译实例，在语音、词汇、语法、篇章、语用和文化等不同层面，讨论译者如何在具体篇章环境下做出决策。

一、语音对比和翻译实践

语音对比研究在翻译中主要用于诗歌和专有名词等的翻译。例如，在（1）中，首先说话的是来自印度的出租车司机，由于他发音不准，第一次报价时导致对方误以为他说了一串稀奇古怪的名字，后来他用准确的发音又讲了一遍。我们重点关注司机说的这两句话（斜体部分）。

（1）"*Sick teen-squid Zachary.*"
"I don't know anyone of that name."
He looked at me, puzzled, then repeated, "*Sixteen-quid-exactly.*"
(David Mitchell: *Cloud Atlas*)

首先，译者肯定要译出司机所说的第二句话的意义，而他的第一句话只是根据第二句的英语发音编写，并没有实际的意义。原文中由于发音不准造成的误解对英语读者来说显而易见，但如果对第一句话进行逐词对译，两句话发音相似的特点不仅体现不出来，而且会引起汉语读者对整个上下文关系的费解。为此，译者根据后句的汉译，造出汉语中发音相近的人名。此外，译者还可用平卷舌不分来体现原文中的发音不准（如"曾"v.s."正"和"思"v.s."十"）和由此导致的误解，如（2）所示：

（2）"曾浩思，刘英邦。"
　　"这些名字我一个也没听说过。"
　　他看着我，满脸不解，然后又重复了一遍："正好16英镑。"

此外，在翻译诗歌等一些讲究韵律形式的作品时，译者常常需要运用语音对比方面的知识，尽可能使译文再现原作在韵律方面的风采。此类例子有很多，不再赘述。

二、词汇对比与翻译实践

第三讲提到，词汇对比可分为词汇形态对比和词汇语义对比。词汇形态方面，由于汉语词缀不如英语词缀丰富，英语中一些通过词缀表达的意义，在汉语中往往要借助于词汇等手段表达。在翻译实践中要注意汉英两种语言在词汇形态上的这种语言类型区别。例如，在第三讲第三节的研究示例中，通过词汇形态的英汉对比总结出的X-*able*词与"可X（的）"词以及其他表达法之间的基本语义对应关系，在翻译实践中可以为译者提供更准确清晰的选择。

又如，英语中为了满足特定的句法需求，常常通过附加词缀改变词性。而在汉语中，判断词性往往不能依照词形，而只能根据该词在句子中的位置和功能。因此，翻译有时需要改变词性或词的组合方式，以及增减词等，而不能逐词对译，如（3）：

（3）He is very grateful to Ms. Cai for her constant encouragement.
　　他非常感谢蔡女士的一直鼓励。

其中，原文的单小句结构在译文中改为了双小句结构。原文中的 *grateful* 和 *encouragement* 分别带有形容词性后缀 *-ful* 和名词性后缀 *-ment*；在译文中都分别改为无词缀的动词"感谢"和"鼓励"。不同语境下，这两个词可能作名词或动词，但具体是哪种词性只能根据其在句子中的位置和功能判断。此外，*constant* 由形容词相应地改为副词"一直"。最后，根据译文结构的需要，删减了原文的 *her*。

在词汇语义方面，译者需要在原文和译文之间，对比特定语境下的词义和词的搭配等，例如区分词义的正式程度、褒贬色彩、广狭、本义与引申义等差别，并根据特定语境选择最恰当的词义和对应译文。例如，小说《云图》中的六个故事采用了不同正式程度的词汇。其中，《尤因的太平洋日记》的文风古旧，用词正式。因此译者在译文中相应采用了较多四字成语等书面语词汇，如：*excoriating*译为"皮开肉绽"，而不是"擦伤"；*sullen*译为"郁郁寡欢"，而不是"抑郁"；*perfidious*译为"背信弃义"，而不是"不忠"。与此相对，另一个故事《思路刹路口及之后所有》的语言非常口语化。因此译者在译文中相应采用了较多方言和口语词汇，如：*die*译为"蹬腿儿"；*yibber*译为"碎嘴子"；*quicksharp*译为"忙不迭"；*crazy old bint*译为"疯婆子"。

此外，语言间的一些词汇搭配是词汇层面的"假朋友"（false friends），非常容易导致错译。虽然它们的语义结构相同，但词义并不完全相同或完全不同。例如，*guinea pig*（豚鼠）不能想当然地译为"几内亚猪"。

三、语法对比与翻译实践

第四讲中提到，语法对比可以分为屈折形态学对比和句法对比。屈折形态学方面，由于汉语的屈折形态变化不如英语丰富，英语中一些通过屈折形态变化表达的语法意义，如动词的时与体、名词的数与格和形容词与副词的级等，在汉语中往往要借助词汇等手段表达。

在英汉翻译中，处理英语屈折词缀时应注意两点：

1）根据特定语境，英语屈折词缀有时该译，有时不该译。一方面，英语的屈折形态变化不仅为了满足句法需要，如时与数的一致等，还具有一定的语义意义，如动作发生的时间关系，名词的单复数意义等。而汉语在句法方面不受时与数一致等的制约，而且在语义、动作的时间先后关系等方面，也往往可以根据上下文推断。因此在很多语境下，英语的屈折词缀可以忽略不译，否则译文会有明显的翻译痕迹，显得不够自然。例如：

（4）a. While they were *preparing* the hemlock, Socrates was learning how to play a new tune on the flute.
　　b. ? 当他们正在准备毒药的时候，苏格拉底正在用长笛练习一支曲调。
　　c. 他们准备毒药时，苏格拉底却在用长笛学吹一首新曲子。

但另一方面，在特定语境下，如果不译出屈折词缀，可能会造成译文中时间关系表达不清楚。在这种情况下，译者应增加表示时间的词语加以说明，如：

（5）Few *follow* the advice of Isabella Beeton, the guru of British cooks in the 19th century, who *decreed* in an early edition of her book that "a good meal, if enjoyed and digested, gives the support necessary for the morning's work."
19世纪英国烹饪大师伊莎贝拉·比顿曾在她著作的一个早期版本里说过："受用一顿美餐，能使整个上午工作精力充沛。"这番高见很少有人领会。（许余龙 1987: 56）

如果不译出原文中表示时态的词缀，容易使读者感到，是在19世纪很少有人领会这番高见。如果在译文的最后一个分句中添加某个表示现在时间的词，例如改为"这番高见现在很少有人领会了"，那么两个动作之间的时间关系就清楚多了。

2）译者还应该注意英汉语中相同屈折范畴的表达方式的异同。例如，Shi（2000）研究表明，虽然英语的 *Be*＋*V-ing* 结构和汉语的"正/正在/在＋VP"结构都可于表示进行体，但英语进行结构可以表达处于**活动**（activity）或**完结**（accomplishment）情状时间段中任何一点上正在进行或持续的动作；汉语进行结构只能表达处于中间或末尾阶段正在进行或持续的动作，而不能表达处于起始阶段正在进行或持续的动作。例如，（6）中的进行结构表达活动情状起始阶段的持续动作，译为汉语时不能用"正/正在/在"，只能用"起来/开/上了"及其变化形式。

（6）a. Within a few minutes, the news of the stolen puppies *was traveling* across England. (Dodie Smith)
b. *几分钟之内，小狗被盗的消息就传遍了英国。（陈复庵原译）
c. 几分钟之内，小狗被盗的消息就在全英国传开了。（Shi Dongqin改译）（Shi 2000: 55）

原译者将 *was traveling* 译为"传遍了"，表达的是动作的完成，似与原文不符。Shi改译为"传开了"，更符合原意。

句法方面，译者必须注意两种语言在句法结构上的异同。

1) 对比英语和汉语组词成句的一般规律，对翻译具有指导意义。例如，第五讲第一节讲到，英语是主语显著的语言，而汉语是主题显著的语言。与英语相比，整体而言，汉语句子结构的显著特点是"双主语"结构。所谓"双主语"结构，如果用主题、述题的概念来分析，是一个主述题结构充当另一个大主题的述题，因此也可以说是一个双主题结构，如（7）：

（7）他肚子大，腿又短，真难看。
He looks rather ugly with a big belly and short legs.

（7）中，"他"是整句的主题。"他"有三个述题："肚子大""腿又短""真难看"。其中"肚子大""腿又短"两个述题又分别由一个主述题结构组成，但对应的英语句子只有一个主语 *he* 和一个谓语 *looks rather ugly*，而且汉语原文中分别由主述题结构组成的两个述题则由一个介词短语表达。英译汉翻译实践中，译者可以采用这种双主题结构，使译文更符合汉语的表达习惯。

2) 语言间具体句法结构的差异非常复杂。以语序为例，英汉两种语言在各语法成分在句子中的位置、主从句的相对语序、动词与修饰语的相对语序、名词与修饰语的相对语序等方面存在非常显著的差异。例如，黄宣范（1979: 23）、许余龙（1987b，2010: 256–257）认为，动词与修饰语在句中的相对语序有时呈现镜像对称的关系。虽然有学者（如王东风、章于炎 1993；冯庆华 2010: 81–84）对换序翻译做了大量的实践研究，但是，我们好像无法得出一个广泛适用的语序对应规则。语序受具体语境因素的影响，如信息结构、汉语主题化倾向等。译者应该在大量翻译实践的基础上，不断提高根据特定语境确定译文语序的能力。

3) 除了以上讨论的句法结构差异，语言间的某些句子结构在形式上相似，但表达的意思却有较大的差别，是句法层面的"假朋友"，如第四讲第三节中讨论的 *as ... as any* 和汉语的"和任何……一样……"结构。

四、篇章对比与翻译实践

翻译实践中，我们总是需要考虑一个语言单位在更高层次的语言单位中的功能和意义。因此，翻译句子时，我们还要考虑它在篇章中的功能和意义。例如：

（8）They discussed the purchase of new books for a while before Winnie arrived. (Louise Penny: *Bury the Dead*)
温妮到之前，他们讨论了一阵儿购买新书的事。

如果仅考虑（8）在句子层面上的翻译，译者可根据汉语的从句结构排列习惯，把本来在原文中位于主句后的从句在译文中提到句首。但是，如果我们把（8）放在（9）的篇章环境中，其翻译可能就不同了。

（9）a. They discussed the purchase of new books for a while before Winnie arrived. Small and energetic, she was fierce in her loyalty. (Louise Penny: *Bury the Dead*)
b. ? 温妮到之前，他们讨论了一阵儿购买新书的事。她矮小，精力充沛，极度忠诚。
c. 他们讨论了一阵儿购买新书的事之后，温妮到了。她矮小，精力充沛，极度忠诚。

在这一具体篇章环境中，由于下文紧接着描写的仍是温妮，并用代词指代，为了在先行词和代词之间保持原文中的较短距离，使指代关系更明确，以便目标语读者理解，更好的翻译可能是保留原文的小句顺序，把原文中的从句连接词 *before* 改译为"……之后"。可见，篇章结构会影响句子层面的翻译。

第五讲讲到，篇章的结构性体现在衔接性和连贯性两方面。篇章对比和翻译的关系也可从这两方面展开具体讨论。

1）衔接性方面。翻译者需要根据特定语境，针对衔接手段，选择符合目标语语言特点的翻译。译者应充分考虑不同语言的篇章结构特点，根据主述位结构对比（如徐盛桓 1982；肖群 1993）、照应衔接对比（如杨林 2009）、话题链对比（如孙坤 2013）、**词汇链**（lexical chain）对比（如 Lotfipour-Saedi 1997）等方面的对比研究成果，指导篇章翻译实践。例如，如果汉语的篇章主题明确，可采用零代词的照应方式；而相应的英语篇章则必须重复使用代词充当句子主语。下面第三节研究示例将要讨论的英汉远近称指示词的对译也属于此类研究。

此外，语言间篇章的词汇衔接手段对比对翻译实践也很重要。例如，英语篇章中 *and* 除了表示并列和附加关系，还可能表示承接、结果、对比、目的、补充等关系。译者要根据语境选择汉语中相应的不同连词。此外，汉语连接衔接手段通常用得比英语少，句子之间的连接较多地依靠所谓"意合"而不是"形合"的方法，即通过篇章中各组成成分之间的语义联系而实现。因此，在英译汉过程中，英语篇章中的连词有时可略译或采用其他方法表达（刘宓庆 1991/1992；连淑能 1993；袁锦翔 1994）。

2）连贯性方面。李运兴（2001: 164）认为，译者必须首先认清原文的逻辑层次和脉络，把握并参照源语的连贯结构，然后依照目的语的连贯模式进行重新构建。他详细讨论了翻译实践中发生在句子内、句群内和句群间的三种译文连贯不当的情况。此外，我们还可以讨论衔接手段的翻译与译文连贯性的关系。例如，刘庆元（2004）通过实例说明，译者要根据目的语的特定表达习惯，采取不同的策略，对译文的衔接进行重组，从而达到语义上的连贯；王东风（2007）则从英汉翻译的视角讨论了时态推进的连贯功能。

五、语用和文化对比与翻译实践

在语用方面，译者应注意，语言间一些在形式或语义上对应的表达法可能表达不同的语用意义。在追求语用对等的翻译过程中，译者不仅要考虑字面意义的对等，往往还要考虑源语语言形式所处的特定语境及其典故、时代背景、言外之意、感情色彩等诸多因素，如：

（10）sunt lacrimae rerum. (David Mitchell: *Cloud Atlas*)
　　　触景生情，惟有泪千行。

（10）是故事主人公写给恋人的绝笔信中的最后一句话。具体语境是：主人公在信中回忆了自己初来这个城市的遭遇，向恋人托付最重要的物品，并感慨人生的轮回。（10）虽然简短，却浓缩了主人公在临死之际难以言表的复杂情感，将整个故事和读者的感受推向高潮，可谓是点睛之笔。

（10）的原文是拉丁文，出自古罗马诗人维吉尔（Virgil）所作的《埃涅阿斯纪》[1]。故事讲述了英雄Aeneas背父携子逃出一片火海的特洛伊城后,在一座迦太基神庙里看到一幅壁画,上面刻画的是特洛伊战争的场景,还有牺牲的朋友和同胞。此时,他不禁慨叹无法避免的负担、无处不在的脆弱和痛苦是人类历史中恒久不变的东西,哭诉道:"*sunt lacrimae rerum et mentem mortalia tangunt*。"这句话可直译为"这些是为大事件而流的泪,凡人的事情触及到了灵魂"。此句后来成为文学作品中最发人深省的语句之一,形容人们为令人动容和动情的人和事而潸然泪下。有人甚至认为它根本不可译。如果简单地直译为"为大事件而流泪",恐怕不能准确传达这句话在绝笔信的特定语境中蕴含的复杂情感,而且对不熟悉该表达典故的中国读者来说会显得非常突兀。

因此,译者采用了苏轼为悼念亡妻所做的《江城子》中的一句"惟有泪千行"。故事中主人公昔日的遭遇、真爱和眼前的珍爱之物勾起了主人公的无限感伤;而《江城子》则生动地描写了生离死别的痛楚,有说不尽的凄凉。另外,两者都有"触景生情"的背景,译者特意加了这四个字,既切合语境,又使上下文的衔接更自然。

在翻译实践中,尤其是在书名、商标词、影视剧名、广告语等的翻译中,为了达到与源语相同的语用效果,有时语用对等比形式或语义对等更重要。以Louise Penny所著*Bury the Dead*的书名翻译为例。作者在多处解释了书名的寓意,例如她在扉页上写道:"本书献给第二次机会——那些给予和那些抓住它们的人";在致谢部分又写道:本书"不是关于死亡,而是关于生命。还有,对待过去,既要尊重也要放手"。作者还在正文多处点明了这个主题。如果把书名直译为《埋葬死者》,中文读者恐怕很难体会到作者的用意。译者建议译为《逝者已矣》。该译文既兼顾了原书名的语义,更主要的是还能引出"生者如斯"或"来者可追"等言外之意,呼应原文的语用效果。此外,《逝者已矣》与原书名相比,虽有点古旧的意味,但考虑到书中两条故事主线之一是以几百年前的历史事件为语境,因此也算合适。

又如,在有些商标词翻译中,如洗发水品牌"飘柔"(Rejoice)(原义为"喜悦")和饮料品牌"雪碧"(Sprite)(原义为"小精灵"),原文的语义已基本不用,而是为了达到扩大宣传产品功效的

---

[1] 具体可参见https://en.wikipedia.org/wiki/Lacrimae_rerum。

语用效果,进行了翻译再创造。

在文化方面,如果源语中与文化相关的表达在目的语中缺失或不完全对应,为方便目的语读者的理解,译者应予以说明、加注、更改意象等,如:

(11) "Intelligence groundwork." Ernie tapped his nose. (David Mitchell: *Cloud Atlas*)

"情报基础。"厄尼敲敲鼻子(注:表示保密的动作)。

tap one's nose(敲敲鼻子)主要用于英国英语,表示"保密"。这种习惯表达在汉语中是缺失的,如果不加以说明,很可能会引起读者理解困难。此外,翻译中常见的涉及历史人物的翻译,也往往需要特别说明,如"班门弄斧"和"三个臭皮匠赛过诸葛亮"等。

再如,*to love with the heart*表现了西方文化中"心"是情感的中心。为了达到文化等值,在下列语言中应分别译为:

(12) 西非语言: to love with the liver
玛雅语言: to love with the stomach
马绍尔群岛语: to love with the throat (廖七一 1994: 34)

综上所述,语音、词汇、语法、篇章、语用及文化等层面上的对比研究,对翻译实践和翻译教学都有重要的指导意义。因此,一些著作专门从语言对比的角度研究翻译(如陈定安 1991;刘宓庆 1991/1992;陆乃圣 1993)。我们相信,随着对比语言学研究的不断深入发展,其应用价值也将越来越受到重视。

第三节 研究示例:英汉远近称指示词的对译问题

一、问题的提出

英汉语中都有指示词,而且都有远近之分,最为典型常用的近指词为*this*和"这",远指词为*that*和"那"。这对英汉远近称指示词似乎完全对应,比如在初学英语时常常会见到如下的句子:

（13） a. <u>This</u> is a table. <u>That</u> is a chair.
　　　b. <u>这</u>是一张桌子。<u>那</u>是一把椅子。

但是在实际翻译中，两者却并不完全对应。对于这一点，一些研究翻译、语言及文体的学者都有所论及。有些学者还致力于寻找其中的一般规律，以便更好地指导翻译实践。例如，孙述宇、金圣华（1975: 61）用表9–1来说明英汉远近称指示词的大致翻译对应情况：

表9–1　英汉远近称指示词大致翻译对应情况

This	That
这	那

此表虽然简单，却表达了如下两个观点：1）在英汉两种语言内部，英语中的远指词 *that* 用得比近指词 *this* 多，而汉语中的近指词"这"用得比远指词"那"多；2）英汉互译时，英语中的一些远指词 *that* 要用汉语近指词"这"来译，而汉语中的一些近指词"这"要用英语远指词 *that* 来译。

他们的这一概括是根据自己的经验直觉作出的，并未对此进行系统论证。因此，我们可以首先检验他们的观点，回答以下两个问题：1）上述第一点是否真正符合英汉两种语言中远近称指示词的实际使用情况？2）上述第二点是否真正符合英汉互译的实际对应情况？

即便他们的概括在整体上是符合语言事实的，也未免过于粗略了一些，未能很好说明什么时候可以用"这"来译 *that*，或什么时候 *that* 要用"这"来译。因而我们可以研究的另一个更为重要的问题是：3）导致互译时不完全对应的英汉远近指示词的功能差异究竟在哪里？

二、研究思路与方法

对上述第一个问题的回答需要进行定量分析，因为该问题在本质上牵涉到英汉远近称指示词在各自语言中的相对使用频率高低（即第一讲中所说的功能负荷量）问题。我们可以采用英汉真实文本语料，对其中远近称指示词实际出现的频次进行定量统计分析。

下面的分析论证选用了W. S. Maugham的小说 *Cakes and Ale*（*The Selected Novels*, Melbourne：William Heinemann Ltd., 1953）第五章（约5,200词）及其中译本《寻欢作乐》（章含之、洪晃译，杭州：浙江文

艺出版社，1984）第五章（约8,300个汉字）。我们对其中用作指示代词的*this*、*that*和"这""那"出现的频次及翻译对应情况作了穷尽性的统计分析。由于这是英汉翻译对应的语料，因此对该小型语料统计分析的结果除了可以回答上述第一个问题之外，还可以部分回答上述第二个问题，即在英译汉时，英语中的一些远指词*that*是否确实会用汉语近指词"这"来译。

对第三个问题的回答可以采用定性分析的方法。英汉远近称指示词的基本指称功能是标示所指对象的远近距离，这一距离可能是空间上的，也可能是时间上的，或是篇章话语中的。因此，定性分析可以首先区分三种不同类型的远近距离，即空间距离、时间距离和篇章距离，分别考察英汉远近称指示词在用于标示这三种不同概念的远近距离时的实际使用情况。

在用于表达这三种距离时，我们可以进一步区分其中表达的"近"究竟是实际的空间上、时间上或篇章话语中的概念，还是心理上的概念。根据初步观察，我们认为，在英汉互译时，之所以英语中的一些远指词*that*要用汉语近指词"这"来译，而汉语中的一些近指词"这"要用英语远指词*that*来译，是因为汉语中的一些近指词"这"并非用于表达在时空或篇章方面客观距离上的近，而是主观心理上的近。

用于分析和回答第三个问题的语料，除了*Cakes and Ale*及其汉语译本之外，还采用《子夜》和《家》等现代中国小说及其英译本。我们将选用一些典型的例子来论证上述观点。

三、分析与论证

先来看对第一和第二个问题的分析。在*Cakes and Ale*第五章中，*that*共出现65次，其中用作关系代词或关系连词的有52次，用作指示代词的有13次。用作指示代词时的翻译对应情况如表9–2所示（S代表"英语源语"，T代表"汉语目的语"）：

表9–2 英语远指词出现的频次及汉译对应情况

S \ T	那	这	其他	小计
that	4	6	3	13

其中，译为"其他"的多数是因为所指对象在上下文中十分清楚而省略不译（共2例），也有转译为表示所指对象的具体名词（共1例）。

在同一章中，this共出现6次，都用作指示代词，其翻译对应情况如表9–3所示：

表9–3　英语近指词出现的频次及汉译对应情况

S \ T	这	今天	其他	小计
this	3	2	1	6

其中，译为"其他"的是转译为表示所指对象的具体名词。

这一粗略的统计至少可以说明如下两点。

第一，英语中that使用的频率远远高于this。仅从that用作指示代词的情况来看，其绝对使用频率仍为this的两倍半还多。这还可以从《英美英语词汇使用频率》（Word Frequencies in British and American English, London: Longman, 1982）中得到旁证，列成表9–4如下：

表9–4　英语远近称指示代词实际使用情况

指示代词	在总的英语语料中		在小说文体的语料中	
	频率位次	绝对使用频率	频率位次	绝对使用频率
that	7	11,188	15	581
this	22	5,287	41	179

这表明，在包括各种文体的总语料中，that的绝对使用频率为this的两倍还多，而在小说文体的语料中是this的三倍。

第二，that在许多情况下可以译为"这"。从表9–2中可以看出，that译为"这"的次数甚至比译为"那"还多。

再来看汉语中远近称指示词的使用情况。根据我们对《寻欢作乐》第五章所作的统计，"这"及"这"组合词共出现57次，其翻译对应情况见表9–5。

表9–5　汉语近指词出现的频次及其与英语原文的翻译对应情况

T \ S	this	here	such	so	it	the	that	there	then	其他	小计
这	3	0	1	0	10	8	5	0	0	16	43
"这"组合词	0	3	1	1	1	0	1	1	1	5	14
合　计	3	3	2	1	11	8	6	1	1	21	57

其中，由"其他"译入的"这"或"这"组合词，多数是因为汉语行文需要而另加的（共15例），也有一部分是翻译其他英语词或句子结构的需要（共6例）。

用作指示代词的"那"及"那"组合词共出现55次，其翻译对应情况见表9–6。

表9–6　汉语远指词出现的频次及其与英语原文的翻译对应情况

T \ S	that	those	then	there	it	the	其他	小计
那	2	1	0	0	5	15	12	35
"那"组合词	2	0	1	2	1	1	13	20
合　计	4	1	1	2	6	16	25	55

其中，由"其他"译入的"那"或"那"组合词，一部分是因汉语行文需要而另加的（共9例），另一部分是译其他词或句子结构的需要（共16例）。当然，要对汉语指示代词的使用情况进行统计分析，一般以分析汉语原作为好。不过，上述统计也大致反映了"这""那"在汉语中的实际使用情况。例如，这一统计表明，与英语相反，汉语近指词"这"的使用频率要比远指词"那"略高些。这还可以从《汉语词汇的统计与分析》（北京：外语教学与研究出版社，1986）一书中进一步得到证实（未包括用作连词的"那"和"那么"）：

表9–7 汉语远近称指示代词实际使用情况

指示代词	频率位次	绝对使用频率	
		单用	组合词
这	12	2,845	1,538
那	27	1,398	491

将表9–7与表9–4加以比较，我们不难发现，远称词和近称词的使用频率比例在汉语中约为1∶2，而在英语中约为2∶1。这种"倒挂"现象从计量分析的角度解释了为什么会出现孙、金两位先生提出的如表9–1所示的翻译对应情况。

将表9–5、表9–6与表9–2、表9–3进行比较，我们还可发现，汉语中"这"和"那"的绝对使用频率（分别为57和55次）要远比英语中 *this* 和 *that* 的绝对使用频率（分别为6和13次）高。为什么会出现这种情况呢？除了因为我们没有把英语中其他远近称指示词（如 *here*，*there*，*then* 等）统计进去之外，主要原因是英汉指示词系统的内部构成不同（表9–8）：

表9–8 英汉指示词系统的内部构成比较

汉语指示词		英语指示词	
远称	那，那些，那里，等	远称	that, those, there, etc.
		中性	it，the
近称	这，这些，这里，等	近称	this, these, here, etc.

也就是说，在形式上，英语指示词系统比汉语多了一类**显性的**（overt）中性指示词，这类指示词没有明确标示所指对象的远近。其中，*it* 用作中心词，Halliday & Hasan（1976: 58）认为是远指词 *that* 的弱化形式；*the* 用作修饰词。由于汉语中没有显性的中性指示词，中性指称大部分采用**隐性的**（covert）零形式，也有一部分采用"这""那"或它们的组合词。采用后一种形式时，往往还附带表达其他一些指称功能（如强调等，见Xu 1987: 139–140），并且或多或少与远近距离有关。中性指示词在英语中的使用频率相当高，从表9–5和表9–6中我们可以看出，仅译为"这"和"这"组合词的就有19例，译为"那"和"那"组合词的有22例。因而，汉语远近称指示代词的绝对使用频率

要比英语高。

下面再来看对第三个问题的分析。我们可以分别从空间距离、时间距离和篇章距离这三个方面来考察英汉远近称指示词之间的翻译对应情况。

表示空间上的远近距离恐怕是语言中指示词的基本原始意义。说话者用近指词来指称实际话语环境中离自己较近的东西，用远指词来指称离自己较远的东西，这在英汉两种语言中是相似的。然而在小说翻译中，我们有时会发现，在英语中用远指词的场合，在汉语中却要用近指词，比如：

> （14）I immediately wheeled my machine to the side and sat down on a stile, looking out to sea in a nonchalant way as though I had been for a ride and were just sitting there wrapped in contemplation of the vasty ocean. (*Cakes and Ale*, 37–38)
> 于是我马上把车推到路旁，在路旁一个石凳子上坐下，用一种悠闲的姿态眺望大海，好像我骑了很长时间车子，现在正闲坐在这里，沉浸在对这茫茫大海的遐想之中。（《寻欢作乐》，53）

此例中的 there 显然是指上文提到的 on a stile。文中的"我"坐在这石凳上，那么这个石凳离"我"是很近的。但是，小说是以第一人称的口气讲述过去发生的事情，这个石凳是彼时彼地中的东西，而不是在讲述时就在叙述者眼前的东西，因而英语原文用了个远指词 there；而在汉语中，故事叙述者为了使故事生动，在这种场合往往会用近指词，仿佛彼时彼地的东西就在眼前，产生化远为近的心理效果，给人以"此情此景历历在目"的感觉，而且该句汉语译文同时还用了"现在"和"这"两个近指词，以加强效果。因此，汉语中的这一近指，与其说是表达实际距离上的近，还不如说是心理距离上的近。

让我们再来看这种近指在汉语原文中的使用情况及其英译。

> （15）"（a）这倒难以说定。（b）可是你只要看看这儿的小客厅，就得了解答。（c）这里面有一位金融界的大亨，又有一位工业界的巨头；（d）这小客厅就是中国社会的缩影。"（《子夜》，27）

"It's a tall order, your question. But you can find an answer in the next room. <u>There</u> you have a successful financier and a captain of industry. <u>That</u> little drawing-room is Chinese society in miniature." (*Midnight*, 22)

（15b）中的"这儿"是指吴荪甫的公馆。因为两位说话者都在吴公馆里，因此这个近指词表示的是实际空间距离的近。但是，（15c）中的"这里面"和句（15d）中的"这小客厅"却是指说话者隔壁的一间房间，而不是说话者所在的那间房间（这在英译本中表达得更清楚）。如果要选用一个指示词来标示那间房间离说话者的实际距离，在汉语中一般要用远指词，而非近指词。比如，我们一般会说"隔壁那间房间"而不是"隔壁这间房间"。因而，这两句话中所用的两个近指词所指的也主要是一种心理距离上的近。在英译本 *Midnight*（许孟雄译，北京：外文出版社，第2版，1979）中，与这两个近指词对应的是两个英语远指词 *there* 和 *that*。

指示词表达的另一种距离概念是时间上的远近。Qian（1983: 26）引入"过去不久"与"过去已久"这两个时间概念，用以解释英汉指示代词在指称过去时间时的区别。她对这两个概念的划分主要是以实际的时间远近为尺度的。比如，在举例中，她将"去年"视为"过去已久"，认为只能用"那"来指称；而"昨天"为"过去不久"，可以用"这"也可以用"那"来指称。

我们认为，汉语近指词在标示时间距离时，除了表示实际时间的近之外，同样也有一个较强的心理成分。例如：

（16）她到现在还记得很明白的是<u>五六年前</u>在土地庙的香市中看见一只常常会笑的猴子，一口的牙齿多么白！但<u>这</u>也是她最后一次快乐的纪念，……（《子夜》，167–188）
She could still remember the monkey she had seen <u>several years before</u> at a temple fair at home — it kept grinning and showing a mouthful of gleaming white teeth. <u>That</u> was her last, happy memory ... (*Midnight*, 144)

这段文字中的"这"显然是指"五六年前"的事。如果说"去年"应视为"过去已久"的话，那么"五六年前"应该是更远的过去了。但是，作者在这里却用了一个近指词"这"。这个近称在很大程度上表达的是心理上的近，因为这件事虽然发生在"五六年前"，但是"她到现在还记得很明白"，而且又是"她最后一次快乐的纪念"，因此从心理上来说是虽远犹近，就像刚发生一样。这个近指词在英译本中译成了远指词that。

同样，在下面一个例子中，觉新向觉民、觉慧等叙述三四年前发生的一件难忘的事，作者也用了一个近指词"这天"：

(17)　"过后爷爷又把我叫到他的房里，问我是怎么回事。我据实说了。爷爷也流下泪来。他挥手叫我回去好好地服侍病人。这天晚上深夜爹把我叫到床前去笔记遗嘱，……"（《家》，103）
"Later, Grandpa called me to his room and questioned me in detail on what had happened. When I told him, he wept too. Finally, he waved me away, telling me to take good care of the patient. That night Dad summoned me to his bedside to write his will. ..." (*The Family*, 83)

这个近指词在英译本 *The Family*（S. Shapiro 译，北京：外文出版社，第3版，1978）中也译成了远指词 *that*。

指示词还可以用来标示篇章话语中的远近距离。Halliday & Hasan (1976: 60) 认为，在英语中，说话者往往用 *this* 来指称自己刚说过的话或刚提到的事，用 *that* 来指称对方刚说过的话或提到的事。正如 Qian (1983: 25–26) 所指出，汉语指示词的用法有所不同。她举例说，下面两个例子中的 *that* 应分别译为"这些话"和"这"。

(18)　"I'm sick of Mr. Bingley," cried his wife.
　　"I am sorry to hear that; but why did not you tell me so before? ..." (*Pride and Prejudice*, Chap. II)
(19)　"Can I have the carriage?" said Jane (to her mother).
　　"No, my dear, you had better go on horse-back, because it seems likely to rain; and then you must stay all night."
　　"That would be a good scheme," said Elizabeth. (*ibid.*, Chap. VII)

下面是一个实际翻译对应的例子：

（20）"I'm not a child," I said.
"That makes it all the worse. ..." (*Cakes and Ale*, 43)

（21）"我已经不是小孩子了，"我说。
"这更糟！……"（《寻欢作乐》，60）

汉语用近指词来指称对方刚说的话或提到的事这一用法，也可以从汉语原作中得到证实，如：

（22）琴……说："……还有亲戚们也会说闲话。就是你们家里，除了你们两人，别的人也会反对的。"
"这跟他们有什么关系？你读书是你自己的事，况且你又不是我们家里的人！"觉慧半惊讶半愤怒地说。（《家》，18）

英汉指示词在指称篇章距离时的这种用法差别也可以用心理距离来解释。在日常交谈中，说汉语的人如果想表示对对方所讲的话感兴趣或关切的话，一般会用近指词来指称对方所说的话。

四、结语

本节基于真实语料，采用定量分析的方法研究了英汉指示词在各自语言中的使用情况以及在两种语言中的互译情况，并采用定性分析的方法论证了英汉指示词在互译时之所以不完全对应，主要是由于汉语近指词的使用要比英语在更大的程度上受心理因素的影响，较多地用以表达心理距离上的近。这种心理上的近，在汉语中不仅影响到指称空间和时间距离，也影响到指称篇章话语距离。

那么，为什么英语指示词在指称过去的时间和事物时，大多用于表达实际的时空距离呢？仔细观察上面例（14）到例（17）中的英语例句，我们不难发现，句中的动词都用了过去时的形式，而这种时态形式在语义上一般与过去时间相联系，因而如果在这些句子中再用上表示现在时间的近指词的话，势必会产生语义上的矛盾和冲突。而汉语却不受这种时态形式的制约。汉语在表示时间和空间距离时，这种心理上化远为近的手法可以用H. G. Wells所著的《时间机器》（*The Time Machine*, Melbourne: William Heinemann，新版，1949）一书中那位心理学家所说的一句话来解释：

（23）If I am recalling an incident very vividly, I go back to the instant of its occurrence: I become absent-minded, as you say. (p. 6)

因而，英汉指示词在指称时空距离上的区别在于：由于汉语没有时态形式的制约，说话者能较自由地在时间隧道中穿梭，当需要生动描述一件难忘的往事时，可以回到当时发生的那一刻，用近指词来指称所发生的事件以及其中涉及的事物；而在英语中，英语本身的时态形式特点在很大程度上束缚了"时间机器"的自由行动，因而指示词多用于指称实际的时空距离。

当然，上述观点主要是采用定性分析的方法来论证的，以后还可以结合定量分析，进一步研究实际使用中的汉语近指词在多大程度上是用于表达心理上的近。而且，英汉指示词语的指称功能也可以采用试验的手段来研究，如Wu（2004）。关于汉语指示代词的研究，可参见王道英（2003）等；关于英汉指示词的对比研究及其对翻译的启示，可参见王丽娜（2007）、程淑芳（2008）、归文娟（2008）、张启林（2011）、蔡建萍（2013）等。

第四节 小结

本讲首先以Catford（1965）和Hatim（1997）提出的两个语言学翻译理论为例，简要讨论了语言对比与翻译理论的关系；然后结合对比语言学和翻译的新发展，从对等概念、研究目的、研究的语言单位、研究材料和研究起点五个方面讨论了对比语言学和翻译科学之间的异同；接着分别从语音、词汇、语法、篇章、语用及文化等层面上，讨论了对比研究对翻译实践的指导意义；最后以英汉远近指称词的对译问题为例，具体说明了如何开展主要为翻译服务的对比研究。

思考题

1. 请首先分别讨论下列两组词中各词之间的语义差异。然后，列出汉语中能表达 dad 和动词 flash（闪光）含义的词，分别比较英汉对应的两组词之间有什么差异。以此为例，谈谈你对翻译对等及其条件的理解，并举出一两个其他类似的例子。

   A: *dad, daddy, pa, papa, pop, father, pater, old man*

   B: *flash, gleam, glance, glint, sparkle, glitter, glisten, scintillate, coruscate, twinkle*

2. 请分析以下段落的篇章结构特点，并尝试将其翻译成你熟悉的其他语言，对比原文和译文，讨论两段文字各表现了两种语言的什么句法结构特点。

   　　我掀开帘子，看见一个小姑娘，只有八九岁光景，瘦瘦的苍白的脸，冻得发紫的嘴唇，头发很短，穿一身很破旧的衣裤，光脚穿一双草鞋，正在登上竹凳去摘墙上的听话器，看见我似乎吃了一惊，把手缩了回来。（冰心：《小橘灯》）

3. 根据第三节研究示例的讨论，请思考在第二节的例（1）（重复如下例（1）所示）第二句中的 that 应译为"这（些）"还是"那（些）"？为什么？（2）中的 this 和 that 又该如何翻译？

   （1）"Sick teen-squid Zachary."

   　　　"I don't know anyone of *that* name."

   　　　He looked at me, puzzled, then repeated, "Sixteen-quid-exactly." (David Mitchell: *Cloud Atlas*)

   （2）语境：作者在为创作一部小说赴加拿大魁北克省（故事发生的背景地）调研期间，在当地受到了友好接待和支持。下面两句话摘自该书的致谢部分。

   　　　This is Quebec. Where there is great kindness and accommodation. But there can also be, in some quarters, great suspicions — on both sides.

   　　　That is part of what makes Quebec so fascinating. (Louise Penny: *Bury the Dead*)

4. 请分析以下汉译英的例子，举例说明英汉两种语言的差异，并讨论这些差异对翻译实践的指导意义。

   到了铁公祠前，朝南一望，只见对面千佛山上，梵宇僧楼，与那苍松翠柏，高下相间，红的火红，白的雪白，青的靛青，绿的碧绿，更有那一株半株的丹枫夹在里面，仿佛宋人赵千里的一幅大画，做了一架数十里长的屏风。（刘鹗《老残游记》齐鲁书社，1985: 14）

   When he reached the temple he looked southwards and saw on the other side of the lake the Mount of a Thousand Buddhas. There were temples and monasteries, some high and some low, scattered among the grayed pines and green cypresses: the red were as red as fire, the white as white as snow, the blue as blue as indigo and the green as green as emerald, while here and there were a few red maples. It looked like a big painting by Zhao Qianli, the Song Dynasty painter, only made into a screen a dozen mile long. (*The Travel of Lao Can*, 杨宪益 & Gladys Yang 译, Panda Books, 1983: 24–25)

5. 吴义诚（1994: 3）认为，翻译的普通语言学理论以对比语言的结构特点为出发点，将不同语言中的话语肢解为不同层次。这种翻译理论不过就是翻译方法中直译与意译加上语言学术语后的翻版而已，难以用来指导翻译实践。请对此观点进行评论，并思考翻译对等和其他翻译标准（如直译与意译，信、达、雅等）之间的关系。可参考廖七一（1994）和邢力（2007）。

推荐阅读

Catford, John Cunnison. 1965. *A Linguistic Theory of Translation*. London: Oxford University Press.

Hatim, Basil. 1997. *Intercultural Communication: Translation Theory and Contrastive Text Linguistics*. Exeter: University of Exeter Press.

Vehmas-Lehto, Inkeri. 1987. Translation science and contrastive linguistics: Boundary clearing and a neighbourly handshake. In Kari Saiavaara. (ed.) *Applications of Cross-Language Analysis*. Jyväskylä: Department of English, University of Jyväskylä, 63–72.

廖七一，1994，也谈西方翻译理论中的等值论，《中国翻译》第5期：35–37。

吴一安，2003，空间指示语与语言的主观性，《外语教学与研究》第6期：403–409。

许余龙，1989，英汉远近称指示词的对译问题，《外国语》第4期：33–40。

第十讲 语言的共性、类型和对比研究

在第一讲第一节中我们指出，理论对比语言学是理论语言学的一个组成部分。那么，理论对比语言学如何为理论语言学，特别是为语言学理论的发展服务呢？在这最后一讲中，我们将围绕理论语言学研究的根本目标，讨论理论对比语言学如何与同样关注跨语言比较的语言类型学相结合，开展两类不同的语言类型学视野下的对比研究，为促进语言学理论的发展作出自己应有的贡献。

第一节 语言的共性和类型学研究

一、语言的共性研究

科学研究的根本目的是探索所研究对象的运作规律和原理。比如，在物理学研究中，大到天体物理学，小到核物理学，其根本目的都是探索宏观宇宙天体和微观粒子世界的运作规律和原理。理论语言学研究的根本目的也是如此，探讨的是语言运作的规律和原理。正如 Fromkin & Rodman（1998: 19）所指出的："语言学家的目标是发现'人类语言的规律'，就像物理学家的目标是发现'物理世界的规律'一样。"既然是"人类语言的规律"，那么这些规律应该适用于所有的人类语言，应能概括世界上所有的语言所共有的属性和运作规律。这些属性和运作规律便是**语言共性**（language universals）。

对语言共性的探索是理论语言学的终极研究目标，语言学中提出的理论也主要是关于语言共性的理论假设。作为人脑产物的语言，其复杂性意味着这一目标将永远无法完全实现。但我们不必由此而气馁，因为在科学发展的某一阶段，其他学科的理论也都是不完善的。而科学研究的魅力正是在于提出新的理论假设，用以解释更多的现象，不断产生的新发现也会促使理论不断完善更新，因而牛顿力学被爱因斯坦的相对论所扩充。同样，关于语言共性的语言学理论也会不断发展，新发现会使我们对语言的本质有进一步的了解（Fromkin & Rodman 1998；同上）。

语言共性可以根据不同的标准区分为不同的类别。Chomsky（1965: 27–30；另见Radford 1981: 28–29）认为，按其内容来说，语言共性可以分为**实体共性**（substantive universals）和**形式共性**（formal universals）两大类。前者是指语言中可以区分的单位、成分等。例如，我们可以假设，在任何语言中都可以确立句子、名词短语、动词等语言实体单位，也可以区分主语、宾语等句子成分；后者是指语言结构在形式上的一般特点和规律。例如，我们可以假设，Chomsky的约束理论具有共性，因此在下面的英汉句子中，（1a）和（2a）宾语位置上的反身代词himself和"自己"都必须与句子主语John和"张三"同指一个人，而（1b）和（2b）中的代词him和"他"则都不能与主语同指：

（1）a. John likes himself.
　　　b. John likes him.
（2）a. 张三喜欢自己。
　　　b. 张三喜欢他。

就其普遍程度而言，语言共性又可以分为**绝对共性**（absolute universals）和**相对共性**（relative universals）两大类，后者又称**统计共性**（statistical universals）。绝对共性是指所有语言都毫无例外地共有的某一种属性；而相对共性或统计共性则只是反映了世上绝大多数语言所表现出的某种重要特征或一般倾向，代表了语言中的**无标记**（unmarked）现象，与这一趋势不一致的例外情况，则称为**有标记**（marked）现象。

绝对共性往往很难确定，因为我们并不完全掌握世界上所有大约七千种语言的详细资料。比如，"所有语言中都有元音和辅音"或许可以认为是一条绝对共性，但我们并不能先验地排除某种语言只有元音或只有辅音。又如，在某些语言中，主语、宾语等句子成分较难确定，因此"在所有的语言中都可以区分出主语、宾语等句子成分"是否是一条绝对共性，也存在争议。另一方面，我们却可以较容易地确定某些共性是相对的、仅仅具有统计学意义上的共性。例如，"主语位于宾语之前"是一条相对共性原则，反映了绝大多数语言中的语序倾向。近些年来，随着对一些鲜为人知的濒危语言展开深入调查，探求语言共性的研究似乎受到越来越多的质疑（如Evans & Levinson 2009）。但受到质疑的往往是绝对共性。

语言类型学特别关注某些语言属性之间的关联性，以及这种关联在不同语言中所表现出的共性特征，这种共性称为**蕴涵共性**，这将在下一小节结合对语言类型学的介绍再作阐释。

那么，语言之间为什么会具有不少共性呢？对此有不同的解释，语言学家也为此提出过不同的假设。其中之一是**单一祖语说**（monogenesis hypothesis），即所有的人类语言都是从同一**原始语**（proto-language）衍生出来的。但这一假设的解释力并不太强，因为不仅这一假设本身存在争议，即便所有人类语言具有同一个老祖宗，也很难解释某些语言共性现象，特别是下面要提到的蕴涵共性。

另一种假设是**语言接触说**（language contact hypothesis），即语言之间之所以存在不少共性，是由于语言之间长期接触的结果。这一假设虽然可以解释人类语言中的某些相对共性特征是通过语言接触而传播扩散开来的，但并不能解释为什么某些特征能得以成功传播扩散，而另一些却不能。例如，或许主语位于宾语之前这一相对共性的形成是语言接触的结果，因为少数宾语位于主语之前的语言确实大多分布在地理位置与世隔绝的地区，但这并不能解释为什么得以成功传播扩散的是主语位于宾语之前这一结构特征，而不是宾语位于主语之前这一特征。

当代语言学界一种广为接受的假设是**天赋说**（innateness hypothesis），该假设认为，我们习得和使用语言的能力是与生俱来的，人类的基因决定了人类语言在形式和结构上的许多细节。例如，人类的基因使得我们能区分元音和辅音，也使得我们将主语置于宾语之前。其中，持强式天赋说的生成语法学派研究者进一步认为，人类大脑中天生就有一个专司语言能力发展的机制，即**普遍语法**（universal grammar），使得任何一个正常的儿童，无论在哪一个语言社区长大，都很容易习得那个社区的语言，同时也使得所有人类语言在形式和结构上都受到普遍语法的制约。

持弱式天赋说的学者则认为，人类大脑中并无专司语言能力发展的机制，有助于我们习得语言的人类解剖学特点和认知机制同时也具有其他非语言功能。其基本观点是，许多语言特征具有共性是因为从解剖学、认知和使用的角度而言，这些特征使得语言既便于产出也便于理解，同时也能更好地用于表义。例如，如果一种语言仅有辅音而无元音，那么会很难听清楚，因为辅音通常比元音响度低；而如果一种语言仅有元音而无辅音，那么会在表义方面变得很不理想，因为元音音质的区分度有限。上述对语言的认知和使用要求，导致了所有人类语言都既有元音又有辅音这一共性特征的形成。由于具体视角的不同，持弱式天赋说的学者提出了许多不同的对语言共性的功能和认知解释。

如上所述，语言学研究的根本目的是研究语言的本质与运作规律，或者从某种意义上来说，是找出语言的共性。因此，当代各种语言学理论，无论是形式主义的理论（如生成语法）还是功能主义或认知语言学的理论，都是关于语言本质与运作规律的假设，都关注语言共性的研究。

二、语言类型学研究

语言类型学是语言学的一个分支学科，其主要目的是研究世界上各种语言在基本结构形式上的差异，并根据这些差异对世界上的语言进行类型学上的分类，探讨差异的内在规律并试图对其作出解释。

从上面对语言类型学的简单定义来看，似乎语言类型学与语言共性研究的目标大相径庭：前者主要关注人类语言之间的差异，而后者主要关注人类语言之间的共性。但实质上两者的差别并非那么大。例如，语言类型学通常根据主语（S）、宾语（O）和动词（V）之间的相对位置，将世上语言区分为不同的**基本语序**（basic word order）类型，绝大多数语言属于如下三种类型中的一种：

（3）a. SOV（如日语和土耳其语）
　　b. SVO（如法语和英语）
　　c. VSO（如阿拉伯语和威尔士语）

从逻辑上来说，我们并不能排除可以有另外三种基本语序类型的可能性，即VOS、OVS和OSV，但实际上这三种类型十分罕见。（3）中所列的三种常见基本语序类型有一个共同的特点，即：如果去掉其中的V，那么主语和宾语的排列顺序都是SO，从而我们可以从基本语序类型中推导出前面提到的"主语位于宾语之前"那条相对语言共性原则。因此，从某种意义上来说，语言类型学不仅仅致力于根据语言之间的差异对世上语言进行类型学上的分类，更重要的是探讨差异所呈现的内在规律，以及变异的可能范围。由此可见，语言类型学和语言共性研究的目标是相通的，语言类型学同样关注语言中的实体共性和形式共性。

由于语言类型学不仅关注个别语言属性在语言中的孤立表现，还关注一些相关的语言属性之间的联系，因此提出了另一类语言共性，即前面提到的蕴涵共性。蕴涵共性通常可以表述为：如果一种语言具有属性A，那么也具有属性B，反之则不一定成立。蕴涵共性反映了语言之间差别的变异范围和规律。比如，一条语音蕴涵共性是，如果一种语言具有[v] [z]等浊擦音（属性A），那么也具有[f] [s]等清擦音（属性B）。英语中有浊擦音，因而也有清擦音。反之则不然，因为许多语言（包括汉语普通话）有清擦音，但没有浊擦音。蕴涵共性在逻辑上也允许一种语言既不具有属性A，也不具有属性B。例如，澳大利亚一些土著语言既无浊擦音，也无清擦音。

此例也表明，作为一种理论假设，蕴涵共性实际上规定了语言中如表10-1所示三种允许出现和一种不允许出现的现象（其中的"＋"和"－"分别表示具有和不具有某种属性）：

表10-1　蕴涵共性的理论假设

A	B	蕴涵共性的理论预测
＋	＋	允许
－	＋	允许
－	－	允许
＋	－	不允许

这便是所谓的蕴涵共性四缺一逻辑模式（见金立鑫2011: 49；陆丙甫、金立鑫主编2015: 234）。在语言类型学研究中，我们可以扩大语言样本来检验某条蕴涵共性，如果检验的结果是，所有的样本语言都符合蕴涵共性理论假设的预测，那么该条蕴涵共性暂且可以认为是一条绝对蕴涵共性。例如，上述语言中清、浊擦音之间的关联规律，到目前为止可以认为是一条绝对蕴涵共性。

蕴涵共性也可以是相对的。例如，"如果一种语言具有SVO语序，那么这种语言中的限定小句（又称关系小句）后置于其所修饰的名词"便是一条相对蕴涵共性，因为虽然绝大多数SVO语言遵循这一共性原则，但仍有少数例外。比如，如例（4）所示，英语具有SVO

语序。对动词两边的主语和宾语分别进行**关系化**（relativization）操作后，在所得到的关系结构（5a）和（5b）中，都是被修饰名词在前，限定小句（带下划线的部分）在后，因而英语遵循这一共性原则。

（4）The cat caught the mouse.
（5）a. the cat that caught the mouse
　　b. the mouse that the cat caught

汉语同样具有SVO基本语序，见例（6），但关系化操作后，在所得到的关系结构（7a）和（7b）中，却是限定小句在前，被修饰名词在后。由此可见，汉语并不遵守上述共性原则，因而该蕴涵共性只是一条具有统计学意义的相对蕴涵共性。

（6）猫抓到了老鼠。
（7）a. 抓到了老鼠的那只猫
　　b. 猫抓到了的那只老鼠

一组相互关联的蕴涵共性构成一个**蕴含等级序列**（implicational hierarchy）。蕴含等级序列是语言类型学中"最为强劲的理论工具之一"（Corbett 2011: 190），我们将在下面第三节中结合研究示例再做较为详细的介绍。

与蕴涵共性相比，**非蕴涵共性**（non-implicational universals）仅关注语言的某一种属性特征，比如，上面提到的语音属性"所有语言中都有元音和辅音"，以及句法属性"所有的语言都有将肯定句转换成否定句的手段"等，都是非蕴涵共性。

Song（2008）指出，"总的来说，语言类型学家的主要任务是确定和解释使人类语言之所以成为如此的那些属性"（p. 3），而这些属性"在语言类型学中通常称为语言共性"（p. 6）。"事实上，语言共性研究是在语言类型学的基础上发展起来的。这是因为，为了发现语言共性，语言类型学研究者首先需要有类型学分类作为工作的基础。因此，语言类型学'为语言共性的确定提供了材料'（Mallinson & Blake 1981: 7）"（p. 8）。由此可见，语言类型学研究与语言共性研究密切相关，并与理论语言学的终极研究目标是一致的。

第二节　语言对比研究与语言共性和类型学研究的关系

一、语言对比研究与语言类型学研究之间的异同和联系

我们在上一节中指出，语言共性研究的目的是探索世界上所有的语言所共有的属性和运作规律，这是理论语言学的终极研究目标。作为理论语言学的两个分支，（理论）对比语言学和语言类型学的终极研究目标都是探求语言的共性，为完善语言学理论服务。这是两者在本质上的相同之处。

此外，对比语言学和语言类型学所进行的都是语言比较研究，两者共同的一项最基本的理论预设是语言之间具有可比性，并要求所进行的比较必须建立在共同的比较基础之上，因而都十分重视第一讲第三节中所说的TC这一概念。例如，语言类型学国际期刊 *Linguistic Typology* 在2016年的20卷第2期上专门发表了一组讨论文章，围绕Haspelmath（2010）提出的描写某一特定语言的"描写范畴"（descriptive categories）和跨语言研究中的"比较概念"（comparative concepts）之分，探讨这一困扰语言类型学研究者最久的问题。一些学者认为，描写范畴和比较概念之分并不是绝对的（Dahl 2016），一些术语和概念同时适用于专语描写和跨语言比较，从而是语言描写的**元语言**（metalanguage）（Beck 2016）。而且，在目前的类型学研究实践中，比较概念往往依赖于描写范畴，只不过定义较为宽泛（Lander & Arkadiev 2016）。多数学者认为，比较概念通常建立在功能、形式和语义的基础上，而且往往需要同时考虑这三个因素（Croft 2016；Rijkhoff 2016）。

对比语言学和语言类型学之间的主要区别在于，"对比语言学一般致力于两种语言详尽的对比研究。语言类型学的特点是研究较为广泛的语料"（Comrie 1988: 105）。因此，语言类型学和对比语言学在研究的范围和描写的精细度等方面都有较大的不同（König 2012: 10）。这种不同主要表现在两个方面。

首先是研究所涉及的语言。典型的对比语言学研究局限于两种语言之间，而语言类型学研究则关注世上所有的语言。

其次是研究所涉及的语言现象。正是由于对比语言学研究局限于两种语言，因而有可能对两种语言的异同进行较为全面的描述，也有

可能撰写一部较为全面的双语对比著作（如何善芬 2002）。正是由于语言类型学研究的对象是世上所有的语言，因而很难开展全面的语言类型学描述，通常只能有选择地对某些语言差异现象进行描述。例如，经典的Greenberg（1963/1966）语言类型学研究主要关注的是语序。这是对比语言学与语言类型学在描写广度上的区别。

与此相关的另一个区别是，正是由于对比语言学研究局限于两种语言，因此在对某一语言现象进行对比研究时，对这一现象的描述可以做得较为细致；而语言类型学研究由于要顾及世上所有的语言，因而即便是对某一语言现象的描述，通常这种描述也只能是粗线条的。这是对比语言学与语言类型学在描写深度和精度方面的区别。

对比语言学与语言类型学之间的上述区别及其联系可以用图10–1来表示。

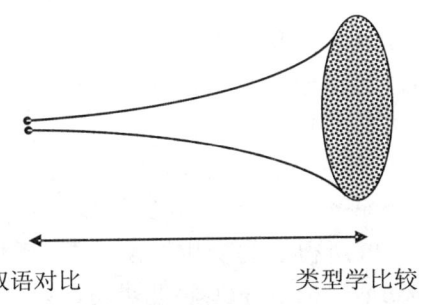

双语对比　　　　　类型学比较

图10–1　对比语言学与语言类型学之间的区别与联系

该图最左边代表的是对比语言学中典型的双语对比研究。如上所述，此类对比局限于两种语言之间，其优点是有可能对两种语言进行较为全面的比较，也可以在讨论某一具体语言现象时对两种语言的异同做较为深入细致的描述。就探索语言共性这一终极研究目标而言，其缺点是，研究所能概括出的两种语言的特征和运作规律，并不能保证可以推广到世界上所有的语言。

最右边代表的是语言类型学中的比较，其中圆圈里的小黑点代表了世界上所有的语言。此类研究从一开始就将世上所有语言纳入其研究范围，以探索语言共性和类型差别规律为己任，因此其优点是，研究得出的结论直接体现了世上语言的共同特征和运作规律，但由于所涉及语言太多，无法进行全方位、深入细致的描述。

探索语言共性的这一终极研究目标将对比语言学与语言类型学联系在一起。我们一方面可以从语言类型学提出的某一语言共性概括出发，较为深入细致地对比分析这一共性概括是否完全符合两种语言的实际情况，或者两种语言在基本遵循某一共性法则的同时又有什么细微差别，以及其中的原因是什么。在图10-1中，这是一种从右到左的研究。

另一方面，我们也可以开展从左到右的研究，即从双语对比得出的结论出发，探讨这两种语言的异同是否有可能体现了世上语言异同的共同规律。从左到右的研究需要不断增加所对比语言的数量，因此在图10-1中，左边的双语对比与右边的类型学比较最终联为一体，构成一个连续系统。

二、两类不同的语言类型学视野下的语言对比研究

如上所述，从右到左的对比研究是从语言类型学提出的对某一语言现象所作语言共性概括出发，通过较为深入细致的双语对比研究，检验这一共性概括是否完全适用于解释两种语言中的相关语言现象。此类研究或许可以称为"基于语言类型学理论假设的对比研究"，对此我们将在第三节的研究示例中再作较为详细的介绍。

从左到右的对比研究是从双语对比出发，增加所对比语言的数量，探讨双语对比研究所得出的初步结论是否符合跨语言异同的共同规律。Van der Auwera（2012：69）将此类对比研究称为"类型学先导研究"，并认为对比语言学必须允许进行此类研究。这里我们将其称为以普世语法为目标的对比研究，以强调其本质仍然是对比研究，而非König（2012：21）所说的"小型语言类型学研究"。"普世语法"中的"语法"一词用其广义，泛指语音、词汇、句法等方面的语言共性法则。

由于此类研究旨在探索发现新的跨语言共性规律，因此从一开始便需要参照语言类型学和普世语法研究的标准来进行，提出可以验证的假设。也就是说，开展以普世语法为目标的对比研究，并不能局限于描述两种语言之间的异同，而是需要对两种语言之间的某种差异提出理论解释，而且这一解释有可能具有普遍性，可以解释世上所有语言中的同类语言现象。基于双语研究提出的理论解释，便是一种在后续研究中需要验证的理论假设。下面以Van der Auwera（2012）介绍的英、德、荷兰语中的"**提升**"（raising）现象来说明如何开展此类研究。

第十讲 语言的共性、类型和对比研究

提升是一种句法操作，是将下一级小句中的某个句法成分提升到上一级小句中的某个句法位置。例如，英语可以有主语到宾语（S→O）、主语到主语（S→S）和宾语到主语（O→S）三类不同的提升，如（8）（9）（10）中的三个例子，其中（a）句是提升前的句子，（b）句是提升后的句子，句中涉及提升的名词短语用斜体表示。

（8） a. I believe that *he* is ill.
  b. I believe *him* to be ill. (S→O)
（9） a. It seems that *John* is ill.
  b. *John* seems to be ill. (S→S)
（10） a. It is easy to read *this book*.
  b. *This book* is easy to read. (O→S)

Hawkins（1986）、König & Gast（2007）和Van der Auwera & Noël（2011）等人的研究表明，在英语中，这三类提升大量存在，有许多英语谓词分别允许这三类提升；而在德语中，S→O提升完全不存在，允许S→S提升的最多只有一个谓词（与英语*seem*对应的*scheinen*），允许O→S提升的谓语动词最多不超过5个。表10–2归纳了英德两种语言之间的差别（引自Van der Auwera 2012: 76，Table 4）

表10–2 英语和德语中的提升

提升类别	英语	德语
S→O	40–60个谓词	不存在
S→S	60–100个谓词	最多一个谓词
O→S	至少50个谓词	最多不超过5个谓词

Hawkins（1986）认为，造成英德两种语言上述差异的原因是，英语名词格标记形态简单，而德语格标记形态复杂。

由此引出的一个问题是：Hawkins对英德两种语言之间差异原因的这一概括是否具有跨语言共性，即是否形态越简单的语言越有可能采用较多的提升结构，而形态发达的语言不需要，因而往往也不允许采用提升结构？

为了检验上述理论假设，Van der Auwera & Noël（2011）增加了与英语和德语同属西日尔曼语的荷兰语进行对比。其理据是，在形态发达程度上，荷兰语介于英语与德语之间，如果Hawkins的结论具有普世性，那么研究的预测是，荷兰语允许的提升结构比德语多，但比英语少。

开展此类对比研究首先需要有一个关于"提升"的严格定义。在跨语言对比，特别是将世上所有语言纳入对比范围的语言类型学比较中，语义通常是确定和区分一些关键概念的重要依据，因为语言之间的差异大多表现在表达同一或相似语义的形式和手段方面。

就S→O提升而言，提升句（8b）中的*him*虽然在形式上是*believe*的宾语，但在语义上却并不直接充当*believe*的一个论元，即并非*believe*的语义宾语，因为（8b）完全没有"我相信他"的含义。另一方面，*him*虽然在形式上是*believe*的宾语，但在语义上却是*be ill*所描述的对象或语义上的逻辑主语。

因此，在选取不同语言中的对比语料时，所选的S→O提升句必须同时满足上述形式和语义标准。比如，根据上述标准，下面的（11）虽然在形式上似乎与（8b）相似，但并不是严格意义上的S→O提升句，因为该句蕴含了"我看见了他"这一意思。

（11）I saw him smile.

而且，为了确保语言之间的可比性，在形式上，S→O提升句必须是用一个不定式结构来表达非提升句中一个定式小句表达的语义。下面的德语句子（12）中没有出现不定式结构，因此也不符合上述形式标准。

（12）*Ich glaubte mich betrogen.*
　　　I   believed myself deceived
　　　我相信自己被骗了

在对所涉及的概念作了严格界定之后，就可以在英语、德语和荷兰语中找出允许提升结构的动词（即"提升动词"），统计其数量，并分类进行比较。

经过统计分析，英语、德语和荷兰语三者之间在提升方面的差别可归纳为表10–3（引自Van der Auwera 2012: 77，Table 5）。

表10-3 英语、德语和荷兰语中的提升

提升类别	英语	荷兰语	德语
S→O	40–60个谓词	最多5个谓词	不存在
S→S	60–100个谓词	10个左右谓词	最多一个谓词
O→S	至少50个谓词	至少30个谓词	最多不超过5个谓词

仅从定量分析的结果来看,表10-3的统计数据似乎完全符合Hawkins关于提升结构的多寡与形态复杂程度相关的理论预测,即荷兰语的形态复杂程度介于英语与德语之间,因此荷兰语允许的提升结构多于德语,但少于英语,也是介于两者之间。

但是,Van der Auwera(2012: 78)认为,除了形态复杂程度之外,还有其他一些因素影响提升结构的允准。比如,Hawkins的理论假设并不能解释为什么在三类不同的提升结构中,S→O提升在荷兰语和德语中是最不易被接受的。此外,在荷兰语允许O→S提升的30来个谓词中,一些谓词的后面必须用 *om te*(相当于英语中的 *in order to*),而不是与英语 *to* 及德语 *zu* 相对应的 *te*。Mair(1992: 171)也指出,拉丁语具有发达的名词格形态,但仍允许提升结构;而法语失去了格形态,却不允许提升结构。

以上语言事实基本上可以证明,Hawkins基于英德对比研究结果提出的理论假设并不具有普世性。至于影响不同语言中提升结构多寡的原因究竟是什么,同样仍需进一步研究,甚至连"提升"这一概念本身是否具有普世性——如果有的话又如何给出一个适用于所有语言的定义和界定标准——这类基本问题也值得进一步探讨。

第三节 研究示例:英汉名词短语的可及性与关系化

一、问题的提出

从上面的例(4)到例(7)中我们可以看到,英汉两种语言在关系化时的一个差别是,英语中的限定小句是后置于被修饰名词的,而汉语是前置的。除了主语和直接宾语外,其他句法位置上的名词短语(如间接宾语)也有可能关系化。那么,在不同语言中,这些不同句法位置上的名词短语在进行关系化操作时是否受到某种共性原则的制约?

对此，Keenan & Comrie（1977）在比较了五十余种有代表性语言中关系从句的句法形式后，提出了一个语言类型学理论假设。该假设认为，一个句子里，在由名词短语充当的主语（SU）、直接宾语（DO）、间接宾语（IO）、旁语（OBL）、属格名词短语（GEN）和比较宾语（OCOMP）等各类句子成分中，SU比DO具有更高的可及性，DO又比IO具有更高的可及性，依次类推，构成如下一个从左到右依次递减的线性可及性等级序列（其中的">"表示"比后一个可及性高"）：

（13）SU > DO > IO > OBL > GEN > OCOMP

在进行关系化等句法操作时，位于左边的名词性成分，总是要比位于右边的较容易一些；反之则要受到较大限制，甚至完全不可能。这便是著名的"名词短语可及性等级序列"（Noun Phrase Accessibility Hierarchy，简称NPAH）理论假设。

NPAH是一个蕴含等级序列，其理论假设可以表述为如下一组相互关联的蕴涵共性：1）如果一种语言可以关系化DO，那么也一定可以关系化SU；2）如果一种语言可以关系化IO，那么也一定可以关系化SU和DO；3）如果一种语言可以关系化OBL，那么也一定可以关系化SU、DO和IO；4）如果一种语言可以关系化GEN，那么也一定可以关系化SU、DO、IO和OBL；5）如果一种语言可以关系化OCOMP，那么也一定可以关系化SU、DO、IO、OBL和GEN。此外，NPAH还包含了如下一条非蕴涵共性：所有的语言都可以关系化SU。

那么，这一理论假设是否可以完全解释英汉两种语言中关系化的实际情况呢？我们可以基于这一语言类型学理论假设，进行较为深入细致的对比研究，来探讨这一问题。

二、研究思路与方法

开展此类研究首先需要严格按照Keenan & Comrie（1977）对一些相关概念的定义来选取对比研究的语料，确定对比研究的内容，同时也需要明确如何具体检验他们提出的理论假设。

对比语料的选择主要依据的是关系化和关系从句的定义。从语义上来说，一个名词通常表示类指，而关系化的目的是将一个名词的指称范围缩小到某些或某个具体的个体。例如，"猫"是指一类动物，包括世界上任何一只猫；但（7a）中"抓到了老鼠的那只猫"是特指某一只具体的猫。因此在句法结构上，一个关系从句由两大部分组成：一是表示类指的名词（如"猫"），二是限定其指称范围的限定小句（如"抓到了老鼠的"）。我们可以在两种语言中选取含有这一句法结构的句子作为对比研究的语料。

对比分析的内容是两种语言在构建关系从句时采用的方法和形式手段，称为关系化策略。Keenan & Comrie（1977: 64–66）根据表层结构，主要采用如下两条标准来区分语言中不同的关系化策略：1）限定小句在表层句法结构中的位置；2）被关系化名词短语的句法位置是否在限定小句中得以明确表达。

第一条标准可以根据限定小句是在被修饰名词短语的前面还是后面或中间，区分如下三种可能的关系化策略：1）前置策略；2）后置策略；3）内置策略。

第二条标准可以区分两大类关系化策略，即有格策略和无格策略。在采用有格策略构成的关系从句中，限定小句里有一个名词性成分，明确表达了被关系化名词短语的句法位置。此类策略又可以分为两个小类：一类是通过限定小句中关系代词的格标记来表达被关系化名词短语的句法位置，如英语中的*whose*标示了被关系化名词短语是个属格语（GEN），或通过介词或连词来表达，如英语中表示与格的*to*和比较连词*than*；另一类是通过限定小句中的复指代词来表达被关系化名词短语的句法位置，如"昨天张三打了*他*一顿的那个人"中的"他"。如果限定小句里出现的关系代词没有明确的格标记（如英语中的*that*、*which*、*who*等），或既没有采用格标记手段也没有出现复指代词（用"Ø"表示），则称为无格策略。

在进行关系化操作时，无格策略用于关系化可及性较高句法位置上的名词短语（如主语），因为被关系化后，这些名词短语由于可及性较高，其句法位置不需要特别标记出来就可以确定；而有格策略则用于关系化可及性较低句法位置上的名词短语，因为被关系化后，这些名词短语由于可及性较低而需要特别标记出其句法位置，否则较难理解。

引入了关系化的有格和无格策略后，Keenan & Comrie（1977）的理论假设可以进一步具体表述为：世界上所有语言都可以用无格策略来关系化主语位置上的名词短语,并且都在(13)所示的NPAH上存在一个切分点,切分点及其左边的名词短语可以用无格策略来关系化,而切分点右边的名词短语如果能关系化的话,则必须采用有格策略,而且这两种策略都必须运用于NPAH的一个连续段上,不允许跳过某个点。这是所有语言在进行关系化操作时都必须遵守的共性法则,语言之间的差异只是表现为,各语言在NPAH上的切分点位置可能不同。

明确了相关概念的定义和理论假设的具体预测后,我们便可以搜集相关语料来验证该假设。我们同时采用了内省语料和真实篇章语料来进行分析验证。

三、分析与论证

英语中,NPAH上所有6个句法位置上的名词短语都可以关系化,尽管关系化OCOMP有些勉强,如见下面各例(除了(14d)之外,其余均引自Corbett 2011: 197。方括号中是限定小句;圆括号中是被关系化名词短语的句法位置;斜体表示所用关系化策略):

(14) a. The student [*who* is presenting the paper] ... (SU)
　　　b. The paper [*which* the student presented] ... (DO)
　　　c. The student [*to whom* I lent the book] ... (IO)
　　　d. The man [*towards whom* Mary is walking] ... (OBL)
　　　e. The student [*whose* bike I borrowed] ... (GEN)
　　　f. The man [*who* Mary is taller *than*] ... (OCOMP)

这些例子显示,英语在关系化SU和DO时,采用无明确格标记的关系代词who和which,用的是无格策略;而在关系化IO到OCOMP这四个可及性较低的句法位置时,用的是介词或连词加关系代词的有格策略。这表明,英语中的关系化符合NPAH的理论预测,英语在NPAH上的切分点是DO。

我们对英语小说*Tai-Pan*(James Clavell, New York: Dell Publishing Co., Inc. 1966, 734页)中出现的所有416个关系从句进行了统计分析,所用关系化策略的分布见表10–4。

表10–4　英语关系化策略在语料中的分布

被关系化句法位置	关系化策略		出现频次	百分比
	无格	有格		
SU	that/which/who	—	262	63.0%
DO	which/whom[1]/Ø	—	132	31.7%
OBL	—	介词+that/which/whom/Ø	18	4.3%
GEN	—	whose	4	1.0%
合计			416	100%

我们的实际语料中没有出现关系化IO和OCOMP的句子，但就上述统计结果而言，同样可以认为，英语关系化符合NPAH理论预测，即英语无格策略应用于SU到DO这一连续段，而有格策略应用于OBL到GEN这一连续段。

我们再来看汉语中的关系化。将上面（14）中的句子译为汉语，并将汉语中的GEN进一步区分为修饰主语的GEN_{SUJ}和修饰宾语的GEN_{OBJ}，可以得到（15）中的一组句子。

（15）a. [Ø正在宣读论文的]那位学生……（SU）
　　　b. [那位学生宣读Ø的]那篇论文……（DO）
　　　c. [我借书给他的]那位学生……（IO）
　　　d. [玛丽正在向他走去的]那个男人……（OBL）
　　　e. [Ø自行车借了给我的]那位学生……（GEN_{SUJ}）
　　　f. [我借了他的自行车的]那位学生……（GEN_{OBJ}）
　　　g. [玛丽比他高的]那个男人……（OCOMP）

这些例子表明，汉语中的关系化并不完全符合NPAH的理论预测。这是因为，虽然汉语在关系化SU和DO时与英语相似，都是采用无格策略，但汉语可以跳过IO和OBL，用无格策略来关系化GEN_{SUJ}，这违反

---

[1] Keenan & Comrie（1979: 335）将whom也列为无格关系代词，尽管他们在其前面打上了一个问号。即便whom算作有格关系代词，也不会影响英语关系化遵循NPAH共性法则的总体结论。因为这样的话，英语无格策略应用于SU到DO这一连续段，而有格策略应用于DO到GEN这一连续段，仍符合NPAH理论预测。

了关系化策略必须运用于NPAH的一个连续段上的共性法则。

我们同样对老舍的《骆驼祥子》和《四世同堂》中的三部小说，以及马平来的《满树榆钱儿》进行了统计分析。在这五部"京味"小说中，共找到1,236例有定名词短语的限定性关系从句，其中只有一例采用有格策略，其余都采用无格策略，见表10–5。

表10–5　汉语关系化策略在语料中的分布

被关系化句法位置	关系化策略		出现频次	百分比
	无格	有格		
SU	空位	—	813	65.8%
DO	空位	—	401	32.4%
OBL	空位	—	14	1.1%
GEN_{SUJ}	空位	—	7	0.6%
GEN_{OBJ}	—	复指代词	1	0.1%
合计			1,236	100%

表10–5显示，与英语一样，在汉语真实语篇中很少出现关系化IO和OCOMP的句子。从表面上来看，表10–5中的汉语关系化策略分布符合NPAH理论预测，即汉语无格策略应用于SU到GEN_{SUJ}这一连续段，而有格策略应用于关系化GEN_{OBJ}。但是，出现这一分布的主要原因是，在语料所含的所有14个关系化OBL的句子中，OBL位置上的名词短语都是用于指物的。汉语很少用代词指物，因此，如果OBL位置上的名词短语用于指物，那么要么单独省略复指代词（如例16），要么连同介词一起省略（如例17）。

（16）我要[我作生意用Ø/*它的]筐子扁担！（OBL；《四世同堂（第三部）——饥荒》，p. 73）

（17）齐月轩愣了愣，这才看到他们身边[Ø/?用它装野菜的]小筐。（OBL；《满树榆钱儿》，p. 105）

同样，如果GEN_{OBJ}是一个指物的名词短语，关系化时也可省略复指代词，如下面的（b）是对（a）中指物的GEN_{OBJ}"宝马车"的关系化：

（18）a. 张三砸碎了宝马车的挡风玻璃

　　　b. [张三砸碎了Ø挡风玻璃的]那辆宝马车（GEN_{OBJ}）

由此可见,汉语中指物的OBL用空位策略来关系化是受语义因素的制约,与本文讨论的句法位置可及性没有直接的关系。

表10–5最有价值的发现是,汉语GEN_{SUJ}和GEN_{OBJ}在关系化时存在不对称性:关系化GEN_{SUJ}可以用空位策略;而关系化GEN_{OBJ}却需要采用有格策略。我们语料中所有7例关系化GEN_{SUJ}的从句全部采用空位策略,而1例关系化GEN_{OBJ}的从句则采用有格策略,试比较以下两个例子:

(19)他不主张杀人,而养着[∅手上有血的]朋友;可笑!
(GEN_{SUJ};《四世同堂(第三部)——饥荒》,p. 180)

(20)屋子当中躺着一个四十多岁的人,大概就是[他曾摔在他身上的]那个人。(GEN_{OBJ};《四世同堂(第一部)——惶惑》,p. 444)

(19)中未关系化前的小句是"朋友的手上有血",被关系化名词短语"朋友"在句中充当GEN_{SUJ},修饰主语"手上",关系化后得到"∅手上有血的朋友";(20)中未关系化前的小句是"他曾摔在那个人的身上",被关系化名词短语"那个人"在句中充当GEN_{OBJ},修饰介词宾语"身上",关系化后得到"他曾摔在*他身上的*那个人"。

那么,英语在关系化时是否也存在GEN_{SUJ}和GEN_{OBJ}之间的不对称现象呢?英语在关系化GEN时,可以采用有格关系代词和"无格关系代词+复指代词"这两种不同的有格策略,如(21d引自Hawkins 2011: 208;星号"*"表示不合语法):

(21) a. the professor [*whose* son knows the student](GEN_{SUJ};有格关系代词)

b. the professor [*whose* son the student knows](GEN_{OBJ};有格关系代词)

c. the professor [*that* his/*∅ son knows the student](GEN_{SUJ};复指代词)

d. the professor [*that* the student knows *his*/*∅ son](GEN_{OBJ};复指代词)

这一语言事实表明,英语在关系化GEN_{SUJ}和GEN_{OBJ}时,都只能采用两种有格策略中的一种,而不允许采用无格策略,两者之间不存在不对称现象,因而也无需作出这样的区分。

四、结语

以上分析表明，汉语关系化具有主语属格语和宾语属格语之间的不对称现象，需要进一步将NPAH中的GEN区分为GEN_{SUJ}和GEN_{OBJ}；而英语关系化基本符合NPAH的理论预测，并无必要区分GEN_{SUJ}和GEN_{OBJ}。

研究同时表明，基于语言类型学理论假设的对比研究首先需要严格按照语言类型学的定义来界定一些相关概念，有时还需要对某些概念进行细分，并对两种语言进行深入细致的分析，以便更好地检验相关理论假设。

上面的研究并未完全解决提出的问题，至少未能完全解释汉语中关系化的实际情况。比如，为什么汉语关系化具有GEN_{SUJ}和GEN_{OBJ}之间的不对称现象？许余龙（2015）认为，或许这是由于汉语中的GEN_{SUJ}可以比较容易地重新分析为话题。不过，这只是一种猜测，还需要具体论证；同时也不能排除其他可能性。总之，个中原因仍有待进一步探究。

第四节 小结

本讲围绕语言学研究的根本目标，讨论了语言的共性、类型和对比研究之间的关系。我们指出，理论语言学研究的主要任务是探索人类语言的规律，这种规律体现为语言共性。而作为理论语言学的两个分支，对比语言学和语言类型学都致力于跨语言比较研究。两者之间的主要区别在于，语言类型学研究将世界上所有的语言纳入自己的研究范围，从中探寻语言所共有的属性和规律；而对比语言学研究侧重于对两种语言的异同进行较为深入细致的描述。

我们认为，探索语言共性的共同目标将两者联系在一起，构成一个连续统。就理论对比研究而言，可以开展两种不同的语言类型学视野下的对比研究：一种是基于语言类型学理论假设的对比研究，另一种是以普世语法为目标的对比研究。本讲介绍了这两种对比研究的主要特点和研究方法，特别是在第三节的研究示例中，较为详细地介绍了前一种对比研究的具体做法。

思考题

1. 在不同语言的语音系统中，元音音位的数量有多有少。有研究显示，最少的有3个，最多的可超过20个。在仅有3个元音音位的语言（如摩洛哥阿拉伯语）中，这3个元音音位总是包含一个前高元音/i/，一个后高元音/u/和一个低元音/a/。根据这一研究结果，或许我们可以提出如下一条语言共性：如果一种语言的语音系统中仅有3个元音音位，那么这3个元音音位必定是/i/、/u/和/a/。这是一条实体共性还是形式共性？是蕴涵共性还是非蕴涵共性？是绝对共性还是相对共性？你认为这一共性背后的理据是什么，即为什么这3个元音音位总是/i/、/u/和/a/，而不是/i/、/o/和/e/或其他3个元音音位的组合？

2. 同样，在不同语言的词汇系统中，基本颜色词的数量有多有少，最少的仅有2个，多的可达11个。Berlin & Kay（1969）研究发现，如果一种语言中仅有2个基本颜色词，那么这2个基本颜色词总是一个表示"黑"，一个表示"白"；如果有3个基本颜色词，那么所增加的那个颜色词表示"红"；如果有4个，那么再增加一个"绿"或"黄"；如果有5个，那么同时增加"绿"和"黄"；等等。其规律可以用下表来呈现：

表10–6　基本颜色词数量与所指颜色的递增关系

颜色词数量	2	3	4	5	6	7	11
颜色词	黑白	红	绿或黄	绿和黄	蓝	褐	紫粉红橘黄灰色

利用此表信息制订一条非蕴涵共性和一组蕴涵共性，并将其归纳为一个蕴含等级序列。

3. 如果上一题中的非蕴涵共性和蕴涵共性都是绝对共性，那么所归纳的蕴含等级序列可以预测什么样的基本颜色词系统是人类语言所允许的，以及什么样的基本颜色词系统是人类语言所不允许的。下表列出了一些基本颜色词的不同组合（填黑的表示组合中含有该黑框所对应的颜色词）。你认为哪些组合可以构成蕴含等级序列所允许的基本颜色词系统，哪些不可以（分别用"√"和"×"来表示，如见第一、第二个组合）？

表10-7 一些基本颜色词组合在人类语言中的允准情况

	黑白	红	绿或黄	绿和黄	蓝	褐	紫粉红橘黄灰色	
a	■	■	■	■	■	■	■	√
b	■		■	■	■	■	■	×
c	■	■						
d	■	■	■	■		■		
e	■		■		■		■	
f	■	■		■		■		
g	■		■	■	■			
h	■		■	■	■	■		
i	■	■	■		■		■	
j	■		■	■		■	■	
k	■							

当然，后续研究表明，Berlin & Kay（1969）提出的蕴涵共性约束性太强，不能完全解释某些语言的基本颜色词系统。关于Berlin & Kay（1969）的评介及汉语基本颜色词系统的初步研究，见姚小平（1988）。

4. 在第二节中，我们介绍了英、德和荷兰语中的提升对比研究。如果我们再把汉语也添加进去进行对比，情况又将如何呢？汉语比英语更缺乏名词的格形态标记，因此根据Hawkins（1986）的理论假设，应该比英语允许更多的提升结构。如果我们将（8）-（10）中的英语句子译为汉语，可以得到如下一组句子：

（i） a. 我相信他病了。
　　　b. 我相信他病了。（S→O?）
（ii） a. 似乎张三病了。
　　　b. 张三似乎病了。（S→S?）
（iii）a. （很）容易读这本书。
　　　b1. 这本书（很）容易读。（O→S?）
　　　b2. 这本书读起来（很）容易。

将这些句子与（8）—（10）中的英语句子进行比较，你认为其中汉语的（b）句是否可以确定为提升句？请给出你的理由。你认为"提升"这一句法操作在汉语中是否存在？如果存在的话，请给出一个同时适用于英、汉、德和荷兰语的定义和界定标准。

5. Diessel（2001）基于对40种语言的分析，认为主句与状语从句之间的相对语序与从属连词在状语从句中的位置相关。在从属连词后置于状语从句的语言中，状语从句倾向于出现在主句之前；而在从属连词前置于状语从句的语言中，状语从句通常可以出现在主句之前，也可以出现在主句之后。一个倾向性的规律是，条件状语前置于主句的多于时间状语，时间状语前置于主句的多于原因、结果和目的状语，构成如下一个等级序列：条件＞时间＞原因/结果/目的。如果要设计一项基于这一语言类型学理论假设的汉外对比研究，你觉得在选取语料时应该注意哪些问题？可以分析语料中哪些相关变量？对这些变量如何进行分析？

推荐阅读

Comrie, Bernard. 1986/1988,对比语言学和语言类型学(沈家煊译),《国外语言学》第3期:105–109+135。

Van der Auwera, Johan. 2012. From contrastive linguistics to linguistic typology. *Languages in Contrast* 12 (1). 69–86.

程工,1999,《语言共性论》,上海:上海外语教育出版社,第四章,83–114。

许余龙,2010,语言的共性、类型和对比,《外语教学》第4期:1–5。

许余龙,2012,名词短语可及性与关系化——一项类型学视野下的英汉对比研究,《外语教学与研究》第5期:643–657。

许余龙,2017,语言类型学视野下的对比研究,《外语与外语教学》第5期:20–28。

思考题参考答案

第一讲

1. 根据对比语言学针对个别（通常是两种）语言，不侧重亲属关系，理论与实践并重等特点，（2）（5）（6）和（7）较为适合。其他几项中，（1）侧重亲属关系；（3）（4）（10）比较的对象或者不是个别语言，或者不是语言而是语言学；（8）（9）可能会使研究假设具有不可证伪性，除非研究者能够对"艺术表现力""难易程度"等给出科学的定义。

4. 这个比较的对象是动词，TC属于图1–4中的"TC_6 语言规则"，即涉及动词省略的语法规则。吕叔湘先生用的是内省语料，我们也可以尝试使用语料库来展开对比研究。

第二讲

1. "太阳字母"的发音部位在齿、齿龈、齿龈后，其他部位为"月亮字母"。古代中国人所说的"唇音"的发音部位在双唇或唇齿；"舌音"和"齿音"的发音部位都在齿、齿龈、齿龈后或龈腭，其中"舌音"包括爆发音和鼻音，"齿音"包括塞擦音和擦音，"半舌音"为边近音，"半齿音"为"鼻音+擦音"；"牙音"的发音部位在软腭；"喉音"的发音部位在硬腭及硬腭之后。"全清"声母包括清不送气爆发音、塞擦音和擦音；"次清"声母包括清送气爆发音和塞擦音；"全浊"声母包括浊爆发音、塞擦音和擦音；"次浊"声母包括近音、鼻音以及"鼻音+擦音"。

2. 韵母调查用字首选零声母、高平调的字，以规避声母、声调起伏和低调发声态的影响。在缺少零声母字的情况下，首选唇音声母字（如"杯"），因为唇音的收窄部位在口腔外，对元音影响较小。另外，应尽量选择常用字，以免发音人使用错误的或过于书面化的发音。由于韵头、韵尾对主元音皆可能有影响，因此韵母调查用字在分类时将韵头、韵尾相同的韵母归为一类，以便后续比较。单念形式和载体句形式的用途不同，前者没有语流中其他发音的影响，更适合做频谱分析；后者放在语流中，时长更自然一些，更适合做时长分析。载体句的设计应符合调查目的和被调查语言的具体情况，用"我来念____字"为载体句的话，"念"字结尾的鼻音可能会对后接音段产生鼻化影响或与其混在一起难以切分，因此，如果想要排除这方面的影响，应避免使用这类载体句。在对英语做类似调查时，应注意选用语音环境相同或相似，同时又包括各种元音的真实词语，如heed、hid、head、had、hard、heard等就是较好的选择。

3. 从音系学的角度看，音位归纳具有非唯一性，因此这项统计中使用的数据其实很可能会随着音位归纳者的偏好等因素而发生变化，这给统计结果增加了很多不确定性。这项研究中还存在其他问题，具体可见《科学》杂志2012年第335期上的系列评论。

4. 可以大致认为这两种方言的底层声调都是各个字单念时的声调，但在生成表层的过程中，两者的连读变调规则不同。在这几个例子中，普通话的连读变调主要涉及51调在词中变为53，214调在词中变为21；上海话的变调则以整个词为变调域，将第一个字的调23延展到整个变调域，变成22+55+21（即先保持23上升的趋势，升到最高后再下降），这样第二和第三个字的调就被统一替换了，整个变调域遵循一个统一的声调模式，因此具有一定的词调语言特点。

5. 音节分量的划分标准主要同时长有关，但也涉及音段："长元音"、"双元音"和"元音+辅音"被认为具有相同的音量。拉丁语例诗的基本格律是"六音步长短短格"，即以"长短短"音步（即"重音节+轻音节+轻音节"）为基本音步单位，每行重复6次。在前4次中，基本音步可由"重音节+重音节"代替，在第6次时，基本音步总是由"重音节+重音节"代替。比如第1行可分析如下（"--"代表重音节，"U"代表轻音节）：

-- UU | -- U U | -- -- | -- -- | -- UU | -- --
In nova | fert ani | mus mū | tātās | dīcere | fōrmās

需要注意的是，在每一行中，音节分量的计算不受单词边界的影响。当前一个词以辅音结尾，后一个词以元音开头时，前一个词的辅音尾应计入后一音节。比如在第二行末尾，mūtāstis et illās应分析为mū | tās.ti.s e | t il.lās（即-- | -- U U | -- --）。另外，如果前一个

词以元音结尾，后一个词以元音开头，则前一个元音不计入格律。比如在第三行中，*prīmāque ab orīgine*应分析为*prī | mā.qu(e) a.b o | rī.gi.ne*（即-- | -- U U | -- U U）。

英语诗歌的格律是利用音节的"重读"与"非重读"对立实现的，而非音量（注意：不要将"重读音节"（stressed syllable）与音量上的"重音节"（heavy syllable）混为一谈）。题中例诗的格律以"抑扬"音步（即"非重读音节+重读音节"）为基本音步，单数行重复4次，为"四步抑扬格"，双数行重复3次，为"三步抑扬格"。比如前两行可分析如下（"/"代表重读音节，"x"代表非重读音节）：

   x / |x / | x / |x /
   As fair | art thou, | my bon | nie lass,
     x /| x / |x /
     So deep | in luve | am I,

第三讲

2. 俄语词*knizhechka*（小书）、*knizhitsa*（小破书）、*knizhonka*（鬼书）是*kniga*（书）的表达派生词，*knizhniy*（书的）、*knizhnost'*（书性）是*kniga*（书）的转类派生词，*knizhnik*（书籍爱好者）是*kniga*（书）的功能派生词，*knizhnitsa*（女书籍爱好者）是*knizhnik*（书籍爱好者）的特征派生词。

4. 可以设置[运动][快][平放][背朝下][贴近地面]等语义特征，以其不同取值来分析这些词的基本语义。分析时应注意一些英汉语对应词的区别，如汉语的"卧"一般是[+背朝下]，英语的*lie*则未必（如*lie on one's back*）；英语的*crawl*一般是[+贴近地面]，汉语的"爬"除了这种取值外，还可能是[--贴近地面]（如"爬山"可能是贴近山体、四肢并用地爬，也可能是身体直立、只用双脚朝山上行走）。

5. 过渡语语料由于受学习者母语迁移的影响，可以在一定程度上辅助说明学习者的母语与目的语的不同特点。比如，词语搭配是外语学习中常见的难点，因为不同语言的词语搭配习惯常有差异。以汉语的"开"和英语的*open*为例，前者的很多搭配，如"开灯""开会""开车""开枪""开饭""开假条"等，都不适用于后者。因此，可以分别考察以汉语为母语的英语学习者和以英语为母语的汉语学习者的过渡语语料，看看其中的相关搭配是否存在有异于目的语的特点，并以此辅助说明英汉语的异同。

第四讲

1. 名词方面，法语的名词带有"数"的词缀标记（如（2 & 4）中的-s），但通常不带标记"性"的词缀。此外，法语的限定词和他们的名词中心语保持"性"和"数"的一致。所有的限定词都标记了"数"，但只有（1 & 3）中的限定词标记了"性"。英语名词同法语名词相同，可带复数标记，且不带"性"的标记。但是英语限定词不同于法语限定词，既不标记"数"也不标记"性"。

2. （1）"出租汽车"中的"出租"可表示限定"汽车"的种类或功能，语法上是修饰与被修饰的关系；"出租"也可表示动作，"汽车"表示承受该动作的对象，构成动宾结构。（2）"发现了敌人的哨兵"可表示哨兵发现了敌人，属于修饰语（"发现了敌人的"）与被修饰语（"哨兵"）结构；也可表示有人发现了哨兵，属于动（"发现了"）宾（"敌人的哨兵"）结构。（3）"是我出的作文题"可表示对"这是什么？"的回答，属于动（"是"）宾（"我出的作文题"）结构；也可表示对"谁出的作文题？"的回答，属于主语（"作文题"）后置的"是"字判断句（朱德熙 1980: 180）。结构图略。更复杂的汉语结构的标注体系还可参见周明、黄昌宁（1994）和冯志伟（2010）。

3. 根据汉语兼语动词（如"请""让""命令"等）的句法和语义特征，传统汉语语法中所谓的"兼语式"的分析，应基于兼语动词义项而非词形；句法结构上可使用形式句法中的控制理论描写。从这个意义上看，"兼语式"并不像是汉语"特有"的结构。具体可参考杨春雷（2013）。

第五讲

2. 文学和艺术作品方面，递归的例子如大卫·米切尔的小说《云图》和埃舍尔的版画《瀑布》。在现实生活中也不乏实例，如两面镜子对照制造出的"德罗斯特效应"，以及俄罗斯套娃等。

3. 朱永生（1995）把主位推进模式分为四种：主位同一型、述位同一型、延续型和交叉型。按照这种分法，该段文字可以描写为：

主位推进信息	主位推进类型
T1（窗前）—R1（草地）	
T2（=R1）—R2（蒲公英）	延续型
T3（=R2）—R3（草地）	延续型
T4（我和弟弟）—R4（=R3）	述位同一型
T5（有一次）—R5（=T4）	交叉型
T6（=R5（他））—R6（=R5（我））	延续型
T7（=T6（弟弟））—R7（蒲公英）	主位同一型
T8（就这样）—R8（=R7）	述位同一型

需要说明的是，个别主述位之间并不是完全的对等关系。例如，T6和R6都只是T4/R5的一部分；也可按照第五讲第二节介绍的不同主位推进的类型划分标准进行分析。

第六讲

1. （1）表示冬天尽量穿多，夏天尽量穿少。前半句的"多少"是一个多义常用词，可表示"未定的数量"，其中"少"可读轻声；后半句的"多少"是表程度的副词"多"修饰形容词"少"的组合，其中"少"不可读轻声。（2）中的"一个人"可表示一个特定的人，重音倾向于放在"人"上；或者表示单独一个人的状态，重音倾向于放在"一"上。（3）说明语调的表义作用。英语中使用降调表示陈述，用升调表示提问。在这段对话中，Monica认为当初她说Got the keys这句话时用的是升调，用来提醒Rachel出门前带上钥匙，而Rachel听成了降调，误以为Monica出门前告诉自己她已经带上了钥匙。误会由此产生。

2. 本讲第一节第三部分介绍过，增加某些程度副词，配合相应的语音手段，可表示强调的会话含义，还提到如果会话中删除这些词，或代之以表示弱化的程度副词，会表达特殊的会话含义。本题中列举的就是此类例子。（1）中Monica在第二轮会话中删除了表强调的*really hard*，言外之意是不想让Chandler那么得意；（2）中Chandler

在最后一轮中增加了表示弱化的副词*just*，表达对Joey的不满和失望；（3）中Chandler删除了修饰语good，以降低Monica的期望。
3. 相同语境下，汉语中，人们接受礼物时，通常会表示道歉（如"不好意思，让您破费了"），或者先道歉后感谢；聚会结束时，面对主人，人们通常会表达歉意（如"不好意思，待到这么晚"），也可能表达谢意或称赞（如"多谢了，孩子们玩得很开心"）。而在英语中，在两种语境下，人们通常都只会表达谢意或称赞。这反映了文化对语言的影响。汉语和日语所处的文化更接近，因此使用的语言更接近。

第七讲

3. 基于两表中的量化数据，得出的结论是，*absolutely*比*absolutamente*使用得更频繁，尤其是在口语中。
4. 研究1属于语言对比实验研究，具体研究案例可参见：Kessler, Carolyn. 1972. Syntactic contrasts in child bilingualism. *Language Learning* 22 (2): 221–230；研究2属于语言对比调查研究，具体研究案例可参见：李会民，2012，洛阳方言在当地英语学习者中的负迁移情况调查，《教学与管理》第3期：89–90；研究3属于定量篇章对比分析研究，具体研究案例可参见：袁媛，2012，英汉书评中表达类言语行为的对比研究，《浙江社会科学》，第5期：130–135，159。需要说明的是，同一研究问题也可采用不同的研究方法来研究。此处的归类和研究案例仅供参考。

第八讲

1. （1）是流水句的错误。英语并列复合句的小句之间要求用连词连接；汉语没有这种规定，可以用逗号间隔。*however*作为副词，不具有连接小句的句法功能。导致此类错误的原因是学生误以为*however*是"但是"的对等语言单位，忽略了它们不同的句法功能。（2）反映的是英语非谓语动词做状语时，要求根据不同的逻辑意义关系，非谓语动词的形式要和主句主语保持一致。例如，如果非谓语动词的动词和主语是逻辑上的主谓关系，那么非谓语动词应采用现在分词形式，而非过去分词形式。导致此类错误的原因是汉语缺少动词的屈折变化形式，没有此类规定。（3）反映的是英语比较结构中的比较成分应具有可比性。因为 countries 和 origin 不具可比性，所以是错误的。导致此类错误的原因是汉语中没有这种规定。把（3）逐字翻译得到的是一个合法的汉语句子，即"不像大多数其他国家，美国的起源没有因时间的迷雾而模糊不清"。

3. 这篇短文在首段没有明确提出自己的观点。前句用"既不……也不"的句式，说明作者不持正反双方的任何立场，后句则做了一个类比，都未回答题目提出的问题。第二段绝大部分篇幅都在讨论"大多数人"（most people）的观点，尤其是中间部分偏题，转而讨论宿舍内是否该安装空调。最后一段虽然阐明了立场，但与第一段的第一句自相矛盾。

一般来说，英语的议论文要求有明确的论点，且论据要严格按照一定的逻辑顺序紧紧围绕中心论点展开。反观这篇文章的结构，观点不明确，结构发散，讨论偏题，循环论证。

第九讲

1. 近义词辨析和更多例子可参考近义词词典，如 *Webster's New Dictionary of Synonyms*。通过语义辨析可以看出，英汉语中不存在绝对意义上的完全翻译对等的词语，多少都受到语境条件的限定。以 father 和"父亲"为例，在 *the father of modern science* 中的 father 只能译为"（之）父"；father 表示神职人员时，只能译为"神父"。更常见的情况是词汇之间只存在部分特征的对等。例如，第二组词汇按照光线的强度、持续时间长短、间隔等特征，区分了不同的闪光方式，而汉语中除了"闪耀""闪亮""闪闪发光"等意义较宽泛的词汇之外，缺少与其完全对等的确切词汇。例如，汉语中没有像 glisten 这样的专门词汇，表示从潮湿的表面发出的光。在翻译中只能通过增词等方式表达，或者由读者借助具体语境理解。此外，如果从词汇系统中各词汇之间相互关系的角度看，这种完全对等就更少了。以正式程度为例，源于拉丁语，主要用于英国英语的 pater 比 father 更正式些，后者又比其他多个词汇更正式；汉语中不存与其完全对等的词汇关系。

2. 参考译文：I lifted the curtain and looked, only to find a small girl of about eight or nine. She had a pale thin face, and her lips were frozen purple because of the cold. Her hair was cut short and she was dressed in worn-out clothes. She wore no socks, only a pair of straw sandals. She was climbing on to the bamboo stool, trying to get hold of the receiver; but she quickly withdrew her hand as if startled at the sight of me (Translated by Gong Shifen in *Renditions* 32 (1989): 130–132).

   通过原文和译文对比，可以看出汉语主题明显，多个小句都省略了主语；英译文中需要断句，并补齐主语。

3. （1）中第一句话中的疑似人名是首次出现，对话者在同一部出租车中，时间和空间距离都比较近，也不存在心理距离远的因素，因此倾向于将that译为"这"，比如"我不知道还有人叫这个名字"。根据（2）的语境，可以判断作者对于魁北克的态度积极正面，心理距离近，所以其中的this和that都应译为"这"。

4. 第五讲中提到，一般认为，英语属于主语显著的语言，主语容易甄别，且不可省略；而汉语则属于主题显著的语言，主语可省略。译者根据语境，在译文中依次补出了汉语中省略的主语，如第一句中的两个he，第二句中的两个逻辑主语some，以及最后一句中的it。此外，汉语段落只用逗号隔开，为避免流水句，英译文必须进行断句，并增加连接词，如第二句中的and。

第十讲

1. 该项语言共性是一条非蕴涵实体共性，一般认为是一条绝对共性。其背后的主要理据是，/i/、/u/和/a/这3个元音音位彼此之间具有最大的区分度，即便在发音时略有偏离[i]、[u]和[a]这3个音，也不至于影响理解，因此有利于交际。

2. 非蕴涵共性：所有的语言中都有表示黑色和白色的两个颜色词。
   蕴涵共性：1）如果一种语言具有3个基本颜色词，那么这3个基本颜色词是表示黑、白和红；2）如果一种语言具有4个基本颜色词，那么这4个基本颜色词中3个是表示黑、白和红，另一个表示绿或黄；3）如果一种语言具有5个基本颜色词，那么这5个基本颜色词是表示黑、白、红、绿和黄；4）如果一种语言具有6个基本颜色词，那么这6个基本颜色词是表示黑、白、红、绿、黄和蓝；5）如果一种语言具有7个基本颜色词，那么这7个基本颜色词是表示黑、白、红、绿、黄、蓝和褐；6）如果一种语言具有8–11个基本颜色词，那么其中7个基本颜色词是表示黑、白、红、绿、黄、蓝和褐，另外1–4个分别表示紫、粉红、橘黄和灰色中的1–3个或全部。

蕴含等级序列是：黑/白 > 红 > 绿/黄 > 蓝 > 褐 > 紫/粉红/橘黄/灰色。

3.

a	b	c	d	e	f	g	h	i	j	k
√	×	×	×	×	×	√	×	√	×	√

附录　术语表

说明：一级标记为讲（章）号；二级标记为节号（5表示思考题）；三级标记为小节号，或思考题号（0表示节的引言部分）。例如，4.3.2表示第4讲第3节第2小节；7.5.2表示第7讲思考题的第2题；9.2.0表示第9讲第2小节的引言部分。

ToBI标调法	Tone and Break Indices；ToBI	2.2.2
巴克	Bark	2.2.1
半岛西班牙语	Peninsular Spanish	7.5.3
本质	essential	6.2.1
鼻腔	nasal cavity	2.1.2
比较语言学	comparative linguistics	1.1.1
变化过程	process	4.2.1
变量	variable	7.1.1
标志语–中心语	spec-head	4.1.2
标准理论	Standard Theory	4.2.2
表层形式	surface form	2.1.3
表达派生	expressive derivation	3.1.2
宾格	accusative case	4.1.1
并列复合	appositional compounding	3.1.2
伯努利效应	Bernoulli effect	2.1.2
擦音	fricative	2.3.1
采样精度	sampling precision	2.3.2
采样率	sampling frequency	2.3.2
参考语法	reference grammar	4.1.0
参与者	participant	5.1.2
阐释空缺	interpretive gap	3.2.3
常规	normal	6.2.2
常量	constant	7.2.2
常态浊声	modal voice	2.1.2
超级原则	super principle	6.2.1
超音段成分	suprasegmental	2.1.2
超主位	hyperthematic	7.2.1
成分结构	constituent structure	4.2.2

重构	reconstruct	8.1.3
重新创建过程中的连续体	recreation continuum	8.1.3
重新分析	reanalysis	3.2.2
重新组织过程中的连续体	restructuring continuum	8.1.3
抽样误差	sampling error	7.2.2
传统语法	traditional grammars	4.1.0
创造性建构	creative construction	8.1.2
词干	stem	3.1.2
词根	root	3.1.2
词汇	lexis	3.1.1
词汇概念结构	Lexical Conceptual Structure	3.2.3
词汇–功能语法	Lexical-Functional Grammar	4.2.2
词汇化	lexicalization	3.1.1
词汇体	lexical aspect 或 aktionsart	3.2.3
词汇形态学	lexical morphology	3.1.1
词汇音系学	lexical phonology	2.1.3
词汇语义学	lexical semantics	3.1.1
词汇整体性假设	Lexical Integrity Hypothesis	3.1.1
词基	base	3.1.2
词基元音	thematic vowel	3.1.2
词库	lexicon	3.1.1
词例	word token	3.1.1
词位	lexeme	3.1.1
词项空缺	lexical gap	3.2.3
词形	word-form	3.1.1
词形变化法则	paradigm	4.2.1
词型	word type	3.1.1
词与词形变化法则	Word and Paradigm；WP	4.2.1
词语法	Word Grammar	4.2.2
词缀	affix	3.1.2
词族	word family	3.1.1
次要/依附范畴	secondary/dependent category	4.2.2
促进	facilitation	8.1.1
存现结构	existential-presentative construction	5.3.2
单纯词	simple word	3.1.2
单位	unit	4.1.2
单向的	uni-directional	1.1.2
单一祖语说	monogenesis hypothesis	10.1.1
等级制约	Hierarchy Constraints; HC	10.3.2

迪尔巴尔语	Dyirbal	5.2.0
底层形式	underlying representation	2.1.3
地点介词	locative preposition	3.2.3
递归	recursive	5.5.2
典型	canonical	4.2.2
典型性成分	typical component	5.1.2
定式	finite	7.3.2
动态动词	active verb	4.1.1
动态对等	dynamic equivalence	9.1.3
短时记忆	short-term memory	7.3.2
对比分析	contrastive analysis	1.1.1
对比分析假设	Contrastive Analysis Hypothesis	1.1.2
对比和跨文化修辞学	Contrastive and Intercultural Rhetoric	5.2.0
对比生成语法	Contrastive Generative Grammar	4.2.2
对比研究	contrastive study	1.1.1
对比语言学	contrastive linguistics	1.1.1
对应	equivalent	4.2.2
多式综合语	polysynthetic language	3.2.2
腭位图	palatogram	2.2.1
耳蜗	cochlea	2.1.2
发声	phonation	2.1.2
发音部位	place of articulation	2.1.2
发音方法	manner of articulation	2.1.2
发音语音学	articulatory phonetics	2.1.1
发展序列	developmental sequence	8.2.2
翻译对等	translation equivalence	1.3.2
翻译对等语料库	translationally equivalent corpus	1.3.2
反馈给顺序	counter-feeding	2.1.3
反义关系	antonymy	3.1.3
反阻断顺序	counter-bleeding	2.1.3
范畴语法	Categorical Grammar	4.2.2
范式	paradigm	7.1.1
方差分析	analysis of variance; ANOVA	6.3.3
方式准则	maxim of manner	6.2.1
非宾格结构	unaccusative construction	3.3.3
非定式	nonfinite	7.3.2
非定式小句	nonfinite clause	7.3.2
非断言性	nonassertive	4.3.3
非肺部气流	non-pulmonic airstream	2.1.2

非连接性操作	non-concatenative operation	3.1.2
非线性音系学	nonlinear phonology	2.1.3
非蕴涵共性	non-implicational universal	10.1.2
非中性词缀	non-neutral affix	3.3.4
非组构性/不可分解性	noncompositionality	3.1.1
肺部呼出气流	pulmonic egressive airstream	2.1.2
费氏精确检验	Fisher's exact test	6.3.3
分层随机抽样	stratified random sampling	7.2.2
分析性表达	analytic expression	3.2.1
分析语	analytic language	3.2.2
辅音	consonant	2.1.2
附置语	adposition	4.1.1
复合	compounding	3.1.2
复合词	compound	7.2.1
复杂主位	multiple theme	5.1.1
复指代词	resumptive pronoun	10.3.1
概值	p-value	2.2.1
感知	perception	2.1.1
干扰	interference	8.1.1
哥伦比亚学派	Columbia School	4.2.2
格分享	case-sharing	4.1.2
格语法	Case Grammar	4.2.2
功能对等	functional equivalence	9.1.3
功能负荷量	functional load	1.3.1
功能句法	Functional Syntax	4.2.2
功能派生	functional derivation	3.1.2
功能语法	Functional Grammar	4.2.2
共谋	conspiracy	2.1.3
共时	synchronic	1.1.1
共振峰	formant	2.1.2
共振频率	resonance frequency	2.1.2
构成成分	constituency	4.2.2
构成成分测试	constituency test	4.2.2
构成词根的语素	root-forming morpheme	3.1.2
构式语法	Construction Grammar	4.2.2
孤立语	isolating language	3.2.2
骨骼层面	skeletal tier	2.1.3
故事语法	Story Grammars	5.2.0
关联理论	Relevance Theory	6.1.1

关联准则	maxim of relevance	6.2.1
关系化	relativization	10.1.2
关系语法	Relational Grammar	4.2.2
管约论	The Government-Binding Theory	4.2.2
广义短语结构语法	Generalized Phrase Structure Grammar	4.2.2
规定语法	prescriptive grammar	4.1.0
规则	rule	5.2.0
国际教育成就评价协会	The International Association for the Evaluation of Educational Achievement; IEA	8.3.2
国际音标	International Phonetic Alphabet; IPA	2.1.2
国际阅读能力进展研究	Progress in International Reading Literacy Study; PIRLS	8.3.4
过渡语	interlanguage	8.1.3
行事假设	performative hypothesis	6.1.2
合成词	complex word	3.1.2
合作原则	Cooperative Principle; CP	6.1.1
横向组合关系	syntagmatic relation	1.3.1
喉	larynx	2.1.2
后词汇规则	post-lexical rule	2.2.2
后实证主义	postpositivism	7.1.1
互补主义	complementarism	6.2.2
化简释义	reductive paraphrase	4.2.2
话题	topic	5.3.1
话题管理	topic management	5.3.1
话题性	topicality	5.3.1
话语	discourse	5.1.0
回绝策略	refusal strategy	6.3.1
回指	anaphora	5.3.1
回指语	anaphor	7.3.2
会话含义	conversational implicature	6.1.1
会话原则	maxims of conversation	6.1.1
活动	action	5.1.2
活动	activity	9.2.3
积极	active	4.1.1
积极面子	positive face	6.2.1
基本关系化制约	Primary Relativization Constraints; PRC	10.3.2
基本语序	basic word order	10.1.2
基底膜	basilar membrane	2.1.2
基频	fundamental frequency	2.1.2

附录　术语表

基于语符的构式语法	Sign-based Construction Grammar	4.2.2
极性敏感	polarity-sensitive	4.3.3
加标	indexing	6.1.2
假设验证	hypothesis testing	8.1.1
嫁接	grafting	4.2.2
间接性	indirectness	6.1.2
简单主位	simple theme	5.1.1
建构主义	constructivism	7.1.1
交际方式	mode	1.2.1
交际关系	tenor	1.2.1
交际结构	interactive structure	6.1.3
交际领域	field	1.2.1
角色参照语法	Role and Reference Grammar	4.2.2
教学语法	pedagogical grammar	4.1.0
结构	structure	4.1.2
近音	approximant	2.3.1
经验论	empiricism	1.1.1
敬语形态一致	honorific concord	6.1.3
静态动词	stative verb	4.1.1
具体理论对比语言学	specific theoretical contrastive linguistics	1.1.2
具体应用对比语言学	specific applied contrastive linguistics	1.1.2
聚合关系	paradigmatic relation	3.1.1
绝对共性	absolute universal	10.1.1
卡方检验	χ^2 test	6.3.3
柯替氏器	organ of Corti	2.1.2
可表达性原则	Principle of Effability	3.2.3
可分动词	separable verb	3.2.2
可及性	accessibility	6.2.1
可及性标示语	Accessibility Markers	7.3.2
可及性理论	Accessibility Theory	5.2.0
可译性原则	Principle of Translatability	3.2.3
可证伪性	falsifiability	1.3.3
空格	null case	4.1.2
口腔	oral cavity	2.1.2
宽带语图	wide-band spectrogram	2.1.2
框架理论	Frame Theory	5.2.0
馈给顺序	feeding	2.1.3
扩充标准理论	Extended Standard Theory	4.2.2
来自动词	deverbal	3.1.2

中文	English	章节
来自名词	denominal	3.1.2
来自形容词	deadjectival	3.1.2
类别	class	4.1.2
累积性表达	cumulative exponence	3.2.2
离心复合	exocentric compounding	3.1.2
礼貌理论	Politeness Theory	6.2.1
李克特量表	Likert scale	7.2.1
理据	motivation	3.1.3
理性化/合理化原则	Rationalization Principle	6.1.1
历时	diachronic	1.1.1
历史比较语言学	historical comparative linguistics	1.1.1
连贯性	coherence	5.1.0
连接性操作	concatenative operation	3.1.2
联觉音组	phonaesthetics	3.1.2
零回指	zero anaphora	5.1.1
论元结构	argument structure	3.1.3
描写	descriptive	4.1.0
描写语法	descriptive grammar	4.1.0
名词短语可及性等级序列	Noun Phrase Accessibility Hierarchy; NPAH	10.3.1
明晰性	explicitness	4.2.2
内省语料	intuition-based data	1.3.2
能产性	productivity	3.2.1
能力	competence	1.3.2
逆向构词	back formation	3.2.2
派生	derivation	3.1.2
配价语法	Valency Grammar	4.2.2
偏常	deviant	8.1.3
篇章	text	5.1.0
篇章超结构	superstructure	5.2.0
篇章对等	textual equivalence	9.1.1
篇章结构	text structure	9.1.2
篇章类型	text type	9.1.2
篇章类型焦点	text-type focus	9.1.2
篇章实体	discourse entity	5.3.1
篇章性	texture	9.2.0
篇章组织	texture	9.1.2
频谱图	spectrum	2.1.2
频谱重心	centre of gravity	2.3.3
平行样本设计	parallel sample design	6.3.2

平行语料库	parallel corpus	1.3.2
评价研究	evaluation research	7.1.1
普遍语法	universal grammar	10.1.1
气流机制	airstream mechanism	2.1.2
气嗓声	breathy voice	2.1.2
迁移	transfer	8.1.1
亲属语言	genetically related languages	7.2.1
轻音节	light syllable	2.5.5
情节记忆	episodic memory	7.3.2
情境敏感的	context-sensitive	7.1.1
情态	modality	5.2.0
区别性特征	distinctive features	2.1.3
屈折成分	inflection	3.1.1
屈折范畴	inflectional category	4.1.1
屈折形态学	inflectional morphology	3.1.2
屈折语	inflectional language; fusional language	3.2.2
取效行为	perlocutionary act	6.2.1
全等	congruent	4.2.2
确定性成分	determinate component	5.1.2
人际成分	interpersonal components	5.2.0
认知语言学	Cognitive Linguistics	4.2.2
任意性	arbitrariness	1.1.1
溶合	fusion	3.2.2
入声	checked tone	2.2.2
萨丕尔–沃尔夫假说	Sapir-Whorf Hypothesis	3.2.3
三重格	tripartite	4.1.1
嗓音起始时间	voice onset time; VOT	2.2.2
上下义关系	hyponymy	3.1.3
少量数	paucal	4.1.1
舌尖元音	apical vowel	2.2.1
舌位图	linguogram	2.2.1
社会指示	social deixis	6.1.1
生成音系学	Generative Phonology	2.1.3
生成语义学	Generative Semantics	4.2.2
声襞	vocal folds	2.1.2
声带	vocal cords	2.1.2
声门	glottis	2.1.2
声调	tone	2.1.2
声学语音学	acoustic phonetics	2.1.1

中文	English	位置
声学元音图	acoustic vowel chart	2.2.1
施事行为	illocutionary act	6.1.2
施事结构	illocutionary structure	6.1.3
实例语料	corpus-based data	1.3.2
实体共性	substantive universal	10.1.1
实体话题	entity topic	5.3.4
实义后缀	lexical suffix	3.2.2
实证主义	positivism	7.1.1
使用	use	5.1.0
使用场合	use	1.2.1
使用者	user	1.2.1
似真性/合理性	feasibility	5.1.1
事件链	event line	5.1.2
试探性研究	pilot study	1.3.3
适切条件	felicity condition	6.1.2
述题	comment	5.1.1
述位	rheme	5.1.1
树邻接语法	Tree-Adjoining Grammar	4.2.2
数量准则	maxim of quantity	6.2.1
双向的	bi-directional	1.1.2
说话行为	locutionary act	6.2.1
思维模式	thought pattern	5.1.2
斯瓦迪士词表	Swadesh lists	3.2.3
咝音	sibilant	1.3.2
随机抽样	random sampling	7.2.2
随机化	randomization	7.2.2
缩写词	acronym	3.2.2
所指意义	reference	3.1.3
特征几何	feature geometry	2.1.3
特征派生	featural derivation	3.1.2
提升	raising	10.2.2
天赋说	innateness hypothesis	10.1.1
条件变体	conditional variant	2.1.3
调位	toneme	2.1.3
听觉/感知语音学	auditory/perceptual phonetics	2.1.1
同形异义	homonymy	3.1.3
同义关系	synonymy	3.1.3
统计共性	statistical universal	10.1.1
透明	transparent	3.3.3

湍流	turbulence	2.3.1
完结	accomplishment	9.2.3
微观和宏观结构	Micro- and Macrostructure	5.2.0
唯理论	rationalism	1.1.1
无标记	unmarked	10.1.1
西班牙皇家语言学院语料库	Corpus de referencia del español actual; CREA	7.5.3
习得次序	acquisition order	8.2.2
系统	system	4.1.2
系统功能语法	Systemic Functional Grammar	4.2.2
先行语	antecedent	7.3.2
衔接项目	cohesive item	5.1.1
衔接性	cohesion	5.1.0
显性的	overt	9.3.3
相对共性	relative universal	10.1.1
响音	sonorant	2.1.2
向心复合	endocentric compounding	3.1.2
向心理论	Centering Theory	5.2.0
项目与变化	Item and Process; IP	4.2.1
项目与配列	Item and Arrangement; IA	4.2.1
象似	iconism	6.1.3
象似性	iconicity	3.1.3
消极面子	negative face	6.2.1
小句主位	clausal theme	5.1.1
小品词	particle	5.1.1
协同发音	co-articulation	2.1.3
谐波	harmonic	2.1.2
心理模型	mental model	7.3.2
新信息	new information	5.1.1
形式对应	formal correspondence	9.1.1
形式共性	formal universal	10.1.1
形式项目	formal item	9.1.1
形态句法层	morpho-syntactic level	4.1.2
形态理据	morphological motivation	3.3.3
性别模式化	gender stereotyping	8.2.1
修辞结构理论	Rhetorical Structure Theory	5.2.0
修正的扩充标准理论	Revised Extended Standard Theory	4.2.2
学习策略	learning strategies	8.3.1
学习者英语国际语料库	International Corpus of Learner English	5.2.0
学校语法	school grammar	4.1.0

循环定义	circularity	4.2.2
哑嗓声	creaky voice	2.1.2
咽腔	pharyngeal cavity	2.1.2
言语行为	speech act	6.1.2
言语行为动词	speech act verb	6.1.2
一般理论对比语言学	general theoretical contrastive linguistics	1.1.2
一般应用对比语言学	general applied contrastive linguistics	1.1.2
一词多义	polysemy	3.1.3
一致特征	phi-feature	4.1.2
依存关系	dependency	4.2.2
依存关系语法	dependency grammar	4.2.2
依附成分	dependent	4.1.1
已知信息	given information	5.1.1
因变量	dependent variable	6.3.2
因子	factor	7.1.1
音节份量	syllable weight	2.5.5
音节节拍	syllable-timing	2.2.2
音节性辅音	syllabic consonant	2.2.1
音位	phoneme	2.1.3
音位变体	allophone	2.1.3
音位常体	phonemic norm	2.1.3
音系规则	phonological rule	2.1.3
音系过程	phonological process	2.1.3
音系晦暗	phonological opacity	2.1.3
音系学	phonology	2.1.1
音义学	phonosemantics	3.1.3
隐性的	covert	9.3.3
隐喻	metaphor	3.2.3
隐主语	PRO	4.1.2
英国国家语料库	British National Corpus; BNC	7.5.3
用法	usage	5.1.0
优选论	Optimality Theory	2.1.3
有标记	marked	10.1.1
有基础的理论	grounded theory	7.1.1
语法	grammar	4.1.0
语法化	grammaticalization	3.2.3
语句	utterance	5.1.0
语内	intralinguistic	1.3.1
语篇补全法	Discourse Completion Task/Test; DCT	6.3.4

语气	mood	5.2.0
语素	morpheme	3.1.1
语调	intonation	2.1.2
语图	spectrogram	2.1.2
语外	extralinguistic	1.3.1
语言共性	language universal	10.1.1
语言接触说	language contact hypothesis	10.1.1
语言类型学	linguistic typology	1.1.1
语言相对主义	Linguistic Relativity	3.2.3
语言行为	verbal behaviour	8.1.1
语义场	semantic field	3.1.3
语义成分	semantic component	3.1.3
语义等同	semantic identity	9.1.3
语义地图	Semantic Map	1.1.1
语义地图模型	Semantic Map Model	3.2.3
语义级差量表	semantic differential	7.2.1
语义漂白/虚化	semantically bleached	7.2.1
语义特征	semantic feature	3.1.3
语义元	semantic prime	3.2.3
语义主义	semanticism	6.2.2
语音词	phonological word	3.1.1
语音配列	phonotactics	2.1.1
语音象征	sound symbolism	3.1.3
语音学	phonetics	2.1.1
语用策略	pragmatic strategy	6.1.2
语用学	pragmatics	6.1.0
语用主义	pragmaticism	6.2.2
语域	register	1.2.1
预设项目	presupposed item	5.1.1
元音	vowel	2.1.2
元语言	metalanguage	10.2.1
原始语	proto-language	10.1.1
原则参数理论	Principles and Parameters Theory	4.2.2
阅读时间实验法	reading-time experiment	7.2.1
运用	performance	1.3.2
蕴含等级序列	implicational hierarchy	10.1.2
蕴涵共性	implicational universal	3.2.3
蕴涵共性法则	Implicational Generalizations; IG	10.3.2
载体句	carrier sentence	2.5.2

窄带语图	narrow-band spectrogram	2.1.2
粘着语	agglutinating language	3.2.2
粘着语素	bound morpheme	3.1.1
长时记忆	long-term memory	7.3.2
真诚	sincerity	6.2.1
直接性	directness	6.2.1
指示词语	deictic expressions	7.2.1
指小词	diminutive	3.2.2
制约条件	constraint	2.1.3
质量准则	maxim of quality	6.2.1
中动结构	middle construction	3.3.3
中和	neutralization	2.1.3
中立格	neutral case	4.1.1
中心语驱动的短语结构语法	Head-driven Phrase Structure Grammar	4.2.2
中性词缀	neutral affix	3.3.4
重音节	heavy syllable	2.5.5
重音节拍	stress-timing	2.2.2
主格语	nominative language	4.1.1
主题	topic	5.1.1
主题句	topic sentence	5.1.2
主题链	topic chain	5.2.0
主题–述题结构/主述题结构	Topic-Comment Construction; T-C	5.1.1
主题显著	topic-prominent	5.1.1
主位	theme	5.1.1
主位跳跃	thematic "jump"	7.2.1
主位推进	thematic progression; TP	5.2.0
主要/共有范畴	primary/common category	4.2.2
主语显著	subject-prominent	5.1.1
转类派生	transposition	3.1.2
自变量	independent variable	6.3.2
自发语法	Emergency Grammar	4.2.2
自然语义元语言理论	Natural Semantic Metalanguage; NSM	3.2.3
自由变体	free variants	2.1.3
自由选择	free-choice	4.3.3
自由语素	free morpheme	3.1.1
自主音段音系学	autosegmental phonology	2.1.3
综合性表达	synthetic expression	3.2.1
综合语	synthetic language	3.2.2
总体	population	7.2.2

纵向聚合关系	paradigmatic relation	1.3.1
阻断顺序	bleeding	2.1.3
阻塞音	obstruent	2.1.2
组并	incorporation	3.2.1
组合关系	syntagmatic relation	3.1.1
最简方案	The Minimalist Program	4.2.2
最省力原则	the least effort principle	5.1.1
最小对比对	minimal pair	2.2.2
作格	ergative case	4.1.1
作格语	ergative language	4.1.1

参考文献

Aarts, Bas. 2007. Grammar. In Keith Brown. (ed.) *Encyclopedia of Language & Linguistics*. Amsterdam: Elsevier, 113–115.

Akmajian, Adrian; Richard A. Demers; and Robert M. Harnish. 1995. *Linguistics: An Introduction to Language and Communication* (4th edition). Cambridge, MA: MIT Press.

Albright, Adam. 2000. The productivity of infixation in Lakhota. *UCLA Working Papers in Linguistics* 0:1–19.

Allan, Keith. 2001. *Natural Language Semantics*. Oxford: Blackwell.

Allan, Keith. 1994. Speech act classification and definition. In Robert Asher. (ed.) *Encyclopedia of Language and Linguistics* (Vol 6). Oxford: Pergamon Press, 4124–4127.

Allan, Keith. 1998. Meaning and speech acts. 6 December 2015. Online: http://users.monash.edu.au/ ~kallan/papers /Speechacts.html.

Allen, John Patrick Brierley; and Stephen Pit Corder. (eds.) 1974. *Techniques in Applied Linguistics*. London: Oxford University Press.

Al-Shaer, Ibrahim. 2014. Arabic and English genitive constructions: A corpus-based contrastive analysis of patterns and equivalence. *Languages in Contrast* 14 (2): 163–190.

Álvarez, Irina Argüelles; and Alfonso Muñoz Muñoz. 2012. An insight into Twitter: a corpus-based contrastive study in English and Spanish. *Revista de Lingüística y Lenguas Aplicadas* 7 (1): 37–50.

Anderson, Victoria. 2008. Static palatography for language fieldwork. *Language Documentation and Conservation* 2 (1): 27.

Appel, René. 1984. *Immigrant Children Learning Dutch*. Dordrecht, The Netherlands: Foris Publications.

Ariel, Mira. 1988. Referring and accessibility. *Journal of Linguistics* 24: 65–87.

Ariel, Mira. 1990. *Accessing Noun-phrase Antecedents*. London: Routledge.

Ariel, Mira. 1994. Interpreting anaphoric expressions: A cognitive versus a pragmatic approach. *Journal of Linguistics* 30: 3–42.

Ariel, Mira. 2001. Accessibility theory: overview. In Ted Sanders, Joost Schilperoord, and Wilbert Spooren. (eds.) *Text Representation: Linguistic and Psycholinguistic Aspects*. Amsterdam: John Benjamins Publishing Company, 27–87.

Ariel, Mira. 2004. Accessibility marking: Discourse functions, discourse profiles, and processing cues. *Discourse Processes* 37 (2): 91–116.

Ariel, Mira. 2006. Accessibility theory. In Keith Brown. (ed.) *Encyclopedia of Language and Linguistics (Vol. 1)* (2nd edition.) Oxford: Elsevier, 15–18.

Ariel, Mira. 2013. Centering, accessibility and the next mention. *Theoretical Linguistics* 39: 39–58.

Aronoff, Mark. 1976. *Word Formation in Generative Grammar*. Cambridge, MA: The MIT Press.

Ashliman, Dee L. 2005. *Folktexts: A Library of Folktales, Folklore, Fairy Tales and Mythology*. 16 November 2015. Online: http://www.pitt.edu/~dash/folktexts.html.

Atkinson, Martin; Iggy Roca; and David Kilby. 1982. *Foundations of General Linguistics*. London: George Allen & Unwin.

Atkinson, Quentin. 2011. Phonemic diversity supports a serial founder effect model of language expansion from Africa. *Science* 332: 346–349.

Atkinson, Rita L.; Richard C. Atkinson; and Ernest Ropiequet Hilgard. 1983. *Introduction to Psychology* (8th edition). New York: Harcourt Brace Jovanovich.

Attardo, Salvatore. 2003. Introduction: the pragmatics of humor. *Journal of Pragmatics* 35: 1287–1294.

Attardo, Salvatore. 1990. The violation of Grice's maxims in jokes. In Kira Hall; and Jean Pierre Koenig. (eds.) *Proceedings of the Sixteenth Annual Meeting of the Berkeley Linguistics Society*. Berkeley: Berkeley Linguistics Society, 355–362.

Austin, John Langshaw. 1962. *How to Do Things with Words*. Oxford: Oxford University Press.

Bach, Kent. 2004. Pragmatics and the philosophy of language. In Laurence Horn, and Gergory Ward. (eds.) *The Handbook of Pragmatics*. Oxford: Blackwell, 463–488.

Bach, Kent; and Robert Harnish. 1979. *Linguistic Communication and Speech Acts*. Cambridge, MA: MIT Press.

Backofen, Rolf; Tilman Becker; Jo Calder; Joanne Capstick; Luca Dini; Jochen Dörre; Gregor Erbach; Dominique Estival; Suresh Manandhar; Anne-marie Mineur; Gertjan van Noord; Stephan Oepen; and Hans Uszkoreit. 1996. *The EAGLES Formalisms Working Group: Final Report*. Saarbrücken: German Research Center for Artificial Intelligence (DFKI).

Bailey, Nathalie; Carolyn Madden; and Stephen D. Krashen. 1974. Is there a "natural sequence" in adult second language learning? *Language Learning* (24): 235–243.

Baker, Mark C. 2012. On agreement and its relationship to case: Some generative ideas and results. *Lingua* 130:14–32.

Baltin, Mark. 1995. Floating quantifiers, PRO, and predication. *Linguistic Inquiry* 26 (2):199–248.

De Beaugrande, Robert. 1980. *Text, Discourse, and Process: Toward a Multidisciplinary Science of Texts*. Norwood, NJ: Ablex.

De Beaugrande, Robert; and Wolfgang Dressler. 1981. *Introduction to Text Linguistics*. London: Longman.

Becher, Viktor. 2010. Differences in the use of deictic expressions in English and German texts. *Linguistics* 48 (4): 1309–1342.

Beck, David. 2016. Some language-particular terms are comparative concepts. *Linguistic Typology* 20 (2): 395–402.

Beckman, Mary; and Gayle Elam. 1997. *Guidelines for ToBI Labelling*. 1 October 2017. Online: http://www.ling.ohio-state.edu/~tobi/ame_tobi/labelling_guide_v3.pdf.

Beebe, Leslie M. 1995. Polite fictions: Instrumental rudeness as pragmatic competence. In James E. Alatis; Carolyn A. Straehle; Brent Gallenberger; and Maggie Ronkin. (eds.) *Linguistics and the Education of Language Teachers: Ethnolinguistic, Psycholinguistics and Sociolinguistic Aspects*. Washington, DC: Georgetown University Press, 154–168.

Beebe, Leslie M.; and Hansun Zhang Waring. 2005. Pragmatic development in responding to rudeness. In Jan Frodesen; and Christine Holten. (eds.) *The Power of Context in Language Teaching and Learning*. Boston, MA: Heinle & Heinle/Thomson Learning, 67–80.

Belcher, Diane Dewhurst; and Gayle Nelson. (eds.) 2013. *Critical and Corpus-based Approaches to Intercultural Rhetoric*. Ann Arbor, MI: University of Michigan Press.

Bender, Emily M. 2013. *Linguistic Fundamentals for Natural Language Processing: 100 Essentials from Morphology and Syntax*. San Rafael, CA: Morgan-Claypool.

Berg, Thomas. 2012. The cohesiveness of English and German compounds. *The Mental Lexicon* 7 (1): 1–33.

Berlin, Brent; and Paul Kay. 1969. *Basic Color Terms: Their Universality and Evolution*. Berkeley, CA: University of California Press.

Biber, Douglas Stig Johansson; Geoffrey Leech; Susan Conrad; and Edward Finegan. 1999/2000. *Longman Grammar of Spoken and Written English*. Beijing: Foreign Language Teaching and Research Press.

Binghadeer, Nora A. 2011. Mispronunciation and phonetic textbooks: Evidence from teacher preparation programs. *TESOL Arabia's Perspectives* 18 (1): 14–19.

Blair, Johnny; and Ronald F. Czaja. 2005. *Designing Surveys: A Guide to Decisions and Procedures*. Thousand Oaks, CA: Pine Forge Press.

Blum-Kulka, Shoshana; Juliane House; and Gabriele Kasper. 1989. *Cross-cultural Pragmatics: Requests and Apologies*. Norwood, NJ: Ablex.

Boas, Hans Christian; and Ivan A. Sag. (eds.) 2012. *Sign-based Construction Grammar*. Stanford: CSLI Publications.

Bolinger, Dwight. 1980. *Language — The Loaded Weapon*. London: Longman.

Bollobás, Enikö. 1981. Who's afraid of irony? An analysis of uncooperative behavior in Edward Albee's Who's afraid of Virginia Woolf? *Journal of Pragmatics* 5 (4): 323–334.

Boratyńska-Sumara, Joanna. 2014. Lexical transfer research in third language acquisition (TLA) — an overview. *Studia Linguistica Universitatis Iagellonicae Cracoviensis* 131 (2): 137–148.

Bresnan, Joan W. 1982. *The Mental Representation of Grammatical Relations (Vol. 1)*. Cambridge, MA: The MIT Press.

Broselow, Ellen. 1988. Second language acquisition. In Frederick J. Newmeyer. (ed.) *Linguistics: The Cambridge Survey (Vol. III)*. Cambridge: Cambridge University Press, 194–209.

Brown, Gillian; and George Yule. 1983. *Discourse Analysis*. Cambridge: Cambridge University Press.

Brown, Penelope; and Stephen C. Levinson. 1978. Universals in language usage: politeness phenomena. In Esther Goody. (ed.) *Questions and Politeness*. Cambridge: Cambridge University Press, 56–289.

Brown, Penelope; and Stephen C. Levinson. 1987. *Universals in Language Usage*. Cambridge: Cambridge University Press.

Brown, Roger. 1973. *A First Language: The Early Stages*. Cambridge, MA: Harvard University Press.

Buck, Pearl S. 1933. *All Men Are Brothers*. New York: The John Day Company.

Butler, Christopher S. 2005. Functional approaches to language. In Christopher S. Butler, María de los Ángeles Gómez-González and Susana M. Doval-Suárez. (eds.) *The Dynamics of Language Use: Functional and Contrastive Perspectives*. Amsterdam: John Benjamins Publishing Company, 3–17.

Carretero, Marta. 2010. "You're absolutely right!!": A corpus-based contrastive analysis of "absolutely" in British English and *absolutamente* in Peninsular Spanish, with special emphasis on the relationship between degree and certainty. *Languages in Contrast* 10 (2): 194–222.

Carretero, Marta; and Asunción Villamil-Touriño. 2011. A contrastive study of verbs of remembering and forgetting in English and Spanish. *Languages in Contrast* 11 (1): 39–68.

Carston, Robyn; and Eun-Ju Noh. 1996. A truth-functional account of metalinguistic negation, with evidence from Korean. *Language Sciences* 18: 485–504.

Catford, John Cunnison. 1965. *A Linguistic Theory of Translation*. London: Oxford University Press.

Catford, John. 1990. Glottal consonants ... Another view. *Journal of the International Phonetic Association* 20 (2): 25–26.

Catford, John. 2001. *A Practical Introduction to Phonetics (2nd edition)*. Oxford: Oxford University Press.

Cecchetto, Carlo; and Renato Oniga. 2004. A challenge to null case theory. *Language* 35 (1):141–149.

Chafe, Wallace L. (ed.) 1980. *The Pear Stories: Cognitive, Cultural, and Linguistic Aspects of Narrative Production*. Norwood, NJ: Ablex.

Chakorn, Ora-Ong. 2006. Persuasive and politeness strategies in cross-cultural letters of request in the Thai business context. *Journal of Asian Pacific Communication* 16 (1): 103–146.

Chamot, Anna Uhl; and Lisa Kupper. 1989. Learning strategies in foreign language instruction. *Foreign Language Annals* 22 (1): 13–24.

Chao, Yuenren. 1968. *A Grammar of Spoken Chinese*. Berkeley: University of California Press.

Chao, Yuenren. 1932/2006. A preliminary study of English intonation (with American variants) and its Chinese equivalents. In Zongji Wu and Xinna Zhao. (eds.) *Linguistic Essays by Yuenren Chao*. Beijing: The Commercial Press, 110–197.

Chao, Yuenren. 1934/2006. The non-uniqueness of phonemic solutions of phonetic systems. In Zongji Wu and Xinna Zhao. (eds.) *Linguistic Essays by Yuenren Chao*. Beijing: The Commercial Press, 221–279.

Chaudron, Craig. 1986. The interaction of quantitative and qualitative approaches to research: A view of the second language classroom. *TESOL Quarterly* 20 (4): 709–717.

Chesterman, Andrew. 1993. From *is* to *ought*: Laws, norms and strategies in translation studies. *Target* (5): 1–20.

Chesterman, Andrew. 1998. *Funcitonal Contrastive Analysis*. Amsterdam: John Benjamins.

Cheung, Yat-shing; and Yulong Xu. 1994. Language needs in a bilingual society: A case for a broader understanding of translation (I & II). *Journal of Foreign Languages* (4): 46–53 and (5): 33–39.

Cheung, Yat-shing; Yulong Xu; Shui-duen Chan; and Lawrence C.-H. Yim. 1993. *Professional Translation in Hong Kong: How and by Whom*. Hong Kong: Hong Kong Polytechnic.

Chomsky, Noam. 1957. *Syntactic Structures*. The Hague: Mouton.

Chomsky, Noam. 1965. *Aspects of the Theory of Syntax*. Cambridge, MA: The MIT Press.

Chomsky, Noam. 1970. Remarks on nominalization. In Roderick A. Jacobs; and Peter S. Rosenbaum. (eds.) *Readings in English Transformational Grammar*. Waltham: Ginn, 184–221.

Chomsky, Noam. 1981. *Lectures on Government and Binding*. Dordrecht, The Netherlands: Foris Publications.

Chomsky, Noam. 1995. *The Minimalist Program*. Cambridge, MA: The MIT press.

Chomsky, Noam; and Howard Lasnik. 1993. The theory of principles and parameters. In Joachim Jacobs; Arnim von Stechow; Wolfgang Sternefeld; and Theo Vennemann. (eds.) *Syntax: An International Handbook of Contemporary Research*. Berlin: de Gruyter Mouton, 506–569.

Chomsky, Noam; and Morris Halle. 1968. *The Sound Pattern of English*. New York: Harper & Row.

Chu, Chauncey（屈承熹）. 1998. *A Discourse Grammar of Mandarin Chinese*. New York: Peter Lang.

Clancy, Patricia M. 1980. Referential choice in English and Japanese narrative discourse. In Wallace L. Chafe. (ed.) *The Pear Stories: Cognitive, Cultural, and Linguistic Aspects of Narrative Production*. Norwood, NJ: Ablex, 127–202.

Coe，Richard M.、胡曙中，1989/2009，英汉对比修辞研究初探，载牛保义主编《认知•语用•功能——英汉宏观对比研究》，上海：上海外语教育出版社，266–278。

Cohen, Andrew D.; and Elite Olshtain. 1981. Developing a measure of sociocultural competence: The case of apology. *Language Learning* 31 (1): 113–134.

Cohen, Andrew. 2011. Second language learner strategies. In Eli Hinkel. (ed.) *Handbook of Research in Second Language Teaching and Learning (Vol. II)*. Abingdon, England: Routledge. 681–698.

Comrie, Bernard. 1988. 对比语言学和语言类型学（沈家煊译），《国外语言学》第3期：105–109, 135.

Comrie, Bernard. 1989. *Language Universals and Linguistic Typology*. Oxford: Blackwell.

Comrie, Bernard. 2013. Alignment of case marking of full noun phrases. In Matthew S. Dryer, and Martin Haspelmath. (eds.) *The World Atlas of Language Structures Online*. Leipzig: Max Planck Institute for Evolutionary Anthropology.

Connor, Ulla. 1996. *Contrastive Rhetoric: Cross-cultural Aspects of Second-language Writing*. Cambridge: Cambridge University Press.

Connor, Ulla. 2000. Variation in rhetorical moves in grant proposals of US humanists and scientists. *Text* 20 (1): 1–28.

Connor, Ulla. 2011. *Intercultural Rhetoric in the Writing Classroom*. Ann Arbor, MI: The University of Michigan Press.

Connor, Ulla; and Ana I. Moreno. 2008. Tertium comparationis: A vital component in contrastive rhetoric research. In Bruthiaux Paul; Dwight Atkinson; William G. Eggington; William Grabe; and Vaidehi Ramanathan. (eds.) *Directions in Applied Linguistics: Essays in Honor of Robert B. Kaplan*. Clevedon: Multilingual Matters Ltd., 153–164.

Connor, Ulla; Ed Nagelhout; and William Rozycki. (eds.) 2008. *Contrastive Rhetoric: Reaching to Intercultural Rhetoric*. Amsterdam: John Benjamins Publishing Company.

Cook, Vivian J. 1973. The comparison of language development in native children and foreign adults. *IRAL* XI: 13–28.

Corbett, Greville. 2011. Implicational hierarchies. In Jae Jung Song. (ed.) *The Oxford Handbook of Linguistic Typology*. Oxford: Oxford University Press: 190–205.

Corder, Stephen Pit. 1973. *Introducing Applied Linguistics*. Middlesex: Penguin Books.

Corder, Stephen Pit. 1974. Error analysis. In John Patrick Brierley Allen; and Stephen Pit Corder. (eds.) *Techniques in Applied Linguistics*. London: Oxford University Press, 122–154.

Corder, Stephen Pit. 1981. *Error Analysis and Interlanguage*. Oxford: Oxford University Press.

Corder, Stephen Pit. 1983. A role for the mother tongue. In Susan M. Gass; and Larry Selinker. (eds.) *Language Transfer in Language Learning*. Rowley, MA: Newbury House, 85–97.

Coulthard, Malcolm. 1977. *An Introduction to Discourse Analysis*. London: Longman.

Creider, Chet A. 1979. On the explanation of transformations in *Discourse and Syntax*. In Talmy Givon. (ed.) *Syntax and Semantics, Volume 12*. New York: Academic Press, 3–21.

Crider, Andrew. B.; George R. Goethals; Robert D. Kavanaugh; and Paul R. Solomon. 1986. *Psychology* (2nd ed.). Glenview, IL: Scott, Foresman and Company.

Croft, William. 1999. What (some) functionalists can learn from (some) formalists. In Michael Darnell; Edith A. Moravcsik; Michael Noonan; Frederick J. Newmeyer; and Kathleen Wheatley. (eds.) *Functionalism and Formalism in Linguistics: General Papers*. Amsterdam: John Benjamins Publishing Company, 87–110.

Croft, William. 2016. Comparative concepts and language-specific categories: Theory and practice. *Linguistic Typology* 20 (2): 377–393.

Cruse, Alan. 1986. *Lexical Semantics*. Cambridge: Cambridge University Press.

Cruse, D. Alan. 1977. The pragmatics of lexical specificity. *Journal of Linguistics* 13 (2): 153–164.

Cruttendon, Alan. 2001. *Gimson's Pronunciation of English* (6th edition). London: Edward Arnold.

Crystal, David. 1985a. *Linguistics* (2nd edition). Harmondsworth: Penguin Books.

Crystal, David. 1985b. *A Dictionary of Linguistics and Phonetics* (2nd edition). Oxford: Blackwell.

Curco, Carmen. 1995. Some observations on the pragmatics of humorous interpretations: A relevance-theoretic approach. *UCL Working Papers in Linguistics* (7): 27–47.

Curco, Carmen. 1996. The implicit expression of attitudes, mutual manifestness, and verbal humor. *UCL Working Papers in Linguistics* (8): 2–12.

Dahl, Östen. 2016. Thoughts on language-specific and crosslinguistic entities. *Linguistic Typology* 20 (2): 427–437.

Dahl, Östen; and Viveka Velupillai. 2011. The past tense. In Matthew S. Dryer and Martin Haspelmath. (eds.) *The World Atlas of Language Structures Online*. Munich: Max Planck Digital Library.

Daneš, František. 1970. Linguistic analysis of the text structure. *Folia Linguistica* 4 (1–2): 72–78.

Davies, Alan. 1968. *Language Testing Symposium*. Oxford: Oxford University Press.

Davies, Allen; Clive Criper; and Anthony Howatt. 1984. *Interlanguage*. Edinburgh: Edinburgh University Press.

Davies, Eirlys E. 1987. A contrastive approach to the analysis of politeness formulas. *Applied Linguistics* (8): 75–88.

Davis, Kathryn A. 1995. Qualitative theory and methods in applied linguistics research. *TESOL Quarterly* 29 (3): 427–453.

Dayley, Jon. 1985. *Tzutujil Grammar*. Berkeley: University of California Press.

Dekydtspotter, Laurent; and Claire Renaud. 2009. On the contrastive analysis of features in second language acquisition: Uninterpretable gender on past participles in English-French processing. *Second Language Research* 25 (2): 255–267.

Denzin, Norman K.; and Yvonna S. Lincoln. 2005. Paradigmatic controversies, contradictions and emerging confluences. In Norman K. Denzin; and Yvonna S. Lincoln. (eds.) *Sage Handbook of Qualitative Research* (2nd edition). Thousand Oaks, CA: Sage, 196–216.

DeVellis, Robert F. 2012. *Scale Development: Theory and Applications* (3rd edition). Thousand Oaks, CA: Sage publications.

Dezsö, László. 1982. *Studies in Syntactic Typology and Contrastive Grammar*. The Hague: Mouton.

Diessel, Holger. 2001. The ordering distribution of main and adverbial clauses: A typological study. *Language* 77 (3): 433–455.

Dik, Simon C. 1980. *Studies in Functional Grammar*. London: Academic Press.

Dik, Simon C. 1981. *Functional Grammar*. Dordrecht: Foris.

Dik, Simon C.; and Kees Hengeveld. (eds.) 1989. *The Theory of Functional Grammar: The Structure of the Clause*. Dordrecht: Foris.

Dippold, Doris. 2008. Reframing one's experience: Face, identity and roles in L2 argumentative discourse. In Martin Pütz; and JoAnne Neff-van Aertselaer. (eds.) *Developing Contrastive Pragmatics: Interlanguage and Cross-cultural Perspectives*. Berlin: Walter de Gruyter, 131–153.

Diver, William. 1995. Theory. In Ellen Contini-Morava; and Barbara S. Goldberg. (eds.) *Meaning as Explanation: Advances in Linguistic Sign Theory*. Berlin: De Gruyter, 43–114.

Dixon, Robert M. W. 1972. *The Dyirbal Language of North Queensland*. Cambridge: Cambridge University Press.

Downing, Pamela. 1977. On the creation and use of English nominal compounds. *Language* 55:810–842.

Drellishak, Scott. 2009. *Widespread but Not Universal: Improving the Typological Coverage of the Grammar Matrix*. Ph.D. dissertation, University of Washington.

Dubois, Betty Lou. 1987. A reformulation of thematic progression typology. *Text* 7 (2): 89–116.

Ducrot, Oswald; and Tzvetan Todorov. 1979. *Encyclopedic Dictionary of the Sciences of Language*. Baltimore: The Johns Hopkins University Press.

Dulay, Heidi C.; and Marina K. Burt. 1973. Should we teach children syntax? *Language Learning* (23): 245–258.

Dulay, Heidi C.; and Marina K. Burt. 1974a. Natural sequences in child second language acquisition. *Language Learning* (24): 37–53.

Dulay, Heidi C.; and Marina K. Burt. 1974b. A new perspective on the creative construction in child second language acquisition. *Language Learning* (24): 253–278.

Dynel, Marta. 2015. Intention to deceive, bald-faced lies, and deceptive implicature: Insights into lying at the semantics-pragmatics interface. *Intercultural Pragmatics* 12 (3): 309–332.

Edmondson, Willis. 1981. *Spoken Discourse*. London: Longman.

Ehrlich, Susan. 1990. *Point of View: A Linguistic Analysis of Literary Style*. London: Routledge.

Ellis, Jeffrey. 1966. *Towards a General Comparative Linguistics*. The Hague: Mouton.

Ellis, Rod. 1985. *Understanding Second Language Acquisition*. Oxford: Oxford University Press.

Ellis, Rod. 1994. *The Study of Second Language Acquisition*. Oxford: Oxford University Press.

Ellis, Rod. 1994/1999. *The Study of Second Language Acquisition*. Shanghai: Shanghai Foreign Language Education Press.

Ellis, Rod. 1997/2000. *Second Language Acquisition*. Shanghai: Shanghai Foreign Language Education Press.

Enkvist, Nils Erik. 1984. Contrastive linguistics and text linguistics. In Jacek Fisiak. (ed.) *Contrastive Linguistics: Prospects and Problems*. Berlin: Mouton, 45–67.

Erler, Lynn; and Claudia Finkbeiner. 2007. A review of reading strategies: focus on the impact of first language. In Andrew Cohen; and Ernesto Macaro. (eds.) *Language Learner Strategies: 30 Years of Research and Practice*. Oxford: Oxford University Press, 187–206.

Escudero, Paola. 2007. Multilingual sound perception and word recognition. *Stem-, Spraak-En Taalpathologie* 15 (2): 93–103.

Escudero, Paola; Mirjam Broersma; and Ellen Simon. 2013. Learning words in a third language: Effects of vowel inventory and language proficiency. *Language and Cognitive Processes* 28 (6): 746–761.

Evans, Nicholas; and Stephen Levinson. 2009. The myth of language universals: Language diversity and its importance for cognitive science. *Behavioural and Brain Sciences* 32 (5): 429–492.

Færch, Claus; and Gabriele Kasper. 1987. Perspectives on Language transfer. *Applied Linguistics* (8): 111–136.

Fant, Gunnar. 1973. *Speech Sounds and Features*. Cambridge, MA: The MIT Press.

Fergusson, Rosalind. 1985. *The Penguin Rhyming Dictionary*. Harmondsworth, Middlesex: Penguin Books.

Féry, Caroline; Stavros Skopeteas; and Robin Hörnig. 2010. Cross-linguistic comparison of prosody, syntax and information structure in a production experiment on localising expressions. *Transactions of the Philological Society* 108 (3): 329–351.

Fillmore, Charles J. 1968. The case for case. In Emmon Bach; and Robert Harms. (eds.) *Universals in Linguistic Theory*. New York: Holt, Rinehart, and Winston, 1–88.

Fisher, Douglas; and Diane Lapp. 2013. Learning to talk like the test: Guiding speakers of African American Vernacular English. *Journal of Adolescent & Adult Literacy* 56 (8): 634–648.

Fisiak, Jacek. (ed.) 1980. *Theoretical Issues in Contrastive Linguistics*. Amsterdam: John Benjamins Publishing Company.

Fisiak, Jacek. 1973. The Polish-English contrastive project. In Jacek Fisiak. (ed.) *Papers and Studies in Contrastive Linguistics*. Poznań: Adam Mickiewicz University, 7–14.

Flege, James E. 1995. Second language speech learning: Theory, findings, and problems. In Winifred Strange. (ed.) *Speech Perception and Linguistic Experience: Theoretical and Methodological Issues*. Timonium, MD: York Press, 233–277.

Flick, William C. 1980. Error types in adult English as a second language. In Bernhard Kettemann; and Robert N. St Clair. (eds.) *New Approaches to Language Acquisition*. Heidelberg: Julius Groos, 57–63.

Flynn, Suzanne. 1987. Contrast and construction in a parameter-setting model of L2 acquisition. *Language Learning* 37 (1): 19–62.

Foley, William A. and Robert D. van Valin Jr. 1984. *Functional Syntax and Universal Grammar*. Cambridge: Cambridge University Press.

Fowler, Floyd J. 1995. *Improving Survey Questions: Design and Evaluation*. Thousand Oaks, CA: Sage Publications.

Fraser, Bruce. 1990. Perspectives on politeness. *Journal of Pragmatics* 14: 219–236.

Fraser, Bruce; Ellen Rintell; and Joel Walters. 1979. An approach to conducting research on the acquisition of pragmatic competence in a second language. In Diane Larsen-Freema. (ed.) *Discourse Analysis in Second Language Acquisition*. Rowley, MA:

Newbury House, 22–37.

Fretheim, Thorstein; and Ildikó Vaskó. 1996. Lexical properties and pragmatic implications of some markers of temporal succession and simultaneity: A contrastive analysis of Hungarian, Norwegian, and English. *Language Sciences* 18: 791–810.

Fries, Charles C. 1945. *Teaching and Learning English as a Foreign Language*. Ann Arbor: Wahr.

Fries, Peter H. 1983. On the status of theme in English: arguments from discourse. In János S. Petöfi; and Emel Sözer. (eds). *Micro and Macro Connexity of Texts* (Vol. 45). Amsterdam: John Benjamins Publishing Company, 116–152.

Fromkin, Victoria; and Robert Rodman. 1998. *An Introduction to Language* (6th edition). Fort Worth, TX: Harcourt Brace College Publishers.

Fukushima, Kazuhiko. 2002. Competence and performance revisited: The implications of social role terms in Japanese. *Journal of Pragmatics* 34 (8): 939–968.

García, Erica. 1979. Discourse without syntax. In Talmy Givón. (ed.) *Discourse and Syntax*. New York: Academic Press, 23–49.

García, Maripaz. 2014. Pronouns: Students' worst enemy in the foreign language classroom. *Revista Nebrija* 16: 28–40.

Gazdar, Gerald; Ewan Klein; Geoffrey Pullum; and Ivan A. Sag. 1985. *Generalized Phrase Structure Grammar*. Cambridge: Harvard University Press.

George, H. Victor. 1972. *Common Errors in Language Learning: Insights from English*. Rowley, MA: Newbury House.

Givón, Talmy. 1990. *Syntax: A Functional-Typological Introduction* (Vol. II). Amsterdam: John Benjamins Publishing Company.

Givón, Talmy. 2001. *Syntax: An Introduction (Vol. II)*. Philadelphia: John Benjamins Publishing Company.

Glaser, Barney G.; and Anselm L. Strauss. 1967. *The Discovery of Grounded Theory: Strategies for Qualitative Research*. New York: Aldine.

Gleason, Henry Allan. 1968. Contrastive analysis in discourse structure. In James E. Alatis. (ed.) *Report of 19th Annual Round Table Meeting: Contrastive Linguistics*. Washington D. C.: Georgetown University Press, 39–64.

Goddard, Cliff. 2003. Semantic primes within and across language. In Dominique Willems; Bart Defrancq; Timothy Colleman; and Dirk Noël. (eds.) *Contrastive Analysis in Language: Identifying Linguistic Units of Comparison*. New York: Palgrave Macmillan, 13–43.

Goethals, Patrick. 2013. Demonstratives on the move: What translational shifts tell us about demonstrative determiners and definite articles in Spanish and Dutch. *Linguistics* 51 (3): 517–553.

Göksel, Asli; and Celia Kerslake. 2005. *Turkish: A Comprehensive Grammar*. London and New York: Routledge.

Goldberg, Adele E. 1995. *Constructions: A Construction Grammar Approach to Argument Structure.* Chicago: University of Chicago Press.

Gordon, Matthew; Paul Barthmaier; and Kathy Sands. 2002. A cross-linguistic acoustic study of voiceless fricatives. *Journal of the International Phonetic Association* 32 (2): 141–174.

Granado, Miriam Díaz. 2011. *L2 and L3 Acquisition of the Portuguese Stressed Vowel Inventory by Native Speakers of English.* Ph.D. dissertation, University of Arizona.

Granger, Sylviane. 1996. From CA to CIA and back: An integrated approach to computerized bilingual and learner corpora. In Karin Aijmer; Bengt Altenberg; and Mats Johansson. (eds.) *Languages in Contrast: Papers from a Symposium on Text-Based Cross-linguistic Studies.* Lund: Lund University Press, 37–51.

Grauberg, Walter. 1971. An error analysis in the German of first-year university students. In George Ernest Perren; and John Leslie Melville Trim. (eds.) *Applications of Linguistics.* Cambridge: Cambridge University Press.

Greenberg, Joseph H. 1954. A quantitative approach to the morphological typology of language. In Robert Spencer. (ed.) *Method and Perspective in Anthropology.* Minneapolis: University of Minnesota Press, 192–220.

Greenberg, Joseph H. 1963/1966. Some universals of grammar with particular reference to the order of meaningful elements. In Joseph Greenberg. (ed.) *Universals of Grammar* (2nd edition). Cambridge, MA: MIT Press, 73–113.

Greenberg, Joseph H. 1968. *Anthropological Linguistics.* New York: Random House.

Grice, Herbert P. 1975. Logic and conversation. In Peter Cole and Jerry Morgan. (eds.) *Syntax and Semantics (Vol. 3): Speech Acts.* New York: Academic Press, 58–85.

Grice, Herbert P. 1989. *Studies in the Way of Words.* Cambridge: Harvard University Press.

Grosz, Barbara J.; Scott Weinstein; and Aravind K. Joshi. 1995. Centering: A framework for modeling the local coherence of discourse. *Computational Linguistics* 21 (2): 203–225.

Gundel, Jeanette Kohn. 1988. Universals of topic-comment structure. In Michael Hammond; Edith A. Moravcsik; and Jessica R. Wirth. (eds.) *Studies in Syntactic Typology.* Amsterdam: John Benjamins Publishing Company, 209–239.

Gutt, Ernst-August. 2000. *Translation and Relevance: Cognition and Context* (2nd edition). Manchester: St Jerome Publishing.

Gutwinski, Waldemar. 1976. *Cohesion in Literary Texts.* The Hague: Mouton.

Halle, Morris. 1959. *The Sound Pattern of Russian.* The Hague: Mouton.

Halliday, Michael Alexander Kirkwood. 1961. Categories of the theory of grammar. *Word* (17): 241–292.

Halliday, Michael Alexander Kirkwood. 1970. Language structure and language function. In John Lyons. (ed.) *New Horizons in Linguistics.* Harmondsworth: Penguin Books,

140–165.

Halliday, Michael Alexander Kirkwood. 1985. *An Introduction to Functional Grammar*. London: Edward Arnold.

Halliday, Michael Alexander Kirkwood. 1994/2000. *An Introduction to Functional Grammar*. Beijing: Foreign Language Teaching and Research Press.

Halliday, Michael Alexander Kirkwood; and Ruqaiya Hasan. 1976. *Cohesion in English*. London: Longman.

Halliday, Michael Alexander Kirkwood; and Ruqaiya Hasan. 1985. *Language, Context and Text: Aspects of Language in a Social-Semiotic Perspective*. Victoria: Deakin University Press.

Halliday, Michael Alexander Kirkwood; Angus McIntosh; and Peter Strevens. 1964. *The Linguistic Sciences and Language Teaching*. London: Longman.

Halliday, Michael Alexander Kirkwood; Angus McIntosh; and Peter Strevens. 1964. The users and uses of language. In Michael Alexander Kirkwood Halliday; Angus McIntosh; and Peter Strevens. (eds.) *The Linguistic Sciences and Language Teaching*. London: Longman, 5–37.

Hammarberg, Bjorn. 2009. *Processes in Third Language Acquisition*. Edinburgh: Edinburgh University Press.

Harris, Randy Allen. 1993. *The Linguistics Wars*. Oxford: Oxford University Press.

Harris, Stephen. 1984. *Culture and Learning: Tradition and Education in North-east Arnhem Land*. Canberra: Australian Institute of Aboriginal Studies.

Harris, Zellig S. 1952. Discourse analysis. *Language* (28):1–30.

Hartmann, Reinhard Rudolf Karl. 1980. *Contrastive Textology: Comparative Discourse Analysis in Applied Linguistics*. Heidelberg: Julius Groos Verlag.

Hartmann, Reinhard Rudolf Karl; and Francis Colin Stork. 1972. *Dictionary of Language and Linguistics*. London: Applied Science Publishers.

Haspelmath, Martin. 1997. *Indefinite Pronouns*. Oxford: Oxford University Press.

Haspelmath, Martin. 2010. Comparative concepts and descriptive categories in cross-linguistic studies. *Language* 86 (4), 663–687.

Haspelmath, Martin; and Andrea Sims. 2010. *Understanding Morphology*. London: Hodder Education.

Hatim, Basil. 1997. *Intercultural Communication: Translation Theory and Contrastive Text Linguistics*. Exeter: University of Exeter Press.

Hawkins, John. 1986. *A Comparative Typology of English and German: Unifying the Contrasts*. London: Croom Helm.

Hawkins, John. 2011. Processing efficiency and complexity in typological patterns. In Jae Jung Song. (ed.) *The Oxford Handbook of Linguistic Typology*. Oxford: Oxford University Press, 206–226.

Hawkins, John A. 1983. *Word Order Universals*. New York: Academic Press.

Henning, Grant. 1986. Quantitative methods in language acquisition research. *TESOL Quarterly* 20 (4): 701–708.

Henry, Gary T. 1990. *Practical Sampling*. Newbury Park, CA: Sage Publications.

Hickey, Leo; and Miranda Stewart. (eds.) 2004. *Politeness in Europe*. Clevedon, Avon: Multilingual Matters.

Hinds, John. 1986. *Japanese*. London: Croom Helm.

Hockett, Charles Francis. 1954. Two models of grammatical description. *Word* (10): 210–231.

Hockett, Charles Francis. 1958. *A Course in Modern Linguistics*. New York: McMillan.

Holmes, James S. 1975. *The Name and Nature of Translation Studies*. Amsterdam: University of Amsterdam, Department of General Studies.

Holmes, Janet. 1995. *Women, Men, and Politeness*. London: Longman.

Holmes, Janet. 2007. Politeness strategies as linguistic variables. In Keith Brown. (ed.) *Encyclopedia of Language & Linguistics*. Amsterdam: Elsevier, 684–697.

Holmes, Janet; and Maria Stubbe. 2003. *Power and Politeness in the Workplace: A Sociolinguistic Analysis of Talk at Work*. London: Longman.

Hong, Beverly. 1984. Language in society and language in the classroom. In Beverly Hong. (ed.) *New Papers on Chinese Language Use*. Canberra: The Australian National University, 69–74.

Hopper, Paul J. 1987. Emergent grammar. *Berkeley Linguistics Society* 13: 139–157.

Hopper, Paul J. 1988. Emergent grammar and the apriori grammar postulate. In Deborah Tannen. (ed.) *Linguistics in Context: Connecting Observation and Understanding*. Norwood, N.J.: Ablex, 117–134.

Hornstein, Norbert. 1999. Movement and control. *Linguistic Inquiry* 30 (1): 69–96.

House, Juliane; and Gabriele Kasper. 1981. Politeness markers in English and German. In Florian Coulmas. (ed.) *Conversational Routine: Explorations in Standardized Communication and Prepatterned Speech*. The Hague: Mouton, 289–304.

Hu, Fang. 2014. *A Phonetic Study of the Vowels in Ningbo Chinese*. Beijing: China Social Sciences Press.

Huang, C. T. James. 1987. Existential sentences in Chinese and (in)definiteness. In Eric J. Reuland; and Alice G. B. ter Meulen. (eds.) *The Representation of (In)definiteness*. Cambridge, MA.: The MIT Press, 226–253.

Huang, Yan. 2007. Speech acts. In Keith Brown. (ed.) *Encyclopedia of Language & Linguistics*. Amsterdam: Elsevier, 656–665.

Hudson, Joyce. 1985. Selected speech act verbs in Walmatjari. In George Huttar; and Kenneth Gregersen. (eds.) *Pragmatics in Non-Western Practice*. Dallas: Summer Institute of Linguistics, 63–83.

Hudson, Richard A. 1984. *Word Grammar*. Oxford: Blackwell.

Hudson, Richard A. 1990. *English Word Grammar*. Oxford: Blackwell.

Hudson, Richard A. 1997. Inherent variability and linguistic theory. *Cognitive Linguistics* 8: 73–108.

Hudson, Richard. 1988. Extraction and grammatical relations. *Lingua* 76: 177–208.

Immler, Manfred. 1974. *Generative Syntax — Generative Semantik: Darstellung und Kritik*. München: Fink.

Ito, Akihiro. 1997. Japanese EFL Learners' Test-Type Related Interlanguage Variability. *JALT Journal* 19 (1): 93–105.

Jackendoff, Ray. 1977. *X-bar-Syntax: A Study of Phrase Structure*. Cambridge, MA: The MIT Press.

Jackson, Howard. 1981. Contrastive analysis as a predictor of errors, with reference to Punjabi learners of English. In Jacek Fisiak. (ed.) *Contrastive Linguistics and the Language Teacher*. Oxford: Pergamon Press, 195–205.

Jacobovits, Leon A. 1970. *Foreign Language Learning: A Psycholinguistic Analysis of the Issues*. Rowley, MA: Newbury House.

Jacobson, Pauline. 2007. Constituent structure. In Keith Brown. (ed.) *Encyclopedia of Language & Linguistics*. Amsterdam: Elsevier, 58–71.

Jakobsen, Lisbeth Falster; and Jorgen Olsen. 1988. On syntactic level — One tertium comparationis in Contrastive Linguistics. In Jacek Fisiak. (ed.) *Papers and Studies in Contrastive Linguistics* (Vol. 22). Poznań: Adam Mickiewicz University, 5–20.

Jakobson, Roman; Gunnar Fant; and Morris Halle. 1952. *Preliminaries to Speech Analysis: The Distinctive Features and Their Correlates*. Cambridge, Mass.: MIT Press.

James, Carl. 1980. *Contrastive Analysis*. Harlow Essex: Longman.

James, Carl. 1998. *Errors in Language Learning and Use: Exploring Error Analysis*. London: Longman.

Janicki, Karol. 1980. Toward Contrastive Sociolinguistics. In Jacek Fisiak. (ed.) *Theoretical Issues in Contrastive Linguistics*. Amsterdam: John Benjamins Publishing Company, 11–18.

Jassem, Wiktor. 1965. The formants of fricative consonants. *Language and Speech* 8: 1–16.

Jin, Di; and Eugene A. Nida. 1984. *On Translation*. Beijing: China Translation & Publishing Corporation.

Johansson, Stig. 1998. On the role of corpora in cross-linguistic research. In Stig Johansson; and Signe Oksefjell. (eds.) *Corpora and Cross-linguistic Research: Theory, Method, and Case Studies*. Amsterdam: Rodopi, 3–24.

Johnson, Burke; and Larry Christensen. 2014. *Educational Research: Quantitative, Qualitative, and Mixed Approaches* (5th edition). Thousand Oaks, CA: Sage Publications.

Johnson, Keith. 2003. *Acoustic and Auditory Phonetics* (2nd edition). Oxford: Blackwell.
Johnson, Robert Keith; and Yet-shing Cheung. 1995. *Reading Literacy in Hong Kong: An IEA World Literacy Project on the Reading Proficiency of Hong Kong Students in Chinese and English*. Hong Kong: Hong Kong Polytechnic University.
Joshi, Aravind K.; Leon S. Levy; and Masako Takahashi. 1975. Tree adjunct grammars. *Journal of Computer Systems Science* 10 (1):136–163.
Jun, Sun-Ah. (ed.) 2005. *Prosodic Typology*. Oxford: Oxford University Press.
Kaiser, Irmtraud; Elisabeth Peyer; and Raphael Berthele. 2014. Does different mean difficult? Contrastivity and foreign language reading: Some data on reading in German. *International Journal of Bilingualism* 18 (3): 222–243.
Kaplan, Robert B. 1966. Cultural thought patterns in intercultural education. *Language Learning* (16): 1–20.
Kaplan, Robert B. 1968. Contrastive grammar: Teaching composition to the Chinese students. *Journal of English as a Second Language* (3): 1–13.
Kaplan, Robert B. 1972. *The Anatomy of Rhetoric: Prolegomena to a Functional Theory of Rhetoric*. Philadelphia: Center for Curriculum Development.
Kaplan, Robert B. 1988. Contrastive rhetoric and second language learning: Notes toward a theory of contrastive rhetoric. In Allen C. Purves. (ed.) *Writing Across Languages and Cultures: Issues in Contrastive Rhetoric*. Newbury Park, CA: Sage, 275–304.
Kasanga, Luanga A.; and Joy-Christine Lwanga-Lumu. 2007. Cross-cultural linguistic realization of politeness: A study of apologies in English and Setswana. *Journal of Politeness Research: Language, Behaviour, Culture* 3 (1): 65–92.
Kasem, Abdel-Hakeen. 2000. The acquisition of the English copula by native speakers of Lebanese Arabic: A developmental perspective. In Zaynab Ibrāhīm; Sabiha T. Aydelott; and Nagwa Kassabgy. (eds.) *Diversity in Language: Contrastive Studies in Arabic and English Theoretical and Applied Linguistics*. Cairo: The American University in Cairo, 179–192.
Kasher, Asa. 1976. Conversational maxims and rationality. In Asa Kasher. (ed.) *Language in Focus: Foundations, Methods and System*. Reidel: Dordrecht, 197–216.
Kasper, Gabriele; and Shoshana Blum-Kulka. (eds.) 1993. *Interlanguage Pragmatics*. Oxford: Oxford University Press.
Katz, Jerrold J.; and Paul Martin Postal. 1964. *An Integrated Theory of Linguistic Descriptions*. Cambridge, MA: The MIT Press.
Katz, Jerrold. 1976. A hypothesis about the uniqueness of natural language. In Stevan Harnad, Horst Steklis and Jane Lancaster. (eds.) *Origins and Evolution of Language and Speech*. New York: New York Academy of Sciences, 33–41.
Katz, Jerrold; and Jerry Fodor. 1963. The structure of a semantic theory. *Language* 39 (2): 170–210.
Keenan, Edward; and Bernard Comrie. 1977. Noun phrase accessibility and universal grammar. *Linguistic Inquiry* 8 (1): 63–99.

Kellerman, Eric; and Michael Sharwood Smith. 1986. *Cross-linguistic Influence in Second Language Acquisition*. New York: Pergamon Press.

Kenstowicz, Michael. 1994. *Phonology in Generative Grammar*. Oxford: Blackwell.

Kessler, Carolyn. 1972. Syntactic contrasts in child bilingualism. *Language Learning* 22 (2): 221–230.

Kibort, Anna; and Greville G. Corbett. 2008. Number. *Grammatical Features*, 25 January 2008. Online: http://www.grammaticalfeatures.net/features/number.html.

Kim, Jong-Bok; and Peter Sells. 2008. *English Syntax: An Introduction*. Stanford: CSLI Publications.

Kleinmann, Howard. 1977. Avoidance behavior in adult second language acquisition. *Language Learning* (27): 93–107.

Klima, Edward S.; and Ursula Bellugi. 1966. Syntactic regularities in the speech of children. In John Lyons; and Roger J. Wales. (eds.) *Psycholinguistic Papers*. Edinburgh: Edinburgh University Press, 183–208.

König, Ekkehard. 2012. Contrastive linguistics and language comparison. *Languages in Contrast* 12 (1), 3–26.

König, Ekkehard; and Volker Gast. 2007. *Understanding English-German Contrasts*. Berlin: Erich Schmidt.

Kornfilt, Jaklin. 1997. *Turkish*. New York: Routledge.

Krashen, Stephen. 1977. Some issues relating to Monitor Model. In H. Douglas Brown; Carlos Alfredo Yotio; and Ruth H. Crymes. (eds.) *On TESOL '77*. Miami, 144–58.

Kruijff, Geert-Jan M. 2007. Dependency Grammar. In Keith Brown. (ed.) *Encyclopedia of Language & Linguistics*. Amsterdam: Elsevier, 444–450.

Krzeszowski, Tomasz P. 1971. Equivalence, congruence and deep structure. In Gerhard Nickel. (ed.). *Papers in Contrastive Linguistics*. Cambridge: Cambridge University Press, 37–48.

Krzeszowski, Tomasz P. 1974/1980. Contrastive Generative Grammar. In Jacek Fisiak. (ed.) *Theoretical Issues in Contrastive Linguistics*. Amsterdam: John Benjamins Publishing Company,1980, 185–192.

Krzeszowski, Tomasz P. 1976/1980. On some linguistic limitations of classical contrastive analysis. In Jacek Fisiak. (ed.) *Theoretical Issues in Contrastive Linguistics*. Amsterdam: John Benjamins Publishing Company, 1980, 193–199.

Krzeszowski, Tomasz P. 1981. Quantitative contrastive analysis. *Studia Linguistica* 35 (1–2): 102–113.

Krzeszowski, Tomasz. 1984. Tertium Comparationis. In Jacek Fisiak. (ed.) *Contrastive Linguistics: Prospects and Problems*. Berlin: Mouton, 301–312.

Krzeszowski, Tomasz. 1990. *Contrasting Languages: The Scope of Contrastive Linguistics*. Berlin: Mouton.

Krzeszowski, Tomasz. 1995. *Early Contrastive Studies in England*. Gdańsk: Wydawnictwo Uniwersytetu Gdańskiego.

Kuno, Susumu. 1987. *Functional Syntax: Anaphora, Discourse and Empathy*. Chicago: University of Chicago Press.

Kuno, Susumu; and Ken-ichi Takami. 1993. *Grammar and Discourse Principles: Functional Syntax and GB Theory*. Chicago: University of Chicago Press.

Ladd, D. Robert. 2008. *Intonational Phonology* (2nd edition). Cambridge: Cambridge University Press.

Ladefoged, Peter. 1990. Some proposals concerning glottal consonants. *Journal of the International Phonetic Association* 20 (2): 24–26.

Ladefoged, Peter. 1999. American English. In The International Phonetic Association. *Handbook of the International Phonetic Association*. Cambridge: Cambridge University Press, 41–44.

Ladefoged, Peter; and Ian Maddieson. 1996. *The Sounds of the World's Languages*. Oxford: Blackwell.

Lado, Robert. 1957. *Linguistics across Cultures*. Ann Arbor: University of Michigan Press.

Lado, Robert. 1961. *Language Testing: The Construction and Use of Foreign Language Tests*. London: Longman.

Lafuente-Millán, Enrique. 2014. Reader engagement across cultures, languages and contexts of publication in business research articles. *International Journal of Applied Linguistics* 24 (2): 201–223.

Lakatos, Imre. 1978. *The Methodology of Scientific Research Programmes*. Cambridge: Cambridge University Press.

Lakoff, George; and Mark Johnson. 1980. *Metaphors We Live By*. Chicago: The University of Chicago Press.

Lakoff, George. 1971. On generative semantics. In Danny D. Steinberg; and Leon A. Jakobovits. (eds.) *Semantics: An Interdisciplinary Reader in Philosophy, Linguistics and Psychology*. Cambridge: Cambridge University Press, 232–296.

Lambrecht, Knud. 1994. *Information Structure and Sentence Form: Topic, Focus, and the Mental Representations of Discourse Referents*. Cambridge: Cambridge University Press.

Lander, Yury; and Peter Arkadiev. 2016. On the right of being a comparative concept. *Linguistic Typology* 20 (2): 403–416.

Langacker, Ronald W. 1987. *Foundations of Cognitive Grammar (Vol. I): Theoretical Prerequisites*. Stanford, CA: Stanford University Press.

Langacker, Ronald W. 1991. *Foundations of Cognitive Grammar (Vol. II): Descriptive Practice*. Stanford, CA: Stanford University Press.

Larson, Richard K. 2010. *Grammar as Science*. Cambridge: The MIT Press.

Laufer, Asher. 1991. The "glottal fricatives". *Journal of the International Phonetic Association* 21 (2): 91–93.

Laver, John. 1994. *Principles of Phonetics*. Cambridge: Cambridge University Press.
Lawson, Eleanor, et al. 2015. Seeing Speech: An Articulatory Web Resource for the Study of Phonetics. University of Glasgow. 1 October 2017. Online: http://seeingspeech.ac.uk/.
Lee, Hye-Kyung. 2002. Towards a new typology of connectives with special reference to conjunction in English and Korean. *Journal of Pragmatics* 34: 851–866.
Lee, Jackie F. K.; and Peter Collins. 2010. Construction of gender: A comparison of Australian and Hong Kong English language textbooks. *Journal of Gender Studies* 19 (2): 121–137.
Lee, Wai-Sum; and Eric Zee. 2003. Standard Chinese (Beijing). *Journal of the International Phonetic Association* 33 (1): 109–112.
Lee, William Roland. 1968. Thoughts on contrastive linguistics in the context of language teaching. In James Alatis. (ed.) *Contrastive Linguistics and Its Pedagogical Implications*. Washington, D. C.: Georgetown University Press.
Leech, Geoffrey. 1983. *Principles of Pragmatics*. London: Longman.
Levenston, Elisabeth A. 1971. Over-indulgence and under-representation — aspects of mother-tongue interference. In Gerhard Nickel. (ed.) *Papers in Contrastive Linguistics*. Cambridge: Cambridge University Press, 115–121.
Levin, Beth; and Malka Havov. 2001. Morphology and lexical semantics. In Andrew Spencer; and Arnold Zwicky. (eds.) *The Handbook of Morphology*. Oxford: Blackwell, 248–271.
Levinson, Stephen C. 1983. *Pragmatics*. Cambridge: Cambridge University Press.
Lewandowski, Marcin. 2014. Gender stereotyping in EFL grammar textbooks: A diachronic approach. *Linguistik Online* 68 (6): 83–99.
Li, Charles N.; and Sandra A. Thompson. 1976. Subject and topic: A new typology of language. In Charles N. Li. (ed.) *Subject and Topic*. New York: Academic Press, 457–490.
Li, Charles N.; and Sandra A. Thompson. 1981. *Mandarin Chinese: A Functional Reference Grammar*. Berkeley: University of California Press.
Li, Wendan（李文丹）. 2005. *Topic Chains in Chinese: A Discourse Analysis and Applications in Language Teaching*. Muenchen, Germany: Lincom Europa.
Liao, Chao-chih; and Mary I. Bresnahan. 1996. A contrastive pragmatic study on American English and Mandarin refusal strategies. *Language Science* 18: 703–727.
Lord, John B. 1964. *The Paragraph: Structure, Style and Usage*. Toronto: Holt, Rinehart & Winston of Canada Ltd.
Lotfipour-Saedi, Kazem. 1990. Discourse analysis and the problem of translation equivalence. *Meta: Translators' Journal* 35 (2): 389–397.
Lotfipour-Saedi, Kazem. 1997. Lexical cohesion and translation equivalence. *Meta: Translators' Journal* 42 (1): 185–192.

Lott, David. 1983. Analysing and counteracting interference errors. *ELT Journal* 37 (3): 256–261.

Lovejoy, Kim B. 1987. The Gricean model: A revising rubric. *Journal of Teaching Writing* 6: 9–18.

Lwanga-Lumu, Joy Christin. 1999. Cross-cultural contrastive analysis of request directness levels. *Southern African Journal of Applied Language Studies* 7 (1): 88–106.

Lyons, John. 1981. *Language and Linguistics*. Cambridge: Cambridge University Press.

Mair, Christian. 1992. 'Raising' in English and German: Formal explanation, functional explanation, or no explanation at all. In Christian Mair; and Manfred Markus. (eds.) *New Departures in Contrastive Linguistics (Vol. I)*. Innsbruck: Universität, 167–176.

Major, Roy C.; and Eunyi Kim. 1996. The similarity differential rate hypothesis. *Language Learning* 46 (3): 465–496.

Mallinson, Graham; and Barry Blake. 1981. *Language Typology: Cross-linguistic Studies in Syntax*. Amsterdam: North-Holland.

Mann, William C.; and Sandra A. Thompson. 1988. Rhetorical structure theory: Toward a functional theory of text organization. *Text* 8: 243–281.

Markkanen, Raija; Margaret S. Steffensen; and Avon Crismore. 1993. Quantitative contrastive study of metadiscourse problems in design and analysis of data. *Papers and Studies in Contrastive Linguistics* 28: 137–151.

Márquez-Reiter, Rosina. 2000. *Linguistic Politeness in Britain and Uruguay*. Amsterdam: John Benjamins Publishing Company.

Martin, James E. 1992. *Towards a Theory of Text for Contrastive Rhetoric: An Introduction to Issues of Text for Students and Practitioners of Contrastive Rhetoric*. New York: Peter Lang.

Martin, Roger. 2001. Null case and the distribution of PRO. *Linguistic Inquiry* 32 (1): 141–166.

Marton, Waldemar. 1968/1980. Equivalence and congruence in transformational contrastive studies. In Jacek Fisiak. (ed.) *Theoretical Issues in Contrastive Linguistics*. Amsterdam: John Benjamins Publishing Company, 19–28.

Marton, Waldemar. 1981. Pedagogical implications of contrastive studies. In Jacek Fisiak. (ed.) *Contrastive Linguistics and the Language Teacher*. Oxford: Pergamon Press, 157–170.

Mauranen, Anna. 1993. Contrastive ESP rhetoric: Metatext in Finnish-English economics texts. *English for Specific Purposes* 12 (1): 3–22.

Mazuka, Mazuka; Yvonne Cao; Emmanuel Dupoux; and Anne Christophe. 2011. The development of a phonological illusion: A cross-linguistic study with Japanese and French infants. *Developmental Science* 14 (4): 693–699.

Mazurkewich, Irene. 1985. Syntactic markedness and language acquisition. *Studies in Second Language Acquisition* (7): 15–37.

McCarthy, Lucille Parkinson. 1987. A stranger in strange lands: A college student writing across the curriculum. *Research in the Teaching of English* 21: 233–265.

McCarthy, Michael. 1991. *Discourse Analysis for Language Teachers*. Cambridge: Cambridge University Press.

Meara, Paul. 2005. Designing vocabulary tests for English, Spanish and other languages. In Christopher S. Butler; María de los Ángeles Gómez González; and Susana M. Doval-Suárez. (eds.) *The Dynamics of Language Use: Functional and Contrastive Perspectives*. Amsterdam: John Benjamins Publishing Company, 271–286.

Meibauer, Jörg. 2014. *Lying at the Semantics-Pragmatics Interface*. New York: De Gruyter Mouton.

Mey, Jacob L. 1993. *Pragmatics: An Introduction*. Oxford: Blackwell.

Mey, Jacob L. 2001. *Pragmatics: An introduction* (2nd edition). Oxford: Blackwell.

Michell, Gillian. 1984. Women and lying: A pragmatic and semantic analysis of "telling it slant". *Women's Studies International Forum* 7: 375–383.

Miller, James R.; Perter G. Polson; and Walter Kintsch. 1984. Problems of methodology in cognitive science. In James R. Miller; Perter G. Polson; and Walter Kintsch. (eds.) *Methods and Tactics in Cognitive Science*. Hillsdale, NJ: Lawrence Erlbaum, 1–18.

Milon, John P. 1974. The development of negation in English by a second language learner. *TESOL Quarterly* (8): 137–143.

Minsky, Marvin. 1975. A framework for representing knowledge. In Patrick Henry Winston. (ed.) *The Psychology of Computer Vision*. New York: McGraw-Hill.

Mithun, Marianne. 1998. The sequencing of grammaticization effects: A twist from North America. In Monika Schmid; Jennifer Austin; and Dieter Stein. (eds.) *Historical Linguistics 1997*. Amsterdam: Benjamins, 291–314.

Mizutani, Osamu; and Nobuko Mizutani. 1987. *How to Be Polite in Japanese*. Tokyo: Japan Times.

Moore, John; and Maria Polinsky. 2003. *The Nature of Explanation in Linguistic Theory*. Stanford: CSLI Publications.

Mukattash, Lewis. 1977. *Problematic Areas in English Syntax for Jordanian Students*. Amman: University of Amman.

Mukattash, Lewis. 1984. Contrastive analysis, error analysis and learning difficulty. In Jacek Fisiak. (ed.) *Contrastive Linguistics: Prospects and Problems*. Berlin: Mouton, 333–348.

Nathan, Geoffrey. 2001. Clicks in a Chinese nursery rhyme. *Journal of the International Phonetic Association* 31 (2): 223–228.

Newmeyer, Frederick J. 1983. *Grammatical Theory: Its Limits and Its Possibilities*. Chicago: The University of Chicago Press.

Newmeyer, Frederick J. 1998a. *Language Form and Language Function*. Cambridge: The MIT Press.

Newmeyer, Frederick J. 1998b. Some remarks on functionalist-formalist controversy in linguistics. In Michael Darnell; Edith A. Moravcsik; Michael Noonan; Frederick J. Newmeyer; and Kathleen Wheatley. (eds.) *Functionalism and Formalism in Linguistics*. Amsterdam: Hon Benjamins.

Newmeyer, Frederick J. 2003. "Basic word order" in formal and functional linguistics and the typological status of "canonical" sentence types. In Dominique Willems; Bart Defrancq; Timothy Colleman; and Dirk Noël. (eds.) *Contrastive Analysis in Language: Identifying Linguistic Units of Comparison*. New York: Palgrave Macmillan, 69–88.

Newsham, Gwen S. 1977. *The Paragraph in French and English*. Ph.D. dissertation, Université de Montreal.

Nida, Eugene Albert. 1964/2004. *Toward a Science of Translating*. Shanghai: Shanghai Foreign Language Education Press.

Nunan, David. 1988/2001. *The Learner-Centred Curriculum: A Study in Second Language Teaching*. Shanghai: Shanghai Foreign Language Education Press.

Nwogu, Kevin Ngozi. 1990. *Discourse Variation in Medical Texts: Schema, Theme and Cohesion in Professional and Journalistic Accounts*. Nottingham: Department of English Studies, University of Nottingham.

O'Grady, William; John Archibald; Mark Aronoff; and Janie Rees-Miller. 2010. *Contemporary Linguistics: An Introduction*. Boston: Bedford/St. Martin's.

Oleksy, Wieslaw. 1984. Towards pragmatic contrastive analysis. In Jacek Fisiak. (ed.) *Contrastive Linguistics: Prospects and Problems*. Berlin: Mouton, 349–364.

Oller, John W.; and Elcho Z. Redding. 1971. Article usage and other language skills. *Language Learning* (21): 85–95.

Oller, John W.; and Seid M. Ziahosseiny. 1970. The contrastive analysis hypothesis and spelling errors. *Language Learning* 20: 183–189.

Onishi, Hiromi. 2013. *Cross-linguistic Influence in Third Language Acquisition: L2 and L3 Perception of Japanese Contrasts*. Ph.D. dissertation, University of Arizona.

Onwuegbuzie, Anthony J.; R. Burke Johnson; and Kathleen MT Collins. 2009. Call for mixed analysis: A philosophical framework for combining qualitative and quantitative approaches. *International Journal of Multiple Research Approaches* 3 (2): 114–139.

Osgood, Charles E. 1949. The similarity paradox in human learning: A resolution. *Psychological Review* 56 (3): 132–143.

Owen, Marion. 1983. *Apologies and Remedial Interchanges*. Berlin: Mouton.

Pandey, Anita. 2000. TOEFL to the test: Are monodialectal AAL-speakers similar to ESL students? *World Englishes* 19 (1): 89–106.

Parvaresh, Vahid; and Mansoor Tavkoli. 2009. Discourse completion tasks as elicitation tools: How convergent are they? *The Social Sciences* 4 (4): 366–373.

Perlmutter, David M. (ed.) 1983. *Studies in Relational Grammar (Vol. 1)*. Chicago: University of Chicago Press.

Peterson, Gordon; and Harold Barney. 1952. Control methods used in a study of the vowels. *Journal of the Acoustical Society of America* 24 (2): 175–184

Phillips, Denis Charles; and Nicholas C. Burbules. 2000. *Postpositivism and Educational Research*. New York: Rowman & Littlefield.

Pilkington, Adrian. 2000. *Poetic Effects: A Relevance Theory Perspective*. Amsterdam: John Benjamins Publishing Company.

Piwek, Paul L. A.; and Anita H. M. Cremers. 1996. Dutch and English demonstratives: A comparison. *Language Sciences* 18 (3): 835–851.

Pollard, Carl; and Ivan A. Sag. 1994. *Head-driven Phrase Structure Grammar*. Stanford: CSLI Publications.

Pollard, David E. 1992. Foreword. In 刘宓庆. (ed.) 《汉英对比与翻译》修订本. 南昌：江西教育出版社, 4–6.

Pomerantz, Anita. 1978. Compliment responses: Notes on the co-operation of multiple constraints. In Jim Schenkein. (ed.) *Studies in the Organization of Conversational Interaction*. New York: Academic Press, 79–112.

Postal, Paul. 1969. Anaphoric Islands. In John Robert Ross; Robert Binnick; Alice Davison; Georgia M. Green; and Jerry L. Morgan. (eds.) *Papers from the 5th Annual Meeting of the Chicago Linguistic Society*. Chicago: Chicago Linguistic Society, University of Chicago, 205–239.

Preston, Dennis R. 1975/1980. Deeper and deeper contrastive analysis. In Jacek Fisiak. (ed.) *Theoretical Issues in Contrastive Linguistics*. Amsterdam: John Benjamins Publishing Company,1980, 202–212.

Proost, Kristel. 2007. Speech act verbs. In Keith Brown. (ed.) *Encyclopedia of Language & Linguistics*. Amsterdam: Elsevier, 651–656.

Qian, Yuan. 1983. A comparison of some cohesive devices in English and Chinese. *Journal of Foreign Languages* (1): 19–26.

Qin, Zhen; and Allard Jongman. 2016. Does second language experience modulate perception of tones in a third language? *Language and Speech* 59 (3): 318–338.

Quirk, Randolph; Geoffrey Leech; Sidney Greenbaum; and Jan Statvik. 1972. *A Comprehensive Grammar of the English Language*. London: Longman.

Quirk, Randolph; Geoggrey Leech; Sidney Greenbaum; and Jan Statvik. 1985. *A Grammar of Contemporary English*. London: Longman.

Rabadán, Rosa. 2015. A corpus-based study of aspect: still and already + verb phrase constructions into Spanish. *Nordic Journal of English Studies* 14 (1): 34–61.

Radford, Andrew. 1981. *Transformational Syntax*. Cambridge: Cambridge University Press.

Ragusich, Nicolas-Christian. 1977. *Contribution à l'étude du problème de la difficulté en langue étrangère (A Contribution to the Study of the Problem of the Difficulty in*

Leaning a Foreign Langauge). Laval University, Québec: International Center for Research on Bilingualism.

Raphael, Lawrence; Gloria Borden; and Katherine Harris. 2011. *Speech Science Primer: Physiology, Acoustics, and Perception of Speech* (6th edition). Baltimore & Philadelphia: Lippincott Williams & Wilkins.

Rast, Rebekah. 2010. The use of prior linguistic knowledge in the early stages of L3 acquisition. *IRAL-International Review of Applied Linguistics in Language Teaching* 48 (2–3): 159–183.

Régent, Odile. 1985. A comparative approach to the learning of specialized written discourse. In Philip Riley. (ed.) *Discourse and Learning*. London: Longman, 105–120.

Reichardt, Charles S.; and Thomas D. Cook. 1979. Beyond qualitative versus quantitative methods. In Thomas D. Cook; and Charles S. Reichardt. (eds.) *Qualitative and Quantitative Methods in Evaluation Research*. Beverly Hills, CA: Sage, 7–32.

Reinhart, Tanya. 1980. Conditions for text coherence. *Poetics Today* (1): 161–180.

Richards, Jack C. 1971. Error analysis and second language strategies. *Language Sciences* (17): 12–22.

Rijkhoff, Jan. 2016. Cross-linguistic categories in morphosyntactic typology: Problems and prospects. *Linguistic Typology* 20 (2): 333–363.

Riley, Philip. 1979/1981. Towards a contrastive pragmalinguistics. In Jacek Fisiak. (ed.) *Contrastive Linguistics and the Language Teacher*. Oxford: Pergamon Press, 1981, 121–146.

Rivers, Wilga M. 1964. *The Psychologist and the Foreign Language Teacher*. Chicago: University of Chicago Press.

Rivers, Wilga M. 1983. *Communicating Naturally in a Second Language*. Cambridge: Cambridge University Press.

Robinson, Peter J. 1988. A Hallidayan framework for vocabulary teaching — an approach to organising the lexical content of an EFL syllabus. *IRAL* (XXVI): 229–238.

Rood, David S.; and Allan R. Taylor. 1996. Sketch of Lakota, a Siouan Language: Part I. In Ives Goddard. (eds.) *Handbook of North American Indians (Vol. 17): Languages*. Washington, DC: Smithsonian Institution Scholarly Press, 440–482.

Rosaldo, Michelle Z. 1982. The things we do with words: Ilongot speech acts and speech act theory in philosophy. *Language in Society* 11: 203–237.

Rosales, Sequeiros X. 2002. Interlingual pragmatic enrichment in translation. *Journal of Pragmatics* 34: 1069–1089.

Rose, Kenneth R. 2000. An exploratory cross-sectional study of interlanguage pragmatic development. *Studies in Second Language Acquisition* 22 (1): 27–67.

Ross, John R. 1970. On declarative sentences. In Roderick A. Jacobs; and Peter S. Rosenbaum. (eds.) *Readings in English Transformational Grammar*. Waltham, MA: Blaisdell, 222–272.

Rumelhart, David E. 1977. Understanding and summarizing brief stories. In David LaBerge; and S. Jay Samuels. (eds.) *Basic Processes in Reading: Perception and Comprehension*. Hillsdale, NJ: Erlbaum, 265–303.

Rundquist, Suellen. 1992. Indirectness: A gender study of flouting Grice's maxims. *Journal of Pragmatics* 18: 431–449.

Sa'Adeddin, Mohammed Akram. 1989. Text development and Arabic-English negative interference. *Applied Linguistics* (10): 36–51.

Saeed, Aziz Thabit; and Shehdeh Fareh. 2006. Difficulties encountered by bilingual Arab learners in translating Arabic 'fa' into English. *International Journal of Bilingual Education and Bilingualism* 9 (1): 19–32.

Sag, Ivan A.; Thomas Wasow; and Emily M. Bender. 2003. *Syntactic Theory: A Formal Introduction*. Stanford: CSLI Publications.

Sanders, Ted; and Jose Sanders. Text and text analysis. In Keith Brown. (ed.) *Encyclopedia of Language & Linguistics*. Amsterdam: Elsevier, 597–607.

Schachter, Jacquelyn. 1974. An error in error analysis. *Language Learning* 24 (2): 205–214.

Schachter, Jacquelyn; and Marianne Celce-Murcia. 1977/1983. Some reservations concerning error analysis. In Betty Wallace Robinett; and Jacquelyn Schachter. (eds.) *Second Language Learning: Contrastive Analysis, Error Analysis, and Related Aspects*. Ann Arbor: The University of Michigan Press, 272–284.

Schane, Sanford. 1971. The phoneme revisited. *Language* 47 (3): 503–521.

Schumann, John. 1979. The acquisition of English negation by speakers of Spanish: A review of the literature. In Roger Anderson. (ed.) *The Acquisition and Use of Spanish and English as First and Second Languages*. Washington, DC: TESOL.

Scollon, Ronald; and Suzanne Wong Scollon. 1995. *Intercultural Communication: A Discourse Approach*. Oxford: Blackwell.

Scollon, Ronald; Suzanne Wong Scollon; and Andy Kirkpatrick. 2000. *Contrastive Discourse in Chinese and English: A Critical Appraisal*. Beijing: Foreign Language Teaching and Research Press.

Searle, John R. 1969. *Speech Acts: An Essay in the Philosophy of Language*. Cambridge: Cambridge University Press.

Searle, John R. 1975. A taxonomy of illocutionary acts. In Keith Gunderson. (ed.) *Language, Mind and Knowledge*. Minneapolis, MN: University of Minnesota Press, 344–379.

Sechrest, Lee; and Souraya Sidani. 1995. Quantitative and qualitative methods: Is there an alternative? *Evaluation and Program Planning* 18: 77–87.

Selinker, Larry. 1972. Interlanguage. *IRAL* (X): 219–231.

Selinker, Larry. 1992. *Rediscovering Interlanguage*. London: Longman.

Sheikholeslami; Cynthia May; and Nabila el-Taher Makhlouf. 2000. The impact of

Arabic on ESL expository writing. In Zaynab Ibrāhīm; Sabiha T. Aydelott; and Nagwa Kassabgy. (eds.) *Diversity in Language: Contrastive Studies in Arabic and English Theoretical and Applied Linguistics*. Cairo: The American University in Cairo, 127–146.

Sigurðsson, Halldór Ármann. 1991. Icelandic case-marked PRO and the licensing of lexical arguments. *Natural Language & Linguistic Theory* 9 (2): 327–363.

Sigurðsson, Halldór Ármann. 2008. The case of PRO. *Natural Language & Linguistic Theory* 26 (2): 403–450.

Simpson, John; and Edmund Weiner. 1989. *The Oxford English Dictionary* (2nd edition). Oxford: Oxford University Press.

Skehan, Peter. 1998/1999. *A Cognitive Approach to Language Learning*. Shanghai: Shanghai Foreign Language Education Press.

Smith, Sara W.; Hiromi Pat Noda; Steven Andrews; and Andreas H. Jucker. 2005. Setting the stage: How speakers prepare listeners for the introduction of referents in dialogues and monologues. *Journal of Pragmatics* 37 (11): 1865–1895.

Soler-Monreal, Carmen; María Carbonell-Olivares; and Luz Gil-Salom. 2011. A contrastive study of the rhetorical organisation of English and Spanish PhD thesis introductions. *English for Specific Purposes* 30 (1): 4–17.

Song, Jae Jung. 2008. *Linguistic Typology: Morphology and Syntax*. Beijing: Peking University Press.

Spencer-Oatey, Helen. 2000. *Culturally Speaking: Managing Rapport through Talk across Cultures*. London and New York: Continuum.

Sperber, Dan; and Deirdre Wilson. 1986/1995. *Relevance: Communication and Cognition*. Oxford: Blackwell.

Stahl, Steven A. 1997. Instructional models in reading: An introduction. In Steven A. Stahl; and David A. Hayes. (eds.) *Instructional Models in Reading*. Mahwah, NJ: Lawrence Erlbaum Associates, 1–29.

Stalnaker, Robert C. 1972. Pragmatics. In Donald Davison; and Gilbert Harman. (eds.) *Semantics of Natural Language*. Dordrecht: Reidel.

Steedman, Mark. 1993. Categorial Grammar. *Lingua* 90 (3): 221–258.

Steinberg, Danny D. 1982. *Psycholinguistics: Language, Mind and World*. London: Longman.

Stevens, Kenneth. 1998. *Acoustic Phonetics*. Cambridge, MA: The MIT Press.

Stockwell, Robert P.; and J. Donald Bowen. 1965. *The Sounds of English and Spanish*. Chicago: University of Chicago Press.

Stockwell, Robert P.; J. Donald Bowen; and John W. Martin. 1965. *The Grammatical Structures of English and Spanish*. Chicago: University of Chicago Press.

Strevens, Peter. 1960. Spectra of fricative noise in human speech. *Language and Speech* 3 (1): 32–49.

Stubbs, Michael W. 1983. *Discourse Analysis: The Sociolinguistic Analysis of Natural Language*. Oxford: Blackwell.
Suppes, Patrick. 1986. The primacy of utterer's meaning. In Richard E. Grandy; and Richard Warner. (eds.) *Philosophical Grounds of Rationality: Intentions, Categories, Ends*. Oxford: Clarendon, 109–130.
Sussex, Roland. 1976/1980. The measurement of contrast in contrastive linguistics. In Jacek Fisiak. (ed.) *Theoretical Issues in Contrastive Linguistics*. Amsterdam: John Benjamins Publishing Company, 29–41.
Švejecr, Aleksandr D. 1970. K probleme lingvisticeskogo izucenija processa perevoda. *Voprosy jazykoznanija* (4): 30–42.
Takashima, Hideyuki. 1989. How Japanese learners of English answer negative yes-no questions — A case of language transfer. *IRAL* (XXVII): 113–124.
Tannen, Deborah. 1980. A comparative analysis of oral narrative strategies: Athenian Greek and American English. In Wallace L. Chafe. (ed.) *The Pear Stories: Cognitive, Cultural, and Linguistic Aspects of Narrative Production*. Norwood, NJ: Ablex, 51–87.
Tannen, Deborah. 1984. Spoken and written narrative in English and Greek. In Deborah Tannen. (ed.) *Coherence in Spoken and Written Discourse*. Norwood, NJ: Ablex, 21–41.
Tashakkori, Abbas; and Charles Teddlie. 1998. *Mixed Methodology: Combining Qualitative and Quantitative Approaches*. Thousand Oaks, CA: Sage Publications.
Tesnière, Lucien. 1959. *Éleménts de syntaxe structurale* (*Elements of Structural Syntax*). Paris: Klincksieck.
The UCLA Phonetics Lab Archive. 2007. Los Angeles, CA: UCLA Department of Linguistics. 1 October 2016. Online: http://archive.phonetics.ucla.edu/.
Thorndyke, Perry W. 1977. Cognitive structure in comprehension and memory of narrative discourse. *Cognitive Psychology* 9 (1): 77–110.
Ting-Toomey, Stella. (ed.) 1994. *The Challenge of Facework: Cross-cultural and Interpersonal Issues*. Albany, NY: University of New York Press.
Toury, Gideon. 1991. What are descriptive studies into translation likely to yield apart from isolated descriptions? In Kitty M. van Leuven-Zwart; and Antonius Bernardus Maria Naaijkens. (eds.) *Translation Studies: The State of the Art*. Amsterdam: Rodopi, 179–192.
Tran-Thi-Chau. 1975. Error analysis, contrastive analysis and students' perception: A study of difficulty in second language learning. *IRAL* (XIII): 119–143.
Traugott, Elizabeth Closs; and Richard B. Dasher. 2002. *Regularity in Semantic Change*. Cambridge: Cambridge University Press.
Ullmann, Stephen. 1962. *Semantics: An Introduction to the Science of Meaning*. Oxford: Basil Blackwell.

Upton, Thomas A.; and Ulla Connor. 2001. Using computerized corpus analysis to investigate the textlinguistic discourse moves of a genre. *English for Specific Purposes* 20 (4): 313–329.

Usoniene, Aurelia; and Audrone Šoliene. 2010. Choice of strategies in realizations of epistemic possibility in English and Lithuanian: A corpus-based study. *International Journal of Corpus Linguistics* 15 (2): 291–316.

Van Buren, Paul. 1974. Contrastive analysis. In John Patrick Brierley Allen; and Stephen Pit Corder. (eds.) *Techniques in Applied Linguistics*. London: Oxford University Press, 279–312.

Van Buren, Paul. 1980. Contrastive analysis. In Jacek Fisiak. (ed.) *Theoretical Issues in Contrastive Linguistics*. Amsterdam: John Benjamins Publishing Company, 83–117.

Van der Auwera, Johan. 2012. From contrastive linguistics to linguistic typology. *Languages in Contrast* 12 (1): 69–86.

Van der Auwera, Johan; and Dirk Noël. 2011. Raising: Dutch between English and German. *Journal of Germanic Linguistics* 23 (1): 1–36.

Van Dijk, Teun A. 1977. *Text and Context: Explorations in the Semantics and Pragmatics of Discourse*. London: Longman.

Van Dijk, Teun A. 1980. *Macrostructures*. Hillsdale, NJ: Erlbaum.

Van Dijk, Teun A.; and Walter Kintsch. 1983. *Strategies of Discourse Comprehension*. New York: Academic Press.

Van Valin Jr, Robert D. (ed.) 1993. *Advances in Role and Reference Grammar*. Amsterdam: John Benjamins Publishing Company.

Vande Kopple, William. 1985. Some exploratory discourse on metadiscourse. *College Composition and Communication* 36 (1): 82–93.

Vanderveken, Daniel. 1990. *Meaning and Speech Acts 1: Principles of Language Use*. Cambridge: Cambridge University Press.

VanPatten, Bill; Erin Collopy; Joseph E. Price; Stefanie Borst; and Anthony Qualin. 2013. Explicit information, grammatical sensitivity, and the first-noun principle: A cross-linguistic study in processing instruction. *The Modern Language Journal* 97 (2): 506–527.

Vehmas-Lehto, Inkeri. 1987. Translation science and contrastive linguistics: boundary clearing and a neighbourly handshake. In Kari Saiavaara. (ed.) *Applications of Cross-language Analysis*. Jyväskylä: Department of English, University of Jyväskylä, 63–72.

Vendler, Zeno. 1972. *Res Cogitans: An Essay in Rational Psychology*. Ithaca, NY: Cornell University Press.

Von Fintel, Kai; and Lisa Matthewson. 2008. Universals in semantics. *The Linguistic Review* 25:139–201.

Walker, Marilyn A.; Aravind Krishna Joshi; and Ellen Friedman Prince. 1998. *Centering Theory in Discourse*. Oxford: Clarendon Press.

Wang, Da-jian. 2011. The linearity of thought patterns: A misconception. *Journal of Taiwan Normal University: Linguistics and Literature* 56 (3):115–135.

Wardhaugh, Ronald. 1970. The contrastive analysis hypothesis. *The Fourth Annual TESOL Convention.* San Francisco, California, 1–14.

Warren, Beatrice. 1978. *Semantic Patterns of Noun-Noun Compounds.* Göteborg: Acta Universitatis Gothoburgensis.

White, Lydia. 1985. The acquisition of parameterized grammars: Subjacency in second language acquisition. *Second Language Research* (1): 1–17.

Whorf, Benjamin. 1941. Language and logic. In John Carrol. (ed.) *Language, Thought and Reality: Selected Writings of Benjamin Lee Whorf.* Cambridge: The MIT Press, 233–245.

Widdowson, Henry George. 1973/1979. Directions in the teaching of discourse. In Christopher Brumfit; and Keith Johnson. (eds.) *The Communicative Approach to Language Teaching.* Oxford: Oxford University Press, 49–60.

Widdowson, Henry George. 2007/2014. *Discourse Analysis.* Shanghai: Shanghai Foreign Language Education Press.

Wiechmann, Daniel. 2011. Exploring probabilistic differences between genetically related languages. *Languages in Contrast* 11 (2): 193–215.

Wiersma, William; and Stephen G. Jurs. 2004. *Research Methods in Education: An Introduction* (8th edition). Beijing: China Light Industry Press.

Wierzbicka, Anna. 1972. *Semantic Primitives.* Translated by Anna Wierzbicka; and John Besemeres. Frankfurt: Athenaum Verlag.

Wierzbicka, Anna. 1980. *Lingua Mentalis: The Semantics of Natural Language.* Sydney: Academic Press.

Wierzbicka, Anna. 1988. *The Semantics of Grammar.* Amsterdam: John Benjamins Publishing Company.

Wierzbicka, Anna. 1991. *Cross-cultural Pragmatics: The Semantics of Human Interaction.* Berlin: Mouton de Gruyter.

Wierzbicka, Anna. 1992. *Semantics, Culture, and Cognition.* Oxford: Oxford University Press.

Wierzbicka, Anna. 1995. A semantic basis for grammatical typology. In Werner Abraham; Talmy Givón; and Sandra A. Thompson. (eds.) *Discourse Grammar and Typology.* Amsterdam: John Benjamins Publishing Company, 179–209.

Wierzbicka, Anna. 1996. *Semantics: Primes and Universals.* Oxford: Oxford University Press.

Wierzbicka, Anna. 2008. A conceptual basis for intercultural pragmatics and world-wide understanding. In Martin Pütz; and JoAnne Neff-van Aertselaer. (eds.) *Developing Contrastive Pragmatics: Interlanguage and Cross-cultural Perspectives.* Berlin: Walter de Gruyter, 3–45.

Williams, Ian A. 2004. How to manage patients in English-Spanish translation: A target-oriented contrastive approach to methods. *Target* 16 (1): 69–103.

Williams, Ian A. 2008. Semantico-syntactic environments of the verbs *show* and *demonstrate* and Spanish *mostrar* and *demostrar* in a bilingual corpus of medical research articles. *International Journal of Corpus Linguistics* 13 (1): 38–74.

Williams, Ian A. 2009. Discourse style and theme-rheme progression in biomedical research article discussions: A corpus-based contrastive study of translational and non-translational Spanish. *Languages in Contrast* 9 (2): 225–266.

Williams, Ian A. 2010. Cultural differences in academic discourse: Evidence from first-person verb use in the methods sections of medical research articles. *International Journal of Corpus Linguistics* 15 (2): 214–239.

Wilson, Deirdre. 1994. Relevance and understanding. In Gillian Brown; Kirsten Malmkjaer; Alastair Pollitt; and John Williams. (eds.) *Language and Understanding*. Oxford: Oxford University Press, 37–58.

Wilson, Deirdre; and Dan Sperber. 2002. Relevance theory. *UCL Working Papers in Linguistics* 14: 249–290.

Winskowski, Christine. 1983. Understanding meaning: Some implications of discourse analysis for language teaching. *Language Learning and Communication* (2): 181–197.

Wong, Sau-Ling Cynthia. 1983. Overproduction, under-lexicalization and unidiomatic usage in the *make* causatives of Chinese speakers: A case for flexibility in interlanguage analysis. *Language Learning and Communication* (2): 151–165.

Wrembel, Magdalena. 2010. L2-accented speech in L3 production. *International Journal of Multilingualism* 7 (1): 75–90.

Wu, Yi'an. 2004. *Spatial Demonstratives in English and Chinese: Text and Cognition*. Amsterdam: John Benjamins Publishing Company Publishing Company.

Xiong, Tao. 2012. Essence or practice? Conflicting cultural values in Chinese EFL textbooks: A discourse approach. *Discourse: Studies in the Cultural Politics of Education* 33 (4): 499–516.

Xu, Yulong. 1987. A study of referential functions of demonstratives in Chinese discourse. *Journal of Chinese Linguistics* 15 (1): 132–151.

Yip, Moira. 2002. *Tone*. Cambridge: Cambridge University Press.

Yuan, Yi. 2001. An inquiry into empirical pragmatics data-gathering methods: Written DCTs, oral DCTs, field notes and natural conversations. *Journal of Pragmatics* 33 (2): 271–292.

Yus, Francisco. 2002. Review of A. Pilkington's Poetic Effects. *Journal of Pragmatics* 34 (5): 619–628.

Yus, Francisco. 2003. Humor and the search for relevance. *Journal of Pragmatics* 35 (9): 1295–1331.

Zobl, Helmut. 1983. Markedness and the projection problem. *Language Learning* (33): 293–313.

Zobl, Helmut. 1984. Cross-language generalisations and the contrastive dimension of the interlanguage hypothesis. In Allen Davies; Clive Criper; and Anthony Howatt. (eds.) *Interlanguage*. Edinburgh: Edinburgh University Press, 79–97.

《新牛津英汉双解大词典》编译出版委员会，2007，《新牛津英汉双解大词典》，上海：上海外语教育出版社。

艾玛莉，梨的故事——七种中国方言的叙述方法，http://pearstories,org/defaultc.htm, 2019-06-01。

葆青，1973，《英语语音简明教程》，北京：商务印书馆。

蔡建萍，2013，英汉影视对白中指示照应对比研究，吉林大学硕士论文。

曹逢甫，1979/1995，《主题在汉语中的功能研究——迈向语段分析的第一步》（谢天蔚译），北京：语文出版社。

曹合建，1994/2009，英汉语体量化分析与比较，载牛保义主编《认知·语用·功能——英汉宏观对比研究》，上海：上海外语教育出版社，36–48。

常颖，2008，汉、俄语言语行为动词语义对比研究，黑龙江大学博士论文。

陈光磊，1994，《汉语词法论》，上海：学林出版社。

陈向明，2000，《质的研究方法与社会科学研究》，北京：教育科学出版社。

陈寅恪，1932/2001，与刘叔雅论国文试题书，载《金明馆丛稿二编》，北京：生活·读书·新知三联书店，249–257。

程工，1999，《语言共性论》，上海：上海外语教育出版社。

程淑芳，2008，心理距离对英汉指示语用法的影响，上海外国语大学硕士论文。

冯庆华，2010，《实用翻译教程：英汉互译》，上海：上海外语教育出版社。

冯志伟，2010，《自然语言处理的形式模型》，合肥：中国科学技术大学出版社。

辜正坤，1989/1994，翻译标准多元互补论，载杨自俭、刘学云编《翻译新论》，武汉：湖北教育出版社，465–477。

顾曰国，1989，奥斯汀的言语行为理论：诠解与批判，《外语教学与研究》第1期：30–39。

归文娟，2008，英汉指示代词的对比研究，南京师范大学硕士论文。

郝德元，1982，《教育与心理统计》，北京：教育科学出版社。

何善芬，2002，《英汉语言对比研究》，上海：上海外语教育出版社。

何兆熊主编，2000，《新编语用学概要》，上海：上海外语教育出版社。

何自然，1997，《语用学与英语学习》，上海：上海外语教育出版社。

洪岗、陈乾峰，2011，中美新闻发言人回绝策略对比研究，《外语教学与研究》第2期：209–219。

胡塞尔，1986，《现象学的观念》，倪梁康译，上海：译文出版社。

胡裕树主编，1996，《现代汉语》（第6版），上海：上海教育出版社。

黄锦章，1996，论两种不同性质的主题和汉语的类型学特点，《汉语学习》第6期：9–15。

黄衍，1985，试论英语主位和述位，《外国语》第5期：32–36, 18。

贾芝、孙剑冰编，1980a，《中国民间故事选》第二版（第一集），北京：人民文学出版社。
贾芝、孙剑冰编，1980b，《中国民间故事选》第二版（第二集），北京：人民文学出版社。
金隄，1989/1994，翻译学与等效论，载杨自俭、刘学云编《翻译新论》，武汉：湖北教育出版社，334–357。
金立鑫，2011，《什么是语言类型学》，上海：上海外语教育出版社。
克里斯特尔，2000，《现代语言学词典》，沈家煊译，北京：商务印书馆。
李冬，1988/2008，汉英词语理据比较，载邵志洪主编《结构·语义·关系——英汉微观对比研究》，上海：上海外语教育出版社，89–95。
李荣宝、彭聃龄、李嵬，2000，双语者第二语言表征的形成与发展，《外国语》第4期：2–11。
李运兴，2001，《语篇翻译引论》，北京：中国对外翻译出版公司。
李战子，1992，主位推进和篇章连贯性，《外语教学》第1期：1–13。
廖巧云、蒋勇，2013，量化最高级涌现性极性特征研究，《外语教学与研究》第4期：505–517。
廖巧云、蒋勇，2015，任选词语的隐现极性特征的概率模型，《外语教学》第4期：28–33。
廖七一，1994，也谈西方翻译理论中的等值论，《中国翻译》第5期：35–37。
林文月，1998，关于古典文学作品翻译的省思，载金圣华、黄国彬主编《因难见巧——名家翻译经验谈》，北京：中国对外翻译出版公司，8–23。
刘丹青编著，2008，《语法调查研究手册》，上海：上海教育出版社。
刘宓庆，1998，中国翻译理论的宏观架构，载耿龙明主编《翻译论丛》，上海：上海外语教育出版社，29–51。
刘乃实，2005，关联理论视角中的幽默乖讹与消解，《解放军外国语学院学报》第1期：16–19。
刘庆元，2004，语篇翻译中的衔接与连贯，《山东外语教学》第3期：95–99。
刘润清，1999，《外语教学中的科研方法》，北京：外语教学与研究出版社。
卢雨菁、张爱萍，2008，大学生英语作文衔接手段数量与作文质量关系研究，《兰州大学学报（社会科学版）》第2期：138–142。
鲁海涛，2010，论《地下交通站》的语用幽默，《电影文学》第2期：125–126。
陆丙甫、金立鑫主编，2015，《语言类型学教程》，北京：北京大学出版社。
罗新璋，1990/1994，中外翻译观之"似"与"等"，载杨自俭、刘学云编《翻译新论》，武汉：湖北教育出版社，361–371。
罗新璋编，1984，《翻译论集》，北京：商务印书馆。
罗选民，1992/1994，论翻译的转换单位，载杨自俭、刘学云编《翻译新论》，武汉：湖北教育出版社，493–507。
吕俊，1992/1994，谈语段作为翻译单位，载杨自俭、刘学云编《翻译新论》，武汉：湖北教育出版社，481–489。

吕叔湘，1980/2000，《现代汉语八百词》，北京：商务印书馆。

吕叔湘，1984/2002，歧义的形成和消除，载吕叔湘著《吕叔湘全集》第3卷，沈阳：辽宁教育出版社，474–488。

吕叔湘，2008，通过对比研究语法，载潘文国、杨自俭主编《共性·个性·视角：英汉对比的理论与方法研究》，上海：上海外语教育出版社，145–166。

孟悦、王艳宇，1992，普通话发音水平与英语发音水平的关系——一份调查报告，《外语教学与研究》第1期：10–13，80。

苗兴伟，1998，论衔接与连贯的关系，《外国语》第4期：44–49。

宁春岩，2000，形式语言学的纯科学精神，《现代外语》第2期：202–209。

潘文国、谭慧敏，2006，《对比语言学：历史与哲学思考》，上海：上海教育出版社。

彭宣维，2013，过程语言学——语言的四个维度及其认知加工模型，《北京师范大学学报（社会科学版）》第4期：33–48。

荣晶，2000，汉语语序研究的理论思考及其考察，《语言文字应用》第3期：25–30。

阮翠娥，2014，汉语和越南语"建议"言语行为研究，华中师范大学博士论文。

孙坤，2013，话题链在英汉篇章翻译中的应用策略与模式，《外语与外语教学》第1期：70–74。

孙珊珊、许余龙、段嫚娟，2013，前瞻中心排序对英汉指代消解影响的对比分析，《外语教学与研究》第6期：803–815。

孙述宇、金圣华，1975，《英译中——英汉翻译概论》，香港：香港中文大学校外进修部。

索绪尔，1980，《普通语言学教程》，高名凯译，北京：商务印书馆。

汤红娟，2014，基于人称代词动允性变量的儿童英语仿写衔接手段实证研究，《中国外语》第6期：62–69。

田刚、张贵民等编，1989，《英汉逆序背诵词典》，上海：学林出版社。

汪劲武，2010，《植物的识别》，北京：人民教育出版社。

王爱华，2001，英汉回绝言语行为表达模式调查，《外语教学与研究》第3期：178–185。

王爱松，2014，重复与循环：中国当代小说的一种结构方式，《中国现代文学研究丛刊》第1期：94–105。

王道英，2003，"这"、"那"的指示研究，上海师范大学博士论文。

王东风，2000，评Nida的读者同等反应论，载杨自俭主编《英汉语比较与翻译3》，上海：上海外语教育出版社，313–329。

王东风，2007，时态推进的连贯功能与英汉翻译，《外语研究》第6期：68–74，110。

王东风，2014，中国翻译研究的过去、现在与未来，《外国语》第4期：7–8。

王东风、章于炎，1993，英汉语序的比较与翻译，《外语教学与研究》：第4期：36–44，80。

王汉澜主编，1987，《教育测量学》，郑州：河南大学出版社。
王静，2004，现代汉语静态话题链的句法组织原则，《语言教学与研究》第2期：30–39。
王静，2006a，现代汉语动态话题链的组织规律，《语言教学与研究》第2期：57–65。
王静，2006b，语篇与话题链关系初探，《世界汉语教学》第2期：74–85。
王菊泉、郑立信，2004，前言，载王菊泉、郑立信编《英汉语言文化对比研究（1995–2003）》，上海：上海教育出版社，1–36。
王力，1984/1991，我的治学经验，载王力著《王力文集》第20卷，济南：山东教育出版社，536–551。
王丽娜，2007，英汉指示词对比研究与翻译，上海海事大学硕士论文。
王墨希、李津，1993/2009，中国学生英语语篇思维模式调查，载牛保义主编《认知·语用·功能——英汉宏观对比研究》，上海：上海外语教育出版社，431–442。
王彤福，1984，论对比分析假设的有效性，《外国语》第4期：27–33。
王文斌，2000，中国高级英语学习者对英语反身代词的习得，《外语教学与研究》第4期：274–282。
王勇、黄国文，2006，语篇结构中的递归现象，《外语教学与研究》第5期：288–295，320。
维尔斯曼，1995/1997，《教育研究方法导论》，袁振国主译，北京：教育科学出版社。
文卫平，2013，英汉负极词any与任何的允准，《外语教学与研究》第2期：185–199。
文卫平，2015，英汉极性触发结构比较，《外语教学与研究》第2期：190–203。
吴贤良，1988，试论比较法在二外法语教学中的可行性，《外语界》第4期：15–18。
吴一安，2003，空间指示语与语言的主观性，《外语教学与研究》第6期：403–409。
吴义诚，1994，对翻译等值问题的思考，《中国翻译》第1期：2–4。
吴宗济、林茂灿主编，1989，《实验语音学概要》，北京：高等教育出版社。
武波，1999，从对比分析谈翻译中一些问题，《外交学院学报》第3期：71–74。
武果，1987，也谈篇章的连贯性，《现代外语》第4期：20–22。
肖群，1993，主述位结构与翻译等值性，《外语研究》第3期：59–64，58。
邢力，2007，现代"等效"之争的传统预演——对曾虚白与陈西滢翻译论辩的现代解读，《解放军外国语学院学报》第1期：69–73。
徐烈炯，1995，《语义学》（修订本），北京：语文出版社。
徐盛桓，1982，主位和述位，《外语教学与研究》第1期：1–9。
徐盛桓，1985，再论主位和述位，《外语教学与研究》第4期：19–25。
许国璋主编，1979，《英语》（第一册），北京：商务印书馆。

许余龙,1987,语言类型区别与翻译,《外国语》第3期:54–59。
许余龙,1988,论语言对比基础的类型,《外国语》第3期:28–33。
许余龙,1989,英汉远近称指示词的对译问题,《外国语》第4期:33–40。
许余龙,1991,话语语用结构对比刍议,《外国语》第6期:46–49。
许余龙,1994,国际阅读能力研究及其对我国外语教育的启示,《外语界》第1期:8–14。
许余龙,1997,影响中国学生英语阅读能力的学校因素,《解放军外语学院学报》第6期:45–50。
许余龙,1998,影响中国学生英语阅读能力的学生因素,《现代外语》第3期:62–70。
许余龙,1999a,影响中国学生英语阅读能力的教学因素,《外语与外语教学》第8期:17–20。
许余龙,1999b,英语X-able词的形态与语义特点,《外语教学与研究》第1期:35–42。
许余龙,2000,英汉指称词语表达的可及性,《外语教学与研究》第5期:321–328。
许余龙,2002,语篇回指的认知语言学探索,《外国语》第1期:28–37。
许余龙,2003,学习策略与英汉阅读能力的发展,《外语教学与研究》第3期:200–205。
许余龙,2005a,从回指确认的角度看汉语叙述体篇章中的主题标示,《当代语言学》第2期:122–131。
许余龙,2005b,语篇回指实证研究中的数据库建设,《外国语》第2期:23–29。
许余龙,2007,话题引入与语篇回指——一项基于民间故事语料的英汉对比研究,《外语教学》第6期:1–5。
许余龙,2010,《对比语言学》(第2版),上海:上海外语教育出版社。
许余龙,2015,"填充词—空位域"与英汉语中的关系化,《外文研究》第4期:1–7。
许余龙,2017,语言类型学视野下的对比研究,《外语与外语教学》第5期:20–28。
许余龙,2018,英汉指称词语的语篇回指功能对比研究,《外国语》第6期:26–34。
杨春雷,2013,兼语式的深层语言处理:从语言学设计到计算实现,《外国语》第3期:69–78。
杨吉春、杜氏秋恒,2008,论越语横声对越南学生学习汉语普通话阴平和去声的干扰,《民族教育研究》第4期:83–88。
杨林,2009,英汉语篇照应衔接对比与语篇等效翻译,《北方民族大学学报(哲学社会科学版)》第6期:121–124。
杨自俭、刘学云编,1994,《翻译新论》,武汉:湖北教育出版社。
姚俊,2003,从英汉回绝策略的语用对比看中西文化差异,《山东外语教学》第1期:12–17。

姚小平，1988，基本颜色理论述评——兼论汉语基本颜色词的演变史，《外语教学与研究》第1期：19–28，80。
于秀娟、姜宗彦，2006，从心理语言学角度看中国学生英语所有格的学习和使用情况，《西安外国语学院学报》第2期：64–67。
俞敏洪、黄颀编著，2011，《GRE词汇逆序记忆小词典》，杭州：浙江教育出版社。
张德禄、刘洪民，1994，主位结构与语篇连贯，《外语研究》第3期：27–33，26。
张南峰，1999，从奈达等效原则的接受看中国译论研究中的价值判断，《外国语》第5期：44–51。
张启林，2011，汉英指示代词对比研究，华中师范大学硕士论文。
张彦昌、张而立，1994，一份英汉词汇对比调查报告，载中国英汉语比较研究会编《英汉语比较研究》，长沙：湖南科学技术出版社，110–123。
张滟，2012，话题链的句法—话语界面研究——汉语话语导向类型特征的一个表现，《现代外语》第2期：111–117，218。
张再兴，2003，《Access数据库在语言文字研究与教学中的应用》，南昌：江西高校出版社。
赵建成、余毓国，1993，广告英语主位模式与模式选择初探，载朱永生主编《语言·语篇·语境》，北京：清华大学出版社，126–139。
赵世开主编，1999，《汉英对比语法论集》，上海：上海外语教育出版社。
赵元任，1979，《汉语口语语法》，吕叔湘译，北京：商务印书馆。
赵忠德、马秋武主编，2011，《西方音系学理论与流派》，北京：商务印书馆。
郑文婧，2002，浅谈"对比基础"，汉英对比与翻译国际研讨会暨中国英汉语比较研究会第五次全国学术研讨会论文，华东师范大学，2002年8月8–11日。
周光亚，1986，篇章连贯性的定量分析，《现代外语》第4期：11–17。
周明、黄昌宁，1994，面向语料库标注的汉语依存体系的探讨，《中文信息学报》第3期：35–52。
周强、周骁聪，2014，基于话题链的汉语语篇连贯性描述体系，《中文信息学报》第5期：102–110。
朱德熙，1980，汉语句法中的歧义现象，载朱德熙著《现代汉语语法研究》，北京：商务印书馆，169–192。
朱坷，2008，英汉语中"建议advise"的言语行为功能及其对词典编纂的启示，《湘潭师范学院学报（社会科学版）》第2期：151–153。
朱永生，1995，主位推进模式与语篇分析，《外国语》第3期：6–12。
朱永生，1997，韩礼德的语篇连贯标准——外界的误解与自身的不足，《外语教学与研究》第1期：20–24。
朱永生、严世清，2001，《系统功能语言学多维思考》，上海：上海外语教育出版社。
朱永生、严世清、苗兴伟，2004，《功能语言学导论》，上海：上海外语教育出版社。
邹世诚，1982，《实用英语语音》，南宁：广西人民出版社。